REVISTA DE DIREITO MERCANTIL

industrial, econômico e financeiro

113

Publicação do
Instituto Brasileiro de Direito Comercial Comparado
e Biblioteca Tullio Ascarelli
do Departamento de Direito Comercial
da Faculdade de Direito da Universidade de São Paulo

Ano XXXVII (Nova Série)
janeiro-março/1999

MALHEIROS EDITORES

REVISTA DE DIREITO MERCANTIL

industrial, econômico e financeiro

Nova Série — Ano XXXVII — n. 113 — janeiro-março de 1999

REVISTA DE DIREITO MERCANTIL
publicação trimestral de
MALHEIROS EDITORES LTDA.
Rua Paes de Araújo, 29, cj. 171
CEP 04531-940
São Paulo, SP - Brasil
Tel. 822-9205 - 820-5549 - Fax: 829-2495

Assinaturas e comercialização:
CATAVENTO DISTRIBUIDORA DE
LIVROS S.A.
Rua Conselheiro Ramalho, 928
CEP 01325-000
São Paulo, SP - Brasil
Tel. 289-0811 - Fax: 251-3756

Diretor Responsável: Álvaro Malheiros
Diretora: Suzana Fleury Malheiros

Supervisão Gráfica: Vânia Lúcia Amato
Composição: PC Editorial Ltda.

SUMÁRIO

DOUTRINA

O ALCANCE DAS LIMITAÇÕES ESTATUTÁRIAS AO PODER DE REPRESENTAÇÃO DOS DIRETORES
— *Luiz Gastão Paes de Barros Leães* 9

A CONCENTRAÇÃO DE EMPRESAS E A COMPETÊNCIA DO CADE
— *José Carlos de Magalhães e Onofre Carlos de Arruda Sampaio* 30

ATUALIDADES

NOVOS ASPECTOS DA HARMONIZAÇÃO DO DIREITO BANCÁRIO COMUNITÁRIO DECORRENTES DA INTRODUÇÃO DO EURO
— *Armindo Saraiva Matias* 45

NOVOS ASPECTOS DO CONTRATO DE SEGURO
— *Arnoldo Wald* 53

DEPÓSITO DE CORDÃO UMBILICAL – SEGURO DE VIDA BIOLÓGICO
— *Rachel Sztajn* 64

SOCIEDADE ANÔNIMA: A QUESTÃO DO VOTO MÚLTIPLO
— *Paulo Salvador Frontini* 68

A "LAVAGEM" OU OCULTAÇÃO DE DINHEIRO E DE OUTROS BENS E A ATIVIDADE EMPRESARIAL
— *Haroldo Malheiros Duclerc Verçosa* 78

CONSIDERAÇÕES SOBRE ALGUNS ASPECTOS JURÍDICOS DOS ATOS DE CONCENTRAÇÃO NO SISTEMA FINANCEIRO NACIONAL
— *Jairo Saddi* 99

FRAUDES À LEI DE S/A
— *Jorge Lobo* 108

A REAVALIAÇÃO DOS ATIVOS DAS SOCIEDADES ANÔNIMAS E SEU TRATAMENTO COMO LUCRO
— *João Luiz Coelho da Rocha* 118

NOTAS SOBRE O DIREITO DE RECESSO NA INCORPORAÇÃO, FUSÃO E CISÃO DE COMPANHIAS
— *Nelson Eizirik* 124

CONSIDERAÇÕES SOBRE A PROTEÇÃO JURÍDICA DO NOME COMERCIAL, EM FACE DO PROJETO DO NOVO CÓDIGO CIVIL
— *Mauro J. G. Arruda* 130

A POSSIBILIDADE JURÍDICA DA DECLARAÇÃO DE FALÊNCIA DAS SOCIEDADES CIVIS COM A ADOÇÃO DA TEORIA DA EMPRESA NO DIREITO POSITIVO BRASILEIRO
— *Jorge Rubem Folena de Oliveira* 136

A RECUPERAÇÃO DA EMPRESA EM CRISE NO DIREITO FRANCÊS
— *Jorge Lobo e Sérgio Pimentel* 148

MERCOSUL

IMPORTAÇÕES PARALELAS: A IMPLEMENTAÇÃO DO PRINCÍPIO DA EXAUSTÃO DE DIREITOS NO MERCOSUL, DIANTE DO CONTEXTO DA GLOBALIZAÇÃO
— *Elizabeth Kaznar Fekete* 154

JURISPRUDÊNCIA COMENTADA

DISSOLUÇÃO E LIQUIDAÇÃO DE ASSOCIAÇÃO CIVIL, A REQUERIMENTO DO MINISTÉRIO PÚBLICO – TORCIDA "MANCHA VERDE"
— *Nelcina Conceição de Oliveira Tropardi* 188

DIREITOS DO ACIONISTA DIANTE DA MOROSIDADE DO PROCEDIMENTO DE LIQUIDAÇÃO ORDINÁRIA OU FACULTATIVA DE S/A
— *Sandra de Medeiros Nery* 201

ACIONISTA CONTROLADOR – ALIENAÇÃO DO CONTROLE E INCORPORAÇÃO DE SOCIEDADES – RESPONSABILIDADE NAS OPERAÇÕES EM DESACORDO COM AS NORMAS DO CONTRATO E DA LEI
— *Sílvia Maria do Prado Maida* 210

ESPAÇO DISCENTE
DISSOLUÇÃO DA S/A PELA IMPOSSIBILIDADE DE PREENCHER O SEU FIM
— *Ricardo dos Santos Freitas* 222
DISSOLUÇÃO DE "HOLDING" S/A E APURAÇÃO DE HAVERES
— *Roberta Nioac Prado* 230

TEMAS EM DEBATE
AUTONOMIA DO BANCO CENTRAL DO BRASIL E DESPOLITIZAÇÃO DA MOEDA
— *Ricardo Ferreira de Macedo* 237

PARECERES
ALIENAÇÃO DE CONTROLE DE COMPANHIA ABERTA SEGUIDA DO FECHAMENTO DO SEU CAPITAL
— *Luiz Gastão Paes de Barros Leães* 255

TEXTOS HISTÓRICOS
PROCURAÇÃO – MANUSCRITO VENEZIANO DE 14 DE JUNHO DE 1442
— NOTA INTRODUTÓRIA DE MAURO RODRIGUES PENTEADO E TRADUÇÃO DE ANNA LIA AMARAL DE ALMEIDA PRADO 265

COLABORAM NESTE NÚMERO

Armindo Saraiva Matias
Professor Associado da Universidade Autónoma de Lisboa

Arnoldo Wald
Professor Catedrático de Direito Civil

Elisabeth Kasznar Fekete
Doutoranda em Direito Comercial pela Faculdade de Direito da USP. Foi Pesquisadora-Convidada do Instituto Max-Planck de Direito Estrangeiro e Internacional da Propriedade Industrial, Direitos Autorais e da Concorrência, de Munique, Alemanha

Haroldo Malheiros Duclerc Verçosa
Mestre e Doutor em Direito pela Faculdade de Direito da USP. Professor de Direito Comercial nas Faculdades de Direito da USP e da UNICID. Ex-Procurador do Banco Central do Brasil

Jairo Saddi
Doutor em Direito Econômico pela USP. *Research* da Harvard Law School (EUA). Professor Universitário em São Paulo

João Luiz Coelho da Rocha
Professor de Direito Comercial da PUC/RJ

Jorge Lobo
Mestre em Direito Econômico pela UFRJ e Doutor e Livre-Docente em Direito Comercial pela UERJ. Procurador de Justiça (aposentado) no Ministério Público, RJ. Professor da Escola da Magistratura e da Fundação Escola de Ministério Público, Rio de Janeiro

Jorge Rubem Folena de Oliveira
Mestrando em Direito da Universidade Federal do Rio de Janeiro

José Carlos de Magalhães
Professor Associado da Faculdade de Direito da USP. Mestre em Direito pela Yale University. Doutor e Livre-Docente pela USP. Presidente do Ramo Brasileiro da International Law Association

Luiz Gastão Paes de Barros Leães
Professor Titular da Faculdade de Direito da USP

Mauro J. G. Arruda
Advogado

Nelcina de Oliveira Tropardi
Pós-Graduanda da Faculdade de Direito da USP

Nelson Eizirik
Advogado no Rio de Janeiro e São Paulo

Onofre Carlos de Arruda Sampaio
Especialista em Direito da Concorrência

Paulo Salvador Frontini
Professor da Faculdade de Direito da USP

Rachel Sztajn
Professora Associada da Faculdade de Direito da USP

Ricardo Ferreira de Macedo
Mestrando da Faculdade de Direito da USP

Ricardo dos Santos Freitas
Pós-Graduando da Faculdade de Direito da USP

Roberta Nioac Prado
Pós-Graduanda da Faculdade de Direito da USP

Sandra de Medeiros Nery
Pós-Graduanda da Faculdade de Direito da USP

Sérgio Pimentel Borges da Cunha
Advogado no Rio de Janeiro

Sílvia Maria do Prado Maida
Pós-Graduanda da Faculdade de Direito da USP

NOTA DO INSTITUTO

O Instituto de Direito Comercial Comparado e Biblioteca "Tullio Ascarelli" tem o prazer de informar o resultado do prêmio "Tullio Ascarelli – 98", congratulando-se com o excelente nível dos trabalhos apresentados:

1º colocado – Luiz Guilherme de Andrade Vieira Loureiro, Juiz de Direito, formado pela Faculdade de Direito da USP, Mestrando em Direito Internacional pela Faculdade de Direito da USP.

PATENTE E BIOTECNOLOGIA: QUESTÕES SOBRE A PATENTEABILIDADE DOS SERES VIVOS.

2º colocado – Frederico Augusto Monte Simionato, formado pela Universidade de Ribeirão Preto e Doutorando em Direito Comercial pela Faculdade de Direito da USP.

O CONTROLE SOBRE A CONDUTA ADMINISTRATIVA DO CONTROLADOR NA SOCIEDADE POR AÇÕES.

Menção honrosa – Paula Castelo Miguel, formada pela Universidade Federal do Espírito Santo; Oficial Substituta do Cartório Privativo de Protesto de Títulos e Letras de Vitória e Professora da Faculdade de Direito de Vitória.

O ESTABELECIMENTO COMERCIAL.

Os prêmios, patrocinados, respectivamente, pela Ordem dos Advogados – Seção de São Paulo – e Instituto dos Advogados de São Paulo, serão entregues às 18 horas do dia 9 de junho de 1999, na sede do Instituto dos Advogados de São Paulo, situada na Rua Líbero Badaró, 377, 26º andar.

ERRATA

Por ter deixado de constar, incluímos, neste número, a Bibliografia relativa ao artigo "Titularização", publicado no número 112 desta RDM, de autoria do Prof. Armindo Saraiva Matias.

BIBLIOGRAFIA

BANCEL, F., *Quel Avenir pour la Titrisation en France?*, Banque, 1993.

BONSALL, David C., *Securitisation*, Butterworths, London, 1990.

FEENEY, Paul, *Loan Securitisation*, University College of North Wales, 1986.

GARDENER, Edward, *Securitisation and the Banking Firm*, University College of North Wales, Research papers in banking and finance, 1989.

KASI, Valiappan, *The Impact of Securitisation on UK Bank Corporate Lending,* University North Wales, 1990.

LE HIR, Christian, *Les Évolutions du Cadre Juridique de la Titrisation*, Banque et Droit, 1997.

OCDE, "Les perspectives internationales de la titrisation", *Tendances des Marchés des Capitaux*, 1995.

PAPEIANS, Jean Charles, "La titrisation de créances: étude comparative États Unis et Belgique", *Revue de Droit des Affaires Internationales*, 1996.

REIS-ROY, Calvin, "Rating securitisation structures", *Journal of International Banking Law*, 1998.

______ "Securitisation structures in US", *Journal of International Banking Law*, Oxford, 1998.

SILVA, I. D. N. J., "Asset securitisation in Brasil", *Journal of International Banking Law*, 1995.

THOMPSON, John K., *La Titrisation. Une Perspective Internationale*, OCDE, 1995.

VAN DEN EYNDE, Patrick, "The belgian securitisation market", *Revue de la Banque*, 1998.

WALSH, Jonathan e GILLES, T., *Titrisation: les Nouvelles Opportunitès Offertes par l'UEM*, Banque et Droit, 1997.

Doutrina

O ALCANCE DAS LIMITAÇÕES ESTATUTÁRIAS AO PODER DE REPRESENTAÇÃO DOS DIRETORES

LUIZ GASTÃO PAES DE BARROS LEÃES

A Alfredo Lamy Filho
il miglior fabbro
O. D. e C.

1. Introdução: extensão e limites dos poderes de representação. 2. Atos estranhos ao objeto social. 3. As restrições estatutárias aos poderes de representação dentro do objeto social. 4. A posição do Direito Societário brasileiro.

1. Introdução: extensão e limites dos poderes de representação

1.1 A Lei das Sociedades Anônimas atribui privativamente aos diretores das companhias o poder de representá-las (art. 138, § 1º), ou seja, o poder de manifestar, externamente, em relação a terceiros, a vontade social, com efeitos a elas imputáveis (art. 158). Por suposto, fica sempre facultada à autonomia de vontade dos acionistas a aptidão para estabelecer limites e restrições ao exercício dessa representação legal, desde que respeitada a estrutura básica imposta pela lei.[1]

O problema central, em torno do qual gravitam todas as questões a serem debatidas no presente estudo, se resume em saber qual a extensão do poder de representação dos diretores de sociedades por ações e qual o grau de eficácia em relação a terceiros dos limites desse poder-função, estabelecidos convencionalmente nos estatutos. Ou colocando a mesma questão sob outro prisma: agindo a sociedade mediante a ação de seus administradores, investidos do poder de representação, em que medida os atos por estes realizados em nome da sociedade são a ela vinculantes, se vierem a extravasar os limites estatutários estabelecidos para o exercício da representação social?

1. Ao contrário do que ocorre com os demais tipos societários, a organização dos poderes na sociedade anônima não é deixada à liberdade negocial dos particulares, tendo o legislador discriminado os poderes-funções, atribuindo-os aos órgãos próprios: o poder deliberante à assembléia, o poder de gestão e de representação à administração e o poder sindicante ao conselho fiscal. São órgãos insuprimíveis e inconfundíveis. A representação é privativa do órgão diretivo (art. 138, § 1º), não podendo ser outorgada a outro órgão, criado pela lei ou pelo estatuto (art. 139).

1.2 A questão pode ser encarada, no mínimo, sob três aspectos. O primeiro aspecto é o do ato afrontoso ao objeto social. Como é sabido, as sociedades devem ter um objeto social, definido de "modo preciso e completo" *no estatuto* (Lei 6.404, art. 2º, § 2º), delimitando, assim, a atividade empresarial e, por conseqüência, o raio de atuação de seus diretores. Se esses diretores, mesmo atendendo aos limites formais de seus poderes, realizam atos estranhos ao objeto social, podem esses atos obrigar a sociedade? Quais são as conseqüências desses atos?

1.3 Um segundo aspecto do problema: os poderes de representação dos administradores, ainda que se atendo à atividade objeto da sociedade, podem ser limitados convencionalmente pelos estatutos. O que ocorre quando os administradores realizam em nome da sociedade atos que, embora se situem dentro do objeto social, infrinjam os limites estatutários? Quais as conseqüências desses atos?

Haveria ainda cogitar de um terceiro aspecto da questão. Mesmo obedecidos os limites fixados pelo objeto social e pelas normas estatutárias relativas ao exercício do poder de representação, os administradores podem realizar atos ilícitos em nome da sociedade. Seriam eles vinculantes para a sociedade?

1.4 Excluindo esse último aspecto, que não tem pertinência imediata com o presente trabalho, examinemos a questão do regime jurídico imprimido às limitações estatutárias ao poder de representação dos administradores e as conseqüências atribuídas aos atos violadores desses limites, realizados *fora e dentro do objeto social*.

Na medida em que a questão, nessas duas vertentes, vem constituindo uma permanente preocupação no Direito comparado, cumpre abordar preliminarmente as tendências reveladas, nós últimos anos, nas várias legislações. Esse exame comparativo nos habilitará a compreender a posição que vem sendo assumida pelo Direito nacional a respeito da matéria.

2. Atos estranhos ao objeto social

2.1 Vejamos o primeiro aspecto da questão: os atos estranhos ao objeto social. Se as sociedades anônimas, como todas as pessoas jurídicas, têm capacidade genérica para adquirir direitos e obrigações, como lhes reconhece o ordenamento legal, obviamente têm também aptidão específica para exercê-los. Não sendo porém dotadas de uma individualidade psicofísica para os exercer, já que são entes de razão, devem elas se valer de *órgãos de representação*, para que possam travar relações jurídicas na ordem externa, seja com outras pessoas jurídicas, seja com pessoas naturais. Via de regra, há nas sociedades coincidência entre esses órgãos de representação e os de gestão, atribuindo-se à administração essa representação social (Código Civil, art. 17). Nas sociedades anônimas, adotem elas ou não a estrutura binária de administração, com Conselho de Administração e Diretoria, essa representação, como dissemos, é sempre reservada ao órgão diretivo, por determinação de lei (Lei 6.404, art. 138, § 1º).

2.2 Ora, os órgãos administrativos são compostos necessariamente por pessoas físicas (Lei 6.404, art. 146), que não são meros intermediários ou simples representantes da vontade da pessoa moral, mas membros do órgão societário encarregado da função de manifestar a vontade coletiva aos terceiros. A rigor, portanto, as sociedades não são propriamente *representadas* pelos membros dos órgãos administrativos nos atos jurídicos em que intervêm, já que, através dos mesmos, são elas próprias que se *apresentam* perante o mundo externo.

Os administradores das sociedades, investidos do poder de representação, agem, assim, *encarnando-as*, como se fossem as próprias pessoas morais. Na realidade, como tem sido enfatizado, a representação pressupõe duas vontades, a do representante e a do representado, enquanto que, na espécie, há uma só vontade, que é a da entidade, *exteriorizada* pelos membros do órgão incumbido dessa função.

2.3 Carece, portanto, de sentido querer derivar da expressão "representação social" mais conseqüências que as de pura conveniência terminológica. Os administradores, investidos do poder de representação, agem como se fossem a própria sociedade, já que a administração, de que participam, constitui um órgão integrante do organismo societário. Exercem, assim, a chamada *representação orgânica*, decorrência da estrutura íntima das pessoas coletivas. Por conseqüência, agindo como se fossem a própria pessoa jurídica, é lógico que o poder de representação – ou de *presentação*, como queiram[2] – deve estar circunscrito à *capacidade jurídica* da entidade representada, que é limitada e orientada no sentido de determinada finalidade.

2.4 De fato, enquanto a pessoa natural encontra na sua capacidade a expressão plena de sua alteridade ou do seu poder de ação, com linhas de generalidade, que lhe asseguram extensão ilimitada, as pessoas jurídicas, pela sua própria natureza, têm *capacidade jurídica limitada*, faltando-lhe a titularidade daqueles que a transcendem, como os de família, ou de sucessão legítima, e de outros inerentes à pessoa humana. Ademais, as sociedades também têm a sua capacidade restrita à órbita de sua atividade própria, tal como fixada nos atos constitutivos. As pessoas jurídicas são constituídas para cumprir uma determinada missão e, por conseguinte, dotadas de uma capacidade específica para cumpri-la. A essa capacidade especializada, ditada pela finalidade para a qual foram constituídas, dá-se o nome de "especialização estatutária" (*spécialité statutaire*, pois a noção é de matriz francesa),[3] correspondente continental do conceito do *ultra vires societatis*, vigente no Direito anglo-americano.[4]

2.5 Segundo essa noção, a pessoa jurídica é constituída em razão de uma determinada e especial finalidade, e só na medida em que se circunscreve a esse escopo é que o ato realizado em seu nome e por sua conta pelos seus representantes legais é a ela imputável. Ou seja, a atividade das sociedades não pode ultrapassar os limites do *objeto* que lhes foi assinado convencionalmente pelos seus associados no ato constitutivo, de sorte que os *atos estranhos* ao objeto social, realizados ao arrepio dos limites dentro dos quais têm elas a capacidade de agir, não as vinculam aos terceiros. Não serão necessariamente inválidos, mas inábeis para vincular a entidade representada, constituindo responsabilidade *pessoal* dos representantes infiéis.

2.6 Ocorre que essa versão da regra da especialização estatutária e do princípio do *ultra vires* – elaborada desenganadamente no interesse da sociedade e de seus acionistas e que visa a delimitar a área de discricionariedade de seus administradores, facilitando, dessa forma, a caracterização do abuso e do desvio de poder na gestão – mostrou-se fonte de graves incertezas no tráfico jurídico, com conseqüências prejudiciais tanto para terceiros, quanto para a própria pessoa coletiva.

Pois mesmo quando esses limites são vistos em termos amplos, é extremamente difícil elaborar *critérios de pertinência* de um determinado e concreto ato ao objeto

2. A expressão habilidosa foi cunhada, como se sabe, por Pontes de Miranda. À diretoria Pontes de Miranda chama de "órgão presentante e dirigente" (*Tratado de Direito Privado*, 1965, t. 50, § 5.331).

3. A *théorie de la spécialité statutaire* foi criada no século passado pelo *Conseil d'État*, in Ferrara sen., "Capacità delle persone giuridiche e sue limitazioni", *Rivista del Diritto Commerciale*, 1914, I, 327 ss., às pp. 328-329.

4. L. Michoud, *La Théorie de la Personnalité Morale et Son Application en Droit Français*, 3ª ed., por Trotabas, Paris, 1932, t. II, ns. 232 a 234; James D. Cox *et alii*, *Corporation*, Boston, 1996, v. 1, § 49.

social, enunciado de maneira abstrata nos estatutos da sociedade, que nos permita considerá-lo, num primeiro lance, regular e eficaz, ou afrontoso e ineficaz.

2.7 Com efeito, certos atos, que, à primeira vista podem afigurar-se estranhos ao objeto social, demonstram, numa segunda apreciação, pertinência com o mesmo, mormente quando encarados como *meios ou instrumentos* para a consecução da finalidade social. É o que freqüentemente ocorre em hipóteses de empréstimos, avais e atos de liberalidade, realizados pelos administradores em nome da sociedade.

De resto, é a atividade empresarial, e não os atos ou negócios jurídicos, individualmente considerados, que aos estatutos cabe definir como objeto social. Daí que a eventual variação dos meios ou instrumentos para realizar a atividade não implica, necessariamente, que determinado ato não se afeiçoe ao objeto social, nem do ponto de vista formal, nem do ponto de vista substancial.

2.8 Pois bem, essa dificuldade para se dizer, *a priori*, da inerência ou não de determinado ato ao objeto social, pode gerar, para terceiros, que estão em tratativas com os administradores da sociedade, uma situação de incerteza quanto à eficácia das operações que estão a tratar, levando-os a se retraírem e provocando, de maneira reflexa, dano à sociedade, na medida em que esta pode perder, destarte, um bom negócio. Ademais, essa situação de incerteza pode também prejudicar diretamente a sociedade, caso o terceiro contratante venha a se valer da circunstância de ser o ato quiçá incompatível com o objeto social, para esquivar-se de uma obrigação que contraiu com a sociedade, ou para contestar um direito de que esta se julga titular.

2.9 Daí que se observa uma evolução em todas as legislações, no sentido de deslocar o problema dos atos estranhos ao objeto social, do plano da *capacidade* da sociedade em que eram examinados, para o plano dos poderes dos administradores e da *eficácia* do ato.[5] Para as legislações que reconhecem o princípio da especialização estatutária das pessoas morais, ou adotam o princípio do *ultra vires*, e para as quais a capacidade de agir das sociedades é, assim, limitada ao objeto social, os atos que o excedem continuam a ser de responsabilidade *pessoal* dos administradores, que os praticaram, mas passam, doravante, a vincular a sociedade em casos de terceiro de boa-fé, dados os poderes de representação de que os diretores estão investidos. Sem embargo da responsabilidade pessoal dos administradores, firma-se, também, a responsabilidade autônoma da pessoa jurídica.

2.10 Para as legislações que não reconhecem o princípio da especialização estatutária e, para as quais, as sociedades têm plena capacidade de agir, independentemente da atividade circunscrita pelo estatuto (como é o caso do Direito germânico), os atos estranhos ao objeto social, praticados pelos administradores em nome da sociedade, são sempre vinculantes para a sociedade, nas *relações externas* com terceiros, servindo o objeto social exclusivamente para definir a responsabilidade dos administradores, no campo das *relações internas* da sociedade. Essa situação só se altera, sendo a limitação também oponível a terceiros, se houver má-fé destes, que se valeriam intencionalmente da tutela oferecida pelo princípio da inoponibilidade das restrições estatutárias ao poder de representação, para realizar negócios a dano da sociedade, ciente do abuso praticado pelo representante social, ou mesmo em conluio com ele.

Ora, aparentemente contrapostas, essas diferentes legislações tornam-se *convergentes*, na medida em que emprestam aos atos estranhos ao objeto social, praticados pelos administradores, a condição de

5. Pierre Van Ommeslaghe, *Le Régime des Sociétés par Actions et Leur Administration en Droit Comparé*, Bruxelles, 1960, pp. 471 e ss.

inoponibilidade *aos terceiros de boa-fé*. No primeiro caso, a regra é a da oponibilidade, ou seja, a de que os atos que ultrapassam o âmbito definido pelo objeto social nunca empenham a responsabilidade da sociedade, a não ser na hipótese de terceiros de boa-fé, que desconheciam a inadequação do ato ao objeto da sociedade. No segundo caso, a regra é a da inoponibilidade, ou seja, a de que o atos realizados pelos seus administradores, inclusive os que extravasam do âmbito do objeto social, sempre vinculam a sociedade, a menos que ocorra a má-fé de terceiros, que realizem intencionalmente atos orientados no sentido de provocar dano à sociedade, conscientes do abuso praticado pelo administrador, ou com ele conluiado.

2.11 Exemplifiquemos. No Direito francês, onde prevalece o princípio da capacidade limitada das sociedades, a jurisprudência recorreu inicialmente à teoria da aparência – a teoria do *mandat apparent* – para tratar de certos casos de atos estranhos ao objeto social que pudessem "parecer" a terceiros como pertinentes à atividade estatutária, pressagiando, assim, as disposições que seriam introduzidas pela *Ordonnance 69-1176*, de 20.12.69, por força da Primeira Diretiva do Conselho de Ministros das Comunidades Econômicas Européias em matéria de sociedade. Nesse sentido, consagrou o princípio de que os atos que porventura excedam os limites do objeto social não podem ser opostos aos terceiros de boa-fé.[6]

2.12 Também na Itália, recorreu-se à *apparentia iuris* para atenuar, em favor de terceiros de boa-fé, os rigores do princípio da especialização estatutária, segundo o qual o objeto social constitui um limite inultrapassável à capacidade das sociedades e, por conseqüência, aos poderes dos administradores.[7] Os atos estranhos ao objeto social realizados pelo administrador infiel produzem efeitos em relação à sociedade, quando o seu comportamento doloso ou culposo gera uma situação de "aparente capacidade", à qual o terceiro de boa-fé deposita confiança.

2.13 No Direito alemão, que nunca acolheu nem a teoria da especialização estatutária, nem a doutrina do *ultra vires*,[8] o objeto social (*Zweck, Gegenstand des Unternehmens*) jamais constituiu um limite externo à eficácia dos atos realizados pelo órgão de representação da sociedade (o *Vorstand*), valendo tão-somente para definir a responsabilidade dos administradores, nas relações internas. O ato estranho ao objeto social, realizado pela administração, é, portanto, válido e eficaz em relação a terceiros, conforme princípio enunciado pela jurisprudência, com o conforto da doutrina.

Trata-se de aplicação, no específico campo das sociedades, de um princípio mais geral, vigente no Direito alemão por força do Código do Comércio de 1862, relativo à doutrina da *Prokura* e do *Prokurist*, segundo a qual "as limitações convencionais aos poderes de representação em matéria mercantil são inoponíveis a terceiros" (§ 50 do *HGB*).[9] Esse princípio se fazia presente nas leis de sociedades por ações desde 1937 (§ 74, *Abs.* 2, da *AktG* de 1937) e é reproduzido no § 82, *Abs.* 1, da *AktG* de 1965, ora em vigor:[10] "§ 82.

6. Jean-Pierre Berdah, *Fonctions et Responsabilité des Dirigeants de Sociétés par Actions*, Paris, 1974, pp. 33 e ss.

7. Gianluca la Villa, *L'Oggetto Sociale*, Milão, 1974, p. 245.

8. Ennecerus-Kipp-Wolff, *Tratado de Derecho Civil*, trad. esp., t. I-1º, § 98, p. 436: no Direito alemão "la constitución (estatutos) no puede limitar la capacidad jurídica de la persona jurídica. Diversamente también el derecho inglés en conformidad con la teoría *ultra vires* e también el derecho francés según el principio de la *spécialité*".

9. "§ 50. (Beschränkung des Umfanges) Eine Beschränkung des Umfanges der Prokura ist Dritten gengenüber unwirksam."

10. K. Lehmann, *Das Recht der Aktiengesellschaften*, Berlim e Munique, 1971, v. II, pp. 325-326.

(Limites ao poder de representação e de gestão). (1) O poder de representação dos Diretores não pode ser limitado".[11]

2.14 Estabelecida a regra da ineficácia em relação a terceiros dos limites fixados pelo objeto social, doutrina e jurisprudência alemãs admitiram temperamentos, como no caso de conluio entre representante e terceiro (*Kollusion*), e no caso de abuso de representação (*Missbrauch*) com conhecimento do terceiro, ou com o desconhecimento dele por grave negligência (*grober Fahrlässigheit*). Nesses casos, concede-se à sociedade a exceção prevista no § 826 do *BGB* aos "atos contrários aos bons costumes (*guten Sitten*)", legitimando-a a protestar pela ineficácia do ato em relação a ela e a postular a reparação do dano sofrido.[12]

2.15 A justificativa usada pela doutrina alemã para a adoção da regra da inoponibilidade das limitações estatutárias a terceiros – salvo as aludidas exceções – reside na necessidade de se tutelar prioritariamente o tráfico jurídico (*Verkehrsicherheit*), ao invés de proteger apenas os interesses da companhia e de seus acionistas – a mesma justificativa, aliás, a que recorreria a Diretiva das Comunidades Econômicas Européias para propor *regras uniformes* para o problema dos efeitos das restrições aos poderes de representação dos administradores das sociedades, relativamente a atos não condizentes com o objeto social, nas legislações dos Estados-membros. Com efeito, em 9.3.68, a Diretiva CEE 68/151, destinada a coordenar as normas sobre sociedades de capital nos Estados-membros, e dar proteção aos interesses dos sócios e dos terceiros, em conformidade com o disposto no art. 58, alínea 2, do Tratado de Roma, estabeleceu, em seu art. 9 (1), os seguintes princípios:

"1. Os atos realizados pelos órgãos sociais obrigam a sociedade, ainda que esses atos sejam estranhos à sociedade, a menos que excedam os poderes que a lei atribui ou permite que se atribua a esses órgãos.

"Entretanto, os Estados-membros podem prever que a sociedade não estará vinculada com relação aos atos estranhos ao objeto social, se a sociedade prova que terceiro tinha ciência de que o ato era estranho ao objeto social, ou não podia ignorá-lo, em face das circunstâncias, não valendo como prova a mera publicação dos estatutos."[13]

2.16 Das disposições comunitárias, acima reproduzidas, podemos extrair as seguintes conclusões:

1ª) Prevalece no Direito comunitário a regra de que os atos que exorbitam dos limites estatutários estabelecidos pelo objeto social, realizados pelos administradores investidos do poder de representação, são válidos e eficazes em relação a terceiro e obrigam a sociedade, a menos que excedam os limites que *a lei* atribui ao exercício desse poder, que os terceiros não podem ignorar.

Assim, por exemplo, a lei das anônimas restringe o poder de representação da Diretoria em atos de alienação de bens do

11. "§ 82. (Beschränkungen der Vertretungs- und Geschäftsführungsbefugnis) (1) Die Vertretungsbefugnis des Vorstands kann nicht beschränkt werden."

12. "§ 826. (Sittenwidrige vorsätzliche Schädigung) Wer in einer gegen die guten Sitten verstossenden Weise einem anderen vorsätzliche Schäden zufügt, ist dem anderen zum Esatze des Schadens verpflichtet."

13. Ralph H. Folsom, *European Community Business Law*, 1994, p. 465: "Article 9.1: Acts done by the organs of the company shall be biding upon it even if those acts are not within the objects of the company, unless such act exceed the powers that the law confers or allows to be conferred on those organs. However, Member States may provide that the company shall not be bound where such acts are outside of the company, if it proves that the third party knew that the act was outside those objects or could not in view of the circumstances have been unware of it; disclosure of the statutes shall not of itself be sufficient proof thereof".

ativo permanente, de constituição de ônus reais e de prestação de garantias a obrigações de terceiros, condicionando-os à prévia autorização do Conselho de Administração (art. 142, VIII). Exceção feita, porém, a esses *limites legais*, nenhuma outra restrição seria oponível aos terceiros.

2ª) Os Estados-membros podem prever que a sociedade também não estará comprometida com o ato estranho ao objeto social, se provada a má-fé do terceiro, sendo certo que a simples publicidade dada ao estatuto social pelo registro competente não vale para excluir a boa-fé de terceiros, visto que a publicidade, só por si, é insuficiente para estabelecer um elo entre o ato individual e o objeto social, nas circunstâncias concretas em que ele é realizado.

3ª) A incompatibilidade entre o ato e o objeto social pode ser oponível a terceiros de má-fé, se a sociedade provar que os mesmos tinham efetivamente ciência de que o ato era estranho ao objeto social, ou não podiam ignorá-lo, dadas as circunstâncias que autorizam se *presuma* tivessem eles esse conhecimento.

2.17 Editadas essas disposições comunitárias em 1968, adotando a regra da inoponibilidade das limitações estabelecidas pelo objeto social, agasalhadas no estatuto da sociedade, foram elas incorporadas, ato contínuo, às legislações nacionais. Assim, a Ordenação francesa 69-1176 de 20.12.69, reproduz fielmente os termos do art. 9 da Diretiva CEE 68/151, acima transcrito, no seu art. 2º, relativo às sociedades de responsabilidade limitada, estendido às sociedades anônimas, nos seus arts. 3º, 4º e 5º, dizendo: "Article 2. La société est engagée même par les actes du gérant ne relevant pas de l'objet social, à moins qu'elle ne prouve que tiers savait que l'acte dépassait cet objet, ou qu'il ne pouvait l'ignorer, compte tenu des circonstances, étant exclu que la seule publication des statuts suffise à constituer cette preuve".

2.18 Da mesma forma, o Decreto Presidencial italiano 1.127, de 29.12.69, dando uma nova redação ao art. 2.384 do Código Civil (que adota o princípio de que "os administradores que têm a representação da sociedade podem realizar todos os atos que se circunscrevem no âmbito do objeto social"), introduziu o art. 2.384-*bis,* relativo aos atos que venham a exceder os limites do objeto social, que também vinculam a sociedade, exceto com relação aos terceiros de boa-fé, *in verbis*: "Art. 2.384-*bis. (Atti che eccedono I limiti dell'oggetto sociale)*. L'estraneità all'oggetto sociale degli atti compiuti dagli amministratori in nome della società non può essere opposta ai terzi in buona fede".

2.19 No Direito anglo-americano, observou-se evolução semelhante com respeito à teoria do *ultra vires*, com a introdução de um complexo de corretivos em favor do terceiro contratante. No Direito inglês, antes da uniformidade imprimida pela CEE, a que se alinhou através da *European Communities Act* de 1972, já se ensaiava uma tutela de terceiros mercê a prática estatutária de definir o objeto social de uma forma exaustiva (*inflated objects clause*), a culminar numa cláusula final que emprestava a cada elemento desse amplo elenco uma autonomia que facilitava o comprometimento da sociedade (*independent objects clause*).

Em 1966, uma significativa decisão alargou mais ainda o alcance da eficácia dos atos realizados pelos administradores junto a terceiros. Trata-se da decisão da *Court of Appeals* no caso *Bell Houses Ltd. v. City Wall Properties Ltd.* ([1966]2 Q.B. 656 ss, C.A.), que reputou válida uma *subjective objects clause*, que conferiu aos administradores das companhias o poder de realizar todo ato que "na sua opinião" tivesse conexão com o objeto social.[14] Essa

14. "Allowed the company to carry on any other trade or business which can, in the opinion of the board of directors, be advantageously carried on by, in connection with, or ancillary to, any of the above businesses of the company" (in Gore-Browne, *On Companies*, London, 1972, p. 30).

tendência da jurisprudência britânica tinha por escopo, não propriamente o repúdio da doutrina do *ultra vires*, mas a introdução de um mecanismo que viesse a dar proteção aos terceiros *dealine with a company in good faith*.[15]

2.20 Com a consolidação da *section* 9 da *European Communities Act 1972* na *section* 35A da *Companies Act 1985* (posteriormente nas *sections* 108 a 110 da *Companies Act 1989*), ficou consagrada a regra da inoponibilidade aos terceiros de boa-fé dos atos que excedam o objeto social estabelecido no estatuto, *verbis*: "35A. (1) In favour of a person dealing with a company in good faith, the power of the board of directors to bind the company or authorise other to do so, shall be deemed to be free of any limitation under the company's constitution".

2.21 No Direito norte-americano, de maneira análoga, o alcance da doutrina do *ultra vires* foi-se reduzindo, por força da prática do *all-purpose clauses,* terminando a maioria das leis estaduais a adotar a regra da plena capacidade das sociedades, "*equivalent to those of natural persons*", inclusive para a realização de atos estranhos ao objeto social, não se examinado mais a questão sob o ângulo da capacidade (*capacity*) da sociedade, mas sob o prisma dos poderes (*authority*) dos administradores para vincularem a sociedade, que não se cingiriam apenas aos poderes expressos nos estatutos, mas compreenderiam também poderes implícitos e poderes aparentes ou ostensivos.[16]

Nesse sentido, o *ABA-ALI Model Business Corporation Act* praticamente aboliu esse conceito de seu contexto, a não ser para estabelecer *internamente* a responsabilidade dos administradores, se agirem *ultra vires*, fixando a regra de que as disposições estatutárias não são oponíveis a terceiros de boa-fé (*section* 7), a saber: "No act of a corporation and no conveyance or transfer of real or personal property to or by a corporation shall be invalid by reason of the fact that the corporation was without capacity or power to do such act or to make or receive such conveyance or transfer, but such lack of capacity or power may be asserted: (a) In a proceeding by the corporation (or by a shareholder in a representative capacity) against the incumbent or former officers or directors of the corporation for exceeding their authority".

3. *As restrições estatutárias aos poderes de representação dentro do objeto social*

3.1 Passemos agora ao segundo tópico. Sobre a eficácia das limitações estatutárias aos poderes de representação dos administradores de sociedades anônimas – ou seja, aos poderes a estes atribuídos para, *dentro do objeto social*, manifestarem a terceiros a vontade da sociedade, com efeitos a elas imputáveis – há também duas correntes no Direito comparado. A primeira procura privilegiar o *interesse individual* da sociedade, orientada no sentido de exercer o controle dos próprios administradores, através da prévia limitação de seus poderes, de forma a que não possam compromete-la além desses limites. A segunda procura imprimir certeza e estabilidade às relações pactuadas pelos administradores, mesmo quando extravasam desses limites, favorecendo a tutela do *interesse geral* de terceiros que venham a entabular negócios com a sociedade.

3.2 Na primeira corrente, prevalece a oponibilidade das restrições convencionais a terceiros, desde que registradas ou publicadas para seu conhecimento. Nessas legislações, aos terceiros, que travam relações com as sociedades, impõe-se a obrigação de consultar tais registros ou publicações,

15. Gialuca la Villa, ob. cit., pp. 225 e ss.; Palmer, *Palmer's Company Law*, 1998, v. 1, § 3.303.

16. Henn-Alexander, *Laws of Corporations*, 3ª ed., 1983, p. 603; Robert Charles Clarck, *Corporation Law*, 1986, pp. 115 e ss.

a fim de tomar conhecimento sobre a verdadeira extensão dos poderes daqueles que se apresentam em nome da sociedade, já que esta só se vincula nos atos praticados pelos seus representantes no exatos limites que lhes foram franqueados.

3.3 À aplicação rigorosa desse regime, a jurisprudência opôs variados temperamentos, paralelos aos que opôs com relação aos atos estranhos ao objeto social. Assim, a sociedade ficava vinculada a terceiros quando os administradores agiam dentro dos seus poderes *aparentes*, dadas as circunstâncias dentro das quais foi ultimada a operação. Os atos realizados pelos administradores com excesso de poderes poderiam também ser vinculativos para a sociedade, se fossem por ela ratificados, ainda que de forma tácita.[17] Havendo dúvidas quanto à extensão dos poderes de representação dos administradores, em razão da dificuldade da interpretação das regras estatutárias, deveria prevalecer aquela que favorecesse os terceiros de boa-fé.

3.4 Era o sistema em vigor nos Direitos francês e italiano até recentemente. No Direito francês,[18] havia uma exceção a esse sistema de oponibilidade das restrições estatutárias a terceiros, apenas no que toca às sociedades de responsabilidade limitada. Por influência exercida pela disciplina da *Gmbtt* alemã, foi introduzido pelo art. 25 da Lei de 7 de maio de 1925 o princípio da ineficácia externa das restrições convencionais aos poderes representativos dos administradores, nos seguintes termos: *"Sauf stipulation contraire des statuts, les gérants on tous les pouvoirs pour agir au nom de la société. Toute limitation contractuelle des pouvoirs des gérants est sans effet à l'égard des tiers."*

3.5 Esse princípio das sociedades limitadas não influiu, contudo, no sistema tradicional de oponibilidade de tais restrições aos terceiros, desde que tivessem sido publicados ou arquivados no registro próprio, vigente para as sociedades anônimas. O movimento de reestruturação da Lei do Anonimato de 1867, promovida na década de 40, com a Lei de 18 de setembro de 1940 e os diplomas de 16 de novembro e de 4 de março de 1943, não agasalhou a regra introduzida em 1925 para as limitadas.

3.6 No Direito italiano, a extensão do poder de representação dos administradores de sociedades anônimas vinha definida pelo art. 2.384 do Código Civil, que fazia simples remissão às regras contidas no art. 2.298, 1, que tratam da representação nas sociedades em nome coletivo.[19] Esse dispositivo – ainda hoje vigente para as sociedades solidárias – atribui aos administradores investidos dos poderes de representação a faculdade de realizar todos os atos que estiverem abrangidos pelo objeto social, "respeitadas as limitações resultantes do ato constitutivo ou das procurações". Tais limitações porém só são oponíveis a terceiros se (a) estejam inscritas no registro competente, ou (b) se a sociedade estiver em condições de provar que esses terceiros delas tinham conhecimento.

3.7 Dessa forma, era permitido à sociedade por ações delimitar *convencionalmente* o conteúdo legal do poder de representação de seus administradores, transferindo aos terceiros o ônus de estabelecer a extensão de tal poder com base na publicidade legal, o que equivale a dizer que lhes impôs risco de eventualmente fazer uma errônea apreciação quanto à pertinência do

17. No Direito anglo-americano, essa convalidação também era admitida, com base no argumento de que os atos de um *agent* (mandatário) pode sempre ser ratificado pela "principal" (mandante). Cf. Clark, ob. cit., p. 153.

18. Claude Berr, *L'Exercice du Pouvoir dans les Sociétés Commerciales*, Paris, 1961, pp. 73 e ss.

19. "2.298. Rappresentanza della società. L'amministratore che ha la rappresentanza della società può compiere tutti gli atti che rientrano nell'oggetto sociale, salve le limitazioni che risultano dall'atto costitutivo o dalla procura. La limitazioni non sono opponibili ai terzi, se non sono iscritte nel registro delle imprese o se non si prova che i terzi ne hanno avuto conoscenza."

ato concreto à abstrata previsão da sua atividade, constante do contrato.[20]

3.8 No Direito alemão, desde o § 74, *Abs.* 2, da *AktG* de 1937, vigora princípio diametralmente oposto, segundo o qual o poder de representação dos administradores das anônimas não pode ser convencionalmente limitado, admitindo-se apenas as limitações que resultam da lei, as quais os terceiros não podem ignorar.

"§ 74. *(Limitação ao poder de representação).* (1) A diretoria, em relação à sociedade, está obrigada a respeitar a limitação do seu poder de representação, estabelecida pelos estatutos ou pelo conselho de administração, ou resultante de uma decisão da assembléia-geral tomada em conformidade com o § 103. (2) A limitação do poder de representação da diretoria não vale em relação a terceiros."[21]

O mesmo princípio continuou a prevalecer no § 82, Abs. 1, da *AktG* de 1965, hoje em vigor, com redação ainda mais peremptória:

"§ 82. *(Limitações ao poder de representação e de gestão).* (1) O poder de representação dos administradores não pode ser limitado. (2) Em relação à sociedade, os administradores são obrigados a observar as limitações ao poder de gestão estabelecido, no âmbito das disposições relativas às sociedades por ações, pelo ato constitutivo, pelo conselho de administração, pela assembléia e pelos regulamentos do órgão de gestão e do conselho de administração."[22]

3.9 Em 24.7.66, a lei francesa das sociedades comerciais 66-537 se alinhou ao regime da lei alemã, acima esquadrinhado, estendendo às anônimas o princípio já adotado na lei das sociedades limitadas, de ineficácia das limitações estatutárias aos poderes de representação dos administradores em relação a terceiros, valendo apenas internamente, para o efeito de tornar os administradores responsáveis por eventuais danos provocados pelos atos violadores desses limites: "Art. 98. (1) Le conseil d'administration est investi des pouvoirs de gestion les plus étendus pour agir en toute circunstance au nom de la société; il les exerce dans la limite de l'objet social et sous réserve de ceux expréssement attribués par la loi aux assemblées d'actionnaires. Les dispositives des statuts limitant les pouvoirs du conseil d'administration sont inopposables aux tiers".

3.10 A lei de sociedades anônimas espanhola de 1951 já havia realizado uma precoce recepção do princípio da inoponibilidade das limitações estatutárias aos poderes de representação dos administradores,[23] no art. 76, § 2, nos seguintes termos: "Art. 76. (1) La representación de la sociedad, en juicio y fuera de él, corresponde al Consejo de administración. En defecto de éste, la representación se regirá por lo dispuesto en los estatutos y en los acuerdos de la Junta general. (2) En todo caso, la representación de la sociedad se extenderá a todos los asuntos pertenecientes al giro o tráfico de la empresa".

Segundo a inteligência dada pela doutrina e pela jurisprudência espanholas à

20. Vicenzo Calandra Buonaura, in *Trattato delle Società per Azioni*, de Colombo-Portale, 1991, v. 4, pp. 128 e ss.

21. "(*Beschrankung der Vetretungsbefugnis*) I. Der Vorstand ist der Gesellschaft gegenuber verpflichtet, die Beschrankungen einzuhalten, die die Satzung oder der Aufsichtsrat fur den Umfang seiner Vertretungsbefugnis festgesetzt hat oder die sich auch aus einem Beschluss der Hauptversammlung nach § 103 ergeben. II. Dritten gegenuber ist eine Beschran-kung der Vertretungsbefugnis des Vorstands unwirksam."

22. "§ 82. (*Beschrankungen der Vertretungs- und Geschaftsfuhrungsbefugnis*) (1) Die Vertretungsbefugnis des Vorstands kann nicht beschrankt werden. (2) ImVerhaltnis der Vorstandsmitiglieder zur Gesellschaft sind diese verpflichtet, die Beschrrankungen einzuhalten, die im Rahmen der Vorschriften uber die Aktiengesellschaft die Satzung, der Aufsichtsrat, die Hauptversammlung und die Geschaftsordnungen des Vorstands und des Aufsichtsrats fur die Geschaftsfuhrungsbefugnis getroffen haben."

23. Garrigues-Uria, *Commentario a la Ley de Sociedades Anónimas*, Madri, 1953, pp. 98 e ss.

referência aos "assuntos pertencentes ao giro ou tráfico da empresa", constante da lei "no constituye por sí un límite de sua capacidad, en el sentido de que la persona jurídica sólo existe en el círculo cerrado de su fin, fuera del cual el ente se desvanece como sombra, debiendo concluirse que las personas jurídicas son reales y capaces aunque se extralimiten de su fin".[24]

3.11 Eis que, finalmente, em 9.3.68, a já comentada Diretiva 68/151 do Conselho das CEE, destinada a coordenar as normas sobre as sociedades de capital nos Estados-membros, veio a consagrar o princípio da inoponibilidade a terceiros de boa-fé das limitações convencionais do poder de representação dos administradores, nos seguintes termos:

"1. Os atos realizados pelos órgãos sociais obrigam a sociedade, ainda que esses atos sejam estranhos à sociedade, a menos que excedam os poderes que a lei atribui, ou permite que se atribua, a esses órgãos. Entretanto, os Estados-membros podem prever que a sociedade não estará vinculada com relação aos atos estranhos ao objeto social, se a sociedade provar que o terceiro tinha ciência de que o ato era estranho ao objeto social, ou não poderia ignorá-lo, à vista das circunstâncias, não constituindo prova suficiente a mera publicação dos estatutos. (2) As limitações dos poderes dos órgãos das sociedades por ações, que resultam dos estatutos ou das decisões dos órgãos competentes, não podem ser opostas a terceiros, mesmo se publicadas."[25]

3.12 Atendendo a essa recomendação comunitária, na Itália, o Decreto Presidencial 1.127, de 29.12.69, deu nova redação ao art. 2.384, introduzindo ainda o artigo 2.384-*bis* ao Código Civil de 1942, fazendo assim com que a legislação italiana – a última a manter a orientação oposta – perfilhasse o princípio da lei alemã, já acolhido pelas legislações francesa e espanhola. Assim, dispõe a nova redação do art. 2.384, que os administradores podem realizar, como representantes da sociedade, todos os atos que se[26] incluam no objeto social, respeitadas as limitações decorrentes da lei ou do estatuto. As limitações que resultam dos estatutos, ainda que publicadas, são inoponíveis a terceiros, a menos que se prove que estes agiram dolosamente, com a intenção de causar dano à sociedade. E o art. 2.384-*bis* acrescenta que os atos estranhos ao objeto social, realizados pelos administradores em nome da sociedade, são inoponíveis aos terceiros – "de boa-fé" – *in verbis*:

"*Art. 2.384. Poderes de representação.* (1) Os administradores que dispõem da representação da sociedade podem realizar todos os atos que se incluam no objeto social, salvo as limitações que resultam da lei ou do ato constitutivo. (2) As limitações ao poder de representação que resultam do ato constitutivo ou do estatuto, ainda que publicados, não são oponíveis aos terceiros, salvo se se prove que estes agiram intencionalmente a dano da sociedade.

"*Art. 2.384-bis. Atos que excedem os limites do objeto social.* A estranheza do

24. Gianluca la Villa, "Oggetto sociale e poteri di rappresentanza nelle società di capitali, con particolare risguardo alle società spagnole", in *Rivista del Diritto Commerciale*, v. LXX, 1972, I, pp. 108 e ss.

25. "*Article 9*.1. Acts done by the organs of the company shall be binding upon it even if those acts are not within the objects of the company, unless such acts exceed the powers that the law confers or allows to be confered on those organs. However, Member States may provide that the company shall not be bound where such acts are outside the objects of the company, if it proves that the third party knew that the act was outside those objects or could not in view of the circumstances have been unware of it; disclosure of statutes shall not of itself be sufficient proof thereof. 2. The limits on the powers of the organs of the company, arising under the statutes or from a decision of the competent organs, may never be relied on as against thrid parties, even if they have disclosed."

26. Vicenzo Calandra Buonaura, in *Trattato delle Società per Azioni*, Turim, 1991, v. 4, pp. 129 e ss.; Francesco Galgano, "La società per azioni", in *Trattato di Diritto Commerciale*, v. 7, Pádua, 1984, pp. 257 e ss.

objeto social dos atos realizados pelos administradores em nome da sociedade não pode ser oposto aos terceiros de boa-fé."[27]

3.13 Essa uniformização, imprimida ao regime dos efeitos das limitações estatuárias aos poderes de representação dos administradores das sociedades por ações, em todas as legislações dos Estados-membros da Comunidade Européia, foi, como já frisamos, imposta pela exigência, sentida em todos os quadrantes, de dar segurança e rapidez às relações comerciais travadas pelas sociedades, privilegiando a tutela dos terceiros contratantes, a prevalecer sobre o interesse individual das sociedades de se protegerem contra administradores infiéis. Ou seja, sobre o interesse individual da empresa deve sobrepor-se o interesse geral de todas as empresas na segurança do tráfico comercial.

A eficácia externa dos limites estatutários, como forma de proteção dos administradores, abria para os terceiros contratantes um leque de incertezas quanto à extensão dos poderes de representação dos administradores, e, por conseqüência, sobre a sorte dos negócios concluídos com a sociedade, gerando obstáculos para a própria sociedade no giro de suas operações.

3.14 Nesse sentido, é especialmente oportuna a passagem do relatório que acompanhou a proposta de coordenação das normas sobre sociedades de capital nos paises da CEE, de 19.2.64, que constituiu a primeira versão da Diretiva 68/151, acima reproduzida:

"O conceito inspirador do projeto é a necessidade de se assegurar a rapidez e a certeza do direito nas transações internacionais. O interesse dos terceiros na matéria é evidente. Mas subsiste igualmente o interesse da sociedade, porque se a sua posição jurídica é incerta, a sua validade e solidez ignoradas, e se os poderes de seus representantes são contestáveis, o terceiro renunciará a fazer negócios com ela."[28]

3.15 No Direito anglo-americano, houve idêntica guinada. No Direito inglês, com a aprovação do *European Communities Act* de 1962, ocorreu a adoção no art. 9 da Primeira Diretiva de 1968.[29] No Direito norte-americano também prevaleceu a orientação de que as restrições estatutárias aos poderes de representação dos administradores só são oponíveis a terceiros se os mesmos têm conhecimento dessas restrições. E mesmo assim, se os representantes estavam revestidos de "aparência de poder" (*apparent authority*) para vincular a sociedade, esta não poderá eximir-se da obrigação junto aos terceiros. De resto, os terceiros não têm sequer a obrigação de verificar se esses poderes aparentes sofrem restrições dos estatutos. Os estatutos dizem respeito às relações internas, com eficácia limitada aos administradores, à sociedade e aos acionistas, mas não têm efeito nas relações externas com terceiros, que são, no caso, *penitus stranei*.

27. "2.384. *Poteri di rappresentanza.* Gli amministratori che hanno la rappresentanza della società possono compieri tutti gli atti che rientrano nell'oggetto sociale, salvo le limitazioni che risultano dalla legge o dall'atto costitutivo. Le limitazioni al potere di rappresentanza che risultano dall'atto costitutivo o dallo statuto, anche se pubblicate, non sono opponibili ai terzi, salvo che si provi che questi abbiano intenzionalmente agito a danno della società. 2.384-*bis. Atti che eccedono I limiti del'oggetto sociale.* L'estraneità all'oggetto sociale degli atti compiuti dagli amministratori in nome della società non può essere opposta ai terzi in buona fede."

28. Publicado na *Rivista delle Società*, 1964, pp. 730 e ss.

29. O art. 9 desse *Act* dispõe no seu n. 1 que "in favour of a person dealing with a company in good faith, any transaction decided on by the directors shall be deemed to be one which it is within the capacity of the company to enter into, and the power of the directors to bind the company shall be deemed to be free of any limitation, under the memorandum of articles of association; and a party to a transaction so decided on shall not be bound to enquire as to the capacity of the company to enter into it or as to any limitation on the powers of the directors, and shall be presumed to have acted in good faith unless the contrary is proved". Esse artigo foi, como vimos, incorporado à legislação nacional (seção 35A da *Companies Act* de 1985).

3.16 Ademais, os estatutos, mesmo sem alteração formal, são suscetíveis de serem modificados pelos usos e costumes, de sorte que as repetidas violações dos limites estatutários pelos administradores são encarados pelas cortes como expressão de *aquiescência* da sociedade representada, ou de seus acionistas, para com as modificações introduzidas pelos atos violadores (*informal acquiescence theorie*).[30] Toda a matéria é, como se vê, disciplinada pelo Direito norte-americano, tendo por preocupação central a proteção do *third person in good faith*, ponto aliás compartilhado por todas as demais legislações acima examinadas.

3.17 Com efeito, a conclusão dessa resenha, que já vai longa, pode ser sintetizada, dizendo-se que a tendência geral das legislações é a de considerar as limitações estatutárias aos poderes de representação da administração nas sociedades anônimas inoponíveis aos *terceiros de boa-fé*, considerando com tais aqueles que, ao travarem relações jurídicas com a sociedade, não tinham efetivo conhecimento dessas limitações, não eram obrigados a conhecê-las, ou, se as conheciam, sabiam também que eram ultrapassadas pelas circunstâncias (aquiescência da representada etc.). Trata-se, portanto, como adverte um autor recente, de uma "inoponibilidade limitada". *A contrario sensu*, essas restrições são oponíveis a terceiros, quando estes delas tinham conhecimento, ou deveriam ter em razão da profissionalidade da atividade que desenvolvem, se não forem induzidos em erro, não bastando, de qualquer forma, a presunção de conhecimento que decorre da sua publicidade.

3.18 Ao agasalhar os preceitos da CEE, dando nova redação ao art. 2.384 do Código Civil, o legislador italiano fez ainda uma ressalva, que não figurava na diretiva comunitária, mas que, de qualquer forma, não representa infidelidade a ela, visto que em outros países (como na Alemanha e no nosso país) é de aplicação geral e não requer expressa previsão legal para tanto. Referimo-nos ao princípio da *exceptio doli generalis,* considerado imanente a todas as legislações. Assim, estabelece o 2º § do art. 2.384 que as limitações estatutárias, ainda que publicadas, não são oponíveis aos terceiros, vinculando a sociedade, "salvo se a sociedade prova que esses terceiros agiram intencionalmente a dano da sociedade". Essa exceção de dolo visa a proteger a sociedade, na eventualidade de o terceiro, conluiado com o administrador complacente, querer tirar vantagem ilícita da tutela oferecida pelo princípio da inoponibilidade.[31]

3.19 A exceção introduzida pela lei italiana à regra da inoponibilidade das limitações estatutárias aos poderes de representação dos administradores, inspirada na *exceptio doli* cartular constante do art. 1.993, 2º §, do *Codice Civile*, é mais radical e restritiva do que a mera exceção da boa-fé.[32]

Para que essas limitações convencionais valham em relação a terceiros não bastam a simples má-fé, entendida como tal a ciência ou a ignorância culposa do vício do

30. Cary e Eisenberg, *Cases and Materials on Corporations*, 5ª ed., Mineola, NY, 1980, p. 177, cita uma série de casos de convalidação por mera omissão que tenda a expressar a intenção de ratificar. E comenta: "This result is sometimes reached on the theory that the shareholders have acquiesced in this method of doing business". Lewis D. Solomon *et alli*, *Corporations Law and Policy*, St. Paul, 1988, pp. 272 e ss.: "Similarly, courts have held that by laws may, without formal action, be changed or waived by custom, usage, acquiescence, or unanimous consent of those by whose authority or for whose benefit they are enacted", in "Notes and Recent Decisions Corporations: Waiver or Repeal of By-Laws Through Repeated Violations by Officers", 30 *California Law Rev.* 195 (1942).

31. Calandra Buonaura, ob. cit., p. 142.

32. "Art. 1.993. Eccezioni opponibili. (...) Il debitore può opporre al possessore del titolo le eccezioni fondate sui rapporti personali con i precedenti possessori, soltanto se, nel'acquistare il titolo, il possessore ha agito intenzionalmente a danno del debitore medesimo."

ato. O art. 2.384, *in fine*, excepciona a eficácia das limitações apenas no caso da presença de comportamento doloso de terceiro, que não se exaure no mero conhecimento ou na possível ciência da disposição limitativa. Para o legislador italiano, somente no caso de ato estranho ao objeto social é que a exceção prevista pela lei fala em terceiro "de boa-fé". Em relação às restrições convencionais, a condição de oponibilidade requerida seria o dolo por parte do terceiro[33] – o que é bem mais do que a simples má-fé.

4. A posição do Direito societário brasileiro

4.1 Ora, não destoa dessa tendência universal o Direito societário brasileiro, que paulatinamente vem consagrando a corrente que entende que as limitações contratuais aos poderes de representação dos administradores, inclusive aquelas que definem a atividade objeto da sociedade, não são oponíveis aos terceiros de boa-fé, que com elas contratam, obrigando a sociedade.

4.2 No que tange aos atos que ultrapassam os limites traçados pelo objeto social, o princípio da inoponibilidade aos terceiros de boa-fé exigiu se enfrentassem vários dispositivos de lei. Como é sabido, dispõe o art. 302, 4, do Código Comercial brasileiro, de 1850, que o contrato social deverá obrigatoriamente conter, entre seus elementos "essenciais" (art. 287), a "designação específica do objeto da sociedade". "Sem que se determine o objeto, isto é, o fim da empresa" – ponderava Carvalho de Mendonça[34] –, "não há sociedade", fazendo ainda referencia, em nota de rodapé, a acórdão de 1905 do TJESP, que advertia que "a falta dessa especificação inquina o contrato de nulidade, como é expresso no § 2º do art. 682 do Regulamento 737, de 1850" – ou seja, "quando for preterida alguma solenidade essencial para a existência do contrato".

4.3 E por que a lei reputa essencial ao contrato a especificação do objeto social? Segundo Bento de Faria, "quanto ao objeto, a exigência da indicação justifica-se não só para determinar o caráter civil ou comercial da sociedade, como também para precisar as espécies de atos ou operações mercantis que constituirão o seu comércio, limitando-se assim a esfera de ação dos administradores da mesma sociedade" (*Código Comercial Brasileiro Anotado*, v. I, 4ª ed., 1929, p. 398).[35]

4.4 A finalidade da fixação do objeto social no contrato institucional era, portanto, em última instância, a de circunscrever a área de discricionariedade dos administradores, e não a de limitar a capacidade das sociedades. Daí vedar o art. 331 do Código Comercial à maioria dos sócios, que detém o poder de gerência, praticar "*operações diversas* das convencionadas no contrato sem aprovação de todos os sócios" (quando então haveria uma verdadeira alteração contratual, com a transformação do objeto social), e dispor do art. 316 que, nas sociedades solidárias, "a firma social assinada por qualquer dos sócios-gerentes, que no instrumento do contrato for autorizado para usar dela, obriga todos os sócios solidariamente para com terceiros e a estes para com a sociedade, ainda que seja em negócio particular seu ou de terceiro; com exceção somente dos casos em que a firma social for empregada em *transações estranhas* aos negócios designados no contrato".[36]

33. Baudino-Frascinelli, *Gli Amministratori delle Società per Azioni e la Responsabilità Limitata*, 1996, pp. 142 e ss.: "L'aver intenzionalmente agito in danno della società è qualcosa di più della semplice malafede".

34. *Tratado de Direito Comercial Brasileiro*, v. III, 4ª ed., 1945, n. 654, p. 124.

35. *Código Comercial Brasileiro Anotado*, v. I, 4ª ed., 1929, p. 398.

36. Para entender a redação desse artigo, não se esqueça que os legisladores de 1850 não tinham a concepção da personalidade jurídica das sociedades comerciais, a qual só seria reconhecida pela Lei do

4.5 Utilizada, pois, em negócio fora do objeto social, a firma não os vincula à sociedade, nem aos sócios que a eles não anuíram, estatuindo a alínea final do artigo que, "contra o sócio que abusar da firma social, dá-se ação de perdas e danos, tanto da parte dos sócios como de terceiros; e se com o abuso concorrer também fraude ou dolo, este poderá intentar contra ele a ação criminal que no caso couber".

4.6 Defluem desses dispositivos os seguintes princípios:

a) o Código Comercial de 1850 não fere de nulidade ou de ineficácia os atos realizados pelos administradores que excedam o objeto social; apenas absolve a sociedade, e os sócios que a eles não anuíram, da responsabilidade pelo mesmos;

b) para o Código os atos *ultra vires* não consubstanciam um defeito de capacidade ou de legitimação das sociedades, mas simplesmente uma violação dos limites postos pela lei e pelo ato institucional das sociedades aos poderes de representação dos administradores;

c) em conseqüência, o sócio que vier a abusar do seu poder de representação, empregando a firma além dos limites objetivos do ato institucional, passa a ser direta e pessoalmente responsável para com terceiros, os quais poderão inclusive acioná-lo, civil ou criminalmente, para ressarcimento dos danos eventualmente sofridos.

4.7 Em síntese, pois, a posição do Código em relação ao assunto é a de que a firma do gerente, utilizada em negócio estranho ao objeto social, não gera a vinculação da sociedade em relação aos terceiros contratantes, obrigando apenas o administrador infrator, e os que lhe foram coniventes. A dificuldade, porém, surge quando se procura precisar quais são os "negócios designados no contrato", para saber se as transações realizadas diariamente pela empresa são, ou não, condizentes com o objeto social. Pois por mais modesta que seja, toda sociedade mercantil, na consecução do seu *desideratum,* realiza uma série de atos jurídicos, que não constituem propriamente o seu objeto social específico, embora mantenham com a atividade societária uma relação de *instrumentalidade ou conexão,* orientando-se no sentido da mesma finalidade empresarial.

4.8 Daí porque é extremamente difícil, no curso normal das operações, traçar, com segurança e rapidez, em cada caso concreto, a linha demarcatória entre atos que se inserem e atos que não se inserem no círculo das "operações convencionadas no contrato":

"Este é", afirmou-o Waldemar Ferreira no *Tratado de Sociedades Mercantis* (1958), "o ponto nevrálgico, o *punctum saliens.* Questão de fato é sempre a de saber se o negócio é de interesse da sociedade ou estranho ao seu objeto. Há sempre necessidade de medir bem e pesar as coisas para que se não pratique erronia prejudicial a terceiros".[37]

E no *Tratado de Direito Comercial* (1961) volta o Mestre a abordar esse tópico: "É difícil realmente ao terceiro, que contrata de boa-fé com o sócio-gerente de sociedade comercial averiguar, em certos casos, se o negócio, que com ele trata, é estranho ao objeto para que ela se constituiu".[38]

4.9 Dada essa impossibilidade de se formular um juízo *a priori* sobre a concreta pertinência de um ato em relação a uma determinada atividade, podendo uma série de atos ser complementar, conexo ou compatível com a atividade da sociedade, o saudoso comercialista estendeu a orienta-

Anonimato (a partir da Lei. 3.150, de 4 de novembro de 1882), complementando-se com a promulgação do Código Civil, em 1916 (art. 16, II).

37. *Tratado de Sociedades Mercantis*, Rio, 1958, v. 2, p. 414.

38. *Tratado de Direito Comercial*, São Paulo, 1961, 3 v., p. 368.

ção propugnada por Carvalho de Mendonça para todos os casos de abuso de poderes, caracterizados pela inobservância de limitações estatutárias ou legais ao poder de representação dos administradores, inclusive para os atos estranhos ao objeto da sociedade, declarando inoponíveis em relação aos *terceiros de boa-fé* as delimitações feitas no contrato social:

"Assim o é, e valha a observação de J. X. Carvalho de Mendonça, porque entre o *terceiro de boa-fé*, que não tem o direito de fiscalizar ou intervir na sociedade, os sócios, vítimas da sua própria imprevidência ou negligência na escolha do gerente infiel, mais eqüitativo é que sofram o prejuízo os que para ele concorreram direta ou indiretamente. Contra o sócio-gerente que abusa da firma social podem os outros sócios ou terceiros haver as perdas e danos. Se algum dos sócios é cúmplice da fraude ou do dolo do sócio-gerente não pode reclamar coisa alguma contra este. A lei visa a amparar a *boa-fé dos terceiros* que tratam com a sociedade. Tenha-se sempre em consideração esse alvo legal e todas as questões a respeito serão aplanadas (...)".[39]

4.10 No mesmo sentido Bento de Faria no seu *Código Comercial Brasileiro Anotado* (v. 1, p. 429), de 1929, já se pronunciara: "As sociedades comerciais têm uma vontade real, isto é, uma capacidade de querer, uma capacidade de obrigar. Os seus administradores ou gerentes são os órgãos de sua vontade, e não mandatários no sentido rigoroso e exatamente jurídico da palavra. Assim, não valem relativamente a terceiros as restrições ou limitações feitas, no contrato social, do emprego da firma pelo sócio-gerente".

4.11 Consagrado esse entendimento com relação às sociedades disciplinadas no Código Comercial, cogitou-se de saber o que dizia sobre a matéria a Lei das Sociedades por Quotas, de responsabilidade limitada. O Decreto 3.708, de 1919, de maneira pouco incisiva e sistemática, procurou ajustar esses mesmos preceitos ao regime das sociedades por quotas, em três artigos intercalados a assuntos de natureza diversa.

Assim, o art. 10 declara que "os sócios-gerentes ou que derem o nome a firma não respondem pessoalmente pelas obrigações contraídas em nome da sociedade, mas respondem para com esta e para com terceiros, solidária e ilimitadamente pelo excesso de mandato e pelos atos praticados com violação do contrato ou da lei". E o art. 11 afirma caber "ação de perdas e danos sem prejuízo da responsabilidade criminal contra o sócio que usar indevidamente da firma social ou que dela abusar". Por fim, o art. 14 diz que "as sociedades por quotas, de responsabilidade limitada, respondem pelos compromissos assumidos pelos gerentes, ainda que sem o uso da firma social, se forem tais compromissos contraídos em seu nome ou em proveito, nos limites dos poderes da gerência".

4.12 Como acentuou Sylvio Marcondes,[40] basta o confronto desses dispositivos com os do Código Comercial, para nos convencermos da influência que o diploma em tela recebeu da disciplina das sociedades em nome coletivo. Assim, ao indagar da repercussão dos atos estranhos ao objeto social no seio das sociedades limitadas, frente a terceiros que de boa-fé contrataram com a sociedade, Egberto Lacerda Teixeira se limitou a reproduzir as considerações do Direito pátrio a respeito dos dispositivos relativos à gerência das sociedades solidárias, acima citados.[41] Em síntese, a firma do gerente de uma sociedade por quotas, utilizada em negócios estranhos ao objeto social, em princípio, não obriga a sociedade, a não ser no caso de

39. *Tratado*, ob. cit., p. 368.

40. *Ensaio sobre a Sociedade de Responsabilidade Limitada*, São Paulo, 1940, n. 81, p. 146.

41. *Das Sociedades por Quotas de Responsabilidade Limitada*, 1956, n. 51, pp. 106-107.

terceiro de boa-fé, quando, então, passa a ser vinculativo para a entidade, que responderá pelo ato do administrador faltoso (CC, art. 1.518), com direito de regresso contra o mesmo (CC, art. 1.521, III c/c arts. 1.522 e 1.524).

4.13 No que toca às sociedades anônimas, a orientação mais recente também não tem sido diferente. Se não, vejamos. O Decreto 434, de 1891 – para não nos alongarmos na notícia histórica – impunha a necessidade de se especializar o *objeto essencial* da sociedade (art. 128, 2ª alínea), que era, ademais, inalterável durante a sua existência por deliberação da assembléia-geral. Era lícito tão-somente ampliá-lo ou restringi-lo. Já para modificá-lo, impunha-se a dissolução da sociedade a fim de, com seus elementos, constituir-se outra, com o consentimento unânime dos acionistas.

4.14 Na vigência do Decreto-lei 2.627, de 1940, passou-se a admitir a mudança do objeto "essencial" da sociedade por deliberação assemblear (art. 105, *d*), introduzindo-se, em contrapartida, o direito de retirada em favor do acionista dissidente (art. 107). A partir daí tornou-se viável a hipótese de a assembléia convalidar os atos praticados pelos administradores fora do *objeto social*, dada inclusive a amplitude do poder conferido à assembléia-geral, a qual "tem os poderes para decidir todos os negócios relativos ao objeto da companhia e tomar as resoluções que julgar convenientes à sua defesa e desenvolvimento" (art. 87). Tratava-se da aplicação do princípio geral da ratificação dos atos jurídicos do Código Civil (arts. 148 e 149), inclusive mediante a providência sanatória tácita (art. 150).

4.15 No que concerne à relação objeto social-poderes dos administradores, já se entendia, na vigência dos diplomas de 1891 e 1940, que o objeto social tinha por escopo limitar os poderes dos administradores, mas não o de restringir a capacidade das sociedades. Assim dispunham expressamente os arts. 101, al. 1ª, e 102, al. 2ª, do Decreto 434, de 1891.[42] No Decreto-lei 2.627 não havia dispositivos análogos, mas era a opinião dos comentadores mais autorizados. Ambas as leis se limitaram a dizer que os administradores eram *pessoalmente responsáveis* por atos estranhos ao objeto social por eles praticados em nome da sociedade. Nesse sentido dispunham os arts. 109, al. 2ª, do Decreto 434 (que fala em "excesso de mandato")[43] e 121, II, do Decreto-lei 2.627 (que fala em atos "violadores da lei e dos estatutos"). Não esclarecem, contudo, se as sociedades seriam igualmente responsáveis pelos mesmos atos.

4.16 A Lei 6.404, de 1976, ao implantar novo regime legal às sociedades por ações, impôs, no art. 2º, § 2º, que o estatuto social devia definir o objeto social "de modo preciso e completo", advertindo a *Exposição de Motivos*, a propósito desse artigo, que essa exigência "limita a área de discricionariedade dos administradores e acionistas majoritários e possibilita a caracterização de modalidades de *abuso de poder*".[44] Esse dispositivo se liga a outro,

42. "Art. 101. Os poderes dos administradores serão definidos nos estatutos ou no contrato social. No silêncio ou omissão do contrato social ou dos estatutos, subsistirão os seguintes princípios: 1) Os administradores reputam-se revestidos de poderes para praticar todos os atos de gestão *relativos ao fim e ao objeto da sociedade* (...) Art. 103. Não podem os administradores, salvo menção no estatutos, (...) 2) contrair obrigações e alienar bens e direitos, exceto se esses atos *se incluem nas operações que fazem objeto da sociedade*."

43. "Art. 109. Os administradores são responsáveis: (...) À sociedade e a terceiros pelo excesso de mandato."

44. No caso específico das companhias de economia mista, o art. 237, *caput*, da LSA dispôs que "a companhia de economia mista somente poderá explorar os empreendimentos por exercer as atividades presentes na lei que autorizou a sua constituição". Introduziu-se assim o conceito de *objeto legal*, ao lado do objeto social estatutário, o que significa a adoção no específico campo desse tipo societário do *regime da estrita legalidade*, imposto pela Constituição Federal (art. 37, *caput*). Ora, aí também o ato exceden-

que atribui o *direito de recesso* ao acionista dissidente, inconformado com a mudança de objeto da companhia (art. 137), que já existia no diploma anterior, assim como a dispositivos novos, que vieram reforçar a responsabilidade dos administradores, que passaram a responder por *desvio de poder* (art. 154), vedando-lhes a participação quando haja *conflito de interesse* com a companhia (art. 156), e os tornando pessoalmente responsáveis por *atos violadores da lei e dos estatutos* (art. 158, II).

4.17 Ao enfatizar que a finalidade do objeto social, definido de "modo preciso e completo" no estatuto, é delimitar o poder de ação dos diretores, responsabilizando-os pelos atos que excedam esses limites, a lei acionária em vigor – a exemplo das anteriores – continua a não esclarecer se a sociedade responde, ou não, perante terceiros de boa-fé, pelos atos por eles praticados que extravasam o âmbito do objeto social. A resposta a essa indagação, no entanto, viria através da doutrina e da jurisprudência mais recentes, que sustentam que a responsabilização pessoal dos administradores não desonera a sociedade da *responsabilidade autônoma* pelos atos excedentes aos limites legais e estatutários, incluindo entre os mesmos os atos estranhos ao objeto estatutário.

4.18 Nesse sentido, lembra Bulgarelli[45] que a Lei 6.404 acena até para a exclusão da responsabilidade do administrador (que tenha agido *intra* ou *ultra vires*), ao dispor, no art. 159, § 6º, que o juiz poderá reconhece-la, se convencido de que o administrador agiu de boa-fé e visando ao interesse da companhia.

4.19 A doutrina e a jurisprudência passa a encarar a questão do abuso ou excesso de poderes em sua configuração lata, abrangendo tanto os casos em que o administrador pratica atos estranhos ao objeto estatutário, como os em que realiza atos com inobservância das restrições convencionadas no estatuto aos poderes de representação dos diretores. Duas razões básicas são alinhadas pelos doutrinadores, para sustentar essa posição unitária. Primeiro porque, embora praticados por representantes, a rigor são atos da sociedade, pelo que cabe responder por eles por comportamento próprio (já que os administradores, como componentes do órgão administrativo, são, eles mesmos, parte integrante do organismo societário), ressalvando-se-lhe sempre o direito à ação regressiva contra os representantes que agiram à margem dos estatutos. Segundo, porque a dinâmica com que se realizam os negócios exige que, em todas as relações comerciais, mormente entre empresas e terceiros, se presuma a boa-fé das partes (CCom, art. 131, al. 1).

4.20 Daí a consagração do princípio da inoponibilidade a terceiros de boa-fé de cláusulas restritivas aos poderes de representação da administração, porventura existentes nos estatutos das sociedades por ações, inclusive no tocante ao objeto social. Sempre, sem prejuízo, repita-se, da responsabilidade pessoal destes perante a sociedade, já que essas limitações possuem *eficácia interna* nas relações entre a sociedade e seus administradores.

4.21 No império das leis acionárias revogadas, autores de nomeada ofereciam resistência a essa doutrina, baseados no princípio da *publicidade do estatuto* perante terceiros, pois é exatamente na salvaguarda do interesse destes, e das relações jurídicas com eles contraídas, que se registram e se publicam os atos sociais (cf. Lei 6.404, os dispositivos relativos ao ato institucional – art. 98 – e à eleição dos diretores – art. 146). Em vista disso, sustentava Cunha Peixoto que os atos que excediam os limites fixados nos estatutos não obrigavam a sociedade perante terceiros, visto

te não deixa de vincular a sociedade a terceiro, dado o princípio da *responsabilidade objetiva* que prevalece no caso das entidades da Administração Pública, com ação de regresso contra o servidor faltoso (CF, art. 37, § 6º).

45. Waldirio Bulgarelli, *Questões de Direito Societário,* São Paulo, 1983, p. 15.

que "os estatutos estavam arquivados na Junta Comercial e esse registro é feito justamente para valer contra terceiros. Assim, consoante as normas informadoras do registro, há presunção de seu conhecimento por parte de todos. Ninguém pode ignorar a lei, e se, embora conhecendo os estatutos, a parte concordou em participar do ato com sua violação, não pode reclamar pela irresponsabilidade da sociedade no ato. Antecipadamente, ela sabia que assim o seria."[46]

4.22 Na realidade, o registro e a publicidade das cláusulas estatutárias, por si sós, não comprometem a boa-fé de terceiros, nem desobrigam a sociedade de honrar os compromissos assumidos pelos administradores com excesso ou abuso de poderes. Nesse passo, calou fundo a opinião de Eunápio Borges, quando, em sua tese *Do Aval* (1941),[47] estudou os efeitos, em relação a terceiros, das restrições contratuais ou estatutárias, aos poderes de diretores e gerentes. Sustentando que a capacidade da pessoa jurídica não depende da vontade dos sócios ou acionistas, os quais não têm o poder de, a seu arbítrio, restringi-la ou ampliá-la, já que são órgãos da sociedade, obtemperou o jurista mineiro que qualquer convenção em sentido contrário, mesmo constante de instrumento devidamente arquivado em registros públicos e publicado, seria inoperante em relação a terceiro. Tais convenções seriam perfeitamente válidas entre as pessoas que as celebraram, mas não valeriam contra terceiros. O conteúdo legal da representação atribuída aos diretores não pode ser derrogado pela autonomia privada.

4.23 A conclusão, assevera Eunápio Borges, que decorre dessas considerações, é a de que, nesses casos, a sociedade se obriga, independentemente da responsabilidade pessoal dos administradores:

"Tais convenções serão perfeitamente válidas entre as pessoas que as celebraram, gerando sua infração as conseqüências previstas no contrato. Em relação a terceiros, porém, não terão elas, em hipótese alguma, o efeito de tornar incapaz ou menos capaz qualquer daqueles contratantes. Mesmo que tal contrato esteja arquivado na Junta Comercial ou registrado no Registro de Títulos e Documentos. (...) se os atos dos gerentes ou diretores são atos da própria sociedade, agindo e exteriorizando-se através e por meio de tais órgãos, é certo que a capacidade delas decorre da lei e não se modifica para mais ou para menos, em virtude de cláusulas contratuais ou estatutárias. (...) Além de sumamente nocivo à rapidez com que devem realizar-se os negócios comerciais, é de fato impraticável exigir-se, em cada caso, que terceiros examinem, nas Juntas Comerciais, os contratos ou estatutos das sociedades com que tratam. Não valem, pois, contra terceiros, quaisquer restrições estatutárias aos poderes normais dos administradores. E seria iníquo que eles fossem prejudicados com tais restrições (...)" (ob. cit., p. 65).

4.24 Rubens Requião, no seu *Curso de Direito Comercial* (1977),[48] já no império da lei vigente, endossou a lição de Eunápio Borges, filiando-se à corrente que nega eficácia ao registro e à publicidade para tornar oponível tais cláusulas "em relação a terceiros de boa-fé, por contrariar a essência do Direito comercial, que repele o formalismo excessivo em proveito da celeridade e segurança das operações mercantis em relação ao público". Nessa corrente, coube especial papel à chamada *teoria da aparência.* O dinamismo irrefreável dos negócios, exigindo rapidez e confiança, aliado ao crescente número de operações à distancia, impõe a necessidade de se oferecer proteção ao terceiro que, de boa-fé, celebre negócio jurídico com socieda-

46. Carlos Fulgêncio da Cunha Peixoto, *Sociedade por Ações*, São Paulo, 1973, v. 4, n. 965, p. 81.

47. João Eunápio Borges, *Do Aval*, 4ª ed., 1975, n. 35, pp. 62 e ss.

48. *Curso de Direito Comercial*, São Paulo, 1977, v. I, n. 252, pp. 304 e ss.

de, que seja representada por diretor ou sócio-gerente que *aparente* poderes bastantes.

4.25 Em comentário a jurisprudência, publicado em 1971 na *RDM* 2/79, insistimos fosse tentada nas operações com excesso de mandato uma conciliação, como se faz no Direito cambiário, entre a defesa da aparência jurídica (presunção *hominis* de legalidade dos atos da administração) e a proteção aos legítimos interesses dos sócios e de terceiros de boa-fé. Nesse sentido, preconizamos a invocação da proteção da boa-fé de terceiros em situações específicas, nos casos em que esses terceiros, por não serem empresários profissionais, não têm o hábito de verificar os poderes dos diretores da contraparte. Com certa timidez, desaconselhamos a adoção, em caráter geral, de regra da inoponibilidade a terceiros dos limites estatutários ao poder de representação dos diretores, dada a possibilidade de deixar a sociedade à mercê de administradores inescrupulosos. Por sua vez, Modesto Carvalhosa ensaiou nos seus *Comentários* (1978) uma distinção entre os atos *ordinários* e os atos *extraordinários* de gestão, fazendo prevalecer o princípio da publicidade para estes últimos e o princípio da aparência para os primeiros. Ambas as colocações pecam por excesso de cautela.[49]

4.26 Na verdade, coube a Paulo Frontini, em artigo primoroso lançado na *Revista de Direito Mercantil* (1977), resumir de maneira a mais feliz a posição atual da doutrina nos seguintes termos:

"Ante a teoria da representação orgânica, o diretor ou gerente não é um representante ou mandatário da pessoa jurídica, mas, sim, um órgão desta, daí decorrendo que, nos negócios jurídicos celebrados em nome da sociedade, é esta quem ali está presente, através de um seu órgão (parte de seu organismo), e não representada, através de um representante (estranho a esse organismo); a boa-fé com que celebram os atos jurídicos deve ser presumida, e essa presunção representa larga correspondência com a realidade do mundo dos negócios, merecendo, assim, franca proteção; no âmbito da atividade negocial, a busca de crédito e as subseqüentes operações cambiais inserem-se no quadro das funções normais das sociedades; finalmente, torna-se crescente a relevância da aparência como elemento convalidador de situações formalmente irregulares em sua origem, constituídas, porém, sob o manto da boa-fé."[50]

4.27 Sob a pressão dessas circunstâncias, as ponderações da doutrina foram encontrando ressonância nos pretórios, que passaram a consagrar, de forma caudalosa, o entendimento de que, pelos motivos aventados, são irrelevantes, perante terceiros de boa-fé, as limitações estatutárias, proclamando a vinculação da obrigação à pessoa jurídica, consoante ilustram ementas dos acórdãos insertos nas *Revista dos Tribunais: RT* 377/288 (TASP), *RT* 404/175 (TJSP), *RT* 409/416 (TJGB), *RT* 417/134 (TJSP), *RT* 438/119 (TJSP), *RT* 439/119 (TJSP), *RT* 443/345 (STF), *RT* 452/69 (TJSP), *RT* 458/133 (TASP), *RT* 460/216 (STF) e *RT*-688/158 (TAMG).[51]

49. Leães, Comentários, *Revista de Direito Mercantil*, n. 2, 1971, pp. 79 e ss.; Modesto Carvalhosa, *Comentários à Lei de Sociedades Anônimas*, 1997, São Paulo, v. 3, p. 153.

50. "Responsabilidade dos administradores em face da nova Lei das Sociedades por Ações", in *Revista de Direito Mercantil*, n. 26, 1977, p. 38.

51. *RT* 377/288(TASP: Dívida contraída em nome da sociedade por seu presidente — Alegada inobservância dos estatutos — Eficácia do título não obstante); *RT* 404/175 (TJSP: idem); *RT* 409/180 (TJSP: Ainda que haja abuso da firma social, o direito de terceiro de boa-fé existe); *RT* 409/416 (TJGB: É a sociedade por ações obrigada pelos atos praticados pelos seus diretores. Estes estarão solidariamente obrigados com aquela, outrossim, se os prejuízos causados resultarem de prática sua, mas levada a efeito por culpa e com violação dos estatutos sociais); *RT* 417/134 (TJSP: O sócio-gerente que utiliza a firma em negócio que dependeria da anuência dos demais sócios, responde pelo terceiro por excesso de mandato — Obrigação da sociedade perante terceiros); *RT* 438/119 (TJSP: O aceite ou aval lançado por um úni-

co diretor obriga a sociedade perante terceiro de boa-fé, embora tenha ocorrido violação do contrato); *RT* 439/123 (TJSP: O aceito ou aval lançado por um único diretor obriga a sociedade perante terceiro de boa-fé, pouco importando haja sido violado o contrato social); *RT* 443/345 (STF: Ainda que o desvio da finalidade da firma, ou a infração de seu contrato social, resulte de ato de uma única pessoa dirigente da mesma, o abuso por ele cometido não exonera a sociedade da responsabilidade em face de terceiro de boa-fé); *RT* 452/69 (TJSP: Terceiro não pode ficar prejudicado pelo descumprimento do contrato por um dos sócios ao assumir obrigação em nome da sociedade); *RT* 458/133 (TJSP: As regras da aparência se aplicam às sociedades mormente quando o falso gerente ou diretor se comporta aos olhos de todos e para com terceiros, como se exercesse o cargo por título legítimo); *RT* 460/216 (STF: Título avalizado por sociedade anônima com assinatura de apenas um diretor, contrariando os estatutos, tem validade e eficácia cambial com relação a terceiros de boa-fé); *RT* 688/158 (TAMG: O aval prestado por sócio de pessoa jurídica não a desobriga de responder perante terceiros de boa-fé).

Doutrina

A CONCENTRAÇÃO DE EMPRESAS E A COMPETÊNCIA DO CADE

José Carlos de Magalhães

e

Onofre Carlos de Arruda Sampaio

1. Introdução. 2. A defesa da concorrência e o fenômeno da globalização. 3. A livre concorrência na Constituição de 1988. 4. A atividade vinculada do CADE. 5. Os motivos de conveniência e de oportunidade na concentração de empresas. 6. Implicações constitucionais do poder de apreciar atos de concentração de empresas. 7. Concentração de empresas no Brasil e o CADE.

1. Introdução

A internacionalização das economias nacionais, materialmente integradas pela revolução nos transportes e nas comunicações, está a exigir percepção atenta à nova ordem de valores e comportamentos que esse fenômeno gera, com a possível modificação ou superação de conceitos que se tornaram ultrapassados em face da nova realidade.

Nesse quadro inclui-se a atividade consagrada aos Estados de preservar o ambiente concorrencial, oferecendo segurança jurídica aos agentes econômicos que nele atuem ou venham a operar, impedindo que práticas danosas ao sistema da livre iniciativa prosperem e frustrem os resultados que dela se espera.

A livre concorrência constitui princípio basilar que informa o sistema político-econômico dos Estados Unidos, país que, ao contrário do Brasil, sempre preservou a livre iniciativa e a concorrência como valores fundamentais da nação. Leis foram promulgadas, estudos feitos, casos julgados, formando incomensurável acervo sobre a matéria, que tem servido de base para quantos tenham que enfrentar questões dessa natureza.

Mesmo na Europa a livre concorrência jamais constituiu princípio norteador das economias nacionais, registrando-se práticas monopolísticas e formação de cartéis em diversos países, a atestar a falta de universalidade do princípio da livre concorrência. Só recentemente, em virtude do inusitado processo de concentração de empresas, para fazer frente à crescente concorrência internacional e ante a constituição da União Européia, é que aqueles países passaram a dar ênfase às disposições dos arts. 85 e 86 do Tratado de Roma, que regulam o assunto.[1]

1. Esse controle, na verdade, visou mais a evitar que empresas sediadas fora da área comunitária

Essa modificação de comportamento coincide com o surgimento do fenômeno da globalização da economia, em que se registrou aumento significativo de aquisições, fusões e incorporações de empresas em todo o mundo, fazendo com que decisões paradigmáticas em tempos passados se mostrassem impróprias para regular concentrações empresariais motivadas por realidades distintas, antes desconhecidas.

2. A defesa da concorrência e o fenômeno da globalização

Esse fenômeno fez com que a concentração de empresas passasse a ser encarada sob ótica diversa da que se registrava no passado. Os parâmetros adotados para mercados nacionais fechados, que operavam em ambiente diverso do atual, tornaram-se inadequados para a realidade presente, em que as empresas são forçadas a formar alianças e a realizar ajustes de concentração, com fusões, incorporações ou acordos de cooperação, que lhes permitam ampliar a economia de escala e sinergia, para enfrentar a concorrência cada vez mais acirrada e, assim, sobreviver. São mudanças estruturais realizadas sob as mais diversas formas jurídicas, com o objetivo de criar condições para enfrentar concorrentes, que, por sua vez, procuram ser mais eficientes, redesenhando seus perfis e estratégias.

Nos Estados nacionais de economia fechada as autoridades muitas vezes tiveram êxito em interferir e condicionar a estrutura e o comportamento de certos setores da economia, mediante intervenção direta, com regulamentações, ou indireta, com estímulos fiscais ou creditícios. Esse poder é hoje de certa forma limitado, sobretudo pelas normas da Organização Mundial do Comércio, que impede a adoção de políticas de subsídios, ou protecionismos formais, como a abandonada reserva de mercado na área de Informática feita pelo Brasil, fazendo com que os Estados venham a depender dos agentes econômicos internos e internacionais, estes cada vez mais interdependentes e livres para atuar em economias abertas.

A adoção da política de fronteiras abertas, com o abandono da prática da substituição de importações, que, por longos anos, informou a atuação dos países não-industrializados, sobretudo dos latino-americanos, dentre os quais o Brasil, fez crescer a preocupação em dar contornos novos à legislação antimonopólio.

De fato, embora o Brasil já dispusesse, desde 1945,[2] de lei específica sobre o assunto, reformulada em 1962,[3] e de órgão estatal encarregado de disciplinar o abuso do poder econômico e as infrações à ordem econômica, o Conselho Administrativo de Defesa Econômica – CADE, jamais foi incorporada ao espírito da burocracia estatal, tenazmente apegada ao exercício do poder e ao intervencionismo que a tem caracterizado.

Pelo contrário, o protecionismo tarifário[4] contra importações, a proteção à em-

adquirissem empresas locais, ou com elas se fundissem, como forma de ingressar na União Européia e gozar das prerrogativas por ela oferecidas, do que às concentrações em si. A edição da Res. 4.064/89 da Comissão Européia, que entrou em vigor em 1991, é fruto dessa preocupação e da necessidade de se identificar concentrações de empresas cujos efeitos restringem-se a um país, distinguindo-as das que interferem com a Comunidade.

2. Lei Agamenon Magalhães, Decreto-lei 7.666/45.

3. Lei 4.137, de 10.9.62, em vigor até a edição da Lei 8.884, de 11.6.94, que a revogou expressamente (art. 92).

4. A Lei 3.244/57, denominada Lei das Tarifas, que criou o Conselho de Política Aduaneira, e o Decreto-lei 63/66 conferiram base legal para a política de importações, freqüentemente ampliada pela Carteira de Comércio Exterior – CACEX, que exercia, de fato, o poder burocrático de controlar as importações, não raro à margem da lei, mediante expedientes próprios da burocracia.

presa nacional, mediante incentivos, a imposição de barreiras tarifárias e não-tarifárias, que excluíam o produto estrangeiro similar ao nacional, mesmo quando este fosse mais caro e de pior qualidade tecnológica, o controle da importação de tecnologia,[5] o monopólio estatal de certos produtos e serviços, tidos como estratégicos, a política de controle de preços, os sucessivos congelamentos de preços e salários, que o processo inflacionário agudo provocou, criaram, sobretudo na burocracia estatal, mentalidade incompatível com a livre concorrência e com o mercado aberto.

Essa mentalidade intervencionista contrasta, atualmente, com o interesse dos países neo-industrializados, como o Brasil, que podem ser os reais beneficiários do processo de integração econômica mundial se forem capazes de atrair investimentos de capital para a instalação de indústrias voltadas à produção de bens para os mercados nacional e internacional. A esse propósito, salienta Jagdish Bhagwati[6] que os países do Sul vêem na integração na economia mundial uma oportunidade, mais do que um perigo, de que estão temerosos os países do Norte, sobretudo ante o declínio do valor dos salários dos empregados não-qualificados nos Estados Unidos e o declínio do emprego na Europa, verificado nos anos 70 e 80. Esse fenômeno tem sido apontado como responsável pela política protecionista daqueles países, invertendo a situação anterior, em que a proteção era buscada pelos países menos industrializados.[7] Curiosamente, são países como o Brasil que agora enfrentam o protecionismo norte-americano e europeu, disfarçado sob as mais diversas formas, compelindo o País a provocar a intervenção da OMC para impedir a continuação de tal política.

3. A livre concorrência na Constituição de 1988

Se no plano externo essa realidade evidencia o interesse do Brasil, como país neo-industrializado, na abertura e integração econômica, contrastando com o interesse dos países desenvolvidos em adotar práticas protecionistas para defender salários e empregos, no plano interno nota-se resistência de setores do empresariado nacional, acostumados a dispor de mercado cativo e não-concorrencial e do auxílio do Estado, bem como da própria burocracia estatal, nem sempre disposta a abrir mão de poder. Os longos anos de prática intervencionista deixaram marcas profundas que a Nação resolveu apagar ao optar, na Constituição de 1988, pela livre iniciativa e pela não-intervenção do Estado na economia.

Essa opção revela-se nos princípios gerais da atividade econômica, inscritos nos arts. 170 e ss. da CF, que dão ênfase à livre concorrência, à defesa do consumidor e do meio ambiente, dentre outros, com o afastamento do Estado da exploração da atividade econômica, salvo quando necessário aos imperativos da segurança nacional ou em virtude de relevante interesse coletivo (art. 173).

Coerentemente, dispôs a CF, no § 4º do art. 173, que "a lei reprimirá o abuso do poder econômico que vise à dominação

5. O famigerado Ato Normativo 15, do Instituto Nacional da Propriedade Industrial – INPI, tardiamente revogado, estabelecia critérios rígidos para a importação de tecnologia, podendo-se a ele atribuir certa responsabilidade pelo atraso tecnológico que afetou e afeta a indústria brasileira.

6. Jagdish Bhagwati, "The agenda of the WTO", in *Chalenge to the New World Trade Organization*, org. de Pitou van Dijck e Gerrit Faber, Kluwer Law Intenational, 1996, p. 29.

7. Segundo Bhagwati os salários reais dos trabalhadores não-qualificados nos Estados Unidos caíram sensivelmente nas últimas décadas. Em 1973 o salário por hora era de US$8,55, em 1992 caiu para US$7,43, montante equivalente ao percebido no final da década de 60. Se continuasse a tendência anterior, esse salário estaria em US12,00 por hora (ob. cit., p. 30).

dos mercados, à eliminação da concorrência e ao aumento arbitrário dos lucros" – após haver, no parágrafo único do art. 170, assegurado "a todos o livre exercício de qualquer atividade econômica, independentemente de autorização de órgãos públicos, salvo nos casos previstos em lei".

Assim, no que tange à problemática da concorrência, os parâmetros traçados pela Constituição fixaram-se no *abuso do poder econômico que objetive a dominação dos mercados, que vise à eliminação da concorrência ou que resulte no aumento arbitrário dos lucros*, significando isso que o que veda a Lei Maior é o *abuso do poder econômico*, por qualquer das formas de que se revista, e que tenda a alcançar um ou alguns dos fins previstos. Não se cogita do poder econômico legítimo, assim configurado o alcançado mediante mecanismos próprios da atividade mercantil. Mesmo o monopólio é lícito desde que não resulte de processo, gradual ou não, de eliminação de concorrentes, mediante abuso do poder econômico. Quem é titular de uma patente detém monopólio legal e sua exploração somente se tornará ilegítima se dela resultar aumento arbitrário dos lucros, ante a ausência de processo concorrencial que impeça, controle ou imponha limite em tais lucros.

A eliminação da concorrência é, igualmente, aceita pela ordem jurídica se decorre da atividade industrial ou mercantil melhor desenvolvida, com oferta de produtos com melhor tecnologia e melhor preço, sem que haja abuso do poder econômico. A disputa pelo cliente tem como pano de fundo a diminuição do poder do concorrente e tende a eliminá-lo, não sendo, por si só, ilegítima essa eliminação se não houver abuso de poder econômico ou atividade desleal ou ilícita. Esta, a propósito, a norma do § 1º do art. 20 da Lei 8.884/94, que não caracteriza como ilícita a dominação de mercado relevante de bens e serviços mediante processo natural, fundado na maior eficiência do agente econômico.

Vê-se do texto constitucional que o fundamento para a repressão consiste sempre no abuso do poder econômico. E a Lei 8.884/94, ao dispor sobre a prevenção e a repressão às infrações contra a ordem econômica, tendo de se ater aos princípios constitucionais que a informaram, e deles não se podendo apartar, sob pena de inconstitucionalidade, deve ser interpretada de acordo com tais preceitos. Dentro dessa ótica, o art. 1º da Lei 8.884/94 declara: "Art. 1º. Esta Lei dispõe sobre a prevenção e a repressão às infrações contra a ordem econômica, orientada pelos ditames constitucionais de liberdade de iniciativa, livre concorrência, função social da propriedade, defesa dos consumidores e repressão ao abuso do poder econômico".

As infrações e condutas capituladas nos arts. 20 e 21 não podem, por isso, estar dissociadas daqueles ditames. Da mesma forma, o art. 54 da Lei 8.884/94, ao regular o controle de atos e contratos que possam limitar ou prejudicar a livre concorrência ou resultem na dominação de mercados, deve ser aplicado com observância dos mesmos princípios constitucionais referidos no art. 1º, tais sejam: liberdade de iniciativa, livre concorrência, função social da propriedade e repressão ao abuso do poder econômico. Daí que estão na base de qualquer interpretação que se queira dar a tal preceito os pressupostos da *repressão ao abuso do poder econômico*, da *liberdade de iniciativa*, *livre concorrência* e *defesa dos consumidores*.

4. A atividade vinculada do CADE

Presentes os princípios constitucionais que informam a matéria e reiterados no art. 1º da Lei 8.884/94, quaisquer atos que possam prejudicar a livre concorrência ou deles resultar a dominação de mercados relevantes de bens ou de serviços devem ser submetidos à apreciação do CADE, para o exame de eventual abuso, em cumprimento ao que dispõe o art. 54 da mesma lei, assim redigido: "Art. 54. Os atos, sob qualquer forma manifestados, que possam limitar ou de qualquer forma prejudicar a livre concorrência, ou resultar na dominação de mercados relevantes de bens ou serviços, deverão ser submetidos à apreciação do CADE".

Verifica-se que o artigo estabelece que os atos nele mencionados devem ser submetidos à *apreciação* do CADE, não os vedando, nem criando exceções nos seus parágrafos, que se limitam a prever parâmetros para essa apreciação. Mesmo porque a competência da autarquia neste ponto, definida no art. 7º, XII, da Lei 8.884/94, é de "*apreciar* os atos ou condutas, sob qualquer forma manifestados, sujeitos à aprovação nos termos do art. 54, fixando compromisso de desempenho, quando for o caso".

O CADE não poderá classificar o ato de ilegal – e, por isso, determinar-lhe a desconstituição – se dele advierem os resultados previstos nos quatro incisos do § 1º do art. 54 da Lei 8.884/94, quais sejam: aumento da produtividade, melhora da qualidade dos bens ou serviços, eficiência e desenvolvimento tecnológico ou econômico, distribuição eqüitativa desses benefícios entre os participantes do ato e os consumidores e não-eliminação de parte substancial do mercado relevante dos bens e serviços objeto do ato, com observância estrita dos limites necessários a se atingir os objetivos visados.

Da mesma forma, deverá considerá-lo regular se três das quatro condições estabelecidas no referido § 1º do art. 54 forem atendidas, desde que haja motivo de preponderante interesse da economia nacional e do bem comum, como esclarecido no § 2º do mesmo artigo.

A atuação do CADE está, dessa forma, subordinada à lei, qualificando-se seus atos como atos vinculados da Administração, não dispondo o administrador de ampla liberdade de decisão. Pois, como ensina Hely Lopes Meirelles: "Nessa categoria de atos administrativos a liberdade de ação do administrador é mínima, pois terá que se ater à enumeração minuciosa do Direito Positivo para realizá-los eficazmente. Deixando de atender a qualquer dado expresso na lei, o ato é nulo, por desvinculado do seu tipo-padrão".[8]

A jurisprudência dos tribunais brasileiros tem dado apoio à limitação do poder de decisão da Administração em casos em que a lei estabelece critérios precisos para orientar sua atividade. A esse respeito, o mesmo Hely Lopes Meirelles reproduz julgado do STF que sintetiza a matéria (in *RDA* 42/227), com a ementa seguinte: "A legalidade do ato administrativo, cujo controle cabe ao Poder Judiciário, compreende não só a competência para a prática do ato e de suas formalidades extrínsecas, como também os seus requisitos substanciais, os seus motivos, os seus pressupostos de direito e de fato, desde que tais elementos estejam definidos em lei como vinculadores do ato administrativo".[9]

Essa hipótese aplica-se inteiramente ao CADE, cuja competência, definida na Lei 8.884/94, restringe-se à apreciação de atos que possam prejudicar a livre concorrência ou resultar na dominação de mercados, além das infrações à ordem econômica definidas como tais pelos arts. 20 e 21 da mesma lei.

5. *Os motivos de conveniência e de oportunidade na concentração de empresas*

O § 2º do art. 54, por sua vez, dispõe que o CADE não poderá impugnar os atos

8. Hely Lopes Meirelles, *Direito Administrativo Brasileiro*, 24ª ed., São Paulo, Malheiros Editores, 1999, p. 101.

9. Hely Lopes Meirelles, ob. cit., pp. 101 e 102.

referidos no *caput* se três das condições do § 1º estiverem presentes, desde que demonstrada a necessidade por motivos preponderantes da economia nacional e do bem comum e ausência de prejuízo ao consumidor ou usuário final.

Neste caso, a atuação do CADE, na apreciação do ato de concentração, deve levar em conta os *motivos preponderantes da economia nacional e do bem comum* que o inspiraram e que podem estar suportados por critérios de conveniência e de oportunidade, de competência exclusiva do Executivo. A discricionariedade para a identificação de motivos preponderantes da economia nacional e do bem comum não se confunde com arbitrariedade, pois trata-se de poder exercido dentro de certos limites estabelecidos por lei, podendo, se ultrapassados tais limites, caracterizar desvio de poder.[10] Ou, como acentua Celso Antônio Bandeira de Mello: "Já se tem reiteradamente observado, com inteira procedência, que não há *ato propriamente discricionário*, mas apenas discricionariedade por ocasião da prática de certos atos. Isto porque nenhum ato é totalmente discricionário, dado que, conforme afirma a doutrina prevalente, será sempre vinculado com relação ao *fim* e à *competência*, pelo menos. Com efeito, a lei sempre indica, de modo objetivo, quem é competente com relação à prática do ato – e aí haveria inevitavelmente vinculação. Do mesmo modo, a finalidade do ato é sempre e obrigatoriamente um interesse público, donde afirmarem os doutrinadores que existe vinculação também com respeito a este aspecto".[11]

Os limites desse poder estão claramente estabelecidos no § 2º do art. 54 da Lei 8.884/94, que justifica atos que prejudiquem a livre concorrência ou resultem na dominação de mercados relevantes de bens ou serviços se estiverem presentes pelo menos três das quatro condições previstas no § 1º do mesmo artigo. Se apenas uma ou duas dessas condições forem atendidas não poderá o CADE considerar regular o ato submetido à sua apreciação, ainda que se invoque motivo preponderante da economia nacional e do bem comum. E, se assim o fizer, poderão os interessados, ou o Ministério Público, impugnar o ato perante o Poder Judiciário, pois os pressupostos legais para sua admissão, não estando presentes, não poderão ser validamente considerados.

Da mesma forma, não poderá a autarquia determinar-lhe o desfazimento se três das quatro condições forem preenchidas e existir motivo preponderante da economia nacional e do bem comum.

Uma indagação que o dispositivo, desde logo, sugere é se compete exclusivamente ao CADE decidir se há motivo preponderante da economia nacional e do bem comum para justificar determinados atos, ou se tal competência é do Estado, como um todo, assim consideradas quaisquer entidades que integram o aparato estatal. Em outras palavras, se outro órgão da Administração Federal, dentro de sua esfera de competência, entender que certo ato deve ser praticado, por consultar aos interesses da economia nacional e do bem comum, pode o CADE apreciar esses fundamento e, assim, impedi-lo? A lei não esclarece, limitando-se a dispor que se houver motivo preponderante da economia nacional e do bem comum que o justifique, e desde que não haja prejuízo ao consumidor ou usuário final, o ato pode ser considerado legítimo – sem esclarecer quem tem o poder de assim qualificar tal motivo. Sendo assim, é lícito concluir que qualquer outro órgão da Administração Federal, dentro de sua esfe-

10. Segundo Hely Lopes Meirelles: "A discricionariedade administrativa encontra fundamento e justificativa na complexidade e variedade dos problemas que o Poder Público tem que solucionar a cada passo e para os quais a lei, por mais casuística que fosse, não poderia prever todas as soluções, ou pelo menos a mais vantajosa para cada caso ocorrente" (ob. cit., p. 151).

11. Celso Antônio Bandeira de Mello, *Curso de Direito Administrativo*, 8ª ed., São Paulo, Malheiros Editores, 1996, p. 249.

ra de competência, estaria legitimado a emprestar tal qualificação ao ato.

Essa questão tem a ver com a atuação de outros órgãos da Administração Federal, como é o caso das novas agências reguladoras de atividades econômicas sujeitas a regulamentos especiais ou do Conselho Monetário Nacional e do órgão encarregado de dar cumprimento a suas determinações, o Banco Central do Brasil, que tem competência para regular as atividades das instituições financeiras em geral. Considerar o CADE como o único órgão do Estado com incumbência para definir um ato como de interesse preponderante da economia nacional e do bem comum significaria conferir a essa autarquia um monopólio que vai muito além de suas atribuições específicas.

O poder discricionário conferido com exclusividade ao CADE é o de alterar o percentual de 20% de participação em um mercado relevante, estabelecido pelo § 3º do art. 20 da Lei 8.884/94, para caracterizar posição dominante presumida, desde que para setores específicos da economia. Embora o dispositivo legal não estabeleça parâmetros, é óbvio que, tratando-se de poder discricionário, tem a autarquia o dever de motivar sua decisão, como qualquer ato administrativo. Isto porque é princípio constitucional que ninguém é obrigado a fazer ou deixar de fazer alguma coisa senão em virtude de lei (art. 5º, II, da CF), estando a Administração submetida aos princípios da legalidade, impessoalidade, moralidade e publicidade, além de outros (art. 37 da CF).

6. Implicações constitucionais do poder de apreciar atos de concentração de empresas

A apreciação, pelo CADE, dos atos de concentração ou de quaisquer outros que possam prejudicar a livre concorrência ou resultar na dominação de mercados relevantes de bens ou serviços está prevista no art. 54 da Lei 8.884/94. Se não houver abuso do poder econômico, mas de um ato determinado resultar dominação de mercado, eliminação da concorrência ou aumento arbitrário dos lucros,[12] não poderia a lei simplesmente vedá-lo sem ferir os limites estabelecidos pela Constituição. Sendo a livre iniciativa um dos fundamentos da República, juntamente com os valores sociais do trabalho, do qual não se pode apartar o objetivo de desenvolvimento nacional, que o inciso II do art. 2º prevê, deve preponderar sobre quaisquer outros que disponham sobre a atividade econômica que com ele eventualmente conflitem.

Complementando essas disposições, o inciso XVII do art. 5º da CF assegura a plena liberdade de associação para fins lícitos e o inciso XVIII afasta a necessidade de autorização para a criação de quaisquer associações, salvo para as cooperativas, que subordinou ao que a lei dispuser.[13] Nessa mesma linha, dispôs a CF, no art. 174, que o Estado, como agente normativo e regulador da atividade econômica, exercerá as funções de fiscalização, incentivo e planejamento, "sendo este determinante para o setor público e indicativo para o setor privado".

A essas normas agrega-se a do parágrafo único do art. 170 da CF, que, ao assegurar o livre exercício da atividade econômica, independentemente de autorização de órgãos públicos, ressalvou os casos previstos em lei. Esse preceito poderia induzir

12. É importante ressaltar que o aumento arbitrário dos lucros somente pode ser condenado se advém do abuso do poder econômico, como é o caso de patentes de invenção, em que somente o titular tem qualidade para explorá-las. Não sendo assim, ainda que ocorra aumento arbitrário dos lucros, desde que haja concorrência, não se pode coibi-lo legalmente.

13. Segundo José Afonso da Silva o texto constitucional abrange as sociedades lucrativas, concluindo que "(...) a liberdade de associação inclui tanto as *associações em sentido estrito* (em sentido técnico estrito, associações são coligações de fim não-lucrativo) e as *sociedades* (coligações de fim lucrativo)" (*Curso de Direito Constitucional Positivo*, 16ª ed., São Paulo, Malheiros Editores, 1999, p. 270).

à interpretação de que constitui fundamento à exigência de autorização, pelo CADE, o exercício de atividade econômica resultante de uma concentração de empresas. A norma constitucional, contudo, refere-se ao exercício de determinado tipo de atividade econômica, como a desenvolvida pelas instituições financeiras ou de seguro, ou de outras atividades sujeitas a normas e regulamentos especiais, como as telecomunicações e transportes, em que o interesse público exige controle e fiscalização, e que, por isso, dependem de autorização governamental ou estão sujeitas a regulamentação específica.

A interpretação do texto constitucional deve sempre ter como suporte os princípios básicos que a Nação elegeu como fundamentais, e dentre estes sobressai o da livre iniciativa, inscrita logo no art. 1º, IV, da CF, que, por ser um dos fundamentos, mesmo, da República, deve prevalecer sobre quaisquer outros na própria Constituição previstos. Por isso que é lícito concluir que a liberdade de associação, independentemente de autorização governamental, afinando-se com o princípio da livre iniciativa, abrange a atividade econômica em suas diversas formas.[14] E, ademais, estando a liberdade de associação prevista no art. 5º, que estabelece os direitos e garantias individuais, constitui garantia não modificável até por emenda constitucional, como previsto pelo art. 60, § 4º, IV, da CF.

Se há liberdade de associação, independentemente de autorização governamental, é lícita qualquer forma de concentração econômica resultante de uma associação entre empresas, desde que, é óbvio, dessa associação não resulte afronta ao princípio da livre iniciativa nem resulte de abuso de poder econômico. Mesmo porque o dispositivo constitucional (art. 5º, XVII) dispõe que há liberdade de associação para *fins lícitos*, ou seja, para fins não vedados por lei.

Daí que o art. 54 da Lei 8.884/94, afinado com o texto constitucional e com a realidade atual, confere poderes ao CADE para apenas *apreciar* atos ou condutas de que trata o citado artigo, exercendo, nesse passo, atividade *preventiva*, destinada a averiguar se a associação sob seu exame fere a lei, que, por sua vez, não pode ultrapassar os limites constitucionais da atividade legislativa, que se deve pautar pelos princípios fundamentais já referidos. Se, nessa apreciação, o CADE constatar que um ato já realizado fere os princípios constitucionais da livre iniciativa e decorre de abuso de poder econômico, incumbe-lhe determinar o desfazimento do ato, como previsto na lei.

Tratando-se de mera atividade preventiva de exame de atos não se pode considerar que o CADE possua o poder de autorização daqueles atos. Essa atribuição seria inconstitucional, por ferir o princípio da livre iniciativa e o da não-intervenção do Estado na economia (art. 174 da CF).

É verdade que o § 1º do art. 54 diz que o CADE poderá *autorizar* os atos a que se refere o *caput* se presentes as condições estabelecidas nos seus incisos. Mas a palavra "autorizar" foi utilizada com evidente impropriedade, não podendo significar ato que preceda, necessariamente, a prática de determinado ato pelo agente econômico, sob pena de nulidade. Tanto que o § 9º determina a desconstituição dos atos que não venham a ser aprovados, "seja através de distrato, cisão de sociedade, venda de ativos, cessação parcial de atividades ou qualquer outro ato ou providência que elimine os efeitos nocivos à ordem econômica, (...)". Todos esses atos pressupõem a eficácia – e, portanto, a validade – dos atos cuja desconstituição, distrato ou cisão se exige pela constatação, no processo de apreciação *a posteriori*, de que representam infração à ordem econômica. Daí

14. Sobre a noção de atividade econômica v. Eros Roberto Grau, *A Ordem Econômica na Constituição de 1988*, 3ª ed., São Paulo, Malheiros Editores, 1997, pp. 121 e ss.

por que a lei fala em desconstituição, e não em nulidade. Somente se desconstitui o que foi constituído e somente se distrata o que foi validamente contratado, somente se vende bem que integra o patrimônio do vendedor. Essa disposição revela também a impropriedade do vocábulo "eficácia", empregado no § 7º do mesmo art. 54: "a eficácia dos atos de que trata este artigo condiciona-se à sua aprovação, caso em que retroagirá à data de sua realização; (...)". Se o ato é ineficaz não produz efeito, e se não produz efeito não há que se falar em desconstituição mediante distrato, cisão, venda etc.

Essa impropriedade terminológica da lei não obscurece o sentido global da atuação da autarquia estabelecido nos arts. 1º, 7º e 54, que não lhe conferem poderes para autorizar quaisquer atos pelos agentes econômicos, mas o de prevenir e reprimir infrações à ordem econômica.

Se é verdade que a Constituição admitiu certa intervenção no domínio econômico, para reprimir abusos do poder econômico e preservar a livre concorrência, é verdade também que delimitou essa intervenção à fiscalização para aquele fim. Pois, como adverte o professor Miguel Reale, "houve, por conseguinte, iniludível opção de nossos constituintes por dado tipo, o tipo liberal do processo econômico, o qual só admite a intervenção do Estado para coibir abusos e preservar a livre concorrência de quaisquer interferências, quer do próprio Estado, quer do embate econômico que pode levar à formação de monopólios e ao abuso do poder econômico visando ao aumento arbitrário dos lucros".[15]

Por isso que ao se interpretar as disposições da Lei 8.884/94 não se pode perder de vista os princípios constitucionais que a informam, não se devendo erigir a autarquia em órgão cartorário, ao qual os agentes econômicos devem recorrer para obter autorização para a realização de quaisquer atos negociais ou associações de empresas. Sua competência é sempre a de apreciação desses atos, para verificar se há ou não abuso do poder econômico ou outra infração à ordem econômica, como tal definida em lei.

Ademais, as associações de empresas são, via de regra, negociadas sob o maior sigilo, para evitar prejuízos de imagem e de credibilidade das participantes, e anunciadas quando as negociações se encerraram, com a assinatura de instrumento que assegure o cumprimento dos ajustes. A submissão da eficácia desses ajustes a condição suspensiva constitui precaução que as partes podem tomar quando há dúvida sobre os eventuais efeitos no mercado e a apreciação que deles fizer o CADE. E, não obstante as decisões da autarquia possam ser questionadas perante o Judiciário, é evidente que nenhuma empresa espera discuti-las por longo período, realizando investimentos e tomando iniciativas empresariais sem ter a certeza de que a associação que realizou não venha a ser considerada como violadora da ordem econômica.

7. Concentração de empresas no Brasil e o CADE

A análise dos limites da competência atribuída ao CADE até agora feita justifica-se pela importância que a autarquia assumiu no processo de transformação por que passa o Brasil, com o abandono da política de substituição de importações e com a abertura da economia e a conseqüente admissão das importações em geral, ensejando maior volume de ingresso de novos investimento de risco, muitos em associação com empresas nacionais, outros mediante aquisição de controle acionário, em nítido processo concenfracionista, em que nem sempre fica claro qual seja o mercado relevante a ser considerado, se o nacional,

15. Miguel Reale, "Inconstitucionalidade de congelamentos", *Folha de S. Paulo*, ed. 19.10.88, p. A-3, transcrito por Eros Roberto Grau, ob. cit., p. 203, nota 12.

o comunitário do MERCOSUL ou o internacional. A atuação da autarquia passou a ser relevante diante da possibilidade de impedir ou dificultar esse processo, com a imposição de condições e entraves que desestimulem o ingresso de capitais destinados à instalação de indústrias e empresas.

Mais do que isso, enquanto que no passado constituía órgão de atuação quase que irrelevante, pois a Lei 4.137/62, que lhe deu nova configuração e contornos, contrariava a política econômica geral do País, intervencionista e favorável ao cartel, ao controle oficial de preços e à reserva de mercado, doravante sua existência é plenamente justificada para preservar a livre concorrência, desde que, contudo, não incorra no vício comum de ampliar sua competência, para tornar-se órgão intervencionista.

O País tem registrado número crescente de fusões e aquisições de empresas realizadas com o objetivo primordial de adquirir competitividade local ou internacional, diante do fortalecimento de concorrentes em ambas as esferas, sobretudo no exterior, estes de maior relevância, ante a abertura econômica generalizada verificada em todo o mundo, inclusive nos países do Leste Europeu, ávidos de investimentos estrangeiros e com mercados promissores.

As aquisições ou associações de empresas têm sido apreciadas sob os critérios estabelecidos pelo art. 54 da Lei 8.884/94 e, via de regra, consideradas dentro de padrões aceitáveis, não se tendo registrado, ordinariamente, casos de abuso de poder econômico mesmo em situações em que se constatou ampliação expressiva da participação das empresas envolvidas em determinado mercado relevante.[16] Essa orientação do CADE está afinada com a tendência internacional de formação de blocos econômicos e de concentração de empresas. A esse propósito é oportuno registrar a opinião que, sobre o assunto, esposa o professor José Afonso da Silva: "O que cumpre reconhecer, na verdade, é que não existe mais economia de mercado nem livre concorrência, desde que o modo de produção capitalista evoluiu para as formas oligopolistas. Falar hoje em economia descentralizada, como economia de mercado, é tentar encobrir uma realidade palpável de natureza diversa. A economia está centralizada nas grandes empresas e em seus agrupamentos. Daí por que se torna praticamente ineficaz a legislação tutelar da concorrência".[17]

Na verdade, pode-se dizer que, ao contrário de ineficazes, as legislações sobre concorrência ganharam impulso inusitado nos últimos anos, adaptando-se à nova realidade, constituindo instrumento indispensável para assegurar o livre jogo do mercado, impedindo o abuso do poder econômico, com a conseqüente necessidade de cooperação entre agências estatais dedicadas ao assunto.

De fato, a abertura generalizada das fronteiras nacionais, imposta até pelo sucesso da Rodada Uruguai do GATT, que resultou na Organização Mundial do Comércio, motivou agrupamentos de empresas para enfrentar, nas esferas nacionais e internacional, a concorrência de grupos

16. De fato, o CADE aprovou os seguintes atos de concentração, até abril/97: Alcan/Ficap (AC 18/94); Ferinela/Índico (AC 42/95); Minasgás/São Felício/SHV Energy (AC 49/95); Crown/Grace (AC 4/95); BASF/Routtand/Scandiflex (AC 38/95); Exxon/Nalco (AC 28/95); Akzo Nobel/PPG (AC 65/96); Carfepe/Santista (AC 25/95); Colgate/Kolinos (AC 27/94); Electrolux/Oberdorfer (AC 62/95); Cobrasma/Iochpe-Maxion (AC 03/94); Karibê/Paramount/Moinho Santista (AC 30/95); Akzo Nobel/Flexys/Monsanto (AC 40/95); Linhas Corrente/Microlite (AC 51/95); KCC/Kenko (AC 90/96); Cargil Agrícola/Cargil T&C/São Valentin (AC 98/96); Ethyl Brasil/Ethyl Co./Texaco Brasil (AC 82/96); Echlin Mecano Fabril/Trats (AC 50/96); Alcan/TI Brasil Ltda. (AC 93/96); e Smithline Beecham PLC/Sterling Winthrop Inc. (AC 32/94) (cf. *Relatório Anual 1996* do CADE).

17. José Afonso da Silva, ob. cit., pp. 769 e 770.

cada vez mais fortalecidos pela economia de escala conquistada em mercados ampliados. Esse fenômeno, percebido a tempo pelas ciosas autoridades encarregadas de zelar pela preservação da livre competição nos Estados Unidos, gerou o que naquele país se apodou de *Antitrust Revolution*, em que se admitiu maior flexibilidade à política de fusões e aquisições de empresas, em face da realidade econômica atual.[18]

Essa flexibilização, na verdade, constitui adaptação de conceitos a fatos não mais tidos como ilícitos ou violadores dos princípios que norteiam a livre concorrência. É a dinâmica dos negócios e, mais do que isso, da atividade empresarial que aconselha a revisão desses conceitos. Assim, se um ato é legítimo em determinado momento, pode ser considerado ilegal em outro, impondo-se sua revisão, ante o novo quadro em que se verificou. É o caso, por exemplo, da aplicação extraterritorial das leis antimonopólio, que no início do século era inadmissível, em virtude da jurisdição territorial dos Estados, e que desde meados do século passou a ser acolhida, inicialmente com restrições e objeções dos países afetados, que tem sido atualmente admitida pela generalidade dos Estados, como forma de controlar a atividade transnacional das empresas que atuam na esfera internacional.[19]

Registrou-se, também, mudança de orientação na apreciação das associações de empresas visando a adquirir força econômica para competir em determinados mercados, em que os participantes são constituídos, em sua maioria, por grandes corporações, com grande poder econômico e tecnológico. Nos Estados Unidos a concentração na atividade bancária foi conseqüência de diversos fatores que motivaram a aquisição, por bancos maiores, de pequenos bancos, incapazes atender às restrições sobre limites de empréstimos e de suportar os custos da atividade. Segundo Kronstein, Miller e Dommer,[20] durante o período de 1950 a 1959, 1.503 bancos comerciais desapareceram, registrando-se a média de 150 bancos extintos por ano, em grande parte em razão do forte movimento de fusão que se verificou naquele período. Os bancos preferiam adquirir bancos locais ao invés de formar novos estabelecimentos, diante dos inconvenientes que teriam de enfrentar, e que abrangiam desde o atendimento dos severos requisitos impostos pela legislação local para o exercício da atividade até a captação de clientela, em processo demorado e custoso.

Posteriormente procurou-se evitar que fusões ou aquisições similares fossem feitas sob o fundamento de que, ao invés de adquirir uma empresa local, ou a ela se associar, realizando uma *joint venture*, por exemplo, era de interesse público a constituição de nova empresa, que passaria a aumentar a concorrência, por se tornar mais um participante no mercado relevante afetado. É a tese que ficou conhecida como "concorrência potencial", pela qual em certas e especialíssimas circunstâncias não se

18. Thomas D. Morgan, *Modern Antitrust Law and its Origin*, West Pulbishing, 1994, pp. 850 e ss. Sobre o assunto v. também estudo de Carlos Alberto Bello, "Uma avaliação da política antitruste frente às fusões e aquisições, a partir da experiência dos EUA", *Revista do IBRAC* 4/9-35, n. 3, março/97.

19. Ao decidir o caso "American Banana *versus* United Fruit", a Suprema Corte dos Estados Unidos, invocando doutrina tradicional do país, exposta pelo *Justice* Marshall, absteve-se de condenar esta última pelo abuso de sua posição dominante no território da Costa Rica sob o fundamento de que os fatos teriam ocorrido fora da jurisdição americana, e, portanto, não alcançáveis pelo *Sherman Act*. A partir da década de 50 a mesma Corte mudou de posição, aplicando as leis antitruste a fatos ocorridos fora do território americano Sobre o assunto v. José Carlos de Magalhães, "Aplicação extraterritorial de leis nacionais", *RDP* 66/63-79, abril-junho/83. V. também Evelyne Friedel-Souchu, *Extraterritorialité du Droit de la Concurrence aux États-Unis et dans la Communauté Européene*, Paris, LGDJ, 1994.

20. Henrich Kronstein, John T. Miller e Paul P. Dommer, *Major American Antitrust Laws*, Institute for International and Foreign Trade Law, Dobbs Ferry, New York, Oceana, 1965, pp. 298 e 299.

permite a um concorrente potencial ingressar em um mercado por meio de associação com um produtor já estabelecido, no pressuposto de que tal impedimento o obrigue a fazê-lo ingressar isoladamente, passando, então, a constituir-se em mais um concorrente. Com isso estaria aumentando a concorrência e desconcentrando referido mercado.

Essa doutrina, na verdade mais teoria do que visão realista dos efeitos de uma aquisição horizontal, foi efetivamente utilizada nos Estados Unidos nas décadas de 60 e 70 em número limitado de casos, tornados paradigmáticos menos pela decisão adotada, e mais pela polêmica e dúvidas que geraram.

Todavia, o ambiente econômico em que tal teoria foi aplicada naquele país é sensivelmente diverso do atual, em que empresas operam em mercados cada vez maiores, exigindo maior volume de capitais e tecnologia, impondo associações e parcerias para fazer frente a essa realidade.

Registra-se, a propósito, expressivo número de pactos empresariais nos Estados Unidos que permitiram o ingresso naquele país de empresas japonesas mediante associações com empresas norte-americanas, ainda que temporárias e de efeitos limitados, como foi o caso de *Toyota* e *General Motors*, em 1983; *Mitsubishi* e *Chrysler*, em 1985; *Suzuki* e *General Motors*, em 1986; *Mazda* e *Ford*, em 1986; *Honda* e *Rover*, em 1986; *Mitsubishi* e *Volvo*, em 1990 – como noticiam Laurent Cohen Tanugi e outros.[21] Idênticas referências são feitas por William Greider, que relata associações ou contratos de cooperação industrial envolvendo *VW* e *Mercedes-Benz*, *Motorola*, *Toshiba* e *Philips*; *NEC* e *Samsung*; *IBM*, *Toshiba* e *Siemens*, e muitas outras.[22] Segundo esse autor as empresas de telecomunicações empreenderam a mais visível e dramática ação para firmar alianças, fazendo acordos para unir poder de mercado e ativos tecnológicos em sistemas de cabo e de telefonia, transmissão radiofônica, produtoras de filmes, edição e outros meios de comunicação, ao mesmo tempo em que buscavam sócios no exterior, para explorar tal mercado.[23]

As associações entre gigantes empresariais, veementemente condenadas no passado, por constituírem ameaça de dominação econômica, com prejuízo ao consumidor, passaram a ser até defendidas pelo Governo, como se percebe pela expressiva manifestação do Presidente Clinton em favor da fusão de *Boeing* e *McDonald Douglas*, contestada pela União Européia, cuja Comissão, embora resistindo, acabou por aprová-la, impondo certas restrições.[24] Vê-se dessa pendência a preocupação com o fortalecimento de uma atividade empresarial concentrada na verdadeira disputa entre blocos econômicos, modificando o quadro anterior, em que prevalecia o enfoque de defesa da concorrência no mercado nacional. Atualmente a atenção volta-se para a área internacional, para os mercados globais que se formaram e que transformaram as economias nacionais em meras peças de um complexo jogo econômico internacional.

A inter-relação das economias nacionais e a diversidade de interesses entre elas, a esse propósito, têm motivado sugestões para a formação de um grupo de trabalho sobre a concorrência, para desenvol-

21. Laurent Cohen Tanugi e outros, *La Pratique Communautaire du Contrôle des Concentrations*, Droit/Économie, DeBoeck Université, 1995, p. 194.

22. William Greider, *One World Ready or Not – The Manic Logic of Global Capitalism*, Simon and Schuster, 1997, pp. 171-191.

23. William Greider, ob. cit., p. 182, nota 21.

24. Segundo notícia publicada em *O Estado de S. Paulo* do dia 17.7.97, p. B-12, o Presidente "Clinton disse que os motivos apresentados por Bruxelas, para opor-se à aquisição da *McDonald Douglas*, eram inconsistentes e seu Governo estava dando andamento a um plano de uma possível retaliação, caso a EU rejeitasse a fusão".

ver uma agenda mundial sobre o assunto, ante a disparidade de entendimento e orientação entre dois dos maiores blocos econômicos do mundo, a União Européia e os Estados Unidos,[25] já havendo acordos firmados a esse respeito, como os celebrados entre os Estados Unidos e a União Européia e entre Canadá e Estados Unidos.

Na verdade, embora posto em evidência recentemente, o fenômeno constitui evolução natural da estratégia da empresa multinacional, à qual foi dada muita ênfase nos anos 60 e 70, merecendo, até, a instalação de uma Comissão da Empresa Transnacional, pela Organização das Nações Unidas, para controlar-lhe as atividades transnacionais.[26] A chamada "empresa global", atualmente em voga, nada mais é do que a empresa multinacional, ou transnacional, em contínua evolução.

Essa nova configuração da atividade empresarial é que fez com que a política das autoridades federais americanas também se modificasse e influenciasse a Suprema Corte daquele país, que passou a considerar lícitas as concentrações ante a constatação de que tais associações eram necessárias para fazer frente a vultosos investimentos e se beneficiar de tecnologias dos parceiros e, assim, adquirir condições de competir no mercado mundial. Por isso que operações anteriormente proibidas, em nome da pureza do sistema da livre concorrência, passaram a ser aceitas, sobretudo na administração dos Governos Reagan e Bush, e mesmo Clinton, influenciada pela teoria da escola de Chicago, que põe em evidência os efeitos positivos das concentrações empresariais.[27]

Não foi, pois, por acaso que o legislador brasileiro, ao editar a Lei 8.884/94, quando a tendência internacional concentracionista já se manifestava há algum tempo, estabeleceu a competência do CADE, restringindo-a à aprovação de atos e contratos que "possam limitar ou de qualquer forma prejudicar a livre a livre concorrência ou resultar na dominação de mercado relevante de bens e serviços", sem vedar as concentrações, antes admitindo-as, tratando apenas de estabelecer certos parâmetros, deixando de prever normas sobre o estímulo à concorrência.

De fato, as condições previstas no § 1º do art. 54 da Lei 8.884/94 dizem respeito a atos ou associações de empresas reconhecidos como lícitos, ainda que reduzam ou limitem a concorrência, mas que tenham por objetivo o aumento da produtividade, a melhora da qualidade de bens e de serviços, a eficiência e desenvolvimento tecnológico; os benefícios sejam eqüitativos e distribuídos com os consumidores – a evidenciar a preocupação com o interesse público; a não-eliminação da concorrência de parte substancial de mercado relevante de bens e serviços; e que sejam observados os limites estritamente necessários para atingir os objetivos visados.

Todas essas condições versam sobre a *defesa* e não o *estímulo* à concorrência. Ademais, há que se ter em mente que em determinadas situações não se pode mais examinar os efeitos na concorrência de determinado ato no quadro estreito do país ou do bloco econômico a que pertence, mas no âmbito geral da economia internacional em geral, ante a permeabilidade das fronteiras econômicas, que permitem a qualquer participante atuar nas economias nacionais.

25. V. o excelente artigo de Eleanor Fox, "Toward world antitrust and market access", *American Journal of Internation Law* 91/1-25, n. 1, janeiro/97.

26. A matéria foi objeto de extensa literatura, naquela época, ante a preocupação dos Estados com economias organizadas nacionalmente em controlar fenômeno que ultrapassava suas fronteiras. Sobre o assunto v. José Carlos de Magalhães, "A empresa multinacional – Descrição analítica de um fenômeno contemporâneo", *RF* 253/167-181, 1976.

27. Thomas D. Morgan, ob. cit., pp. 802 e ss., nota 15; Laurent Cohen Tanugi e outros, ob. cit., p. 132, nota 17.

Daí que teorias como a da concorrência potencial, aplicadas para estimular – e não defender – a concorrência, não são acolhidas na legislação antimonopólio brasileira, pois, em última análise, pretendem que a empresa interessada em participar de um mercado novo o faça individualmente, por si própria, ou mediante a constituição de uma subsidiária, com o quê acirrará a concorrência local. Segundo essa teoria, a associação ou fusão de empresas, mesmo que lícita, pelos benefícios que traz, ou ausência de prejuízos à concorrência, não deveria ser admitida, por evitar a instalação de novo ator, cujo ingresso faria aumentar a competição em determinado mercado. Mesmo nos Estados Unidos, onde a teoria foi empregada em alguns casos, como ressaltado, há sérias dúvidas sobre sua legalidade, como a levantada por Herbert Hovenkamp: "A doutrina do concorrente potencial real comete alguma violência ao texto do § 7º, que condena fusões somente quando elas 'possam diminuir substancialmente a concorrência'. A doutrina do concorrente potencial real condena uma fusão porque ela não aumenta a concorrência, não porque prejudica a concorrência existente de qualquer forma".[28]

A aplicação dessa teoria no Brasil implicaria aguda intervenção do Estado na ordem econômica privada, com a imposição de diretrizes compulsórias para o ingresso em determinado mercado relevante, ferindo, com isso, os princípios constitucionais que regem a matéria, sobretudo o da livre iniciativa.

Assim, pode-se dizer que, diante da legislação brasileira, o CADE não é, nem pode ser, órgão formulador de política de fomento à concorrência, à semelhança do antigo Conselho de Desenvolvimento Industrial, cuja atuação estava voltada ao desenvolvimento da indústria brasileira, mediante incentivos concedidos em cada caso. A competência legal do CADE cinge-se a prevenir e reprimir condutas que possam "limitar ou, de qualquer forma, prejudicar a livre concorrência ou resultar na dominação de mercados de bens e serviços".

Pori sso que uma empresa, presentes essas premissas legais, ao procurar entrar em determinado mercado, tem o direito de fazê-lo pelo modo que julgue mais fácil e menos custoso, até porque, assim agindo, estará observando o princípio constitucional da livre iniciativa e assumindo os risco inerentes à sua decisão.

Mas não é só à empresa que ingressa que interessa a questão. Também a que aceita ou procura a associação com novo parceiro tem motivos que devem ser considerados. Ninguém admite um sócio em uma atividade se não tem necessidade, seja porque lhe falta capacidade econômica para expandir suas atividades, seja por carência de tecnologia de que dispõe o parceiro, seja, ainda, para não sucumbir, ou por outra razão relevante.

À autarquia encarregada da defesa da concorrência cabe apenas e tão-somente aferir se a concentração resultante é ou não lícita diante do que dispõe a Lei 8.884/94, e, não havendo limitação à concorrência existente, ou, ainda que tal ocorra, estando preenchidos os pressupostos dos §§ 1º e 2º do art. 54, não poderá impedi-la. Mesmo porque o CADE age sob o princípio constitucional da reserva legal, devendo

28. Ou, no texto original: "The actual potential entrant doctrine does some violence to the language of § 7º, which condemns mergers only when they 'may substantially lessen competition'. The actual potential entrant doctrine condemns a merger because it fails to increase competition, not because it damages existing competition in any way" (Herbert Hovenkamp, *Federal Antitrust Policy – The Law of Competition and its Practice*, West Publishing & Co., 1994, p. 512). O autor nota, ainda, que no caso *Marine Bancoporation* a Suprema Corte declinou de uma segunda oportunidade para adotar a teoria do concorrente potencial real, acrescentando: "It held that at the very least the Government must show that the suggested alternative method of entry was feasible and that, if used, would have produced 'deconcentration of (the target) market or other significant procompetitive effects'" (p. 512).

suas decisões ser motivadas com base no texto da lei, para terem efeito jurídico vinculante.

Não obstante tais considerações, é oportuno lembrar duas decisões do CADE em sentido contrário,[29] aplicando a teoria da concorrência potencial e, assim, contrariando orientação anterior da própria autarquia.[30] Em uma delas[31] a conclusão da maioria dos membros da autarquia é a de que: "A opção pela associação, se racional do ponto de vista microeconômico, ao prolongar-se por tempo virtualmente indeterminado, é danosa à competição porque, de acordo com os ensinamentos da jurisprudência internacional na matéria, elimina a competição potencial percebida e efetiva entre a firma estabelecida e a potencial entrante. Considerando ainda que a opção pela associação com as maiores fabricantes da indústria de cerveja foi a escolhida por outras potenciais entrantes no mercado (...) a aprovação da presente operação por este CADE excluiria a possibilidade de entrada efetiva no mercado da maior cervejaria do mundo, o que, além de promover a concorrência, implicaria real aporte de investimento, tecnologia, *know-how* e aumento da eficiência, além de inibir a entrada de novos participantes efetivos, que haveriam de deparar-se além das barreiras à entrada verificadas – com força da marca e da presença de *Anheuser Bush* no mercado brasileiro".[32]

Constata-se dessa conclusão o surgimento de certo vezo intervencionista da autarquia, ao pretender ampliar sua competência legal para assumir papel de órgão tutelar da atividade empresarial, desconsiderando os limites constitucionais a que sua atividade está sujeita. É de se destacar, contudo, a falta de unanimidade em ambas as decisões. Um dos votos dissidentes proferido no processo AC 83/96 (Antárctica/Anheuser) dá ênfase à inaplicabilidade no Brasil da teoria da concorrência potencial para estimular a concorrência, concluindo: "É duvidosa, neste caso, a aplicação desta versão da doutrina ao caso brasileiro, haja vista que a Lei 8.884/94, no *caput* do art. 54, afirma que serão submetidos à apreciação do CADE os atos, sob qualquer forma manifestados, que possam limitar ou de qualquer prejudicar a livre concorrência. Se o ato não prejudica a concorrência, não está sob escrutínio".[33]

Outro voto dissidente no mesmo processo salientou que: "Até agora a doutrina de concorrência potencial não preponderou na análise do CADE. Isto não quer dizer, naturalmente, que sua aplicação rigorosa, com as devidas provas e evidências fartamente preenchidas, não possa constituir algo positivo e inovador".[34]

Ante a polêmica que as decisões geraram, com manifestações contrárias generalizadas, é provável que o CADE não insista na aplicação de teorias destinadas a impulsionar a concorrência, mas sim se atenha à previsão constitucional de atuar nos limites da prevenção e da repressão ao abuso do poder econômico que vise a falsear a concorrência, prejudicando a livre iniciativa.

29. AC 58/95, Cia. Cervejaria Brahma/Miller Brewing Co. e Miller Brewing M 1855, Inc., e AC 83/96, Cia. Antárctica Paulista/Anheuser Bush International Inc/ABII, Anheuser Bush International Holding Inc – ABIH.

30. Segundo levantamento feito pelo Presidente do CADE, Sr. Gesner de Oliveira, em seu voto dissidente no processo AC 83/96, Cia. Antárctica Paulista/Anheuser Bush, publicado na *Revista do IBRAC* 4/148-154, n. 5, as decisões anteriores são: AC 28/95, Nalco/Exxon; AC 49/95, SHV Energy/Minasgás; AC 118/97, Isolde/BASF; AC 71/96, Electrolux/Umuarama; AC 82/96, Ethyl/Texaco; AC 50/95, Echlin/Mecano/Trats; e AC 90/96, KCC/Kenko.

31. AC 83/96, Cia. Antárctica Paulista/Anheuser Bush International Inc/ABII, Anheuser Bush International Holding Inc – ABIH, *Revista do IBRAC* 4/37-244, n. 5.

32. Voto da Conselheira Relatora, Lúcia Helena Salgado e Silva, in *Revista do IBRAC* 4/87 e 88.

33. Voto do Conselheiro Arthur Barrionuevo Filho, *Revista do IBRAC* 4/107-125, n. 5.

34. Voto do Presidente do CADE, Gesner de Oliveira, in *Revista do IBRAC* 4/131-148, n. 5.

NOVOS ASPECTOS DA HARMONIZAÇÃO DO DIREITO BANCÁRIO COMUNITÁRIO DECORRENTES DA INTRODUÇÃO DO EURO

ARMINDO SARAIVA MATIAS

I – Introdução. II – Noção de harmonização bancária. III – Legislação de harmonização. IV – A transposição das Directivas. V – E agora? Os instrumentos da instituição da União Monetária e criação da moeda única. VI – As Resoluções de 23 de abril de 1998 vieram dar o "tom" de como se processará a futura harmonização, após a entrada em funcionamento do BCE. VII – E depois? VIII – Conclusão.

I – Introdução

O tema que me coube tratar, sobre as consequências do Euro, na harmonização do Direito Bancário, impõe a tarefa ingrata de alguma compilação. Mas exige, sobretudo, a clarificação de conceitos, habitualmente mal tratados.

Estes dois objectivos mostram-se, porém, incompatíveis com o tempo e o espaço de que disponho. O que é muito bom! Sobram, assim, desculpas para a imperfeição e para a incompletude!

II – Noção de harmonização bancária

Vamos, então, em primeiro lugar, aos conceitos.

O que é a harmonização *da legislação bancária? Em que consiste? Como foi conseguida até agora?*

Em boa verdade, a harmonização da legislação bancária nunca existiu. A harmonização deveria significar uniformização das legislações nacionais ou a instituição de uma única legislação para o espaço comunitário.

É, todavia, relativamente escassa, até ao momento, no âmbito do sector bancário, a legislação comunitária uniformizada ou directamente aplicável aos países-membros.

A uniformização terá constituído, porventura, a ambição da Comissão Europeia; certo é, porém, que não foi conseguida pelas seguintes razões fundamentais:

a) a especificidade das legislações nacionais geradoras de incompatibilidades entre si;

b) a necessidade de cada Estado-membro dispor de instrumentos próprios, designadamente os de natureza monetária, para prosseguir as suas políticas económicas;

c) o elevado grau de nacionalismo reivindicado pelos Estados que, só com o tempo e a pouco e pouco, se tem deixado erosar.

Estas constatações levaram a que, com a publicação do Livro Branco da Comissão Europeia, *em 1985, se assentasse, pelo menos, nos* seguintes princípios:

• o da *harmonização parcial*, uma vez que os Estados não aceitavam a harmonização completa;

• o do *mútuo reconhecimento*, traduzido no dever de cada Estado-membro reconhecer as instituições de crédito constituídas nos outros Estados-membros.

Estes princípios haveriam de ter consagração no *Acto Único Europeu*, assinado em 1996, através da definição dos seguintes objectivos a prosseguir:

• liberalização completa dos movimentos de capitais nos Estados-membros;

• harmonização completa das regras de acesso à actividade das instituições de crédito;

• elaboração de um código de conduta referente a meios de pagamento;

• criação de medidas respeitantes à concessão de crédito hipotecário, aos fundos próprios, à falência e liquidação das instituições de crédito.

A segunda Directiva de Coordenação Bancária (89/646, do Conselho, de 15 de dezembro de 1989) veio dar corpo aos mencionados princípios consignados no *Acto Único* e impôs aos Estados-membros:

• o princípio do *reconhecimento mútuo*: uma instituição de crédito constituída num Estado-membro poderia exercer a sua actividade em qualquer outro país comunitário, sob controlo do país de origem;

• deveriam ser definidas *normas prudenciais harmonizadas* quanto ao capital mínimo, quanto à manutenção de fundos próprios e quanto ao controlo das situações de domínio.

É, pois, a partir desta Directiva que vamos assistir à produção de normas harmonizadas.

Mas harmonizadas como? Por normas uniformizadas? Por normas comuns aos vários Estados?

Não é isso!

A fórmula da harmonização encontrada não passa pela unificação de normas, directa e imediatamente aplicáveis, nos territórios nacionais.

A harmonização existirá, apenas, quanto aos objectivos.

Estes objectivos são, por sua vez, definidos em Directivas, específicos instrumentos legais comunitários.

Ora, como é sabido, as Directivas carecem de ser transpostas para os direitos nacionais, sem prejuízo da obrigatoriedade daquela transposição, dentro dos prazos nelas definidos.

Todavia, cada Estado-membro dispõe da possibilidade de escolher a forma, os meios, a oportunidade, dentro do aludido prazo, de prosseguir aqueles objectivos.

III – Legislação de harmonização

Enunciaremos, muito sumariamente, as Directivas que impõem ou traduzem harmonização:

A) A Directiva 77/80/CEE, de 12 de dezembro – 1ª Directiva de Coordenação Bancária

Define instituição de crédito *como sendo uma empresa cuja actividade consiste em receber do público depósitos ou outros fundos reembolsáveis e em conceder crédito por sua própria conta;*

Cria, também, a regra de que toda a instituição de crédito, do espaço comunitário, terá de ser autorizada, devendo verificar-se os seguintes pressupostos:

• existência de fundos próprios mínimos;

• presença de, pelo menos, duas pessoas para dirigir efectivamente a actividade da instituição (e que, caricaturalmente, se designa, hoje, na gíria, por regra dos quatro olhos).

B) A Directiva 89/646/CEE, do Conselho de 15 de dezembro de 1989 – 2ª Directiva de Coordenação Bancária

Define *instituição de crédito* por remissão para a Directiva 77/80.

Define, ainda:

• Sucursal;

• Autorização *(remetendo para a Directiva 77/80)*;

• Fundos próprios *(remetendo para a Directiva 89/299)*;

• Autoridades competentes;

• Instituição financeira;

• Estado-membro de origem;

• Estado-membro de acolhimento;

• Controlo;

• Participação qualificada;

• Capital inicial;

• Empresa-mãe;

• Filial;

• "Rácio de solvabilidade" *(remetendo para a Directiva 89/607)*.

Harmoniza as regras referentes às condições de constituição:

• capital social inicial mínimo superior a 5 milhões de Ecus;

• possibilidade de autorizar outras categorias de instituições de crédito com valor inferior àquele, mas não inferior a um milhão de Ecus.

Harmoniza as condições de exercício de actividade:

• os fundos próprios não podem tornar-se inferiores ao capital inicial;

• as autoridades competentes devem ser informadas de *participações* que ultrapassem 20%, 33% ou 50%;

• o montante total de participações de uma IC não pode ultrapassar 60% dos fundos próprios;

• a *supervisão* incumbe ao país de origem;

• liberaliza o *estabelecimento* e a *prestação de serviços*:

• qualquer instituição de crédito, autorizada em Estado-membro e supervisionada pelas entidades competentes deste, poderá exercer actividade por meio de sucursal ou através de prestação de serviços.

C) A Directiva 89/299/CEE, do Conselho, de 17 de abril, relativa aos fundos próprios

Define o conceito e a composição dos fundos próprios.

D) A Directiva 93/06, do Conselho, de 15 de março, relativa à adequação dos fundos próprios das empresas de investimento e instituições de crédito

• estabelece regras de *adequação dos fundos próprios*;

• impõe a fiscalização no que toca a *riscos e grandes riscos*;

• define os princípios gerais de *supervisão em base consolidada*;

• define *fundos próprios consolidados*;

• institui o dever de informação pelos Estados às autoridades competentes com vista à verificação do cumprimento das normas desta Directiva;

• finalmente, estabelece uma *qualificação dos riscos* dos vários instrumentos financeiros adoptados pelas instituições de crédito.

E) A Directiva 89/647/CEE, do Conselho de 18 de dezembro relativa ao "rácio de solvabilidade"

• define *"rácio de solvabilidade"* como a proporção existente entre os fundos próprios e os elementos do activo e extra-patrimoniais, ponderados em função do risco;

• impõe que aquele "rácio" se mantenha, a um nível de, pelo menos, 8%;

• procede à classificação dos *elementos extra-patrimoniais*.

F) A Directiva 92/80, do Conselho de 6 de abril, relativa à fiscalização das IC em base consolidada

• define a *forma e a extensão da consolidação.*

G) A Directiva 92/121 do Conselho, de 21 de dezembro, relativa à fiscalização dos "grandes riscos"

• *define* "risco" *e* "grande risco";

• manda que se entenda por risco a concessão de facilidades a um mesmo cliente ou grupo de clientes que envolvam mais de 10% dos fundos próprios.

E limita:

• o "risco", até 25% dos capitais próprios;

• o "agregado dos riscos", até 800% dos fundos próprios.

H) A Directiva 93/22, do Conselho, de 10 de maio, relativa aos Serviços de Investimento no domínio dos valores mobiliários

• define *Serviços, Empresa de Investimento* e *Valores Mobiliários*;

• estabelece as *condições de acesso* destas empresas à actividade (à semelhança das instituições de crédito);

• impõe que os Estados estabeleçam *normas de conduta* para as empresas de investimento;

• determina a *liberdade de estabelecimento* e de *prestação de serviços*;

• estabelece que os Estados criem *autoridades competentes* para a *autorização* e *supervisão* destas empresas.

I) A Directiva 94/19/CE do Parlamento Europeu e do Conselho, de 30 de maio, relativa aos sistemas de garantia de depósitos

• define *"depósitos"*;

• determina que sejam instituídos um ou mais *sistemas de garantia de depósitos* em cada país.

J) A Directiva 95/26/CE do Parlamento e do Conselho, de 29 de junho

• altera diversas Directivas;

• uniformiza terminologia.

L) A Directiva 96/13/CE do Conselho de 11 de março, que altera a Directiva 77/780/CEE no que respeita à lista das exclusões permanentes de determinadas instituições de crédito

IV – A transposição das Directivas

A transposição para o ordenamento jurídico português das Directivas Comunitárias tem sido efectuada prontamente; assim:

A Directiva 77/780 – *1ª de Coordenação Bancária*;

A Directiva 89/646 – *2ª da Coordenação Bancária*;

A Directiva 92/30 – *fiscalização em base consolidada*;

A Directiva 94/19 – *garantia e depósitos*;

foram transpostas pelo Decreto-lei 298/92, de 31 de dezembro, que instituiu o Regime Geral das Instituições de Crédito e Sociedades Financeiras.

As outras Directivas foram transpostas por Avisos do Banco de Portugal (que aqui seria fastidioso enunciar).

Deste modo, a harmonização tem sido conseguida, parcialmente, com instrumentos jurídicos próprios de cada país, com respeito pelos objectivos definidos pela Comunidade.

V – E agora?

Agora, a caminho da União Monetária, com a introdução do EURO, como moeda única?

Que é que já se passou e o que é que vai passar-se no que respeita a harmonização de legislações?

O que já se passou é bem indiciador do que vai continuar a passar-se: a harmonização vai ser mais intensa, mais completa, a legislação bancária mais unificada. Se não, vejamos.

Os instrumentos da instituição da união monetária e criação da moeda única

A – O Tratado da União Europeia (ou Tratado de Maestrich)

• Cria um Instituto Monetário Europeu que regula por protocolo de todos os Estados (art. 109º-F do Tratado);

• Cria o Sistema Europeu de Bancos Centrais (SEBC) e o Banco Central Europeu (BCE) (art. 4º-A) que regula por protocolo;

• Cria regras uniformes, como por exemplo:

– proíbe a concessão de créditos, pelos Bancos Centrais, aos Estados-membros (art. 104º);

– veda o acesso privilegiado às instituições financeiras por parte de outras instituições ou organismos da Comunidade, desde que não se baseiem em razões de ordem prudencial (art. 104º-A);

– impõe como objectivo primordial ao Sistema Europeu de Bancos Centrais a manutenção da estabilidade dos preços (art. 105º);

– confere ao BCE o direito exclusivo de autorizar a emissão de notas de banco na Comunidade (art.105º-A);

– dispõe que o SEBC seja constituído pelo BCE e pelos Bancos Centrais Nacionais (BCN);

– determina que o SEBC, o BCE e os BCN não possam solicitar ou receber instruções das instituições ou organismos comunitários, nem dos Estados-membros (art. 107º);

– determinou que cada Estado-membro compatibilizasse a sua legislação nacional, incluindo os estatutos do seu Banco Central com o Tratado e com os Estatutos do SEBC (art. 108º).

• Para o desempenho das atribuições do SEBC, o BCE:

– adopta regulamentos;

– toma decisões;

– formula recomendações e emite pareceres.

O *regulamento* tem carácter geral, é obrigatório em todos os seus elementos e directamente aplicável em todos os Estados-membros.

A *decisão* é obrigatória em todos os seus elementos para os destinatários que designar (podendo, até, aplicar multas e sanções – art. 108º-A).

B – Protocolo relativo aos Estatutos do SEBC e BCE (Anexo ao Tratado)

Compete ao SEBC:

• a manutenção da estabilidade dos preços;

• apoiar as políticas económicas da Comunidade (art. 2º do Protocolo);

• definir a execução da política monetária da Comunidade (art. 30º);

• realizar operações cambiais;

• deter e gerir reservas cambiais dos Estados-membros;

• promover o bom funcionamento do sistema de pagamentos.

Anote-se que:

• o BCE é *independente* dos Estados e organismos e instituições comunitárias (art. 107º do Tratado e art. 7º do Protocolo);

• o Conselho do BCE é composto pelos membros da comissão executiva e pelos governadores dos Bancos Centrais e é dirigido por uma *Comissão Executiva*;

• o mandato dos membros da Comissão Executiva tem a duração de 8 anos;

• esta *Comissão* executa a política monetária de acordo com as orientações do *Conselho*;

• pelo art. 108º do Tratado, os Estados-membros nomearão governadores por períodos não inferiores a 5 anos e só os poderão demitir perante falta grave.

C – Regulamento 1.103/97 – JO L 16219 JUN 1997

(com base no art. 235º do Tratado) dispõe:

• que a introdução do Euro mantém os contratos em vigor;

• que as taxas de conversão exprimem o valor de um euro em relação a cada uma das moedas nacionais.

D – Resoluções do Conselho

236/1 – Pacto de estabilidade e crescimento;

236/2 – Crescimento e emprego;

236/3 – Mecanismo das taxas de câmbio;

236/4 – Quadro jurídico para a introdução do Euro.

Destacamos desta última Resolução 236/4:

• contém, em anexo, um projecto de Regulamento do Euro;

• dispõe que a partir de 1 de janeiro de 1999, a moeda dos Estados-membros é o Euro;

• a adopção do Euro não altera, por si só, os contratos celebrados;

• qualquer montante poderá ser pago quer em Euros quer na unidade monetária do seu país.

Este regulamento será obrigatório em todos os seus elementos e directamente aplicável nos Estados-membros.

E – Regulamentos 974/98 e 975/98 do Conselho, de 3 de maio, o primeiro determinando que a partir de 1 de janeiro de 1999, a moeda dos Estados-membros é o Euro, o segundo dispondo sobre especificações técnicas das moedas-Euro

F – Em consequência dos instrumentos jurídicos comunitários que acabados de assinalar resultou, internamente:

F-I Alteração da Lei Orgânica do Banco de Portugal (Lei 5/98, de 31 de Janeiro) – São as seguintes as principais alterações da legislação nacional, por força da adequação à legislação comunitária que acabamos de referir:

• o Banco de Portugal passa a fazer parte do SEBC (art. 3º), sujeitando-se às orientações e objectivos do BCE (art. 3º n. 2);

• remete-se para o art. 105º-A, n. 1, do Tratado que institui a Comunidade Europeia quanto à emissão de moeda (art. 6º);

• submete-se o BCN aos condicionalismos decorrentes da sua participação no SEBC (art. 12º), no que respeita às suas funções (arts. 13º e 14º);

• submete-se a sua actuação, no âmbito da política monetária, às normas adoptadas pelo BCE (arts. 15º e 16º);

• continua a ser vedado conceder descobertos ou qualquer outra forma de crédito ao Estado, outros serviços ou organismos dele dependentes;

• só com o acordo do BCE pode o Banco Central participar no capital de instituições monetárias internacionais e fazer parte dos respectivos órgãos sociais (art. 23º);

• a fim de alcançar os objectivos e desempenhar as suas atribuições no SEBC o Banco de Portugal pode efectuar as operações que se justifiquem na sua qualidade de Banco Central (art. 24º);

• compete ao Governador desempenhar as funções de membro do Conselho Geral do BCE;

• exige-se o voto favorável do Governador em questões que possam pôr em causa a sua autonomia como membro do BCE (art. 32º);

• os membros do Conselho de Administração só podem ser exonerados nos termos dos Estatutos do BCE (art. 33º);

• as contas têm de ser auditadas de acordo com o art. 27º dos Estatutos do BCE (art. 46º);

• o Banco não está sujeito à fiscalização do Tribunal de Contas (português) no que diz respeito às matérias relativas à sua participação no SEBC.

F–II Publicação do Decreto-lei 138/98, de 16 de maio, de que se salienta a criação de uma taxa de equivalência em substituição da taxa de desconto do Banco de Portugal; introduz alterações à lei cambial (Decreto-lei 13/10, de 8 janeiro); e dispõe sobre redenominação de títulos de dívida.

VI – As Resoluções de 23 de abril de 1998 vieram dar o "tom" de como se processará a futura harmonização, após a entrada em funcionamento do BCE

A Resolução 98/286, da Comissão, a par da introdução de algumas novas definições, convida os Estados a implementar as práticas de conversão das moedas nacionais em Euro, com o máximo de transparência, mediante a criação de códigos de conduta.

A Resolução 98/287 (da Comissão) convida os Estados-membros e todos os agentes económicos a adoptar as melhores práticas de vendas, através da exibição dos preços na moeda nacional e em Euros, de forma não ambígua, facilmente identificável e claramente legível.

A Resolução 98/288 (da Comissão) convida os Estados-membros, as associações, as câmaras de comércio, as empresas e outras instituições a organizarem observatórios com representantes de todos os mais importantes sectores económicos, e associações de consumidores, com vista a estabelecer códigos de boas práticas, no período de transição para o Euro.

Ou seja: a Comissão Europeia, após o Tratado da União e sua implementação, através de instrumentos jurídicos obrigatórios, promove práticas, dá orientações aos Estados-membros e aos agentes económicos, mas começa a abster-se de impor.

De resto, a regulamentação, nesta matéria, por Directiva ou Regulamento, nos termos tradicionais, só terá sentido nesta fase de transição.

VII – E depois?

Depois, vamos ter legislação provinda de nova fonte, muito simplesmente porque a regulamentação deste sector passa a caber, autonomamente, como vimos, ao Banco Central Europeu.

O Banco Central Europeu pode, por sua vez e por via do Tratado da União, legislar por *regulamentos*, tomar e impôr *decisões*.

Deverá mesmo fazê-lo com autonomia dos Estados e das organizações comunitárias.

Donde,

• as medidas de execução de política monetária;

• a emissão monetária;

• as normas jurídicas de execução de supervisão prudencial;

• a criação de normas prudenciais; bem como

• a restante regulação das instituições de crédito vão passar a ser objecto de *regulamentos*, *instruções*, *decisões*, *recomendações* do Banco Central Europeu.

VIII – Conclusão

A harmonização da legislação bancária está, pois, a tomar, uma nova configuração.

A legislação bancária passou a ter uma nova fonte.

Não fará sentido, de futuro, a emissão pela Comissão ou pelo Conselho, de Directivas com sua transposição (sempre demorada, com consequente perda de eficácia), nem mesmo de Regulamentos, em matéria da competência do Sistema Europeu de Bancos Centrais.

Os Bancos Centrais Nacionais intervirão como membros do Sistema, na produção das normas; o Banco Central Europeu imporá, por *Regulamento ou Decisão*, as práticas que julgar adequadas.

Sendo estes instrumentos jurídicos directamente aplicáveis em todos os Estados-membros, a harmonização resultará completa, a legislação unificada. No essencial, entenda-se (aspectos residuais poderão ser deixados à iniciativa dos BCN).

Nasceu, pois, uma *nova fonte* de produção da legislação bancária comunitária, dotada, de resto, de competência própria e exclusiva.

A produção da legislação por outros órgãos ou instituições (incluindo a Comissão e o Conselho) serão a excepção.

A *harmonização parcial* pertence ao passado. A harmonização vai ser *completa*, integral, porque emana de fonte única; a legislação a produzir será, directa e obrigatoriamente, aplicável por todas as instituições bancárias do espaço comunitário.

Estará, então, atingida, neste sector, uma efectiva "*convergência legal*".

Lisboa, 1998

Atualidades

NOVOS ASPECTOS DO CONTRATO DE SEGURO*

Arnoldo Wald

I – Introdução – O mercado segurados. II – A evolução do contrato de seguro. III – O equilíbrio econômico-financeiro. IV – Da internacionalização. V – A desburocratização e privatização do contrato de seguro. VI – O seguro-garantia. VII – Conclusões.

"Ofício judicante – Postura do magistrado – A justiça em face ao direito objetivo. Ao órgão investido do ofício judicante cumpre idealizar, para a controvérsia, a solução mais justa possível, somente após adentrando a dogmática com o fito de respaldá-la."

"Seguro – Indenização – Valor – Atualização. Sob pena de desequilíbrio da equação inicial materializada pelas partes, há de se manter o poder aquisitivo da moeda, *afastando-se o esvaziamento da obrigação da seguradora*. Descabe interpretar preceito de lei de modo a prejudicar, justamente, aquele a quem visa a proteger."

Ministro Marco Aurélio (*RTJ* 163/341).

I – Introdução – O mercado segurados

1. Entre os contratos que mais se desenvolveram e transformaram nos últimos anos, no Direito brasileiro, destaca-se o de seguro, cuja importância econômica e social se modificou fundamentalmente, com importantes repercussões jurídicas.[1]

2. Efetivamente, o contrato de seguro foi uma das vítimas da inflação, que ensejou a sua relativa atrofia durante cerca de

* Texto atualizado da palestra realizada no Seminário organizado, em 22.11.96, sob os auspícios do Centro de Estudos do Tribunal de Alçada do Paraná, então presidido pelo Juiz Munir Karam.

1. A respeito escrevemos em nosso *Curso* que: "No século XX, o contrato de seguro foi ampliando progressivamente a sua função a fim de abranger não só o seguro de vida como o da responsabilidade civil, o da fidelidade funcional, a execução de obrigações (*performance bond*), os riscos políticos, a insolvência do devedor etc. Podemos afirmar que o desenvolvimento do seguro foi paralelo ao da técnica e da industrialização, garantindo o domínio do homem sobre substâncias e fontes de energia perigosas e transformando os meios de produção e as condições de trabalho em virtude de eliminação do risco, transferido para o segurador. Vinculado ao progresso econômico, o problema do seguro ultrapassa hoje as fronteiras nacionais, impondo-se na esfera internacional, apresentando-se como premissa de qualquer atividade no campo da indústria ou do transporte, e constituindo ramo próprio do Direito. Efetivamente o direito do seguro aparece como especializado, com traços característicos, já contando com ampla bibliografia e utilizando importantes recursos da estatística", Arnoldo Wald (*Obrigações e Contratos*, 13ª ed. atualizada com a colaboração do Des. Semy Glanz, Ed. RT, São Paulo, 1998, p. 490).

quarenta anos, ou seja desde o fim da guerra mundial até o advento do real. Tal situação se explica pela incompatibilidade entre a instabilidade monetária e a fixação de uma indenização em moeda corrente a ser paga no futuro, de acordo com o seu valor nominal, no caso de ocorrência do sinistro. Assim, os prêmios eram pagos em moeda valorizada e a indenização em unidades monetárias desvalorizadas. A aplicação da correção monetária, embora útil, não foi suficiente para dar novo alento ao contrato de seguro, que só voltou a se desenvolver quando superado o ritmo acelerado da inflação.

3. Alguns dados estatísticos confirmam o crescimento que teve recentemente o mercado de seguros, em nosso país. Representando 0,85% do PIB, em 1970, e 1,30%, em 1975, alcançou, em 1995, 2,6% do Produto Nacional Bruto, estando, desde então, em incontestável desenvolvimento, enquanto, ao contrário, a área bancária perde parte da sua participação na riqueza nacional, passando de 12%, que já alcançou, para, atualmente, cerca de 8% do PIB.

4. Assim mesmo, trata-se de mercado que, no Brasil, representa entre um terço e um quinto do que alcança em outros países. Assim, as operações de seguros constituem cerca de 9% do PIB nos Estados Unidos, 7% na Alemanha e 12% no Japão, para fazer algumas comparações que dão uma idéia da importância crescente que tem no mundo contemporâneo. Também, em relação ao consumo do seguro *per capita*, há discrepâncias relevantes. No Brasil é de US$ 59,00 (sendo US$ 8,00 de seguro de vida), enquanto alcança mais de US$ 110,00 na Argentina e US$ 2.150,00 nos Estados Unidos (abrangendo US$ 913,00 de seguro de vida).

5. A indústria brasileira de seguros se caracterizou, pór muito tempo, pela sua concentração, pelo seu nacionalismo e pelo seu custo elevado.

6. Efetivamente, tínhamos menos de 150 seguradoras, muitas delas vinculadas ou controladas umas pelas outras, de tal modo que uma dezena de empresas dominavam cerca de 60% do mercado.

7. Até 1990, a participação estrangeira era muito reduzida, representando menos de 5%, quando, agora, já está em fase de crescimento dinâmico, com o ingresso de numerosas novas empresas no mercado.

8. A existência de um mercado cativo, da inflação e de determinados seguros obrigatórios, fizeram com que as empresas do setor mantivessem altos custos administrativos e, consequentemente, taxas altas para os seus clientes e remunerações importantes para os corretores, representando um dos ingredientes do chamado "custo Brasil".

9. Finalmente, podemos afirmar que faltava-lhes, em alguns casos, no passado, a criatividade que tinham as suas congêneres estrangeiras de tal modo que eram, em certo sentido, acomodadas, mantendo o *statu quo* sem fazer um importante esforço de modernização.

10. As grandes transformações, que se iniciaram, *grosso modo*, a partir de 1990, foram a globalização e as suas repercussões em nosso país, a conseqüente abertura da economia e o ingresso, no mercado, das empresas estrangeiras, mediante constituição de subsidiárias ou participação em sociedades brasileiras, ocorrendo, por outro lado, o fim do monopólio do IRB[2] e o início do processo de sua privatização.

11. É interessante assinalar, desde logo, que a modificação da posição do nosso Direito em relação à abertura do mercado segurador, para as empresas estrangeiras foi fruto de construção jurídica, para adaptar a nossa legislação às novas

2. Emenda Constitucional n. 13, de 21.8.96.

necessidades econômicas, como, oportunamente, evidenciaremos.

12. Quanto ao resseguro, que corresponde a 10% do movimento da área e se reveste de grande importância pelo volume dos riscos assumidos e por constituir a ponte entre os mercados nacional e internacional, a sua relativa desregulamentação é um elemento que certamente muito influiu para a transformação do mercado, instituindo, na matéria, uma espécie de liberdade vigiada que está sendo complementada pela privatização do IRB já em curso.

13. Assistimos, assim, a uma ampliação do mercado em quantidade de contratos, em qualidade e sofisticação de operações e em número e qualificação de operadores, que significa uma verdadeira mudança revolucionária em relação às situações que existiam anteriormente em nosso país.

II – Evolução do contrato de seguro

14. No plano jurídico, o contrato de seguro é um dos mais diversificados, não se conhecendo outro que seja "mais suscetível de variedades, nem que tenha passado por evoluções tão fundamentais nos últimos anos", como bem salienta o professor Antônio Chaves.

15. A legislação na matéria é ampla e nem sempre muito coordenada e a regulamentação tem evoluído no tempo, de acordo com a prática, que, no setor, é fecunda e adquire a maior relevância, pois, muitas vezes, precede à elaboração das normas.

16. Por outro lado, as práticas e regulamentações estrangeiras estão sendo assimiladas muito rapidamente, ensejando, algumas vezes, adaptações ou transposições defeituosas ou nas quais as partes não entendem qual é o sentido exato e as finalidades básicas do contrato firmado.[3]

17. Do mesmo modo que o mercado segurador, o contrato de seguro evoluiu muito rapidamente nos últimos anos. Concebido no passado, exclusivamente, como garantia dos riscos corridos pelas pessoas ou pelas coisas, passou a abranger numerosos outros campos, desde a responsabilidade civil até o seguro de crédito. De contrato comercial realizado eventualmente, ou até excepcionalmente, transformou-se em contrato polivalente, que encontramos nos vários outros ramos de Direito (civil, administrativo). Enquanto no passado era facultativo, tornou-se, em determinados casos, obrigatório, como acontece em relação aos acidentes de trabalho e de automóvel. Ao mesmo tempo, virou um acessório necessário de determinados outros contratos, como, por exemplo, o financiamento de imóveis a longo prazo. Surgiram, por outro lado, formas mais sofisticadas de contratos mistos, vinculando a determinadas obrigações a necessidade de contratação do seguro de vida ou de crédito, sendo a morte considerada como causa para o pagamento da indenização, mas cobrindo esta o valor de determinado crédito feito ao *de cujus*, como ocorre no setor habitacional.

18. Por outro lado, houve uma aproximação entre os contratos de previdência e do seguro, como também entre estes e os contratos de poupança, surgindo várias formas de seguro-capitalização que demonstram a complexidade crescente que, do ponto de vista técnico-jurídico, o contrato de seguro vai revelando.

19. A evolução jurídica foi, em grande parte, o fruto de uma transformação histórica e de uma mudança de escala de valores existente na sociedade mundial, que também se refletiu em nosso país.

20. Stefan Zweig teve o ensejo de caracterizar o século passado como o do mun-

3. A matéria está ensejando algumas ações judiciais decorrentes da concepção do *performance bond* no Direito anglo-saxão, que nem sempre é bem compreendida na prática comercial e administrativa brasileira.

do de segurança, no qual encontrávamos monarquias centenárias, moedas relativamente estáveis, um mapa que não mudava, relações estáveis e previsíveis.[4]

21. Ao contrário, a segunda metade do século XX se apresenta como a *Era da Incerteza*[5] a da descontinuidade[6] e da mudança imprevisível.[7] Trata-se de uma fase na qual a maior qualidade da empresa e até da pessoa física é a flexibilidade, ou seja a possibilidade de se adaptar a transformações rápidas, radicais e absolutamente imprevisíveis, que estão sendo multiplicadas e cujos efeitos estão sendo ampliados pela globalização da economia mundial.

22. A especialização profissional, o aprimoramento dos equipamentos e das técnicas e a recusa de aceitar prejuízos e desgraças como simples resultado da vontade divina, com o desaparecimento do fatalismo, que existia no passado, fizeram com que se ampliasse enormemente o campo da responsabilidade civil e, conseqüentemente, do seguro.

23. Assistimos, assim, a uma evolução tridimensional da responsabilidade civil, que se tornou realmente o problema central do Direito da nossa época.

24. Há, de um lado, uma extensão subjetiva, abrangendo o número de pessoas responsáveis e de vítimas a serem indenizadas e, por outro lado, uma maior elasticidade é dada às causas da responsabilidade civil, garantindo-se a indenização em casos que, no passado, não ensejavam o ressarcimento dos danos. Finalmente, as indenizações são mais amplas, na sua qualidade e quantidade, todos esses elementos repercutindo no contrato de seguro.

25. Efetivamente, a legislação contemporânea aumentou o número de responsáveis pelos eventuais prejuízos, abrangendo o produtor da coisa que causou o prejuízo, o vendedor da mesma, a pessoa física ou jurídica que assumiu o risco da operação etc.

26. Do outro lado, não se indeniza tão-somente a vítima, mas também os seus dependentes econômicos, de direito ou de fato.

27. A indenização não é devida tão-somente nos casos de culpa ou dolo, mas ainda quando, de um modo ou outro, a pessoa assume o risco da atividade nociva ou que se tornou prejudicial, quer de modo previsível ou imprevisível. Utiliza-se para tanto várias técnicas jurídicas que vão desde as presunções e ficções até a decorrente da "culpa de serviço" e a responsabilidade objetiva.

28. Em certo sentido, houve um deslocamento da posição do direito civil, no particular, deixando de se importar ou importando-se menos, ou para outro fins, com a conduta do autor do dano e dando maior relevância ao direito que a vítima tem à sua segurança e à integridade do seu patrimônio.[8]

29. Finalmente, a ampliação das indenizações decorre do fato de se indenizar o que no passado não era ressarcível, como, por exemplo, o dano moral, admitindo-se, até, em certos países, indenizações puniti-

4. Stefan Zweig, *O Mundo que Eu Vi (Memórias)*, capítulo primeiro.

5. John Kenneth Galbraith, *A Era da Incerteza*, trad. brasileira de F. R. Nickelsen Pellegrini, 3ª ed. brasileira, 1982. O título em inglês é *The Age of Uncertainty*.

6. Peter F. Drucker, *The Age of Discontinuity*, Harper & Row, Nova York, 1969, com trad. brasileira intitulada *Uma Era de Descontinuidade*, Zahar, Rio de Janeiro, 1970.

7. Charles Handy, *A Era da Transformação*, Makron Books, São Paulo, 1996, trad. do original intitulada *Beyond Certainty*, Hutchinson-Random House, Londres, 1995.

8. B. Starck, *Essai d'uUne Théorie Générale de la Responsabilité Civile Considérée en sa Double Fonction de Garantie et de Peine Privée*, Paris, L. Rodstein, Paris, 1974, p. 260.

vas e reconhecendo-se a responsabilidade do autor em relação aos chamados danos coletivos.

30. Assim, o uso da energia atômica, a produção de remédios, a utilização da informática mudaram as dimensões das eventuais responsabilidades dos fabricantes ou usuários novas tecnologias, podendo ensejar grandes catástrofes, com prejuízos incomensuráveis.

31. Simultaneamente, há maior vulnerabilidade dos bens e das pessoas, em virtude da sabotagem, do terrorismo, da utilização de novas tecnologias, nem sempre completamente dominadas pelo homem. Os danos decorrentes podem ser generalizados, atingindo toda uma região ou um conjunto de usuários de medicamentos ou de certo tipo de automóveis, com maior duração dos prejuízos decorrentes de radiações, da poluição etc. cujos efeitos se prolongam por vários anos.

32. Essa nova visão da responsabilidade tem relevantes repercussões no seguro. Basta lembrar a importância dos danos causados, na Índia, pela Union Carbide, o acidente atômico de Chernobil, os prejuízos decorrentes do fumo, avaliados em bilhões de dólares, ou as conseqüências dos atos de terrorismo ocorridos tanto nos Estados Unidos, como no Japão e em outros países.

33. Em virtude dessas transformações o contrato de seguro evoluiu pois no sentido:

a) do reconhecimento da necessidade de manter o equilíbrio entre suas prestações;

b) de sua internacionalização;

c) da sua desburocratização e relativa desregulamentação;

d) do surgimento de novos aspectos que o aproximam dos contratos bancários.

III – O equilíbrio econômico-financeiro

34. A doutrina e a jurisprudência têm entendido que, tanto nos prêmios, como nas indenizações, se impõe a incidência da correção monetária para que se mantenha o equilíbrio contratual, embora tratando-se de contrato aleatório. A aleatoriedade é quanto à ocorrência ou não do sinistro, ou seja à exigibilidade da indenização. Ao contrário, em relação à prestação, se e quando exigível do segurador, deve ser correspondente ao valor inicialmente estipulado.

35. Neste sentido existe torrencial jurisprudência, devendo, entre outros acórdãos, ser citado o da 2ª Turma do Excelso Supremo Tribunal Federal no Recurso Extraordinário 167.877, datado de 12.12.95, e do qual foi relator o eminente Ministro Marco Aurélio. Na mencionada decisão, salientou o douto relator, no seu brilhante voto, que:

"Todavia, a citada Lei, a par de ser posterior não só ao contrato de seguro firmado, como também ao óbito do genitor dos recorrentes, não tem o condão de, uma vez interpretada e aplicada, esvaziar, por completo, o próprio conteúdo econômico do contrato, implicando, com isso, desequilíbrio da equação inicialmente estabelecida. O pai dos recorrentes celebrou contrato de seguro objetivando, como é próprio ao instrumento, uma garantia. Cumpriu a obrigação assumida de satisfazer, na totalidade, o prêmio. Logo, não cabe, a esta altura, à mercê de apego ao literalismo da citada Lei, inaplicável à espécie, tendo em conta a data em que foi formalizado o seguro e a morte daquele a quem foi dirigido, assentar a inexistência de resultado econômico-financeiro em relação ao ajuste. A Seguradora não só recebeu o que lhe era devido, a título de prêmio, como também permaneceu, de 27 de janeiro de 1968 até esta data, com o valor da indenização, direcionando-o segundo os respectivos interesses. O endosso, pelo Supremo Tribunal Federal, do quadro até aqui notado, já que não frutificou a tentativa dos recorrentes de o verem revertido na via do especial a que se converteu o extraordinário quanto à parte estritamente legal, resultará em alijamento do cenário constitucional do que ajustado, e o que é pior, com enriquecimento sem causa para uma das partes do contrato".[9]

36. No mencionado voto, que foi acompanhado, por unanimidade, pela Egrégia Turma, acrescentou o douto relator citação de voto anteriormente proferido pela Primeira Turma, no qual tinha sido salientado que:

"Convém ponderar que, havendo o legislador instituído a correção monetária da prestação referente ao risco de que trata o contrato de seguro, como fez pela citada Lei 5.448/1968, na verdade inscreveu ele no Direito Positivo um princípio reconhecido pela *communis opinio*, qual seja o de que a substância do objeto daquele débito é um *valor*, e não uma certa quantia de *dinheiro*, donde o entendimento de que, por natureza, é corrigível a moeda que lhe fixa o quanto, isto é, que a moeda no caso não deve ser considerada por seu valor nominal ou *extrínseco*, mas por seu valor *aquisitivo* ou de *troca*".[10]

37. Por outro lado, a comutatividade não pode significar o enriquecimento de qualquer das partes. Assim sendo, se a correção monetária em relação aos prêmios foi fixada em certas bases, o mesmo critério deve ser aplicado à indenização a ser paga pela seguradora. Temos, assim, não uma dívida de valor pura, mas um débito valor *sui generis ou* uma dívida de dinheiro indexada, que se distingue da dívida de valor, pois a sua correção deve ser a mesma nas operações ativas e passivas da empresa seguradora e independe da efetiva variação do custo de vida.

IV – Da internacionalização

38. Já salientamos que, por muito tempo, a atividade seguradora foi reservada às empresas nacionais, estabelecendo-se um vínculo entre o regime das mesmas e o aplicado aos bancos e demais instituições financeiras.

39. Assim, entendeu-se que, nos termos da Constituição de 1988, e, em particular do seu art. 192 e do art. 52 do ADCT, somente seria possível autorizar o funcionamento de empresas seguradoras estrangeiras no Brasil ou a sua participação em suas congêneres brasileiras nos casos de reciprocidade e de interesse nacional.

40. No mesmo sentido restritivo da atividade direta ou indireta das seguradoras estrangeiras, existia manifestação do Conselho Nacional de Seguros Privados (Resolução 14/86), que foi aplicada durante longos anos.

41. Concluiu-se, na época, que somente mediante autorização específica do Presidente da República, no caso de existir interesse nacional, é que poderia ser autorizada o funcionamento, no país, de seguradora estrangeira, o que estava limitando substancialmente a sua participação no mercado. A partir de 1995, houve, todavia, maior facilidade de acesso, em virtude da decisão tomada pelo Governo, no sentido de reconhecer a existência de interesse nacional em ampliar a presença dos estrangeiros no mercado segurador, do mesmo modo que estava ocorrendo em relação aos bancos estrangeiros.

42. Indo mais longe e num reexame atento dos textos constitucionais, a Advocacia-Geral da União (AGU) modificou o entendimento anterior, em parecer, do Dr. Geraldo Quintão, aprovado pelo Presidente da República, em 1996.[11] No mencionado parecer, a AGU entendeu que devia ser feita a distinção adequada entre os regimes respectivamente aplicáveis às instituições

9. *RTJ* 163/343.
10. *RTJ* 82/2.

11. Parecer publicado no *Diário Oficial da União* (Seção I) de 10.6.96, pp. 10.143 e ss.

financeiras e às empresas seguradores, não incidindo sobre estas as restrições estabelecidas pela Constituição em relação àquelas. Consequentemente, a Resolução 14/86 ou estaria revogada pela Constituição ou trataria de matéria que não se enquadra na competência do mencionado órgão, razão pela qual deveria ser considerada livre a participação de seguradoras estrangeiras em empresas brasileiras do setor, desde que tivessem a sua sede e administração no país e estivessem sujeitas à lei brasileira.

43. Este entendimento construtivo da AGU, consubstanciado no excelente parecer do Dr. Geraldo Quintão, se compatibiliza aliás plenamente com a nova conceituação de sociedade brasileira e a extinção do regime da chamada sociedade brasileira de controle nacional, em decorrência da revogação do art. 171 da Constituição, pelo art. 3º da Emenda Constitucional 6, de 15.8.95.

44. Outro passo importante para a internacionalização do mercado segurador foi a abertura ao setor privado do resseguro, pela Emenda Constitucional 13, de 21.8.96 que modificou o inciso II do art. 192 da Constituição Federal. Assim, o resseguro deixou de ser um monopólio estatal, que se exercia através do IRB, dependendo para a sua plena concretização de legislação ordinária a respeito do assunto e da já referida privatização do IRB, que está em curso.

45. A conseqüência da abertura, no setor de seguros, foi a entrada, no mercado brasileiro, ou o amplo desenvolvimento de algumas dezenas de empresas estrangeiras,[12] ensejando não só a entrada de recursos, mas também a utilização de novos produtos, maior competição e inovação, que obrigaram as suas competidoras em funcionamento no país à mais plena modernização.

46. A presença dessas empresas estrangeiras sob a forma de subsidiárias organizadas no Brasil, ou mediante *joint ventures* com bancos e seguradoras brasileiras, permitiu que o mercado adquirisse novas dimensões, em virtude do salto tecnológico realizado e do aumento de recursos disponíveis havendo outrossim maiores facilidades para a realização de operações de co-seguro e resseguro.

47. Há uma comparação que pode ser feita entre os efeitos da presença estrangeira no mercado de capitais e no mercado segurador. Em ambos os casos, houve verdadeira revolução cultural e técnica, com repercussões jurídicas, ensejando renovação tecnológica, valorização das ações das empresas brasileiras associadas aos estrangeiros, importante redução de custos e mais fácil acesso dos clientes aos diversos tipos de seguros, com prêmios menos elevados.

V – A desburocratização e privatização do contrato de seguro

48. Nas suas origens, o contrato de seguro foi, exclusiva ou preponderantemente, um contrato de adesão, que, assim foi definido, desde 1930.

49. A doutrina e a jurisprudência, reconhecendo nele um contrato padrão ou padronizado, entenderam que as suas condições gerais deviam estar sob tutela da SUSEP, tratando-se de um contrato baseado preponderantemente no mutualismo.[13]

50. Nele praticamente não existia, pois, liberdade de fixar o conteúdo do contrato,

12. Em três anos, foram mais de vinte seguradoras estrangeiras que entraram no mercado brasileiro, diretamente, mediante a criação de subsidiária ou em associação com empresas brasileiras, destacando-se entre outras a ITT Harford, a New York Life, a Cigna e a AIG.

13. É a opinião da maioria dos autores que trataram da matéria como Pedro Alvim (*O Contrato de Seguro*, Forense, Rio, 1983) e Vera Helena de Mello Franco (*Lições de Direito Securitário*, Maltese, São Paulo, 1993). V. tb., Arnoldo Wald, *Obrigações e Contratos*, cit., pp. 492 e ss.

ou seja a liberdade contratual, podendo haver tão-somente a liberdade de contratar ou de não contratar, que também inexistia no caso dos seguros obrigatórios.

51. A evolução mais recente foi no sentido de uma verdadeira desburocratização, passando a SUSEP a admitir maior liberdade das partes, mantida, todavia, a sua tutela e fiscalização.

52. Por outro lado, especialmente em determinadas situações que não abrangem os chamados contratos de massa, a SUSEP admitiu mais amplamente a liberdade contratual, mediante um acompanhamento feito *a posteriori*, mas admitindo maior criatividade por parte dos contratantes. Assim, reservou-se praticamente à instituição controladora do mercado o papel de fiscal da ordem pública, minimizando, em certo sentido, a sua intervenção.

53. Em conseqüência passou a haver uma liberalização nos contratos de seguros.

54. Essa nova tendência se faz sentir especialmente em determinados contratos de seguro que se aproximam mais dos contratos bancários, podendo, até, pela sua função e estrutura, ser considerados como sendo quase financeiros, numa zona tangente ou secante entre a função bancária e a do segurador. Ambas se tem, aliás, identificado, em alguns casos, em outros países, passando a constituir o que foi denominado, na França, como sendo a *bancassurance.* No Brasil, um desses seguros que se desenvolveu recentemente foi o chamado seguro-garantia.

VI – O seguro-garantia

55. A SUSEP já tinha admitido várias modalidades de seguro-garantia na Circular 26, de 10.11.89, tratando respectivamente das seguintes formas:

a) *performance bond* ou garantia da execução da obras que assume importância crescente quando se discute um novo projeto de revisão da Lei de Licitações;

b) *garantia para participar da licitação* sob as formas de:

b.1) supply bond – garantia de fornecimento de material;

b.2) retention money – garantia de adiantamento de crédito;

b.3) maintenance bond – garantia de funcionamento da obra;

b.4) advance payment bond – garantia de adiantamento por conta de pagamento.

56. O conjunto desses seguros, representados como os demais pelas respectivas apólices, constituem os chamados *surety bonds* (seguro-garantia).

57. Ao lado das mesmas encontramos também o *payment bond* que no Brasil é denominado *seguro-garantia financeira* e no fundo se assemelha à *fiança bancária*, que tem as suas origens no Direito anglo-americano. Efetivamente, o Direito administrativo norte-americano conhecia desde o *Heard Act*, depois substituído pelo o *Miller Act*, os *payment bond* e os *performance bond.* Enquanto os últimos abrangem a obrigação de fazer *(performance)*, os *payment bonds* são garantia da obrigação de dar, ou seja, de pagar determinada quantia em dinheiro.

58. No Brasil, já temos, há alguns anos, o seguro de fiança locatícia que também é uma forma de seguro-garantia financeira.

59. Há, assim, uma espécie de deslocamento da fiança bancária para o seguro-garantia financeira, que se explica no caso do Brasil, em grande parte, pela exigência de depósito compulsório sobre as operações bancárias e a fixação dos limites baseada na Convenção de Basiléia.

60. Essas novas formas de seguro não são mais contratos de adesão e nem sempre tem a sua estrutura ligada ao mutualismo e à pulverização dos riscos. Ao contrário, muitas vezes ou quase sempre, as grandes operações de *performance bond* e de *payment bond* exigem garantias das empresas cuja atuação ou cujo pagamento é garantido.

61. Estamos, assim, na área da plena liberdade contratual e dos seguros cujos risco são assumidos não exclusivamente em virtude da pulverização das operações mas, também, em decorrência de garantias específicas dadas à seguradora, que funciona como verdadeiro banco.

62. No plano internacional, desenvolvem-se simultaneamente empresas garantidoras do comercial *papers* e dos *eurobonds,* também denominadas locadoras de *rating,* porque o *rating* da locadora beneficia o locatário.

63. Trata-se de um mercado muito desenvolvido nos Estados Unidos onde teria alcançado cerca 300 bilhões de dólares. Surgiu, inicialmente, para garantir papéis de entidades públicas locais e de médias empresas, cujo *rating* seria BAA ou BBB (*Moody* ou *Standard and Poor*) e que passam, com a garantia, a ter o *rating* AAA (*rating* sendo nota de grau de solvência).

64. Tais operações apresentam vantagens para a empresa garantida que consegue alcançar mercados financeiros, nos quais, por si só, não conseguiria obter recursos e paga menores taxas. Por sua vez, a seguradora/fiadora cobra um *spread* e tem contra-garantias do devedor.

65. Das empresas criadas há cerca de dez anos, quatro delas possuem 90% do mercado norte-americano e alcançam o mercado internacional estando presentes na França e na Alemanha.[14]

66. Trata-se de garantia que pode ter importância para obter recursos para a infra-estrutura brasileira resolvendo, assim, em parte, o problema do financiamento das concessões. Neste caso, determinadas contra-garantias podem ser válidas para o garantidor, mas não para o investidor, como seria o caso dos recebíveis de luz, água, telefone etc.

67. Também no mercado interno, o seguro-garantia pode desempenhar importante papel.

68. Foram suscitados, inicialmente, algumas dúvidas quanto à legitimidade e validade do seguro-garantia financeira, no Direito brasileiro, pelo fato de não constar o mesmo de modo expresso entre as modalidades contempladas pela Circular SUSEP 26.

69. Na realidade, a SUSEP, após ter definido as várias modalidades de seguro-garantia previstas na Circular 26, de 10.11.89, aprovou o seguro-garantia financeira em caso específico.

70. Na ocasião, foi proposto a seguinte conceituação e regulamentação, que foram aceitas pela SUSEP:

"Conceitua-se o Seguro Garantia Financeira como a garantia do compromisso do Tomador perante o Segurado quanto ao cumprimento do Contrato de Financiamento e até o valor estabelecido na apólice.

"A finalidade é transferir à Seguradora os riscos dos inadimplemento do Tomador até o limite contratado.

"O sinistro se caracteriza pelo inadimplemento do Tomador, nas condições decorrentes do Contrato de Financiamento.

14. Destacam-se, entre outros, as seguintes: FSA–Financial Securitv Assistance (40% do mercado americano); Municipal Bond Investors Assurance (garantia de títulos municipais para *finance project* específicos de grande importância para a infra-estrutura, apresentando aumento anual de 30%); Financial Guaranty Insurance Corp.–GE; Health Industrv Bond Insurance-HIBI e Industrial Development Bond Insurance.

"Os valores e condições do Contrato de Seguro são pactuados pelas partes, obedecidas as regras legais e regulamentadores."

71. Houve, assim, reconhecimento expresso da SUSEP quanto ao enquadramento da operação de *seguro-garantia financeira* com as definições de suas finalidades e do conceito de sinistro que lhe foram propostas.

72. Como já assinalamos, houve uma incontestável evolução, no Direito brasileiro dos seguros, no sentido de ultrapassar o quadro das operações típicas que eram as únicas admitidas tradicionalmente e que dependiam sempre de definição e enquadramento prévios pelas autoridades competentes. Efetivamente, a liberalização e a reforma do Estado alcançaram o setor de seguros ao admitir a atipicidade dos contratos e a ampla liberdade das partes de estruturá-los quanto à sua forma e conteúdo, desde que comunicados previamente os respectivos textos à autoridade competente.

73. Na realidade, essa modificação já ocorreu com o Decreto 605, de 17.7.92 que, no seu art. 1º, conciliou a liberdade de estipulação das partes contratantes com a necessidade de respeitar as regras de ordem pública e o fez nos seguintes termos:

"Art. 8º As Sociedades Seguradoras enviarão à Superintendência de Seguros Privados–SUSEP, para análise e arquivamento, as condições dos contratos de seguros que comercializarem, bem como respectivas notas técnicas de prêmios.

"§ 1º A SUSEP poderá, a qualquer tempo, diante da análise que fizer, solicitar informações, determinar alterações, promover a suspensão de todo ou de parte das condições e das notas técnicas a ela apresentadas, na forma deste artigo.

"§ 2º As condições de seguro deverão incluir cláusulas obrigatórias determinadas pela SUSEP."

74. Complementando as determinações do decreto, a SUSEP baixou, em 24.7.96, a Circular 9 com o seguinte teor:

"Considerando o que determina o art. 8º do Decreto 60.459, de 13 de março de 1967, com a redação que lhe foi dada pela Decreto 605, de 17 de julho de 1992;

"Considerando a necessidade de disciplinar a apresentação das condições dos contratos de seguros comercializados pelas Sociedades Seguradoras, resolve:

"Art. 1º As Sociedades Seguradoras deverão enviar à Superintendência de Seguros Privados–SUSEP, antecipadamente à comercialização, as condições de seguro e notas técnicas de prêmios dos novos contratos de seguros, para análise e arquivamento na Autarquia.

"Art. 2º As alterações a serem providas nos contratos de seguros já em comercialização também deverão ser previamente encaminhadas à SUSEP, para igual procedimento."

75. Ficou, assim, consagrada a liberdade contratual no campo dos seguros, sem prejuízo da tutela da SUSEP, garantindo a validade e licitude de todas as convenções que tenham sido estipuladas e que, comunicadas à autoridade, tenham sido admitidas, explícita ou tacitamente, pela mesma.

76. Houve, posteriormente, uma primeira aprovação da operação específica de seguro-garantia financeira do crédito com o enquadramento da operação e a definição dos seus elementos básicos.

77. De qualquer modo, o seguro-garantia financeira, além de não proibido, tem, ao contrário, sido consagrado pela legislação brasileira nos setores mais variados.

78. Assim, já há algum tempo, a legislação do inquilinato trata do seguro de fiança locatícia, abrangendo a totalidade das obrigações do locatário em relação ao locador, cabendo ao inquilino pagar o prêmio de seguro de fiança (arts. 37, III, 41 e 23, XI, da Lei 8.245, de 18.10.91). A CVM também a consagrou como uma forma adequada de garantia.[15] Por sua vez, a legislação de licitações já admitia o seguro-garantia no Decreto-lei 2.300/86 (art. 46, 3) e continuou a consagrá-lo a Lei 8.666 (art. 56, II).

79. Podemos, pois, afirmar que o seguro-garantia financeira, como alternativa válida à fiança bancária, está devidamente admitido pelo Direito brasileiro, que permite a opção entre as duas formas de garantias.

80. A falta de referências doutrinárias ao *payment bond* não exclui a sua utilização, pois a doutrina se limitava a fazer uma enumeração exemplificativa – e não taxativa – que também era feita em regulamentação da SUSEP, sem todavia excluir outras formas de seguro-garantia. Aplica-se, no particular, o princípio da autonomia da vontade, que impera no Direito contratual brasileiro e especialmente no Direito comercial, sempre que inexistam restrições de ordem pública.

81. Nos Estados Unidos, a legislação tem tratado da matéria desde o *Miller Act*, referente aos contratos públicos, que desdobrou o *surety bond* genérico, conhecido pela legislação anterior (*Heard Act*), fazendo a distinção entre o *performance bond* aplicável às obrigações de fazer e o *payment bond* que garante as obrigações de dar e, em particular, as de pagar uma determinada quantia em dinheiro.[16]

82. Na realidade, há certas analogias entre a fiança bancária e o seguro-garantia financeira, que têm a mesma finalidade e efeitos análogos para o credor, embora seja diversa a estrutura de cada um dos institutos.[17]

83. Concluímos, pois, que a existência, legitimidade e validade do seguro-garantia financeira importam em atender plenamente aos interesses tanto do devedor como do credor, tratando-se de uma nova modalidade de seguro, com peculiaridade próprias, já agora consagrada no Direito brasileiro.

VII – Conclusões

84. Verificamos, assim, que ocorreu uma evolução no qual o seguro mudou de dimensão e de estrutura e exige novo estudo por parte do legislador, da doutrina e da jurisprudência.

85. Na medida em que ocorrem as inovações, o homem por uma espécie de misoneísmo mantém formas antigas para instrumentos ou institutos novos. Os primeiros automóveis lembraram a carruagem do passado. Muitas vezes, no campo do Direito, institutos novos foram criados utilizando-se nomes antigos. É preciso ver se alguns aspectos mais recentes do seguro não se afastam do seguro tradicional de tal modo que ou mudamos a denominação do instituto ou é o caso de abandonar algumas das características que o instituto tinha no passado, passando a fazer as distinções adequadas.

86. Cabe pois felicitar os organizadores do presente Congresso e, em particular, o Centro de Estudos do Tribunal de Alçada do Paraná e o seu presidente Juiz Munir Karam, pela oportuna iniciativa de convocar, mais uma vez, os estudiosos da matéria aqui em Curitiba para discutir os vários aspectos do contrato de seguro.

São Paulo, 15 de junho de 1998

15. Instrução 262 da CVM, de 2.5.97, in *DOU* 6.5.98, Seção I, p. 9.022 com a retificação que consta no *DOU* de 9.5.97.

16. *Black's Law Dictionary* verbete "Miller Act", 6ª ed., p. 686 e USCA, §§ 270a–270f.

17. Edwin W. Patterson, *Cases and Materials on Insurances*, 2ª ed., p. 37.

Atualidades

DEPÓSITO DE CORDÃO UMBILICAL – SEGURO DE VIDA BIOLÓGICO

RACHEL SZTAJN

Nova atividade, florescente nos Estados Unidos da América, com grandes probabilidades de se instalar e expandir no Brasil, é a que organiza bancos de cordão umbilical. A idéia de guardar, em depósito, células do tronco sangüíneo do cordão umbilical resulta de avanços técnicos na área da saúde. Ao lado dos bancos de sangue, que conservam sangue, plasma, e papa de hemácias humanos, para emprego em transfusões, de bancos de córnea, para conservação de córneas humanas para transplante, de bancos de pele, para terapêuticas em queimados, surgem agora os bancos de cordão umbilical de que se extraem troncos de células maduras de sangue.

Notícias de que na União Européia demonstrações contra a concessão de patente para que se isole e preserve células do tronco sangüíneo do cordão umbilical parecem tornar cada vez mais real e próxima a previsão de Aldous Huxley, em *Admirável Mundo Novo*, quanto à manipulação genética e a produção de seres humanos seriados, idênticos e com graus de inteligência e capacidade específicos, tudo segundo os interesses do Grande Irmão. Nunca, como agora, a realidade se aproxima da ficção! Avanços tecnológicos permitem a realização do que parecia sonho de visionários. Cultivar tecidos em laboratórios, manipulação genética de fotos para alterar a coloração dos olhos, mudando a forma pela qual os gens se combinariam, evitar doenças geneticamente transmissíveis. Parece que os limites são permanentemente postos para serem suplantados.

O projeto Genoma, que pretende desvendar, mapear o genoma humano, a intervenção em fetos para corrigir genes defeituosos, os exames para tentar detectar a propensão familiar (logo, genética) para certas moléstias, exames esses que tanto podem ser voluntários quanto impostos, como no caso dos admissionais, devem merecer especial atenção de juristas e filósofos. As questões éticas e legais se confundem e enfeixam de modo absoluto.

Cada célula somática do corpo humano contem todos os atributos herdados dos pais. O genoma consiste de 46 cromossomos dispostos em 23 pares. Cada cromossomo contem em média 4.000 genes que são compostos de elementos químicos e que são consistentes, repetem-se, por espécie de sorte que um gene encontrado num certo cromossomo de uma pessoa controlará o mesmo traço de igual cromossomo encontrado em outra pessoa no mesmo local.

Esse traço é determinado pela estrutura dos pares básicos no gene e variações resultam em alterações do fenótipo da espécie humana. Algumas vezes o traço aparece se a seqüência do DNA que o codifica estiver localizada no gene de qualquer dos cromossomos que formam o par. É o traço dominante. Outras vezes o traço aparece apenas se a seqüência adequada de DNA estiver presente nos dois genes, quando é designado recessivo e a pessoa com apenas um gene é dita portadora. (Lembra-se os experimentos de Mendeleiv com as moscas da banana.)

Sabe-se que alguns genes se manifestam apenas se certos outros genes estiverem presentes e, outros, apenas quando o "supressor" inexistir. Alguns atributos são resultado de pares de genes enquanto outros exigem, também, o meio ambiente para sua manifestação. Obesidade e alcoolismo, por exemplo, podem ser resultado de predisposição genética, ou decorrer do meio ambiente, ou, ainda, envolver a interação de fatores genéticos e não-genéticos.

Assim, o estudo dos genes, do DNA pode levar à descoberta de muitas moléstias, como foi o caso da fibrose cística que se deu em 1990. Igualmente algumas moléstias podem ser ligadas a certos genes, combinações deles.

No caso dos bancos de células sangüíneas de cordão umbilical está-se frente a questão complexa pois, se de um lado descobrir e, eventualmente, prevenir certas moléstias hereditárias poderá levar a melhorar a qualidade de vida das pessoas, objetivo humanitário e desejável, de outro, o conhecimento da propensão para adquirir ou ser afligido por moléstias pode constituir barreira para ser aceito em planos de seguro saúde, ser aceito para exercer certas atividades. Além de criar desconfiança, insegurança, dificuldade de aceitação em grupos sociais, por ter "propensão" para manifestar doenças tidas como "inflamantes" como, por exemplo, demência ou insanidade mental.

Estudos levados a cabo em países em que a Bioética tem tradição apontam os problemas, por vezes propõem soluções, mas o avanço da ciência é tão veloz que novos problemas surgem, numa verdadeira roda viva.

Sabe-se que a experimentação em seres humanos é proibida, e isso é resultado que das barbáries praticadas durante o período nazista na 2ª Guerra Mundial. Aliás a Declaração Universal dos Direitos Humanos tem origem nesses fatos. Porém, experimentações em ou com materiais humanos, partes, peças, tecido, ou sangue humano, por exemplo, parecem estar destacadas das experimentações em seres humanos.

Inquestionável que muitas dessas experimentações são benéficas e muitas das pesquisas visam simplesmente a melhorar a qualidade de vida dos homens (mulheres, crianças e adolescentes). E essas são sempre importantes e desejáveis. Os resultados de outras tantas eventuais pesquisas podem oferecer riscos aos seres humanos e, em geral, continuam desconhecidas fora dos meios acadêmicos.

Assim, se de uma lado é forte a idéia de que o ser humano vivo não pode ser objeto de experiências, partes do ser humano – imagino consideradas sem vida anímica em si – podem. Que reflexos poderão ser causados ao ser humano – ou ao que dele restar após a remoção daquelas partes – por força de tais manipulações? Essa indagação há de ser respondida por filósofos mais do que por juristas ou profissionais da saúde e da biologia em geral.

Nessa linha de indagação, quanto a experimentação com materiais ou partes do ser humano, lembro que, há alguns anos atrás o sangue contido no cordão umbilical era descartado, assim como a placenta que envolvia o feto antes do nascimento. Ora bem, atualmente tanto a placenta quanto o sangue do cordão umbilical tem utilização e, portanto, passam a ser bens valiosos. E, como bens valiosos, passam a ter valor de/e no mercado.

Deixando de parte a discussão quanto a poderem ou não estar no comércio, sobre a alienabilidade ou valoração econômica desses bens, parece interessante analisar outra questão ligada a seres humanos.

O laboratório norte-americano Biocyte desenvolveu método que permite isolar e preservar o tronco de células sangüíneas do cordão umbilical. Para o leigo essa descoberta parece ser nada além de mais um avanço na pesquisa biológica. Afinal para que serve o sangue das células do cordão umbilical? Aliás, após o nascimento, para que serve o cordão umbilical que liga o feto à mãe na "vida" intra-uterina? Era nada mais do que dejeto que se punha no lixo.

Pois bem, esse cordão umbilical, sabe-se hoje, é rico em troncos celulares que produzem células sangüíneas e plaquetas e, mais importante, há técnicas que permitem congelá-las para emprego posterior. Essa técnica, desenvolvida por pesquisadores franceses, data do final da década de 80. E os franceses acreditavam que os recursos, quer dizer, as células, constituiriam recurso comum, acessível a todos.

Ocorre que, congeladas, as células sangüíneas do cordão umbilical podem ser armazenadas em bancos e empregadas como terapêutica alternativa para o transplante de medula óssea! Logo, o que se descartava como inservível é hoje um recurso valioso e escasso, porque depende do número de nascimentos e da armazenagem.

O consórcio europeu, denominado Eurocord, tem como concorrentes um órgão norte-americano, resultado dos recursos que o American National Institutes for Health entregou ao Banco de Sangue de Nova Iorque, em 1992. A essa instituição seguiram-se outras, privadas, que oferecem serviços de guarda de células sangüíneas de cordão umbilical.

E como os particulares são menos altruístas do que se imaginaria, na busca de lucros surge o serviço de depósito de células umbilicais que emprega técnicas de *marketing* (procura obter relação de futuros pais com serviços de lavagem de fraldas, hospitais ou outros). E as empresas sugerem aos futuros pais que contratem seus serviços para guardar células do cordão umbilical do nascituro como um tipo de seguro biológico, um investimento no futuro da saúde do filho ou filha.

O custo da coleta do cordão é fixo – entre US$ 1.000,00 a US$ 1.500,00 – além da taxa anual que fica em cerca de US$ 100,00 por ano para a guarda do bem. Qual o lucro que se pode obter com tais serviços? Impossível determinar, mas se a taxa de natalidade for elevada e a maioria dos pais se comover com a proposta, seguramente muito dinheiro acorrerá para essa atividade.

A questão é que a probabilidade de que alguém vá necessitar seu próprio cordão umbilical é reduzida (cerca de 1 por 10.000 nascidos). Mas o apelo vai mais longe. Como a pesquisa médica avança, é possível que do sangue do cordão umbilical possam ser detectadas e posteriormente prevenidas ou tratadas outras moléstias. Por isso que o apelo ao seguro biológico para o futuro é tão forte.

Duas dúvidas aparecem. A primeira se relaciona a crianças cujos pais não disponham de recursos para a coleta e armazenamento das células sangüíneas do cordão umbilical e que, futuramente, necessitem de transplante de medula óssea. Como é que, do ponto de vista ético se trata o "seguro biológico de saúde" como mercadoria? Nos casos de seguro saúde, o não pagamento das mensalidades implica a cessação da garantia oferecida pela seguradora. Quanto ao seguro de vida por sobrevida, apenas o resultado líquido da capitalização poderá ser pretendido se o segurado deixar de cumprir suas prestações e desde que tenha feito, já, um número prefixado de pagamentos. Mas no caso de seguro-saúde-depósito de material genético, o tratamento jurídico há de ser distinto.

O segundo está ligado à manipulação genética e ao sigilo à informação. Esse aspecto é, no mínimo, tão delicado quanto o outro. Um banco de células de sangue de cordão umbilical é um banco de dados genético e poderiam ser fonte de dados para pesquisa de saúde sem que pais ou interessado soubessem ou consentissem.

Ademais a história recente alerta para hipóteses de eugenia que pode, sinistramente, se repetir com as descobertas feitas em células sangüíneas que haviam sido postas sob guarda de uma instituição.

E como é que se redefiniriam as classificações de moléstia e anormalidade, construções sociais? Seria possível criar um genoma padrão, normal? E se isso for feito, como é que se analisa desvios do padrão? Por procedimento estatístico comum? Como é que a sociedade encararia a "normalidade genética" e as pessoas que ficassem aquém desse padrão de normalidade?

No caso dos bancos de cordão umbilical, a guarda do bem está, no caso dos depósitos privados, sujeita ao pagamento das anuidades, o que aconteceria com o material se, a qualquer momento, deixasse de haver pagamentos? E se o depositário se tornasse insolvente? Qual o destino das coisas depositadas? Seriam destruídas ou voltariam aos seus titulares? E se a conservação fosse imperfeita e o titular necessitasse do material guardado?

Parece-me que no caso dos bancos de células de cordão umbilical privados se põem problemas como a exploração da vulnerabilidade, da fragilidade dos pais antes do nascimento dos filhos que constitui problema ético da maior relevância, pois os pais prestes a ter filhos desejam garantir-lhes o futuro e a saúde.

O potencial de uso da informação genética é enorme. Terapia genética pode alterar a composição genética de células somáticas e evitar a transmissão de doenças de família; mas pode, também, ser utilizada por empregadores, seguradores, escolas, tribunais, ou outros órgãos. A par de que a divulgação da estrutura genética da pessoa pode acarretar conseqüências importantes.

Do ponto de vista jurídico, parece que a guarda do bem seguida de sua não reclamação, nesse caso, não deveria dar ao depositário direito de satisfazer seu eventual crédito com a simples alienação do bem depositado já que se trataria de coisa personalíssima. Porém, aqui, seria necessário discutir eventual limitação ao poder do depositário sobre a coisa depositada e cujo pagamento não tenha sido feito na forma avençada.

Na falência do depositário seus credores poderiam ter direito aos valores devidos pela guarda do bem, mas nunca a excutir os bens depositados por não integrarem o patrimônio do depositário. Será que os depósitos ou bancos privados de células de cordão umbilical devem ser admitidos ou a atividade deve ficar reservada para órgão públicos e os bens poderem ser de uso comum?

Sem dúvida outras questões surgirão quando algum fato ocorrer. Fica o alerta, porém, a guarda de gens constitui atividade em desenvolvimento e deve ser acompanhada com cautela pela sociedade. A dignidade humana deve ser preservada e há quem veja nesses estudos do genoma humano violação desse princípio.

Atualidades

SOCIEDADE ANÔNIMA: A QUESTÃO DO VOTO MÚLTIPLO

Paulo Salvador Frontini

1. O tema na Lei societária de 1976. 2. Justificativa para a inovação. 3. O Conselho de Deliberação e seu modo de deliberar. 4. Minoria societária e participação no Conselho: 4.1 a 4.3 Situações casuísticas, exemplos e dificuldades na aplicação do preceito do voto múltiplo; ponto crítico da questão. 5. Fórmulas matemáticas elaboradas por especialistas. Dificuldades ante peculiaridades que o Conselho de Administração pode exibir em face dos estatutos sociais. 6. Conclusões. 7. Ponderações a considerar. Bibliografia.

1. O tema na Lei Societária de 1976

1. Ao ser promulgada, em 1976, a atual Lei de Sociedades por Ações trouxe em seu bojo uma inovação: a disciplina do voto múltiplo. Em termos de legislação brasileira, era uma novidade, que se incorporou a nosso Direito Positivo na forma do art. 141 da Lei 6.404, assim redigido:

"Art. 141. Na eleição dos conselheiros, é facultado aos acionistas que representem, no mínimo, um décimo do capital social com direito a voto, esteja ou não previsto no estatuto, requerer a adoção do processo de voto múltiplo, atribuindo-se a cada ação tantos votos quantos sejam os membros do Conselho, e reconhecido ao acionista o direito de cumular os votos num só candidato ou distribuí-los entre vários.

"§ 1º A faculdade prevista neste artigo deverá ser exercida pelos acionistas até quarenta e oito horas antes da Assembléia Geral, cabendo à Mesa que dirigir os trabalhos da assembléia informar previamente aos acionistas, à vista do 'Livro de Presença', o número de votos necessários para a eleição de cada membro do Conselho.

"§ 2º Os cargos que, em virtude de empate, não forem preenchidos, serão objeto de nova votação, pelo mesmo processo, observado o disposto no § 1º, *in fine*.

"§ 3º Sempre que a eleição tiver sido realizada por esse processo, a destituição de qualquer membro do Conselho de administração pela Assembléia Geral importará destituição dos demais membros, procedendo-se a nova eleição; nos demais casos de vaga, não havendo suplente, a primeira assembléia procederá à nova eleição de todo o Conselho.

"§ 4º Se o número de membros do Conselho de administração for inferior a cinco, é facultado aos acionistas que representem 20%, no mínimo, do capital com direito a voto, a eleição de um dos membros do Conselho, observado o disposto no § 1º."

1.1 Convém desde logo ressalvar que, para as companhias abertas, a Comissão de

Valores Mobiliários, com fundamento no art. 191 da Lei de Sociedades por Ações, pode estabelecer percentuais inferiores ao previsto no dispositivo acima transcrito, para autorizar o requerimento de utilização do voto múltiplo. Confira-se, a propósito, a Instrução CVM 282, de 26.6.98. As peculiaridades dessas normas infra-legais não interferem, todavia, sobre as considerações que são desenvolvidas neste estudo.

2. *Justificativa para a inovação*

2. A figura jurídica do voto múltiplo tem sua razão de ser na conveniência de possibilitar aos acionistas não controladores, mas com presença acionária relevante (mínimo de 10% das ações com direito a voto), sua participação no Conselho de Administração. Disse-o explicitamente a *exposição de motivos* justificadora do projeto: "O artigo 141 assegura – através do processo do voto múltiplo – a representação das minorias no órgão deliberativo da administração" (*apud* Alfredo Lamy Filho e José Luiz Bulhões Pedreira, *A Lei das S/A*, I/241, 2ª ed., Renovar).

Não foi a primeira vez, nem terá sido a última, em que o legislador tenta transplantar para a disciplina das sociedades anônimas figuras jurídicas do Direito Público criadas e desenvolvidas, no âmbito do Estado e da coletividade política, para viabilizar o convívio democrático de forças antagônicas. Lembremo-nos das lições de Ripert, traçando paralelismo entre a Assembléia Geral e o Poder Legislativo, a Diretoria e o Poder Executivo e o Judiciário e o *arbitramento,* embora com o cuidado de acentuar constituir essa aparente simetria um esquema pertinente à *grande ilusão dos acionistas* (*Aspectos Jurídicos do Capitalismo Moderno*, Freitas Bastos, 1947, p. 107).

3. *O Conselho de Deliberação e seu modo de deliberar*

3. Parece sempre oportuno lembrar que o Conselho de Administração é órgão de deliberação *colegiada*, investido de elevadas atribuições, sendo a primeira delas a de *fixar a orientação geral dos negócios da companhia*. Dentre suas atribuições, consta, por exemplo, a de eleger os membros da Diretoria! (Lei 6.404, art. 142, II) Paralelamente, as deliberações, no âmbito do Conselho, são tomadas *por cabeça*, vale dizer, cada membro desse colegiado tem direito a um voto. Não pesa, nas deliberações do Conselho, a representação do capital. Como os membros do Conselho devem ser acionistas (art. 146), poder-se-ia supor que um conselheiro, titular de 51% das ações com direito a voto, estaria sempre vencendo a tomada de decisões no Conselho. Mas assim não acontece, porque, embora a lei das companhias determine que o estatuto deve estabelecer *as normas sobre convocação, instalação e funcionamento do Conselho*, consta da lei o comando imperativo de que o Conselho *deliberará por maioria de votos* (art. 140, III).

4. *Minoria societária e participação no Conselho*

4. O tema justifica reflexões, porquanto a utilização desse instrumento de *representação democrática de minoria* no órgão colegiado de administração superior pode ensejar, em casos concretos, surpresas. Estas surgirão em duas hipóteses: a primeira ocorrerá *se* e *quando* os controladores, conscientes de seu comando sobre a companhia, souberem agir de modo a obstar a presença de minoritários no Conselho. A segunda hipótese representa o oposto, ou seja, a surpresa ocorrerá *se* e *quando* os não controladores, prevalecendo-se da desatenção dos controladores, conseguirem eleger a maioria dos membros do Conselho.

Prevalecerem os controladores sobre os não controladores é fato comum, embora nem sempre legítimo. Mas, lograrem os não controladores eleger a maioria do Conselho de Administração é ocorrência que escapa à lógica e à rotina. Mas, pode acontecer! E essa é a asserção marcante no tema: acionistas minoritários, não controladores, valendo-se do instituto do *voto múltiplo*, podem sair vencedores na Assembléia Geral que elege os conselheiros. Através do voto múltiplo – se a *maioria* não estiver atenta – a minoria elegerá maior número de conselheiros.

É a lição da boa doutrina, como se lê em Paulo Fernando Campos Sales de Toledo: "Não é simples a utilização do voto múltiplo. Enseja manobras táticas complexas, que podem levar, se mal conduzidos os interesses, à perda do controle dos majoritários no Conselho de administração, ou, por outro lado, à não obtenção de um cargo pelos minoritários, quando isto seria matematicamente possível" (*Conselho de Administração na Sociedade Anônima*, p. 32, Atlas).

E tendo eleito maior número de conselheiros, essa minoria, *deliberando por maioria de votos*, elegerá a Diretoria! Eleger a Diretoria significa exercer a representação da companhia e a administração desta, quer dizer, comandar a sociedade anônima. Anote-se que, além de eleger a Diretoria, a minoria vencerá todas as demais votações no âmbito do Conselho.

4.1 Situações casuísticas, exemplos e dificuldades na aplicação do preceito de voto múltiplo; ponto crítico da questão

4.1 Para melhor compreensão do tema, vale a tentativa, que será feita nestas linhas, de exemplificar a casuística do preceito legal enfocado. Assim, no cenário da Assembléia Geral da sociedade anônima, em cuja reunião ordinária anual normalmente se dá a eleição dos membros do Conselho, processa-se a eleição dos diversos conselheiros mediante a votação para cada cargo.

Para cada cargo de conselheiro, cada acionista fará o respectivo sufrágio. Pelo regramento geral do Direito Societário brasileiro, na Assembléia Geral, a cada ação com direito a voto corresponde um voto.

Assim, o que se vê, na rotina das nossas sociedades anônimas, é efetivar-se, em cada cargo, a eleição do candidato que recebeu os votos dos controladores.

Esboce-se um exemplo: imaginemos uma sociedade anônima com um total de cem ações com direito a voto, e presença dos respectivos titulares na assembléia, dando um *quorum* de 100%. Imaginemos, mais, a existência de um Conselho de Administração com cinco membros. E, ainda, imaginemos a existência de um acionista majoritário que detenha 51 votos, ou seja, maioria absoluta das ações com direito a voto. Trata-se, sem dúvida, do controlador. Vamos além: as outras 49 ações votantes se dividem entre sete acionistas, cada um com sete ações.

Pelo critério comum, colocada em votação a eleição do primeiro cargo, apurar-se-á que o candidato do controlador teve 51 votos. Estará eleito, ainda que os demais acionistas tenham votado em peso e uniformemente em outro candidato.

Essa sistemática vai repetir-se em relação aos outros cargos. Colocada em votação a segunda vaga, o mesmo resultado vai repetir-se. E do mesmo modo vai ocorrer com as demais vagas.

Isso significa que, não obstante os não controladores tenham uma participação de quase metade do capital votante, não terão presença alguma no Conselho de Administração.

4.1.1 Foi pensando em situações como essa que a Lei de Sociedades por Ações instituiu o sistema de voto múltiplo. Anote-se, por oportuno, que, se os cargos no Conselho fossem seis, sete, ou mais, não ficaria afetado o desfecho dessa eleição, pois, apurados os votos cargo a cargo, em cada escrutínio o acionista controlador estará somando, a favor de seu candidato, maior quantidade de votos. Logrará, pois, eleger todos os conselheiros, embora tenha apenas uma ação (ou seja, um voto) acima da metade e apenas dois votos a mais do que o conjunto dos outros acionistas.

4.2 Aplicando-se a fórmula do voto múltiplo, nos termos art. 141 da Lei 6.404/76, o processo eleitoral sofrerá a incidência de outros fatores.

Prossiga-se raciocinando com o exemplo imaginado: S/A com 100 ações com direito a voto, um controlador com 51 ações, outros sete acionistas cada qual com sete votos. E todos presentes na Assembléia Geral.

Uma vez requerida, nos termos que a lei prevê, a adoção do voto múltiplo, cada acionista terá seu número de votos multiplicado pelo número de cargos a serem preenchidos.

Se há cem ações com direito a voto presentes na Assembléia Geral e se cinco são os cargos de conselheiro, seguindo-se o exemplo já desenhado, teremos estas posições de voto:

Acionista controlador: 51 votos multiplicado por cinco, o que traz um resultado de 255 votos. Esse é o "estoque" de votos de que dispõe o controlador, para utilizá-lo no conjunto dos cinco cargos.

Os demais acionistas, cada um com sete ações votantes, terão, cada um, trinta e cinco votos (7 x 5 = 35). É o "estoque" de votos de cada um desses acionistas. Em conjunto, os não controladores somarão 245 votos.

De acordo com a lei, a Mesa dirigente da Assembléia Geral deverá indicar previamente o número de votos necessários à eleição de cada membro do Conselho. A expressão *votos necessários* somente pode significar o número mínimo. Sempre seguindo a exemplificação aqui proposta, o total de votos a serem colhidos será de 500 (100 ações multiplicado por cinco cargos).

Obviamente, o número de votos mínimo para eleger cada membro não pode corresponder à metade de 500, mais um voto, ou seja, 251 votos. Essa seria a fórmula pelo critério tradicional, sem voto múltiplo, o que facilmente se confirma à constatação de que os não controladores, dentro do exemplo adotado, ainda que reunidos, não lograriam 251 votos para nenhum dos cargos. De fato, seguindo o critério tradicional, colocado em votação cada cargo, quem sufragar o nome do respectivo candidato com 251 votos estará elegendo seu candidato. E somente o controlador lograria fazê-lo, repetindo o lance nos demais cargos. Assim, o que a Mesa deve informar – e aqui já estamos interpretando a lei, pois ela, no passo, é lamentavelmente omissa – é qual o número mínimo de votos para eleger cada conselheiro, considerando-se a hipótese de distribuição eqüitativa de votos para cada cargo. Ora, se o total de votos do plenário soma 500, e se há cinco cargos, distribuem-se cem votos para cada cargo. Conclui-se que o número de votos necessários para eleger cada conselheiro, pelo sistema de voto múltiplo, será de 51 (100 dividido por 2, mais um voto). Quem descarregar 51 votos nesse cargo, terá somado o número necessário (número mínimo) para eleger o conselheiro. A Mesa, pois, deve informar que o número *mínimo* é de 51 votos.

Pergunta-se, então: e qual será o número máximo?

Para responder a esse pergunta cabe considerar que entra aqui em funcionamento o sistema de voto múltiplo. Se cada acionista tem um estoque de votos, que pode concentrar em um ou em alguns cargos; e se esses acionistas podem aglutinar-se para votar no mesmo candidato, resulta que o número máximo será o equivalente à totalidade do estoque de votos. Evidentemente, esse número máximo de votos, assim utilizado, vai eleger apenas um conselheiro, pois não restarão votos disponíveis para sufragar os demais.

4.2.1 Prossigamos em nossas abstrações, sempre dentro do exemplo formulado. Estamos no ponto em que a Mesa informou aos acionistas presentes que o número mínimo para eleger um conselheiro é de 51 votos. Neste ponto, os dois grupos acionários tem de começar a planejar sua estratégia de utilização de votos, dentro da mecânica do voto múltiplo.

Não nos esqueçamos de que, como se viu, pelo sistema de voto múltiplo os acionistas podem concentrar seus votos em um ou mais de um cargo, deixando de votar, ou votando inexpressivamente nos outros cargos. A estratégia que, sempre dentro do exemplo formulado, cada grupo vai adotar diz respeito justamente a concentrar votos em um ou alguns candidatos, de modo a elegê-lo(s).

Imaginemos que o cargo mais importante seja o de Presidente do Conselho de Administração, por força de motivos específicos de natureza estatutária que justificam interesse em conquistar esse cargo.

A Mesa informou que os votos necessários (número mínimo) para cada cargo somam 51.

Coloca-se em votação o cargo de Presidente do Conselho. Sentindo a importância da posição, o controlador pode ceder à tentação de destinar 246 votos de seu estoque em favor de seu candidato, ou seja, um voto a mais do que o total de votos do bloco não controlador. Ato contínuo, os não controladores devem votar para esse cargo. Mas, declararão que se abstém. Não votam. O controlador elegeu o Presidente, mas os não controladores conservaram intacto seu estoque de 245 votos, para distribuí-los nos outros cargos. Para esses cargos, vale lembrar, o controlador tem apenas 9 votos, remanescentes de seu estoque. Nesse caso, o controlador vai perceber que, tendo eleito o Presidente do Conselho, não elegerá nenhum dos outros conselheiros. Assim, o Conselho de Administração ficará com o Presidente, eleito pelo controlador, e quatro conselheiros, eleitos pelos demais, não controladores. O controlador ficará em minoria no Conselho. Não custa relembrar, como acima já foi dito, que, no Conselho de Administração, as deliberações são tomadas pelo sistema de "votos por cabeça", ou seja, cada conselheiro tem apenas um voto. Se ocorrer uma hipótese como a aqui figurada, perceber-se-á que o controlador não elegerá nenhum diretor, pois os diretores são eleitos pelo Conselho de Administração.

Logicamente, o controlador vai evitar a adoção dessa fórmula de distribuir seus votos.

Mas, sempre correrá riscos que, sistematicamente, se farão presentes sempre que o controlador, majoritário em ações ordinárias (ou mesmo preferenciais se estas concederem direito de voto, o que é raro em nossa praxe societária) votar em primeiro lugar.

Considerando sempre o exemplo formulado, minoritários (que detém 49% das ações ordinárias, e, portanto, tem uma posição de peso na empresa) também devem acautelar-se. Digamos que a Mesa coloque em votação o cargo de Presidente do Conselho de Administração, mas delibere que em primeiro lugar votarão os minoritários. Estes podem descarregar até a totalidade de seus votos (245), mas estarão *zerando* seu estoque de votos. Em seguida, o controlador majoritário votará. Descarregará 246 votos (um a mais do que o outro bloco de acionistas). E elegerá o conselheiro Presidente. A seguir, postos em votação os demais cargos de conselheiro, os minoritários não poderão destinar nenhum voto, pois seu *estoque* terminou. E o controlador, que ainda tem nove votos em seu estoque, elegerá *todos os demais conselheiros*, atribuindo-lhes seus votos remanescentes... Quer dizer, dentro desse exemplo, um bloco minoritário, com expressiva participação de 49% no capital votante, terá ficado, *pelas artes do voto múltiplo*, desprovido de representação naquele elevado órgão societário!

Os problemas não diminuem, ao contrário, acentuam-se se a participação de minoritários vier a ser percentualmente menor. Façamos a seguinte projeção: capital social dividido em 100 ações ordinárias, tendo o controlador 60 ações (60%) e o bloco minoritário 40 ações (40%). Por um critério meramente percentual, em um Conselho de cinco membros, o controlador teria direito a três cadeiras e os minoritários a duas. Mas, a lei não perenizou essa fórmula, que, aliás, foi adotada apenas para Conselhos de Administração com três ou quatro membros (art. 141 § 4º).

Requerida a adoção do voto múltiplo, o total de votos a apurar será o de 500 (ou seja, número de votos multiplicado pelo número de cargos, 100 x 5 = 500). Aberta a Assembléia Geral, a Mesa vai fazer o cálculo do número mínimo de votos para eleger um conselheiro. Vai repetir-se a situação do exemplo anterior: 51 votos. A partir daí, os dois blocos de acionistas vão articular suas respectivas estratégias.

Coloca-se em votação o cargo de Presidente do Conselho, estatutariamente o mais importante (dentro de nosso exemplo). Vota antes o controlador. Ver-se-á cheio de perplexidade, pois deseja eleger o Presidente do Conselho, mas não sabe quantos votos deverá nele descarregar. Seu estoque é de 300 votos. Poderá sufragar com 251 votos esse cargo, e terá eleito o Presidente do Conselho. Remanescerá com um estoque de 49 votos, que serão vencidos pelos votos do bloco minoritário, cujo estoque é de 200 votos, e que, para cada um dos outros quatro cargos, atribuirá cinqüenta votos, número insuperável pelo controlador.

Mas acontece que a situação vai se inverter se a Mesa, colocando cargo a cargo em votação, *determinar que o bloco minoritário vote antes!* Digamos que os minoritários queiram eleger dois conselheiros, coerentes com sua lógica percentual. Coloca-se a indagação: quantos votos descarregar no escrutínio para o primeiro cargo? Se esse primeiro cargo receber 200 votos (a totalidade do *estoque* dos minoritários) nem por isso a eleição estará garantida. O bloco controlador, que tem 300 votos de *estoque*, poderá sufragar com 201 votos esse cargo, e elegerá seu candidato. A seguir, distribuirá seus votos em nome de seus candidatos para os outros cargos, elegendo-os. Terá conseguido, com 60% do capital votante, eleger todos os membros do Conselho de Administração. Ora, essas duas alternativas, ambas possíveis, frustram o objetivo visado pelo legislador, que pretendia garantir a participação de minoritários no Conselho de Administração. É difícil crer que ao legislador tenha ocorrido a idéia, e além do mais a tenha aprovado, no sentido de que, conforme nuanças que a Assembléia Geral assumir, o resultado poderá sair completamente em desacordo com os propósitos, nobres e democráticos, da lei.

4.3 As reflexões desenvolvidas nas linhas acima levam à identificação de um *ponto crítico* no centro de todo esse problema: é a questão da ordem de coleta do voto dos acionistas, no âmbito da Assembléia Geral. Em outras palavras, colocada em votação uma determinada vaga de membro do Conselho de Administração, deve ser definido quais acionistas votam antes e quais depois. Vimos, nos exemplos citados – e, salvo engano, esse quadro sempre se repete – que quem vota por último sempre leva vantagem. Como a Presidência da Assembléia Geral é determinada pelos estatutos, ou pelo próprio plenário da Assembléia Geral quando decide a respeito no momento de sua instalação, conclui-se que o controlador orientará a Mesa a estabelecer critério segundo o qual, colocada pela Mesa um cargo em votação, votarão antes os minoritários e depois os controladores. Ora, essa solução acena com sérios inconvenientes para os minoritários, como já exposto. E significa *inviabilizar a efetivação da vontade do legislador*, tal como inscrita no texto normativo enfocado. Fazer o inverso – votando antes os controladores – também não é algo razoável, pois apontará na direção de sacrifício dos controladores. Nas sociedades comerciais vige o princípio de predomínio da vontade dos sócios com maior participação no capital, e na anônima, prevalência da vontade da maioria do capital votante. Como permitir fórmula que faça o minoritário sempre levar vantagem?

5. Fórmulas matemáticas elaboradas por especialistas. Dificuldades ante peculiaridades que o Conselho de Administração pode exibir em face dos estatutos sociais

5. Diante das dificuldades expostas, convém cogitar da hipótese de votação simultânea para todos os cargos, mediante adoção de uma *urna eleitoral*, com os acionistas, seja controladores, seja minoritários, depositando seus votos ao mesmo tempo. Por certo, forte insegurança vai se apossar dos grupos de acionistas, face ao problema de concentração do *estoque* de votos em um ou em alguns dos candidatos. Nesse caso, a Assembléia Geral dessa companhia assumirá feições de praça eleitoral ao estilo de certas eleições políticas... Não parece solução boa.

Embora esdrúxula, não parece desarrazoada a hipótese, tantos são os inconvenientes já vislumbrados nas alternativas anteriores. É para essa situação que valem fórmulas matemáticas, citadas, dentre outros, por Paulo Fernando Campos Sales de Toledo e por Modesto Carvalhosa, através das quais é possível identificar *o número de votos necessários para a eleição de membro do Conselho de Administração* (art. 141, § 1º da Lei).

Invocando clássico estudo de Correia Viana, autor normalmente invocado no trato do tema ("O processo de eleição por voto múltiplo na nova Lei das S/A", edição do Sindicato dos Bancos do Estado da Guanabara, *Caderno Especial* 62, estudo esse também citado por Paulo Fernando Campos Sales de Toledo), Carvalhosa refere-se a oito fórmulas matemáticas, atribuídas a Gerstenberg e Huff, que determinam o número mínimo de votos necessários para eleição de membro do Conselho de Administração, conforme várias situações (tais como: pressupondo-se que votarão todas as ações emitidas pela companhia; ou pressupondo-se que não votarão todas as ações emitidas pela companhia; ou para a hipótese de desejar-se a eleição da totalidade dos membros do Conselho, ou pressupondo-se que todas as ações emitidas votarão; ou, com o mesmo objetivo, mas sem que votem todas as ações emitidas pela sociedade; ou para eleição de apenas um membro do Conselho, no suposto de que não votarão todas as ações; ou para determinação do número de conselheiros que se pode eleger, a partir de determinado número de ações – votando todas as ações emitidas ou, ao revés, não votando todas as ações emitidas) (*Comentários*, I/102 e ss.). O mesmo e conceituado autor traz à tona outra fórmula – a *tabela* de Cole (ob e loc. cits.).

Não cabe, nos limites deste estudo, proceder à análise dessas fórmulas, que, aliás, envolvem questões próprias aos especialistas da ciência matemática. Mas, com a devida vênia, e salvo melhor juízo, permitimo-nos ousar a asserção de que essas fórmulas, certamente úteis, apenas são aproveitáveis se e quando houver sido decidido, no plenário da Assembléia Geral, que a votação para os diversos cargos do Conselho de Administração se fará simultaneamente. Aproveitando, para contraprova da afirmação ora feita, o exemplo inicial deste trabalho, chega-se a esta demonstração: capital da S/A é de 100, dividido em 100 ações votantes. Grupo controlador com 51 votos (51%); grupo minoritário com 49 votos (49%). Todas as ações presentes na Assembléia Geral.

Qual o número de votos necessários para eleição de conselheiros, *em votação simultânea*?

Vale a primeira fórmula de Gerstenberg e Huff, a saber: multiplique-se o número de ações em circulação pelo número de administradores que se pretende eleger. O produto dessa multiplicação deve ser dividido pelo número de administradores a serem eleitos, mais um. Obtido esse resultado (que pode ser fracionário), some-se mais um. Ora, no exemplo posto, tendo 51% das ações votantes, o bloco controlador poderá pretender, naturalmente, eleger três dentre os cinco cargos em votação. Os números serão estes: 1ª operação: 100 x 3 = 300; 2ª operação: 300 ÷ 6 (5 cargos a preencher, mais uma unidade de soma) = 50. Some-se mais um algarismo unitário (+ 1), conforme a fórmula. Resultado: 51.

Os controladores, tendo um *estoque* de 255 votos (51 x 5), descarregarão em cada candidato 51 votos. Os minoritários, tendo 245 votos (49 x 5) descarregarão em dois cargos (para garantir sua vitória) seus votos. Não poderão, esses minoritários, votar igualmente em todos os cargos, pois nesse caso serão derrotados em todos eles, sempre pela contagem de 51 a 49.

A fórmula funciona dentro da frieza dos números. Acontece que um dos cargos pode ser mais importante do que os demais (e assim foi posto no exemplo adotado neste estudo). Por exemplo, o cargo de Presidente do Conselho. Como fazer? Bem se vê que o problema está posto. De fato, será preciso arriscar no escuro. Como controladores não gostam de lances dessa índole, vão determinar qualquer outro tipo de modo de votação. Farão o critério constar dos estatutos, ou assim será decidido pela Mesa Diretora da Assembléia Geral. E, ante a absoluta omissão da lei, que simplesmente ignorou as dificuldades ora apontadas, não se haverá de pretender haja ilegalidade ou abuso de poder nessa conduta.

6. Conclusões

Diante do exposto, podemos formular algumas conclusões a respeito do tema.

Ei-las:

A *primeira conclusão* é no sentido de que as disposições da Lei 6.404/76 referentes ao voto múltiplo são incompletas e insatisfatórias; não tem clareza para explicar devidamente o que se deve entender por *votos mínimos* necessários para eleição de um membro do Conselho de Administração, nem tem o cuidado de dizer como se fará a votação, se simultânea, ou não, se há variedade de critérios quando os cargos de conselheiro tem atribuições diferentes.

A *segunda conclusão* é a de que, ante a precariedade do texto legal, é desejável que a matéria seja contemplada nos estatutos da sociedade anônima.

A *terceira conclusão* é de que, ante as omissões do texto legal, e sendo omissos também os estatutos, caberá à Mesa Diretora da Assembléia Geral deliberar a respeito do critério a adotar sobre como vão ser coletados os votos.

A *quarta conclusão* é a de que as fórmulas matemáticas, estratificadas em respeitáveis estudos especializados, somente podem prevalecer para a hipótese em que os votos serão recolhidos simultaneamente para todos os cargos.

A *quinta conclusão* é a de que a eleição, pelos minoritários, por força da sinuosidade da lei, de um número de conselheiros maior do que o correspondente à sua participação no capital social, ainda que legal, carecerá de maior legitimidade, o que, por certo, afetará o melhor desenvolvimento dos negócios sociais. Se o fato ocorrer em uma companhia fechada (que, por qualquer razão, contiver a estrutura do Conselho de Administração), estabelecer-se-ão, internamente, pendências e emulações, ou seja, um clima interno insuportável. O fato de menor impacto que poderá ocorrer, será a convocação de Assembléia Geral Extraordinária, para destituir todos os membros do Conselho, para tentar-se novo resultado em outra rodada. Ou mesmo, para reformar os estatutos sociais e abolir o Conselho de

Administração, se houver condições para tanto! Se o fato ocorrer em uma companhia aberta, de igual ou maior monta serão os desdobramentos. Presumivelmente, estará aberta uma temporada de *caça a aliados*, na busca de alianças políticas e acordos de acionistas, com perspectivas concretas de confrontos em juízo.

A *sexta conclusão* é de que, se os minoritários não lograrem fazer-se representar na devida proporção dentro do Conselho de Administração, mais uma vez a saudável intenção do legislador servirá para reiterar velha observação de que *o reino de Demo pavimenta-se de boas intenções...*

7. Ponderações a considerar

7. Todo legislador, seja ou não um jurista, desde que inspirado no princípio da boa-fé, sempre busca elaborar norma que seja *justa*. Tão difícil quanto definir o *justo* é deixar de reconhecer a hipótese em que uma norma é *injusta*. O Direito, fundeado na idéia de igualdade, pautando-se por princípios clássicos (cf. Ulpiano, "honeste vivere, suum cuique tribuere, alterum non laedere", *Digesto*, I, 1,1) repele intuitivamente as leis e dispositivos que sejam carentes de legitimidade. Norma sem legitimidade é norma *injusta*. Por vezes, a força bruta a faz prevalecer, mas apenas por algum tempo...

No anseio de compor adequadamente o equilíbrio de forças dentro da sociedade anônima, o legislador busca fórmulas que se inspiram em princípios válidos para outras coletividades. Por certo, foi o que ocorreu ao dar-se nascimento à figura do voto múltiplo, com a adoção de requintado mecanismo de votação.

É oportuno questionar esse caminho. A sociedade anônima constitui uma estrutura, sempre mercantil, destinada a produzir lucros. É instrumento de uma economia calcada na propriedade privada dos meios de produção. Sob esse enfoque, que é o verdadeiro, há que reconhecer-se que o acionista controlador, a quem a legislação impõe sérios deveres e responsabilidades, deve estar legitimado para usar seu poder, com vistas a atingir o objeto social da empresa. Tudo isso já consta da lei. E de tal maneira o legislador reconheceu que o controlador é o *depositário* da verdadeira fonte de energia que move a empresa, que é possível exercer o poder de controle sendo minoritário em relação ao montante do capital social. Com a fórmula de permitir que as ações com direito a voto correspondam a um terço das ações preferenciais sem voto, é visível a percepção de que a lei quis favorecer o *acionista empresário*, permitindo-lhe ter domínio da Assembléia Geral, e, portanto, da companhia, sem ser majoritário. Isso porque, embora com menor quantidade de dinheiro *investido* na companhia, o controlador *compensa* essa diferença aportando à companhia sua energia, seu comando, sua dedicação ao negócio. Os demais acionistas normalmente não estão presentes, no quadro acionário, com a idéia de serem empresários. São investidores ou especuladores, com ou sem direito de voto. Assim, permitir-lhes que, ainda que por descuido, assumam a maioria no Conselho de Administração, é abrir à sociedade anônima a possibilidade de que perca seu objetivo central, que é o de colimar fim lucrativo, no exercício de atividade econômica. Isso a partir da verificação de que a *atividade* da companhia nada mais é senão a interface da *atividade* do empresário. A minoria, e os não controladores, na anônima, devem ser protegidos contra abusos e contra atos de má-fé por parte do acionista controlador. A lei brasileira é expressa a respeito. Mas, por outro lado, não parece que o melhor caminho seja abrir-lhes oportunidade para soluções que ultrapassem o espaço natural que devem ocupar na empresa. Afinal, os titulares de ações sem direito a voto adquirem o direito de voto se a companhia deixar de distribuir dividendos por mais de três exercícios consecutivos (Lei 6.404, art. 111, § 3º).

A partir de um pensamento dessa natureza, há que concluir-se que a figura do voto múltiplo certamente se justifica no cenário da grande sociedade anônima, com ações pulverizadas, ou com controle acionário não concentrado, mas seus contornos jurídicos merecem reformulação, para evitar distorções que, como visto neste estudo, podem ocorrer, com conseqüências imprevisíveis, e certamente indesejáveis.

Bibliografia

Além das obras citadas no texto, ver:

Carlos Augusto da Silveira Lobo, "O voto múltiplo na eleição do Conselho de Administração das Sociedades Anônimas", in *Revista Forense* 270/117.

Egberto Lacerda Teixeira e J. A. Tavares Guerreiro, *Das Sociedades Anônimas no Direito Brasileiro*, J. Bushatsky, 1979, II/446.

Fran Martins, *Comentários à Lei das Sociedades Anônimas*, II/285.

J. C. Sampaio de Lacerda, *Comentários à Lei das S/A*, 3º v., p. 149.

Oscar Brina Correa Lima, "Voto múltiplo na Sociedade Anônima: acertos e desacertos", in *Revista da Faculdade de Direito da UFMG* 31/142.

São Paulo, dezembro de 1998

A "LAVAGEM" OU OCULTAÇÃO DE DINHEIRO E DE OUTROS BENS E A ATIVIDADE EMPRESARIAL

HAROLDO MALHEIROS DUCLERC VERÇOSA

1. Introdução. 2. Os crimes de "lavagem" ou ocultação de bens, direitos ou valores: 2.1 A culpabilidade nos crimes de "lavagem" de dinheiro; 2.2 Conversão de ativos ilícitos em ativos lícitos (art. 1º, § 1º, I); 2.3 Aquisição, recebimento, troca, negociação, entrega ou recebimento em garantia, guarda, recebimento em depósito, movimentação ou transferência de bens produtos de algum dos crimes antecedentes (art. 1º, § 1º, II); 2.4 O preço "verdadeiro" (art. 1º,§ 1º, III); 2.5 Participação, com o devido conhecimento, de grupo, associação ou escritório que tenha como atividade principal ou secundária a prática de crimes de lavagem de dinheiro (art. 1º, § 2º, III). O acréscimo da pena quando o crime é praticado de forma habitual ou por intermédio de organização criminosa (art. 1º, § 4º); 2.6 A punição da tentativa (art. 1º, § 3º); 2.7 Agravamento da pena (art. 1º, § 4º); 2.8 A redução da pena (art. 1º, § 5º); 2.9 Obrigações estabelecidas pela Lei dos Crimes de lavagem de dinheiro e as pessoas por elas responsáveis (arts. 10 e 11). Identificação dos clientes e manutenção de registros. Comunicação de operações financeiras: 2.9.1 Identificar e manter cadastro atualizado de seus clientes; 2.9.2 Manter registro de transações. 2.9.3 Atender, no prazo fixado pelo órgão judicial competente, as requisições formuladas pelo Conselho de Controle de Atividades Financeiras – COAF (art. 10, III, c/c arts. 14 a 17). 3. A responsabilidade administrativa. 4. O Conselho de Atividades Financeiras – COAF: 4.1 Natureza e finalidade; 4.2 Organização e mandatos; 4.3 Proibições; 4.4 Competência, funcionamento e atribuições; 4.5 A competência da Secretaria Executiva; 4.6 As atribuições do Presidente do COAF (art. 9º); 4.7 As atribuições dos Conselheiros (art. 10); 4.8 Do intercâmbio de informações (Decreto 2.799/98, art. 11). 5. Notas sobre o Direito Comparado. 6. Conclusão.

1. Introdução

O fenômeno da *globalização*, já tão exaustivamente mencionado por todos os meios de comunicação e sobre o qual tanto se tem escrito, reflete-se no mundo do direito sob diversos aspectos. Um deles diz respeito às práticas criminosas, exercidas internacionalmente de forma organizada, operando nefastamente, entre outros campos, nos do tráfico de drogas e de armas. A ciência jurídica, segundo as palavras de Miguel Reale Jr., na qualidade de elemento cultural, é um dos componentes básicos dessa realidade englobante e condicionadora do modo de ser e de agir,[1] tendo procurado atacar essa atividade perniciosa tanto no planos da prevenção, quanto no da repressão, buscando atingir tal objetivo pela adoção de leis especiais, considerando o momento presente, ímpar na história da humanidade não tanto em relação à natureza dos acontecimentos, mas, principalmente, por sua carga avassaladora.

Raul Cervini discorre sobre as razões da necessidade de uma intervenção penal nesse campo, ao lado de outros meios de combater as práticas da *lavagem de dinheiro* sendo indispensável construir-se uma cooperação judicial internacional para obter-se eficácia no uso dos mecanismos a serem criados.[2]

Ainda é Reale Júnior quem afirma que *a cada sociedade corresponde um tipo de direito e de crime*. Para ele, existe, em cada época, uma antijuridicidade genérica, pré-normativa, como parte da atmosfera constituidora do mundo circunstante, presente na consciência dos indivíduos, a qual irá presidir e inspirar todo o ordenamento jurídico.[3] Parafraseando-o, quando pensamos na atividade criminosa sem fronteiras dos tempos atuais, poderíamos dizer que, em dada sociedade, a cada tipo de crime deve corresponder um tipo de direito apto a combatê-lo. Não se pode, no entanto, a pretexto de tornar eficazes as armas desse direito especial, espezinhar a ordem jurídica. Este é um dos assuntos cuja discussão se pretende abordar neste trabalho, nos seus aspectos básicos.

Na luta contra o crime internacional organizado, deveria o direito estabelecer uma estrutura apropriada, a qual não poderia brotar simplesmente da elocubração do legislador, mas apresentar-se como o resultado de uma tensão própria da árdua tarefa encetada, partindo do real, do concreto, formulando um paradigma, ou seja, um modelo de ações previsíveis.[4] E é evidente que as normas em vista, como expressão do direito, devem ser estritamente *jurídicas*, isto é, conformadas a um sistema de pleno respeito à realização da Justiça, como ideal da sociedade nas quais se inserem e cujos objetivos válidos procuram realizar. Coloca-se, pois, o atendimento aos direitos e garantias individuais como objetivo das normas em causa, como, aliás, deve ser o alvo de todas elas, harmoniosamente construídas.

No sentido acima, ainda nos baseamos nas lições preciosas de Reale Jr. para destacar que, na qualificação de uma ação como crime, torna-se necessária a identidade entre a conduta paradigmática e a conduta concreta, ao que se acrescenta deve essa conduta ser *antijurídica* e *culpável*. Somente seria antijurídica a ação concreta realizada *com conhecimento e querer um fim*, querer esse fundado em uma posição axiológica do agente.[5]

Tendo em vista as breves considerações acima, verifica-se que, com a edição da Lei 9.613, de 3.3.98, o Brasil entrou definitivamente na relação dos países dotados de instrumentos especialmente voltados para a perseguição da lavagem ou ocultação de bens, direitos e valores, direta ou indiretamente provenientes de crime – tendo a Circular BCB 2.852/99 estabelecido que as obrigações derivadas da lei em tela começariam a produzir os seus efeitos a partir de 1.3.99. Torna-se necessário verificar se a lei básica e o seu regulamento atenderam às condições de juridicidade plena, acima nomeadas.

Verifica-se, por outro lado, ao ver do legislador, baseado na experiência de ou-

1. *Teoria do delito*, Ed. RT, São Paulo, 1998, p. 16.

2. *Lei de lavagem de Capitais*, Primeira Parte – Fatores estruturais (econômicos e sociais), Ed. RT, São Paulo, 1999, pp. 59 e ss.

3. Ob. cit., p. 17.

4. Reale Jr., ob. cit., p. 35.

5. Ob. cit., pp. 38 e 85.

tros países, que as instituições financeiras e outras empresas que atuam em mercados específicos têm sido grandemente utilizadas como os canais preferidos para o exercício da atividade criminosa organizada internacionalmente, havendo sido criado, na mesma Lei 9.613/98, no âmbito do Ministério da Fazenda, o Conselho de Controle de Atividades Financeiras – COAF, com a finalidade de disciplinar, aplicar penas administrativas, receber, examinar e identificar as ocorrências suspeitas de atividades ilícitas previstas naquela diploma legal, nos termos do seu art. 14. O estatuto do COAF, por sua vez, foi aprovado pelo Decreto 2.799, de 8.10.98.

Na busca dos objetivos previstos pela Lei 9.613/98, o Banco Central do Brasil, dentro da competência que lhe foi delegada, baixou, recentemente, dois normativos sobre o assunto:

1) a Circular 2.852, de 3.12.98, que dispõe sobre os procedimentos a serem adotados na prevenção e no combate aos crimes de lavagem de dinheiro, com a imposição de pesadíssimos ônus administrativos sobre as instituições financeiras e outras empresas dos setores afins, colocando-as como peças-chave do sistema de controle, na qualidade de auxiliares dos órgão públicos interessados; e

2) A Carta-Circular 2.826, de 4.12.98, a qual divulga extensa relação de operações e situações *que podem configurar indícios de ocorrência dos crimes previstos na Lei 9.613/98*, estabelecendo procedimentos para a sua comunicação ao Banco Central do Brasil.

A análise a seguir efetuada apresenta falhas e omissões compreensíveis, em vista de ter sido realizada por um modesto comercialista, que se aventurou em seara alheia, mas, assim espera, devidamente justificado pela estreita correlação entre os direitos Penal, Comercial e Econômico, intrinsecamente envolvidos no tema sob exame.

2. Os crimes de "lavagem" ou ocultação de bens, direitos ou valores

A lei criou uma nova modalidade de ilícitos penais, os quais têm como característica serem derivados de outros crimes, já praticados pelo próprio ou por outro agente, anteriormente no tempo. Nesse sentido, poder-se-ia dizer que os crimes de *lavagem* de dinheiro são, *instrumentalmente, acessórios* de crimes principais, cujos ganhos são objeto de mecanismos destinados a segregá-los de sua origem, a fim de limpá-los da *mancha* com a qual nasceram, distanciando-os, o máximo que for possível, de suas causas geradoras. Nesse sentido, a expressão da lei corresponde a *bens em geral que provenham, direta ou indiretamente, de crime* (art. 1º). O termo *acessórios*, acima, não foi utilizado no seu sentido técnico jurídico, como se percebe, mas com ele pretendeu-se demonstrar que, para o legislador pátrio, não existem os crimes de *lavagem de dinheiro*, sem que, antes de sua realização, tenham ocorrido outros crimes por meio dos quais os autores adquiriram ilicitamente bens, direitos ou valores. Contudo, como tipos penais, os crimes *originários* e os de *lavagem de dinheiro* seriam inteiramente independentes, na intenção do mesmo legislador.

A interpretação acima fica confirmada pelo teor do inciso II do art. 2º, quando dispõe que o processo e o julgamento dos crimes da espécie *independem do processo e julgamento dos crimes antecedentes, referidos no art. 1º, mesmo que praticados em outro país*. Além disso, a pretendida independência entre os tipos penais aqui analisados infere-se também da leitura da parte final do § 1º do art. 2º, ao estabelecer a punição dos fatos previstos na lei dos crimes de *lavagem de dinheiro, ainda que desconhecido ou isento de pena o autor dos ilícitos penais antecedentes*.

Nas situações em que os crimes antecedentes tiverem sido praticados em país diverso, certamente haverá grande dificuldade de prova do crime de *lavagem de dinheiro*, mesmo considerando-se a abertura dada pelo § 1º do art. 2º, que permite seja a denúncia *instruída com indícios suficientes da existência do crime antecedente*. Em que consistiriam esses *indícios suficientes*? Estará aí, certamente, um problema de interpretação extremamente complexa para os estudiosos dessa lei que, certamente, revelar-se-á altamente controversa, em vista das bases não ortodoxas sobre as quais foi construída.

O bem jurídico protegido, segundo Terra de Oliveira, é a *ordem sócio-econômica*, sendo alcançados, na proteção almejada, interesses metapessoais ou interindividuais, procurando-se evitar a erosão do sistema democrático, com o comprometimento do destino econômico de toda a sociedade.[6]

A atividade ilícita do agente corresponde aos atos de *ocultação* ou *dissimulação* da natureza, origem, localização, disposição, movimentação ou propriedade de bens, direitos ou valores cuja origem seja criminosa. Isto quer dizer que, se o preço do resgate de um crime de extorsão mediante seqüestro for encontrado pela polícia na casa do seqüestrador, na própria mala em que foi colocado por quem o pagou, não se terá configurado qualquer tipo penal de *lavagem* de dinheiro, respondendo o seqüestrador tão somente pelo crime próprio. Mas se ele ou terceiro, de alguma forma, vier a praticar os atos de dissimulação ou ocultação previstos na lei, o novo tipo penal se agregará ao primeiro.

De outra parte, estão expressa e taxativamente relacionados na lei os crimes a partir dos quais (e somente deles) podem ocorrer os crimes de *lavagem* (art. 1º, incisos I a VII). Isto quer dizer que estamos na presença de uma relação de *numerus clausus* de crimes *originários* ou *antecedentes*, como sejam:

6. Cf. William Terra de Oliveira, in *Lei de Lavagem de Capitais*, Ed. RT, São Paulo, 1998, p. 323

I – tráfico de substâncias entorpecentes ou drogas afins;

II – terrorismo;

III – contrabando ou tráfico de armas, munições ou material destinado a sua produção;

IV – extorsão mediante seqüestro;

V – contra a Administração Pública, inclusive a exigência, para si ou para outrem, direta ou indiretamente, de qualquer vantagem, como condição ou preço para a prática ou omissão de atos administrativos;

VI – contra o sistema financeiro nacional;

VII – praticado por organização criminosa.

Os crimes de *lavagem de dinheiro* também se caracterizam segundo um procedimento teleológico do autor, consistente na prática de qualquer dos atos referidos nos incisos dos §§ 1º e 2º do art. 1º da Lei 9.613/98, por meio dos quais se realiza a ocultação ou dissimulação de bens, direitos ou valores provenientes dos aludidos crimes antecedentes, conforme abaixo:

a) conversão de ativos ilícitos em ativos lícitos;

b) aquisição, recebimento, troca, negociação, entrega ou recebimento em garantia, guarda, depósito, movimentação ou transferência de bens, direitos ou valores provenientes da prática de algum dos crimes antecedentes;

c) importação ou exportação de bens com valores não correspondentes aos verdadeiros; e

d) participação de grupo, associação ou escritório, tendo conhecimento de que sua atividade principal ou secundária é dirigida à prática de algum dos crimes antecedentes.

Os crimes antecedentes encontram-se previstos no Código Penal ou em legislação especial, como é o caso dos crimes contra o sistema financeiro nacional, relacionados na Lei 7.492, de 16.6.86, conhecida como *Lei dos crimes do colarinho branco*, arts. 2º a 23. Quanto a estes, considerada a sua pretendida independência com relação aos crimes de *lavagem de dinheiro*, poderia ocorrer, em tese, uma situação inusitada, ou seja, o ato antecedente pode não corresponder a crime em outro país, ao mesmo tempo em que poderia estar configurado um dos tipos penais de *lavagem*, previstos na lei sob comentário. Por exemplo, nos países em que o câmbio e a movimentação interna e externa de moeda são livres, não existem os tipos do art. 22, *caput* e parágrafo único da Lei 7.492/86. No entanto, a simples *movimentação* que objetivasse dissimular a origem dos recursos derivados de tais operações caracterizaria, no Brasil, o tipo do art. 1º, VI da Lei 9.613/98, tal como colocado nesse malfadado texto legal.

Diante dessas circunstâncias, somente se pode concluir pelo completo absurdo de se pretender criar tipos penais autônomos ou *adjetivos* a crimes considerados principais ou antecedentes, correspondentes os primeiros apenas aos atos de ocultação ou dissimulação, sem a presença de uma estreita ligação entre uns e outros.

O objetivo dos agentes dos crimes de *lavagem* está em impedir que as autoridades constituídas os expropriem dos bens obtidos pela prática dos ilícitos supra referidos, como resultado de algum tipo de persecução que contra eles vier a ser movida. Daí, a sua estreita ligação com os crimes *antecedentes*.

Há, por outro lado, um grande alargamento do campo da ilicitude em pauta, na medida em que, segundo os termos do inciso IV do art. 1º, *qualquer crime, desde que praticado por organização criminosa*, pode passar a ser a matriz, por sua vez, do crime de *lavagem de dinheiro*.

2.1 A culpabilidade nos crimes de "lavagem" de dinheiro

Seguindo os ensinamentos de Reale Jr., adiante desenvolvidos, verifica-se que a culpabilidade deve ser entendida como reprovabilidade, considerando-se ser possível ao agente agir não contra o direito, mas em conformidade a ele. Dessa maneira, a culpabilidade apresenta quatro elementos: a imputabilidade, o conhecimento do tipo, a possibilidade de consciência da ilicitude e a exigibilidade.[7]

1) A imputabilidade apresenta-se como pressuposto da ação. O inimputável não age: ele apenas pratica fatos.

2) O dolo – juridicamente reprovável – corresponde à intencionalidade valorativamente significativa, ou seja, o agente conhece e deseja realizar um resultado típico em todo o seu conteúdo. Por sua vez, a culpa é reprovada porque o agente está juridicamente subordinado ao exercício dos deveres de diligência, prudência e perícia, aos quais vem a faltar, por meio de ações ou omissões antijurídicas e, conseqüentemente, reprováveis.

3) Em terceiro lugar, exige-se que o agente tenha o poder de conhecer a ilicitude de sua ação. Trata-se da consciência de antijuridicidade no contexto de uma situação concreta, reconstruída por quem emite o juízo. A reprovação da conduta baseia-se na possibilidade, por parte do agente, de conhecer a antijuridicidade do seu modo de agir, contrário a uma determinada norma legal. Se lhe era impossível tal consciência, não haveria base para a reprovação do seu ato.

4) Por último, cuida-se da exigibilidade de determinada conduta, conforme à lei, caso em que o agente opta por buscar um desvalor, quando lhe era facultado agir dentro da norma a qual, evidentemente, preserva um valor juridicamente reconhecido.

A partir dessas breves considerações, verifica-se que a culpabilidade dos agentes dos crimes de *lavagem de dinheiro* é mais complexa, uma vez que deve envolver o co-

7. Ob. cit., pp. 146 e ss.

nhecimento de dois tipos penais diversos (o do crime antecedente e o de *lavagem*, propriamente dito); agir quanto a eles com culpa ou dolo; estar ao seu alcance a possibilidade de conhecer a ilicitude de sua conduta nos dois planos citados; e, apesar disso, ter agido antijuridiciamente.

Observa-se, por conseguinte, que estarão presentes inúmeras dificuldades para a aplicação da lei em pauta, considerando-se que a ocultação ou a dissimulação de crimes antecedentes, recorrendo o agente aos meios sancionados pela Lei 9.613/98, nem sempre preencherão os requisitos acima. Seria o caso, por exemplo, de uma corretora de valores que é procurada por um cliente que tem interesse de com ela contratar a custódia de títulos ou valores mobiliários. Como poderia aquela corretora saber se o objeto do contrato ter-se-ia originado de alguma modalidade de crime antecedente? Em que situações poderia considerar-se a sua culpa em uma contratação dessa natureza?

2.2 Conversão de ativos ilícitos em ativos lícitos (art. 1º, § 1º, I)

Parece extremamente criticável a figura do inciso I do § 1º do art. 1º da Lei 9.613/98, ou seja, a conversão dos bens originados dos crimes ali mencionados em *ativos lícitos*. Um bem qualquer não pode ser lícito ou ilícito em si mesmo, mas apenas na dependência do uso que dele se faz. É evidente a diferença entre os efeitos jurídicos da posse de cocaína por um traficante e pelo laboratório de uma universidade, que esteja fazendo pesquisa sobre os males daquele tóxico. Dessa forma, não se pode dizer, por exemplo, que a cocaína seja um ativo objetivamente ilícito. Certos produtos ou medicamentos (ativos lícitos, no dizer do legislador) de livre uso no mercado para suas finalidades regulares, podem tornar-se ativos ilícitos tão somente pela modificação do seu uso, como ocorre com a cola de sapateiro e xaropes para tosse. Conforma-se, portanto, que é a forma de uso e não o produto em si que se reconhece como lícito ou ilícito.[8]

2.3 Aquisição, recebimento, troca, negociação, entrega ou recebimento em garantia, guarda, recebimento em depósito, movimentação ou transferência de bens produtos de algum dos crimes antecedentes (art. 1º, § 1º, II)

As hipóteses do tipo apresentam enorme dificuldade de prova do elemento subjetivo, o qual apresentar-se-ia completamente desqualificado todas as vezes em que o autor do crime antecedente fizesse uma operação com empresa regularmente constituída, no exercício de sua atividade social, caso inexistissem razões objetivas que levassem à possibilidade do conhecimento da antijuridicidade da conduta anterior da contraparte.

2.4 O preço "verdadeiro" (art. 1º, § 1º, III)

Corresponde a crime previsto no inciso III do § 1º do art. 3º importar ou exportar bens com valores não correspondentes aos *verdadeiros*. Evidentemente, o legislador estava pensando nas hipóteses de sub ou superfaturamento nas compras e vendas ou na prestação de serviços. Neste caso, o registro da operação pode dar-se por preço inferior ou superior ao realmente praticado pelas partes, como meio para fugirem a um efeito legal qualquer, geralmente referido a aspectos tributários. Esse ilícito acopla-se

8. Nota publicada no *O Estado de São Paulo*, de 18.3.99, p. A-15, deu conhecimento das conclusões do Instituto de Medicina (IOM), uma comissão do governo norte-americano, no sentido de que a maconha pode ser usada para fins medicinais, inclusive no tratamento da AIDS. Diante da lei brasileira em foco, a maconha, em si mesma, é um *ativo ilícito* e, portanto, não poderia ser usada em uma destinação lícita.

com o chamado *caixa 2* das empresas, verificado quando as normas de escrituração mercantil e tributária são fraudadas.

2.5 Participação, com o devido conhecimento, de grupo, associação ou escritório que tenha como atividade principal ou secundária a prática de crimes de lavagem de dinheiro (art. 1º, § 2º, III). Acréscimo da pena quando o crime é praticado de forma habitual ou por intermédio de organização criminosa (art. 1º, § 4º)

A primeira hipótese é, no mínimo mirabolante. Para configurar-se esse tipo penal, tal como se encontra construído, são necessários os requisitos cumulativos abaixo:

– o grupo, associação ou escritório deve apresentar como sua atividade, seja principal, seja secundária, a prática de crimes de *lavagem de dinheiro*; e

– o agente tem conhecimento desse fato.

Ora, primeiramente será necessário provar-se a existência dessa prática ilegal, na forma de *atividade* do ente em causa. Como se sabe, o termo *atividade* indica a realização de atos concatenados no tempo e no espaço, objetivando seja atingida determinada finalidade. Nesses termos, a prática individual ou esporádica dos crimes em causa, sem a conotação de atividade, levaria ao não reconhecimento do tipo penal sob exame.

A prova da existência da *atividade profissional ilícita* da empresa não será encontrada, evidentemente, no seu *contrato social*, que nunca existirá como tal na forma escrita, pois, mesmo que os participantes fossem tolos o suficiente para assim agirem, os órgãos públicos competentes estariam proibidos de registrá-los. O problema do texto está na ignorância da diferença entre os *planos da existência e da regularidade* da empresa, tomada esta como *atividade organizada*. Empresas utilizadas para a *lavagem de dinheiro* efetivamente existem, mas elas não são regularizadas perante o Registro do Comércio ou o Registro Civil das Pessoas Jurídicas.

Ademais disso, mostra a experiência que a atividade de empresas que fazem a *lavagem de dinheiro*, seja principal, seja secundária – como diz o texto da lei – nunca aparecerá de forma ostensiva. Principal ou secundariamente, a empresa demonstrará diante de terceiros exercer uma atividade perfeitamente lícita. Sob o manto desta, isto sim, ela praticará os atos de *lavagem de dinheiro*. Ora, diante dessa circunstância, é perfeitamente possível que nela trabalhem pessoas que desconheçam a sua finalidade verdadeira, daí surgindo o problema do conhecimento dessa característica como fato necessário à sua punição na esfera penal.

De outro lado, há uma mistura não lógica de termos no texto do dispositivo, considerando-se, ainda, que dois deles apresentam sentido técnico jurídico – não observado pelo legislador – e outro não o faz. Assim sendo, *grupo*, nos termos da legislação societária, corresponde à forma de concentração de empresas por via de participação societária, podendo ser de direito ou de fato. *Associação*, por outro lado, segundo a posição dos intérpretes do Código Civil, no que se refere às pessoas jurídicas, corresponde a uma entidade sem fins lucrativos, cujo objeto, geralmente, volta-se para o esporte, a beneficência, a cultura, etc. No âmbito do direito civil, a atividade econômico lucrativa, como finalidade, seria exercida por *sociedades civis*. *Escritório*, finalmente, é um vocábulo ao qual não corresponde nenhuma significação técnico-jurídica que possa servir de base para o reconhecimento objetivo do agente da alegada *atividade*.

Em vista do exposto, tem-se que concluir que, segundo as normas de interpretação restritiva que revestem o Direito Penal, por exemplo, se tais crimes forem, eventualmente, praticados por uma *sociedade comercial ou civil*, não participante de grupo societário, o tipo penal específico em apreço não estaria fechado, pois não há referência expressa a seu respeito no texto.

2.6 A punição da tentativa (art. 1º, § 3º)

O texto legal sob comento penaliza a tentativa, nos termos do art. 14 do Código Penal. Como se sabe, dá-se a tentativa quando o agente, tendo iniciado a execução do ilícito, este não se consuma por circunstâncias alheias à sua vontade. Para esse efeito, o crime deve ser da espécie de execução não instantânea, ou seja, que se conclui pela prática de um determinado *iter*.

Pelo exposto, alguns dos crimes de *lavagem de dinheiro* somente existirão na forma consumada. Não se pode, por exemplo, no campo dos crimes financeiros, tentar *gerir fraudulenta ou temerariamente uma instituição financeira* (Lei 7.492/86, art. 4º). Caso o agente não tenha a necessária *competência técnica*, ele não conseguirá o objetivo de alcançar um resultado fraudulento ou temerário à frente de uma instituição financeira. Até para esse efeito são necessários certos conhecimentos técnicos que, desviados do seu objetivo, provocarão a gestão fraudulenta ou temerária.

2.7 Agravamento da pena (art. 1º, § 4º)

Correspondem a casos de aumento da pena de um a dois terços, considerado o agravamento do dano para o bem jurídico protegido, como resultado da habitualidade ou de sua prática por organização criminosa, bem jurídico esse, conforme visto acima, correspondente à ordem jurídico-econômica.

2.8 A redução da pena (art. 1º, § 5º)

Contrariamente, a pena será reduzida no mesmo patamar e será cumprida em regime aberto, ou, ainda, substituída pelo juiz por restrição de direitos, se o autor, coautor ou partícipe, vier a colaborar espontaneamente com as autoridades, prestando esclarecimentos que conduzam à apuração das infrações penais e de sua autoria, ou à localização dos bens, direitos ou valores objeto do crime.

Trata-se, evidentemente, da *delação premial*, benefício que a lei sob comentário concede, na forma de modelos já adotados em outros países e em outros textos legais brasileiros (*v.g.*, a lei dos *crimes hediondos*), como forma de se pegar o *peixe maior*, favorecendo o menor, ou, ainda, de se tirar do primeiro o proveito que esperava alcançar com o ato ilícito por ele praticado. Deve-se observar, ainda, que a colaboração do favorecido deve ocorrer *de forma espontânea*. Segundo se tem conhecimento, a delação premial não alcançou as finalidades práticas para as quais foi criada, inclusive na Itália, onde se originou, como forma de enfrentamento dos crimes praticados pela *Máfia*.

Segundo o entendimento de Luiz Flávio Gomes, o legislador incluiu também como favor, a ser concedido na área dos crime de *lavagem de dinheiro*, a *confissão premiada*, estabelecendo uma diferenciação entre os dois institutos, cuja introdução no direito brasileiro não é por ele aceita, considerando assentarem-se na traição e ferirem o dever do Estado de agir segundo um comportamento ético.[9]

2.9 Obrigações estabelecidas pela Lei dos Crimes de lavagem de dinheiro e as pessoas por elas responsáveis (arts. 10 e 11). Identificação dos clientes e manutenção de registros. Comunicação de operações financeiras

A lei em tela estabeleceu uma série vasta e complexa de obrigações a serem

9. *Delação premiada e aspectos processuais penais*, in *Lei de lavagem de capitais*, Ed. RT, São Paulo, 1998 pp. 347 e 349, *passim*.

exercidas pelas pessoas nela mesma enumeradas (art. 9º), consistentes na identificação de clientes, na criação e manutenção de registros diversos e na comunicação de operações financeiras às autoridades competentes.

Não havendo órgão próprio fiscalizador de determinadas atividades, as comunicações correspondentes devem ser feitas ao COAF (art. 11, § 3º).

Na verdade, como se poderá verificar, coube às entidades destinatárias das normas citadas enorme responsabilidade pela institucionalização das informações a serem prestadas, com efeitos diretos em seus custos administrativos e em um novo campo de responsabilidade. Nesse sentido, elas ficaram obrigadas a (art. 10):

a) identificar seus clientes e manter cadastro atualizado, nos termos das instruções emanadas das autoridades competentes. No caso do cliente constituir-se como pessoa jurídica, essa identificação deverá abranger as pessoas físicas autorizadas a representá-la, bem como seus proprietários;

b) manter registro de toda a transação em moeda nacional ou estrangeira, títulos e valores mobiliários, títulos de crédito, metais, ou qualquer ativo passível de ser convertido em dinheiro, que ultrapassar o limite fixado pela autoridade competente, nos termos das instruções por esta expedidas Esse registro terá lugar também quando a pessoa física ou jurídica, e seus entes ligados, houverem realizado, em um mesmo mês-calendário, operações com uma mesma pessoa, conglomerado ou grupo que, em conjunto, ultrapassarem o limite fixado pela autoridade competente;

c) atender, no prazo fixado, pelo órgão judicial competente, as requisições formuladas pelo COAF;

d) conservar os cadastros e registros estabelecidos pela lei durante o prazo mínimo de cinco anos, contado do encerramento de conta bancária ou da conclusão da transação, prazo que poderá ser ampliado pela autoridade competente;

e) dispensar especial atenção às operações que, nos termos emanados das autoridades competentes, possam constituir-se em sérios indícios dos crimes previstos na Lei 9.613/98, ou com eles relacionar-se;

f) comunicar às autoridades competentes, no prazo de 24 horas, abstendo-se de dar aos clientes ciência de tal ato:

f.1) todas as transações previstas no inciso II do art. 10 da lei, que ultrapassarem o limite fixado, na forma e condições fixados pela autoridade competente; e

f.2) a proposta ou a realização de transações que sejam consideradas como sérios indícios da prática dos crimes de *lavagem de dinheiro*.

Como se verifica, a Lei 9.613/98 delegou de forma bastante ampla certos poderes a órgãos do Poder Executivo (*a autoridade competente*), aos quais concedeu uma grande e quase ilimitada área de atuação, o que é absolutamente condenável em Direito Penal. A esse propósito, contam-se:

– o poder para fixar o limite mínimo do valor das operações a serem informadas;

– o poder para a elevação do prazo de conservação dos registros tornados obrigatórios;

– o poder para estabelecer a forma e as condições para a efetuação de representação às autoridades competentes; e

– o poder para a elaboração de relação de operações que, por suas características, no que se refere às partes envolvidas, valores, forma de realização, instrumentos utilizados, ou pela falta de fundamento econômico ou legal, possam configurar sérios indícios da ocorrência dos crimes em causa.

O legislador isentou de responsabilidade civil ou administrativa as comunicações do boa-fé, feitas na forma da lei (art., 11, § 2º). Trata-se de uma questão profundamente séria. Por meio de uma lei ordinária de natureza estritamente penal, chegou-se ao efeito de revogar o art. 159 do Código Civil Brasileiro, uma das normas mais importantes do nosso direito, onde se encontra a matriz de todo o sistema de responsabilidade.

As comunicações em tela estarão baseadas, muitas vezes, no exercício de juízos subjetivos por parte do informante (para assim entender-se, basta passar rapidamente os olhos pela relação de operações e situações que *podem configurar indícios de ocorrência dos crimes* da Lei 9.613/98, conforme enumerados pela Circular BCB 2.826/98), os quais, caso baseados na sua boa-fé, levarão ao afastamento de responsabilidade nos planos civil e administrativo.

Na lei cuja análise ora se faz (art. 11, § 1º), o legislador inovou no campo do direito penal, ao criar, ao lado dos *indícios da prova de crime*, um novo instituto, o da *possibilidade de indício*, com base no qual determinou a elaboração da relação supra mencionada. Tendo em conta o fato de que a autorização outorgada aos órgãos governamentais, aos quais a matéria da *lavagem de dinheiro* ficou afeta, representa uma norma em branco, a cada momento novos casos poderão ser acrescentados aos já existentes, ao inteiro alvedrio dos seus autores, podendo ser acrescentadas novas situações de interpretação intensamente subjetiva, além daquelas já presentes na Carta-Circular 2.826/98, do Banco Central do Brasil.

Sob outro aspecto, que critério deve ser utilizado para separar o joio do trigo nessas comunicações, ou seja, como se pode saber se foram feitas de boa ou de má-fé? A lei não o dá. Dirão os intérpretes que estará agindo de boa-fé todo aquele que fizer a comunicação de qualquer hipótese referida na Circular acima mencionada, uma vez que tratar-se-ia de pura e simples obediência objetiva a uma norma regularmente promulgada, cuja validade não caberia discutir.[10] Mais adiante será abordada a questão da constitucionalidade e legalidade dos textos que cuidam dos crimes de *lavagem de dinheiro*. Evidentemente não estará presente a boa-fé se o informante vier a agir com dolo ou culpa (esta nas três modalidades de negligência, imprudência ou imperícia). Mas provar a má-fé de quem transmitiu uma informação será tarefa extremamente difícil para o sujeito passivo da obrigação, fato, aliás, do qual não tem conhecimento, nos termos do art. 11, II, da Lei.

O dispositivo supra revela, mais uma vez, a face inquisitorial da Lei de *lavagem de dinheiro*, não podendo deixar de se fazer um parelismo com as malfadadas *fichas* abertas, arbitrária e secretamente, pelos órgãos de investigação dos governos da Revolução de 1964, causadoras de graves e diversos prejuízos para os *fichados*, que, de sua existência e teor, somente vieram a tomar conhecimento muitos anos depois.

Em primeiro lugar, a intimidade e a vida privada são princípios constitucionais considerados invioláveis (art. 5º, X). Além disso, o sigilo da prestação de uma informação secreta ao COAF não resiste ao direito constitucional de acesso junto aos órgãos públicos detentores, por qualquer cidadão, quanto às informações de seu interesse particular, a serem conseguidas, se for o caso, por meio de *habeas-data* particular (CF, art. 5º, XXXIII e XLII, "a").

Essas informações e registros devem ser feitos, na forma do art. 9º da Lei 9.613/98 pelas:

1) instituições financeiras em geral;

2) bolsas de valores e bolsas de mercadorias ou futuros;

3) empresas seguradoras e corretoras de seguros;

4) empresas administradoras de consórcios para a aquisição de bens ou serviços;

10. Escudar-se em alegado *cumprimento de ordens superiores* não afasta a responsabilidade, como bem descobriram muitos réus do Tribunal de Nuremberg.

5) empresas administradoras ou que se utilizem de cartão ou qualquer outro meio eletrônico ou equivalente, que permita a transferência de fundos;

6) empresas de arrendamento mercantil (*leasing*) e de fomento comercial (faturização);

7) sociedades que efetuem a distribuição de dinheiro ou quaisquer bens móveis, imóveis, mercadorias, serviços, ou ainda, concedam descontos na sua aquisição mediante sorteio ou método assemelhado;

8) filiais ou representações de entidades estrangeiras que exerçam no Brasil qualquer das atividades acima, mesmo que de forma eventual;

9) demais entidades cujo funcionamento dependa de autorização de órgão regulador dos mercados financeiro, de câmbio, de capitais e de seguros (BCB, CVM e SUSEP).

10) pessoas físicas ou jurídicas que exerçam atividades de promoção imobiliária ou compra e venda de imóveis;

11) pessoas físicas ou jurídicas que comercializem jóias, pedras e metais preciosos, objetos de arte e antigüidades.

A Circular 2.852/98 acrescenta outros sujeitos à lista acima:

12) pessoas autorizadas a operar no "Mercado de Câmbio de Taxas Flutuantes", incluídas as agências de turismo e os meios de hospedagem de turismo.

Passemos a examinar, em seguida, as diversas hipóteses legais dos arts. 10 e 11 da Lei 9.613/98, nos seus aspectos relevantes.

2.9.1 Identificar e manter cadastro atualizado de seus clientes

Nos casos em que o cliente corresponder a pessoas jurídicas, a identificação e cadastramento deverá abranger, segundo o texto legal, *as pessoas físicas autorizadas a representá-las, bem como seus proprietários* (art. 10, § 1º).

Dois reparos devem ser feitos a propósito dos termos da lei, neste ponto.

Como se sabe, segundo o entendimento decorrente da aplicação da teoria organicista, de acordo com o conhecido ensinamento de Pontes de Miranda, as pessoas jurídicas não são representadas pelos seus administradores, mas por eles *presentadas* nos atos em que aquelas assumem direitos e obrigações. Quando se trata de sociedades por cotas de responsabilidade limitada, os sócios-gerentes podem delegar *o uso da firma ou da razão social* a terceiros não-sócios, desde que não haja proibição expressa no contrato social (Decreto 3.708/1919, art. 10). Quanto às sociedades anônimas, os diretores, dentro dos seus poderes e atribuições, podem constituir mandatários da companhia, para fins específicos, com prazo determinado (Lei 6.404/76, art. 144, parágrafo único).

Dessa forma, portanto, indaga-se a respeito de quem seriam essas pessoas físicas autorizadas a representar uma pessoa jurídica. Aplicando-se, de forma estrita, os princípios do Direito Comercial, como tal não podem ser entendidos os administradores, uma vez que, como visto, eles não *representam* a sociedade. Muito menos os delegados das sociedades por cotas e os mandatários das sociedades anônimas, que recebem, apenas, parte dos poderes dos delegantes.

Em segundo lugar, a Lei 9.613/98 usa a velha expressão *proprietários* para identificar a pessoa ou grupo de pessoas que venham a caracterizar-se como *donos* da empresa. O referido conceito é absolutamente ultrapassado. As leis modernas cuidam de conceituar e identificar o *controlador* ou o *grupo de controle*. Isto porque, de maneira geral, em uma sociedade, todos os sócios, tenham ou não direito de voto são, de certa forma, proprietários em condomínio[11] e não se pode imaginar que o legisla-

11. São condôminos quanto ao acervo da companhia, isto é, o que remanescer do patrimônio social

dor penal, com a obrigação sob exame, esteja desejando que todos sejam cadastrados, problema, aliás, incontornável diante de uma companhia aberta de grande porte, cujo quadro acionário muda a cada minuto por via da compra e venda de seus títulos em bolsa.

Diante de tais cogitações, como se resolverá o problema? Parece-me, como se vê, que a norma em tela é de execução jurídica impossível, pois a Lei 9.613/98 necessitaria recorrer a elementos que não existem no Direito Comercial, tal como naquela colocados. Isto pode ser visto facilmente: uma sociedade anônima pode ter até dois terços do capital na forma de ações preferenciais sem direito de voto.[12] Esses acionistas, evidentemente, possuem a maior parte do capital da sociedade, detendo os acionistas votantes apenas um terço do capital (33%) Dentre estes, se alguém tiver mais da metade de tais ações (17%), será o controlador absoluto da sociedade. Como se verifica, os detentores da minoria do capital da sociedade são, efetivamente, os responsáveis pela eleição, muitas vezes, da totalidade dos administradores da companhia. Assim sendo, os *proprietários* dessa sociedade anônima, sem qualquer direito de voto e, conseqüentemente, despidos dos poderes de gestão da empresa, deveriam ser todos cadastrados para os efeitos da *Lei de Lavagem de Dinheiro* ao lado dos seus procuradores – aqueles que tivessem recebido poder por meio de delegação. Enquanto isso, aplicando-se uma análise estritamente técnica da terminologia das disposições do texto, os administradores da mesma sociedade – que não a *representam* – não seriam cadastrados. De outra parte, os acionistas titulares de direito de voto, inclusive o controlador, ficariam de fora do registro obrigatório, uma vez que não seriam os *donos* da sociedade...

Veja-se, finalmente, que o cadastro aqui referido deve ser permanentemente atualizado, obra verdadeiramente interminável e que depende, para seu sucesso, da colaboração de todos os envolvidos, os quais devem repassar periodicamente as informações pertinentes aos mantenedores de tais cadastros.

Na regulamentação da presente matéria, a Circular BCB 2.852/98 acrescenta exigência no sentido de que as pessoas responsáveis pela manutenção e atualização dos cadastros e registros em tela, devem realizá-los de maneira a que, *além da adequada identificação do cliente, se permita verificar a compatibilidade entre as correspondentes movimentações de recursos, a atividade econômica exercida e a sua capacidade financeira* (item III). Os ingredientes estão bastante claros. O grande problema está em como preparar essa receita, cujo elevado custo e complexidade talvez nem sequer possam ser imaginados pelo leitor.

Além disso, para saber se existe compatibilidade entre a movimentação de recursos, a atividade econômica do cliente e sua capacidade financeira, tornar-se-ia necessário ao sujeito da obrigação penetrar na economia interna do cliente, quebrando a sua privacidade, o segredo do seu negócio e o seu sigilo bancário, se é que este princípio ainda restou mantido por essa esdrúxula Lei 9.613/98, sabendo-se que ela

depois de liquidada. O assunto refere-se à dissociação entre *propriedade* e *controle* da companhia, matéria já de longa data conhecida pelos comercialistas, a partir da importantíssima obra de Berle e Means, *A moderna sociedade anônima e a propriedade privada* Ed. Abril Cultural, S. Paulo, 1984. Entre os autores brasileiros, Fábio Konder Comparato tem se preocupado com o tema a trazido importantes contribuições a respeito, principalmente em sua tese de concurso à cadeira de Direito Comercial da Faculdade de Direito da USP, *O poder de controle na sociedade anônima*, São Paulo, 1975.

12. Essa relação pode ser ainda mais crítica, na medida em que, segundo a lição de Modesto Carvalhosa, a lei permite ultrapassem as ações preferenciais 2/3 do total do capital emitido, bastando, para isso, fazer-se uma emissão de ações preferenciais sem valor nominal por preço superior ao valor nominal das ações ordinárias (*Comentários à Lei de Sociedades Anônimas*, Saraiva, São Paulo, edição de 1997 revista e atualizada, p. 3).

não teria o poder de revogar dispositivo da Lei 4.595/64 a qual, como se sabe, foi recepcionada pela Constituição Federal na qualidade de lei complementar.

2.9.2 Manter registro de transações

Deverá, também, manter registro de toda transação em moeda nacional ou estrangeira, títulos e valores mobiliários, títulos de crédito, metais, ou qualquer ativo passível de ser convertido em dinheiro, que ultrapassar limite fixado pela autoridade competente e nos termos das instruções por esta expedidas, conforme se verá adiante

O Banco Central do Brasil, a *autoridade competente* para fixar o limite acima mencionado, estabeleceu-o em R$ 10.000,00 (dez mil reais) quanto às operações *realizadas com uma mesma pessoa conglomerado ou grupo, **em um mesmo mês calendário**, por instituição ou em seu conjunto* (Circular BCB 2.852, de 3.12.98, art. 1º, § 3º, inciso I).

Do ponto de vista das entidades obrigadas a organizarem e manterem tais registros, a tarefa supera, sem dúvida alguma, os *Doze Trabalhos de Hércules*.

Em primeiro lugar, quanto ao montante de R$ 10.000,00, referente a um período de trinta dias, que parece ser muito baixo, mesmo considerando-se pertencermos a uma economia de terceiro mundo (ou emergente, na forma do eufemismo em moda), como resultado final do balanço entre os nossos lados rico e pobre, que formam a nossa *Belíndia*. Enquanto na *Índia* brasileira, aquela soma possa representar uma fortuna incalculável, no lado da *Bélgica* trata-se de um valor até mesmo insignificante. Esse limite tão baixo gerará, portanto, uma quantidade incalculável de registros.

De outro lado, o amplo espectro das hipóteses sujeitas a registro espalha-se por operações que não envolvem somente moeda (nacional e estrangeira), mas quaisquer negócios relativos a títulos e valores mobiliários, títulos de crédito, metais ou outros ativos passíveis de serem convertidos em dinheiro. Se pensarmos somente nas operações das diversas espécies de instituições financeiras, nas bolsas de valores e de futuros e nas empresas de cartão de crédito, *dentro de um mesmo mês calendário*, ficaremos verdadeiramente estupefatos com a enorme quantidade de registros que delas emanarão. A coisa ainda mais se complica com a regra do § 3º do art. 10 da Lei 9.613/98, na medida em que esse registro também é devido quando *a pessoa física ou jurídica e seus entes ligados (sic), houver realizado, em um mesmo mês calendário, operações com uma mesma pessoa, conglomerado ou grupo que, em seu conjunto* ultrapassem o limite de R$ 10.000,00.

E, veja-se, que, para efeito dos registros em tela, a lei não se esqueceu nem sequer das galerias de arte e nem dos antiquários, na qualidade de pessoas físicas ou jurídicas que comercializem jóias, pedras e metais preciosos, objetos de arte e antigüidades (Lei 9.613/98, art. 10, XI). Teófilo Otoni, Embu, Vila Madalena e a feirinha que se realiza sob o vão do MASP estão, portanto, na mira das autoridades competentes...

Aquela regra exigirá uma perfeita organização e um tormentoso cruzamento de informações, que somente poderão ser levados a efeito caso a empresa responsável consiga montar um sistema informatizado altamente complexo, cuja dificuldade este modesto comercialista não tem a capacidade de aquilatar, não se podendo esquecer deverem tais dados serem conservados durante o período mínimo de cinco anos, contados do encerramento da conta pelo cliente ou da conclusão da *transação*, prazo que pode ser ainda mais ampliado pela autoridade competente (Lei 9.613/98, art. 10, § 2º).

A propósito, o legislador da Lei 9.613/98 foi reincidente na utilização de termos destituídos de significação técnico jurídica, ou utilizou-se abusivamente de forma inadequada.

Transação em direito, como se sabe, não é sinônimo de operação, mas, conforme se depreende da leitura do art. 1.025 do Código Civil, negócio jurídico bilateral, correspondente a concessões mútuas efetuadas pelas partes, a fim de prevenirem ou encerrarem litígios.

No tocante a questões a serem decididas no âmbito do direito comercial, poder-se-ia entender *transação* com o significado de operação, tendo em conta o art. 130 do Código Comercial, onde se lê que *as palavras dos contratos e convenções mercantis devem inteiramente entender-se segundo o costume e uso recebido no comércio, e pelo mesmo modo e sentido por que os negociantes se costumam explicar, posto que entendidas de outra sorte possam significar coisa diversa.*

Contudo, a Lei 9.613/98 é de natureza essencialmente penal e, neste caso, a interpretação do seu texto deve ser feita de forma restritiva, devendo entender-se os termos nela utilizados por seu significado técnico-jurídico e não pelos usos do mercado – caso contrário haveria grande insegurança na aplicação das normas correspondentes.

2.9.3 Atender, no prazo fixado pelo órgão judicial competente, as requisições formuladas pelo Conselho de Controle de Atividades Financeiras – COAF (art. 10, III, c/c arts. 14 a 17)

À luz do disposto no art. 2º, III da Lei 9.613/98, de uma maneira geral, as ações penais dos crimes em causa serão predominantemente de competência da Justiça Federal, cabendo à Justiça Comum uma competência residual. Contudo, tanto em uma como em outra esfera, as requisições das informações pertinentes pelo COAF deverão ser feitas pelos juízes, de forma a que se conceda às entidades obrigadas a prestá-las um período razoável de tempo, necessário à sua organização material, que somente a experiência futura permitirá identificar.

3. *A responsabilidade administrativa*

O descumprimento das determinações presentes na Lei 9.613/98, por parte dos diversos destinatários das normas correspondentes, acarreta a aplicabilidade de penalidades administrativas, de forma isolada ou cumulativa, como se segue (art. 12):

a) advertência;

b) multa pecuniária variável, de 1%, até o dobro do valor da operação, ou até 200% do lucro obtido, ou que presumivelmente seria obtido, pela realização da operação, ou, ainda, multa de R$ 200.000,00 (duzentos mil reais);.

c) inabilitação temporária, pelo prazo até 10 anos, para o exercício do cargo de administrador das pessoas jurídicas mencionadas no art. 9º da Lei; e

d) cassação de autorização para funcionamento.

Observe-se que sanções administrativas tão pesadas são devidas tão somente (diga-se assim), em resumo, *pela falta ou atualização de um registro, pelo não atendimento de um pedido de informação no prazo fixado pelo COAF ou pela falta de comunicação do ato à autoridade competente*!

Os sujeitos passivos dessas penalidades *não são culpados de qualquer crime de lavagem de dinheiro*, mas, apenas, do descumprimento das formalidades administrativas acima mencionadas. Daí ser completamente absurda a vinculação dessas penalidades administrativas aos crimes em causa, quando tomados por base, em seu valor econômico, para fixação daquelas.

Veja-se, ainda, que tais multas não guardam relação com a capacidade de pagamento da empresa obrigada a prestar as informações exigidas na Lei dos crimes de *lavagem de dinheiro*, as quais podem quebrar, se condenadas ao pagamento de importância correspondente a 200% do lucro que, presumivelmente, seria obtido pela realização da operação criminosa.

A existência de critérios na lei para a aplicação das penalidades vertentes não afasta a preocupação com a sua gravidade.

Nos termos do art. 14 do Decreto 2.799/98, a aplicação de penalidades às infrações administrativas previstas na Lei 9.613/98 dependerá de apuração por meio de processo administrativo, assegurados o contraditório e a ampla defesa, em evidente atendimento a preceito constitucional. Mas o teor do art. 19 do mesmo decreto foge completamente ao regramento jurídico pátrio, quando considera revel o acusado que, intimado, não apresentar defesa no prazo estabelecido, *incorrendo em confissão quanto à matéria de fato*, contra ele correndo os demais prazos, *independentemente de nova intimação*. Mostra-se presente aqui, de forma bastante clara, uma quebra de princípios constitucionais (CF, art. 5º, LIV), indevidamente copiada, segundo parece, em regra própria do Direito Trabalhista, dentro de princípios inspiradores próprios, aos quais é totalmente alheio o Direito Penal.

José Frederico Marques assevera que o direito constitucional sempre assegurou plena defesa aos acusados, com todos os meios e recursos a ela essenciais, tendo adotado o procedimento contraditório, como forma da preservação do direito de defesa.[13] Nessa linha de pensamento, referindo-se à citação ficta, o mesmo venerável autor lembra a lição do direito romano onde se afirmava que, *absentem in criminibus dammnari non potest*. Daí sua não aceitação dos efeitos da citação do réu por editais, no sentido de condenação final por ter sido julgada procedente a acusação, tendo a sentença transitado definitivamente em julgado por meio da intimação ficta dos editais. Somente poder-se-ia dar a condenação definitiva do acusado depois de ter sido realmente ouvido a de ter tido oportunidade de apresentar palavra de defesa, buscando elidir a acusação correspondente aos fatos a ele imputados. Lei afrontadora de tais princípios seria inconstitucional.[14]

Fernando da Costa Tourinho Filho critica, igualmente a citação ficta, lembrando que a revelia, no Processo Penal, não tem a extensão que se lhe confere no Processo Civil ou no Direito do Trabalho, verificando-se estarem presentes, nestes últimos, direitos disponíveis, o que implica, a ausência do interessado, em confissão sobre a matéria de fato. Esse efeito não ocorre no processo penal. *Não é pelo fato de o réu não atender ao chamamento em juízo que o alegado em relação a ele deva ser aceito como verdade.*[15]

Luiz Flávio Gomes demonstra, por outro lado, a inconstitucionalidade da regra do art. 2º, § 2º da Lei 9.613/98, ao não permitir a aplicação do art. 366 do Código de Processo Penal aos crimes de *lavagem de dinheiro*, ao mesmo tempo em que demonstra contradição direta desse texto com aquele referente ao art. 4º, § 3º, da mesma lei, o qual recorre ao mesmo dispositivo do CPP antes negado.[16]

4. O Conselho de Atividades Financeiras – COAF

4.1 Natureza e finalidade

O COAF situa-se no âmbito do Ministério da Fazenda e tem a finalidade de disciplinar, aplicar penalidades administrativas, receber e identificar as ocorrências suspeitas de atividades ilícitas de *lavagem de dinheiro*, sem que a sua competência

13. *Elementos de direito processual penal*, Bookseller, Campinas, v. I, 1997, p. 87.

14. Ob. cit., p. 91.

15. *Processo Penal*, Saraiva, São Paulo, 18ª ed., 1997, p. 204.

16. Ob. cit., p. 357. O mesmo autor indica outros casos de inconstitucionalidade no aludido texto legal, entre os quais o da proibição da prestação de fiança, da concessão de liberdade provisória

prejudique a de outros órgãos e entidades que venham a atuar na mesma área (art. 14, *caput*). Trata-se de uma competência bastante ampla e complexa, apresentando-se alguns problemas de interpretação do seu conteúdo e alcance.

Ao mesmo tempo em que a lei atribui grande gama de tarefas ao COAF e o faz compor de servidores originários de diversos órgãos da Administração Pública Federal, deixa de definir de forma precisa a sua natureza jurídica, dizendo tratar-se, simplesmente, de um *conselho* (Lei 9.613/98, art. 14, *caput*), dando-se a nomeação do seu Presidente pelo Presidente da República, mediante indicação do Ministro de Estado da Fazenda (Decreto 2.799/98, art. 4º, § 2º).

4.2 Organização e mandatos

Tendo o art. 17 da Lei 9.613/99 atribuído ao Poder Executivo a competência para definir a organização e o funcionamento do COAF, isto foi feito por meio do Decreto 2.799, de 8.10.98, cujo art. 1º o constitui na qualidade de *órgão de deliberação coletiva com jurisdição em todo o território nacional, integrante da estrutura do Ministério da Fazenda, com sede no Distrito Federal*.

Do ponto de vista administrativo, o COAF poderá manter núcleos descentralizados, utilizando-se da infra-estrutura das unidades regionais dos órgãos a que pertencem os seus Conselheiros, como forma de economia de custos, e objetivado atuar de forma adequada em todo o território nacional (Decreto 2.799/98, art. 1º, parágrafo único).

No exercício de suas funções, o plenário do COAF, presidido por seu Presidente, será integrado por um representante de cada um dos órgãos referidos nos arts. 16 da Lei 9.613/98 e 2º do Decreto 2.799/98. O Conselho contará com o apoio de uma Secretaria Executiva, dirigida por um Secretário-Executivo, nomeado pelo Ministro da Fazenda (Decreto 2.799/98, art. 3º).

O cargo de Presidente do COAF é de dedicação exclusiva, permitidas somente as acumulações legais (Decreto 2.799/98, art. 4º).

Os Conselheiros do COAF terão mandato de três anos, permitida a recondução e o exercício nessa função é feito sem prejuízo das atribuições regulares nos órgãos de origem (art. 5º, *caput*, e § 4º). Considerando as árduas funções do Conselho, o elevado volume de informações com as quais deverão lidar e a importâncias das decisões a serem tomadas, entende-se que os seus membros deveriam a elas dedicar-se também em caráter de exclusividade durante o período do seu mandato.

Há estabilidade no cargo, do que decorre uma necessária autonomia do COAF quanto ao Poder Executivo – para o fim de não pesarem em suas decisões eventuais pressões políticas – mas que poderia ser completada pela extensão da garantia por um idêntico período, posterior ao encerramento do mandato. A referida estabilidade decorre da limitação legal das hipóteses de perda do mandato, previstas nos §§ 2º e 3º do Decreto 2.799/98:

– incapacidade civil absoluta;

– condenação criminal em sentença transitada em julgado;

– improbidade administrativa comprovada mediante processo disciplinar, de conformidade com o previsto na Lei 8.12/90 e na Lei 8.429/92;

– perda do cargo efetivo no órgão de origem ou aposentadoria;

– prática de alguma das proibições inerentes ao cargo, previstas no art. 6º do Decreto regulamentar, adiante examinadas; e

– a falta injustificada do Conselheiro a três reuniões ordinárias consecutivas ou dez intercaladas.

A referência à perda do mandato por incapacidade civil absoluta refere-se, como é óbvio, às hipóteses de *incapacidade superveniente*, relacionadas à caracterização de *loucura de todo o gênero* ou à ausência declarada por juiz.

Isto porque, segundo os termos do art. 5º do Código Civil, não poderiam ter sido nomeados para o cargo, já no órgão de origem, os menores de dezesseis anos e os surdos-mudos incapazes de exprimir a sua vontade. Por sua vez, a perda do mandato por ausência é hipótese juridicamente impossível, uma vez que, até a sua decretação pelo juiz, ela já teria ocorrido por excesso de faltas nas reuniões do Plenário, de forma automática.

4.3 Proibições

Todas as pessoas que exercem funções no COAF – seu Presidente, os Conselheiros e os servidores da Secretaria Executiva – sofrem algumas restrições legais em suas atividades, previstas no art. 6º do Decreto 2.799:

I – Participar, na forma de controlador, administrador, gerente, preposto ou mandatário, das pessoas jurídicas relacionadas no art. 9º, caput e parágrafo único da Lei 9.613/98.

Essas pessoas jurídicas são justamente, como visto, aquelas obrigadas a manterem cadastro e a identificarem os seus clientes, para o fim de prestarem informações ao COAF. A proibição em tela nasce, portanto, como resultado de um evidente conflito de interesses.

II – Emitir parecer sobre matéria de sua especialização, fora de suas atribuições funcionais, ainda que em tese, ou atuar como consultor de qualquer das pessoas jurídicas a que se refere o inciso anterior.

Mais uma vez coloca-se aqui a questão do conflito ético de interesses. A proibição diz respeito à emissão de uma opinião profissional e, portanto, remunerada. Uma observação, contudo, deve ser feita. Considerando-se a autorização constitucional relativa à acumulação da função acima com a de um cargo de professor (CF, art. 37, XVI, "b"), coloca-se a questão da *liberdade de cátedra*, ou seja o direito que tem o professor, em aula, ou por meio de obras técnicas, de livremente expressar o seu pensamento a respeito das matérias que leciona. Nessa circunstância ser-lhe-ia perfeitamente lícito exprimir opinião sobre tema relacionado às suas atribuições no COAF, mesmo que ela venha a contrariar a orientação do órgão. Não corresponderia infringência à norma acima a posição publicamente adotada, por exemplo, em seminário sobre o tema, no qual o Conselheiro estivesse participando como conferencista. Isto porque, acima do interesse particular do COAF está o da busca da verdade.

III – Manifestar, por qualquer meio de comunicação, opinião sobre processo pendente de julgamento no Conselho.

Trata-se de restrição ligada à necessidade de sigilo sobre os processos que deverão ser julgados, de forma a não se permitir pressões de terceiros interessados.

4.4 Competência, funcionamento e atribuições

Há um problema inicial na designação da competência do COAF, correspondente ao poder de *disciplinar as ocorrências suspeitas de atividades ilícitas* previstas no art. 14 da Lei 9.613/98. O verbo *disciplinar* está mal utilizado. Não pode referir-se ao estabelecimento de normas de direito material, determinantes de novas condutas a serem considerados ilícitos penais, uma vez que essa prerrogativa fundamenta-se de forma exclusiva no império da lei. Também não pode corresponder ao poder de aplicar penalidades, pois esse aspecto é diretamente referido pelo legislador na seqüência do texto. Portanto, resta o *aspecto regulamentar*, ou seja, aquele relativo ao poder de baixar instruções aos destinatários da *Lei dos Crimes de Lavagem do Dinheiro* no tocante às obrigações de identificação e registro presentes no art. 10 do texto, acima analisadas. Esta interpretação condiz com o teor do inciso II do art. 7º do Decreto 2.799/98, quando se refere à *disciplina da matéria de sua competência*, nos termos da Lei 9.613/98.

A competência para a aplicação de penalidades administrativas é residual, ou seja, depende de não haver um órgão expressamente competente para tal finalidade, no âmbito da esfera de atuação do COAF. Essa interpretação fica bastante clara ao tempo em que se reconhece não poder existir dupla penalidade para o mesmo ilícito.

Considerando que entre membros do COAF encontram-se servidores do Banco Central do Brasil, da Comissão de Valores Mobiliários, da Superintendência de Seguros Privados, da Procuradoria Geral da Fazenda Nacional, da Secretaria da Receita Federal, do Departamento de Polícia Federal e do Ministério das Relações Exteriores, entre alguns outros (Lei 9.613/98, art. 16 e Decreto 2.799/98, art. 2º), dificilmente escapará a algum daqueles um caso que não caiba em suas prerrogativas de instaurar procedimentos administrativos por ilícitos verificados nas diversas esferas de suas competências. Pode-se, assim, dizer que, nesses casos, o COAF será sempre o último jogador a ser chamado do banco de reservas... Na verdade, ao receber, examinar e identificar as ocorrências suspeitas de atividades ilícitas previstas na Lei 9.613/98, o COAF, salvo raras exceções, funcionará como uma câmara de compensação, distribuindo para os diversos órgãos, cujos membros dele participam, os casos que se referirem às suas competências específicas.

Ainda cuidando de competência residual, não havendo órgão específico para disciplinar as pessoas que exerçam as atividades enumeradas no art. 9º da Lei 9.613/98, o COAF terá o poder de expedir instruções respeitantes às obrigações de identificação de clientes e manutenção de cadastros e registros previstos no art. 10 do mesmo texto, podendo definir as pessoas abrangidas e aplicar as penalidades enumeradas no art. 12 (Lei 9.613/98, art. 14, § 1º). Assim, o COAF cuidará, por exemplo, das instruções a serem dirigidas às galerias de arte e às corretoras de imóveis.

Cuidando, em seguida, do art. 15 da lei em pauta, verifica-se que sua redação não é das mais felizes, mas dela depreende-se, como função mais destacada do COAF, à luz das considerações anteriores, a da comunicação ao Ministério Público Federal ou Estadual, conforme o caso, a respeito da prática dos crimes de *lavagem* ou ocultação de bens, direitos ou valores – ou, mesmo, de outros quaisquer crimes – a cujo conhecimento tiver chegado em suas investigações, ou se quanto a eles existirem *fundados indícios de sua prática*, após o exame do material à disposição daquele órgão (cf., também, o inciso IX do art. 7º do Decreto 2.799/98).

O texto não é claro a respeito da competência do COAF quanto à comunicação criminal acima referida. Mas seria um entrave burocrático desnecessário fazer essa medida passar primeiro pelo órgão administrativo competente em cada situação (Banco Central, CVM, SUSEP etc.), para que este viesse a implementá-la.

Finalmente, deve o COAF, considerando-se os efeitos globais da *lavagem de dinheiro*, manifestar-se sobre propostas de acordos internacionais, em matéria de sua competência, ouvindo, quando for o caso, os demais órgãos ou entidades públicas envolvidas com a matéria (Decreto 2.799/98, art. 7º, X).

4.5 A competência da Secretaria Executiva

À Secretaria Executiva compete receber e centralizar as informações e relatos recebidos das entidades responsáveis por seu encaminhamento, *inclusive anônimos*, referentes às atividades suspeitas, cabendo-lhe fazer sua catalogação, classificação, identificação, cotejo e arquivamento (Decreto 2.799/98, art. 8º, I a IV). Deve, ainda, solicitar informações mantidas nos bancos de dados dos órgãos e entidades públicas e privadas que os detenham; analisar os relatos, dados e informações recebidas e solicitadas, elaborar e arquivar dossiês contendo os estudos efetuados; solicitar investigações aos órgãos e entidades da *administração pública federal*, quando houver indícios de operações consideradas suspeitas, a partir das análises por ela realizadas; e secretariar, de forma permanente, os trabalhos do COAF (Decreto 2.799/98, art. 8º, V a VIII).

O inciso IX do art. 8º do Decreto 2.799/98, finalmente, estabelece caber à Secretaria Executiva preparar, para decisão do Ministro da Fazenda, os recursos contra decisões das autoridades competentes, *que deveriam estar mencionadas no art. 7º* – o que não ocorre, apresentando-se, por conseguinte, mais um defeito na redação desses textos legais tão controversos. Na verdade, há um enorme equívoco no decreto regulamentar, pois, conforme dispõe o inciso IV do art. 7º do Decreto 2.799/98, é o próprio COAF quem decide sobre a aplicação de penas administrativas às entidades subordinadas à sua jurisdição. Dessa forma, caberia à Secretaria Executiva, isto sim, preparar *as defesas nos recursos interpostos contra as decisões do COAF que tivessem aplicado penas administrativas, para decisão do Ministro da Fazenda*.

Mas a confusão não pára por aqui, considerando-se que, segundo o teor do art. 12, *caput*, da lei, as autoridades administrativas podem aplicar penas administrativas aos administradores das pessoas jurídicas que deixarem de cumprir as obrigações de organização e arquivamento das informações de seus clientes, *de forma cumulativa, ou não*.

Levado ao pé da letra o entendimento das regras sob exame, o sujeito passivo das obrigações em tela poderia sofrer penalidades aplicadas pelas diversas autoridades administrativas sob cuja jurisdição se colocar, de forma até mesmo cumulativa e, além disso, ser penalizado também pelo COAF, nas decisões plenárias. Em defesa dos interesses dos administrados, caberia recurso para o Ministro da Fazenda. Estamos diante, claramente, diante de uma verdadeira *Torre da Babel Jurídica*, tal a confusão resultante das inúmeras regras conflitantes e superpostas acima comentadas.

4.6 As atribuições do Presidente do COAF (art. 9º)

Alguns comentários são pertinentes quanto a algumas das atribuições que o Decreto comete ao Presidente do COAF.

A primeira delas diz respeito à competência para *editar atos normativos e regulamentares necessários ao aperfeiçoamento dos trabalhos do Conselho* (inciso II).

Trata-se, mais uma vez, de desconhecimento, por parte do legislador, da função das normas em geral. Não se trata de aperfeiçoar a forma pela qual o COAF deverá trabalhar – seria, até, um ato falho, declarar que ele nasceu imperfeito e cujas decisões, portanto, podem ser inquinadas de irregularidade –, mas de ser regulamentada pelo seu Presidente, a matéria que legalmente lhe compete, *sob o ponto de vista da mera organização administrativa daquele Conselho*.

A conclusão acima fica evidenciada pelo reconhecimento de que o Presidente do COAF não poderá baixar normas em sentido estrito, estabelecedoras de obrigações, dirigidas aos administrados, uma vez que a Lei 6.913/98 não lhe atribui tal poder.

É, de outro lado, de responsabilidade do Presidente do COAF o ato de expedir ofícios às autoridades competentes, sempre que os exames realizados pelo Conselho *apresentarem fortes indícios de irregularidade*.

Dentro da competência referida no parágrafo anterior veja-se, em primeiro lugar, a presença de um indubitável poder discricionário do COAF, na medida em que ele decidirá do alcance dos indícios que veio a apurar em suas investigações. Do exercício desse poder surge uma forte responsabilidade relativamente aos Conselheiros, tanto do ponto de vista negativo – deixar de denunciar irregularidades demonstradas por *fortes indícios* – quando do ponto de vista positivo, ou seja, abusar da denúncia, fazendo-a de forma gratuita ou quase gratuita. Ou, por outras palavras, dar seqüência a uma representação diante de indícios insuficientes. O exercício irregular desse poder poderá determinar a responsabilidade civil e criminal do Presidente e dos Conselheiros do COAF.

Em segundo lugar, a expressão *irregularidades* apresenta-se um tanto ampla, sem uma delimitação precisa de seus contornos. Tanto pode dizer respeito a ilícitos penais, quanto civis ou administrativos. Mas essa abertura extrema está, ao menos, prevista no texto da própria Lei 9.613/98, quando diz, em seu art. 15, que ao COAF incumbe representar às autoridades competentes para a instauração de procedimentos cabíveis diante de *quaisquer ilícitos*.

4.7 As atribuições dos Conselheiros (art. 10)

Dentre elas vale destacar que o Conselheiro deve submeter ao Plenário do COAF a requisição de informações e documentos que entender interessarem a processo sob exame, observado o sigilo legal. Essa limitação retira, sabiamente, do Conselheiro, como forma de garantir o direito de privacidade do investigado, o poder de, individualmente, fazer as investigações que bem lhe aprouver. Essa abertura, caso existisse, representaria grande perigo da quebra de direitos constitucionais, além da própria configuração desse *todo legal*, em si mesmo altamente problemático sob o ponto de vista constitucional do respeito aos direitos e garantias individuais, já objeto de críticas aqui anteriormente feitas.

Ao usar a expressão *sigilo legal*, o legislador talvez esteja desejando demonstrar seu afastamento das questões relativas ao *sigilo bancário*, que teria sido ilegal e profundamente atingido pela legislação em foco, tema também extremamente pertinente no presente estudo.

4.8 Do intercâmbio de informações (Decreto 2.799/98, art. 11)

Dispõe o texto supra mencionado que o Banco Central do Brasil, a Comissão de Valores Mobiliários, a Superintendência de Seguros Privados, o Departamento de Polícia Federal, a Subsecretaria de Inteligência da Casa Militar da Presidência da República e os demais órgãos e entidades públicas com atribuições de fiscalizar e regular as pessoas sujeitas às obrigações constantes da Lei 9.613/98 prestarão informações e colaboração necessárias ao cumprimento das atribuições do COAF.

Desde que autorizada judicialmente, essa troca de informações implica transferência de responsabilidade pela preservação do seu sigilo, devendo os pedidos a respeito serem encaminhados mediante formulário específico, assinado por autoridade administrativa competente, ou acessados os dados armazenados em banco de dados eletrônico, por servidor ou funcionário devidamente cadastrado. As informações prestadas em atendimento a pedido feito na forma acima, encaminhadas na forma de formulários ou relatórios específicos, implicarão, igualmente, a transferência de responsabilidade pelo sigilo legal (Decreto 2.799/98, art. 11, §§ 1º a 4º).

5. *Notas sobre o Direito Comparado*

Segundo anota Raul Cervini, em extenso estudo, no qual não penetra no mérito das soluções escolhidas, diversos países já haviam adotado normas internas sobre crimes de *lavagem de dinheiro*, entre os quais Alemanha, França, Itália, Suíça, Estados Unidos, Argentina, Colômbia, Chile, Equador, México, Paraguai, Peru e Venezuela. Além disso, conforme o mesmo autor, recomendações de órgãos internacionais e convenções internacionais têm-se voltado para o mesmo tema, julgado um dos mais importantes na luta contra o crime sem fronteiras organizado.[17]

O grande problema de aplicação desse tipo de legislação está na dificuldade prática e jurídica do relacionamento de sistemas nacionais e jurídicos tão diversos, destacando-se que muitos países que adotam o regime de *paraísos fiscais* recusam-se a fazer parte de um esquema legal destinado à fiscalização dos seus *clientes estrangeiros*.

6. Conclusão

Além das questões constitucionais acenadas ao longo deste trabalho – que certamente serão objeto de grande discussão judicial –, verifica-se que os riscos envolvidos e o custo da organização dos controles que se tornaram obrigatórios contra a lavagem de dinheiro serão muito altos para os sujeitos passivos dessas obrigações, as quais irão tornar-se campo fértil para o surgimento de diversos e graves problemas jurídicos contra as pessoas responsáveis pela sua existência e efetividade.

Em princípio, dever-se-ia dar todo apoio a uma lei dessa espécie, tendo em conta seus necessários e elevados objetivos. No entanto, os seus diversos pontos de antijuridicidade, além de, obviamente, terem quebrado o sistema legal brasileiro, representam grande perigo para a segurança dos cidadãos e empresas que aqui exercem a sua atividade. A esse respeito, deve-se lembrar o que disse o ex-Vice-Presidente Pedro Aleixo, quando da edição do famigerado AI-5: não era o caso de se ter medo das intenções do Presidente da República com relação ao uso daquele instrumento, mas do que o inspetor de quarteirão poderia fazer com ele. Não há como negar a existência de um inaceitável ranço inquisitorial nessa nova legislação e em sua regulamentação.

Finalmente, no plano da eficácia, duvida-se que os órgãos públicos encarregados de executar essa legislação especial estejam aptos ao desempenho adequado de tarefa tão vasta, seja pela existência de um enorme contingente de pessoas e operações a serem fiscalizadas, seja pela grande complexidade técnica do assunto e, ainda, pela falta de funcionários suficientes para a realização desses serviços, tendo-se notado elevado esvaziamento dos quadros do serviço público, sem a sua reposição com a qualidade e a quantidade de funcionários que ali seriam necessários.

A matéria objeto deste estudo foi apenas esboçada em alguns dos seus contornos, sem qualquer pretensão de se considerá-lo completo.

Pode-se concluir reconhecendo que essa legislação, tal a quantidade de defeitos apresentada, dificilmente atingirá os seus objetivos, não se duvidando que, assim vindo a demonstrar a prática, venha a se colocar a culpa no Poder Judiciário, o qual além de suas conhecidas mazelas, servirá adequadamente como um oportuno bode expiatório, no caso carregando em suas costas a culpa do legislador nacional.

17. *Lei de lavagem de capitais*, Primeira Parte, Ed. RT, São Paulo, 1998, pp. 108 a 310.

Atualidades

CONSIDERAÇÕES SOBRE ALGUNS ASPECTOS JURÍDICOS DOS ATOS DE CONCENTRAÇÃO NO SISTEMA FINANCEIRO NACIONAL

JAIRO SADDI

1. Introdução: a competência para se analisar atos de concentração. 2. A abrangência legal da defesa da concorrência. 3. A Lei 4.595/64 e o Sistema Financeiro Nacional. 4. Do conflito de competência. 5. Os riscos da concentração bancária. 6. À guisa de conclusão.

1. Introdução: a competência para se analisar atos de concentração

Este artigo tem o duplo objetivo de debater questões ligadas à concentração das instituições financeiras no que diz respeito à competência para avaliar atos de concentração, e, também, colocar a problemática da concentração dos bancos sob um prisma jurídico.

Há uma certa discussão sobre a competência para se analisar atos de concentração no âmbito do Sistema Financeiro Nacional. Não está claramente definida se a competência pertence ao CADE, ao Banco Central ou se deve ser partilhada por ambos os órgãos. Tal discussão prática acabou sendo fruto da aquisição do Banco Francês e Brasileiro pelo *Americas Finance Company Limited*, pertencente ao Banco Itaú S/A, caso atualmente em julgamento no CADE. Explica-se: pela Lei de Defesa da Concorrência, Lei 8.884/94, atribuiu-se àquele órgão a tutela da defesa econômica do livre mercado, julgando-se pelo plenário daquele colegiado a fusão, incorporação ou alienação de qualquer dos participantes do mercado.

A Lei 4.595/64, por sua vez, estabeleceu que competia privativamente ao Banco Central a autorização, supervisão e fiscalização do Sistema Financeiro Nacional. Aliás, aquele texto legal em seu art. 10, inc. IX, *c*, explicita textualmente que a autoridade monetária, privativamente, concederá autorização às instituições financeiras para que possam ser transformadas, fundidas, incorporadas ou encampadas. Além disso, compete exclusivamente ao Banco Central aprovar o efetivo funcionamento de qualquer instituição financeira no país, inclusive com o inusitado poder de alterar e determinar os estatutos da instituição autorizada.

2. A abrangência legal da defesa da concorrência

O objetivo central da Lei 8.884 é impedir práticas monopolísticas e dispor sobre a prevenção e repressão de infrações a ordem econômica, geralmente através do domínio de mercados relevantes de bens e serviços.

Como lembrou José Inácio Franceschini, não existe uma definição consagrada para o chamado Direito da Concorrência.[1] O Direito da Concorrência disciplina as relações de mercado entre os agentes e os consumidores, tutelando-lhes, sob sanção, o pleno exercício dos direitos constitucionais consagrados na Carta de 1988 e que consubstanciam-se na liberdade de iniciativa, na livre concorrência, na função social da propriedade, na defesa dos consumidores e na repressão ao abuso do poder econômico.

De igual importância é a ampliação das funções do CADE, estruturado pela Lei 4.137/62, transformando-a em autarquia por força da já referida Lei 8.884/94. Como observa Washington Peluso Albino é esta autonomia decorrente de sua natureza jurídica quem dá maior poder de atuação, espancando definitivamente os passos burocráticos de dependência com a administração central, incompatíveis com a presteza requerida em muitos casos.[2]

Logo no art. 1º da Lei 8.884 já se dá a perceber a abrangência que pretende o legislador, ao afirmar que o objetivo da lei é cobrir tópicos sobre o objeto jurídico da livre concorrência, impedindo, desta forma, às infrações contra a ordem econômica, orientada pelos ditames constitucionais retro referidos. Desnecessário afirmar que tais conceitos são movediços na prática: uma das questões mais atuais do debate hodierno é exatamente o limite da livre iniciativa *vis-à-vis* a convivência social.

O art. 15, por sua vez, no capítulo das Disposições Legais confirma a intenção ao aplicar-se esta legislação às pessoas físicas ou jurídicas de direito público ou privado, bem como a quaisquer associações de entidades ou pessoas, constituídas de fato ou de direito. Chega até a supor que a lei deve abranger casos oriundos, ainda que temporariamente, de entidades sem personalidade jurídica formada. A amplitude da aplicação deste diploma legal é evidente uma vez que, ao reconhecer que o objeto legiferante, engloba todos os agentes econômicos da sociedade, eleva o seu fim jurídico-administrativo de fiscal da lei de repressão e punição a abusos e crimes que possam ocorrer na ordem econômica, como se fossem um manto protetor da própria sociedade em si.

Assim é que também o art. 54 daquele diploma, ampliou a abrangência da atuação da lei, entendendo que quaisquer atos que possam prejudicar a livre concorrência deverão ser submetidas à apreciação do CADE.

Diz o artigo *in verbis*: "Art. 54. Os atos sob qualquer forma manifestados, que possam limitar ou de qualquer forma prejudicar a livre concorrência, ou resultar na dominação de mercados relevantes de bens ou serviços, deverão ser submetidos à apreciação do CADE".

Os objetivos da proteção à livre concorrência, segundo o texto legal, devem abranger os atos econômicos, *independente de culpa* dos agentes que praticarem as seguintes infrações:

a) limitar, falsear, ou de qualquer forma prejudicar a livre concorrência ou a livre iniciativa;

b) dominar mercado relevante de bens ou serviços;

c) aumentar arbitrariamente os lucros;

d) exercer de forma abusiva posição dominante.

Por esta leitura, se o bem jurídico tutelado pela lei é a própria ordem econômica, logo, qualquer ente, inclusive as instituições financeiras, devem sujeitar-se às decisões do CADE, nos eventos de fusão, conglomeração ou incorporação. Além disso, há na própria lei um critério que deter-

1. J. Inácio Gonzaga Franceschini, *Introdução ao Direito da Concorrência*, p. 75.

2. Washington P. Albino, *Primeiras Linhas de Direito Econômico*, pp. 214-215.

mina que por *mercado relevante* pressupõe-se empresas que transacionem com faturamento equivalente a quatrocentos milhões de reais.

De qualquer maneira, o raciocínio desenvolvido por Werter Faria na interpretação da Lei 4.137/62 continua válido para a Lei 8.884/94 que a revogou – o CADE não dispõe de poder para fazer cumprir, *per se stante*, suas decisões: é necessário se recorrer ao Judiciário para cumprir tempestivamente as providências especificadas na decisão condenatória quando há recusa na aceitação da sentença daquela autarquia.[3]

Assim é que os objetivos do CADE, por amplo que são, não ensejam aquela autarquia a administrar todos os desvios de abuso de poder que podem ocorrer no mercado. Mais, não há como negar que o mercado financeiro é extremamente relevante e já possui suficiente ascendência exercida por parte do Banco Central. Apenas para se ilustrar tal importância, cerca de 80% do PIB brasileiro é intermediado por instituições financeiras.[4]

Tal compreensão decorre da simples leitura dos textos legais e dos objetivos prenunciados em seus dispositivos. No entanto, uma leitura mais atenta de outros textos legais mostra que, para se aceitar a ingerência do CADE em assuntos de fusão e incorporação de instituições financeiras, é necessário que se compreenda que a abrangência da Lei 8.884/94 envolve também uma derrogação parcial de alguns dos conceitos de outros textos legais, especialmente a Lei 4.595/64.

3. A Lei 4.595/64 e o Sistema Financeiro Nacional

A disciplina do Sistema Financeiro Nacional é única e é, naturalmente, regida por regras próprias com particularidades básicas que norteiam o princípio da moeda e do regime monetário. Isto se dá por duas razões: a primeira, pelo próprio propósito do Direito na disciplina da moeda.

Na seara de outras áreas da ciência jurídica, como, por exemplo, no caso de uma sociedade comercial, industrial ou prestadora de serviços, prevalece o princípio de que a referida sociedade somente deixará de exercer as atividades que foram expressamente proibidas nos termos da lei. O entendimento oposto, todavia, prepondera no caso do Sistema Financeiro Nacional: qualquer entidade apenas poderá participar das atividades definidas como permitidas com a aprovação e com o consentimento a ela concedida pelas autoridades competentes. A razão disso se insere, de um lado, na natureza da criação da moeda e do crédito pelas instituições financeiras, já que um banco, na hipótese de insolvência, não teria condições de satisfazer todos os seus depositantes simultaneamente.

É apenas por essa razão que o Banco Central exerce um importante papel, fornecendo confiabilidade ao sistema, já que, por lei, é ele o fiscalizador e o guardião do Sistema Financeiro Nacional.

Tanto que, já na Constituição de 1988, no primeiro inciso do art. 192, trata sobre a autorização para funcionamento das instituições financeiras. Assegurando às instituições bancárias oficiais e privadas acesso a todos os instrumentos do mercado financeiro bancário, é vedada, porém, a participação em atividades não previstas na autorização de que trata aquele inciso. Como bem preceituou Luiz S. Cabral de Moncada, é de difícil tarefa a conceituação de atividade bancária, uma vez que a abrangência de ação e a amplitude de atos tornam complexa sua definição.[5]

Os motivos da interferência do Estado no Sistema Financeiro Nacional, através

3. Werter Faria, *Constituição Econômica – Liberdade de Iniciativa e Concorrência*, p. 71.

4. *Gazeta Mercantil*, "Relatório sobre bancos", p. 2.

5. Luiz S. Cabral de Moncada, *Direito Econômico*, p. 231.

do Banco Central, são bastante conhecidas. A ameaça de uma corrida bancária, com a conseqüente destruição e colapso de alguns participantes do sistema de crédito e da oferta da moeda, resultando em danosos efeitos sobre a estabilidade econômica, constitui uma justificativa central da introdução, desde a crise na década de 1930, de regras e procedimentos que visam à segurança dos bancos e do sistema de pagamentos como um todo, bem como ao controle da oferta da moeda. O Estado, por um lado, pretende a eficiência, a eqüidade e a estabilidade do sistema. Por outro, pela disciplina monetária, almeja a estabilidade da moeda.[6]

A segunda razão, pelo fato da disciplina do sistema financeiro ser única, é de natureza política: o constituinte desejou reescrever a Lei 4.595/64, modernizá-la e adaptá-la para que servisse aos "interesses da coletividade". Rompendo com a tradição da segregação das funções bancárias instituída em 1964, procurou-se possibilitar a total reformulação do Banco Central e do Sistema Financeiro Nacional. E é isto que se propõe o art. 192 da Carta de 1988.

O destino do art. 192, como inúmeros outros da presente Constituição, era transformar-se em tema controverso. Ao estipular princípios e regras para o Sistema Financeiro Nacional, a Constituição de 1988 praticamente tudo delegou à lei complementar.

Como o Banco Central encontra incompleto o seu papel na manifestação constitucional, no art. 192, dos incisos IV e V, que disciplina a estruturação do Sistema Financeiro Nacional com a finalidade de promover o desenvolvimento equilibrado do país e de servir aos interesses da coletividade, incompleto está também o seu rol de funções. Tal papel será regulado em lei complementar que disporá sobre a organização, o funcionamento e as atribuições do banco central (em minúsculo) e demais instituições financeiras públicas e privadas; serão, ainda, regulados os requisitos para a designação de membros da diretoria do banco central e demais instituições financeiras e seus impedimentos após o exercício do cargo.

Os demais incisos – criação de fundo ou seguro, critérios restritivos da transferência de poupança de regiões com renda inferior à média nacional para outras de maior desenvolvimento, transmissão do controle da pessoa jurídica titular e concedida sem ônus, na forma da Lei do Sistema Financeiro Nacional –, implicam em conceitos programáticos, ou seja, determinam a intenção do legislador sem, contudo, precisar de forma mais acentuada a sua amplitude.

A remissão a uma futura lei complementar, até hoje não emanada, da disciplina do Sistema Financeiro Nacional, deixa uma dúvida permanente entre os estudiosos da matéria: optando apenas pelos parâmetros gerais, o constituinte acabou não indicando explicitamente as funções da autoridade monetária. Por conseguinte, ainda está incerto quem deve apreciar atos de concentração, se a própria autoridade monetária ou se um colegiado autárquico como o CADE.

Como vimos, a própria Constituição é omissa em relação ao assunto. Mesmo que possa ser argüido que, pelo fenômeno da recepção, a Lei 4.595 tenha sido inteiramente acolhida pelo ordenamento jurídico, há um evidente conflito legal exatamente por uma lei dar ao Banco Central o poder de autorizar, enquanto a outra, a Lei 8.884, dá ao CADE o poder de julgar atos de concentração.

A questão se torna especialmente relevante quando, segundo estimativas recentes, quase 10% do parque industrial brasileiro é controlado por acionistas bancários. O motivo da incursão dos bancos em áreas não-financeiras está no princípio teórico da

6. Roberto Luiz Troster, *Regulamentação Prudencial no Brasil*, p. 37.

diversificação de negócios. Especialmente após o advento dos vários planos econômicos, os bancos perceberam claramente a queda da rentabilidade de seu setor. Alguns dados mais recentes indicam queda de 12,7% de rentabilidade líquida em 1986 para menos de 7% em 1995. A saída lógica tornou-se diversificar em outras áreas.[7]

Os grandes conglomerados financeiros brasileiros, todavia, permanecem, ao arrepio de uma conceituação mais precisa, operando em importantes setores não-bancários, diversificando sua carteira de investimentos e atuando acentuadamente em outras atividades estranhas à vocação bancária.

Mesmo que nestas áreas não exista concentração econômica, fortalece-se a posição do banco criando uma espécie de *keiretsu* – grupo corporativo japonês diversificado em várias áreas da economia, mas organizado a partir de um banco – provando que o efeito da "orientalização" se espalhou pelo mundo. Assim, será que a ingerência do CADE sobre o Sistema Financeiro Nacional está plenamente justificada? Com tal diversificação, quais serão os critérios para se indagar quem é responsável pela competência sobre assuntos de concentração, se CADE ou Banco Central?

4. *Do conflito de competência*

Claramente há um conflito de competência formal, no sentido de que existem duas leis do mesmo nível no ordenamento jurídico que dispõem sobre a mesma matéria. Por esta razão, um banco que quiser fundir-se deve submeter-se às decisões do CADE e também ao Banco Central. Tal entendimento é esposado por muitos juristas, mas ele não é preciso.

É necessário a elaboração de alguns critérios mais objetivos para enquadrar esta questão. O primeiro deles deve ser se a matéria diz respeito a atividade monetária ou envolve assuntos ligados ao mercado de consumo? Se o impacto da fusão terá claros efeitos sobre o mercado consumidor – por exemplo, um banco, que é detentor de parcela relevante do mercado de cartões de crédito, resolve incorporar outro com o mesmo perfil: não deve haver dúvidas que nesta situação, o CADE deve opinar, já que a matéria monetária, especialidade do Banco Central, é secundária. Da mesma forma, outros produtos vendidos pelo setor financeiro, devem merecer igual sorte. Finalmente, o Banco Central não deve ter nenhuma ascendência sobre aspectos de consumo dos bancos, como por exemplo, cobrança de tarifas etc.

No entanto, se o assunto for de natureza puramente monetária, afetando a base monetária da economia, cujo resultado terá impacto significativo sobre o mercado, deve ficar adstrito ao julgamento da autoridade monetária.

O segundo critério deve ser o público que sofrerá tais impactos. Há uma grande concentração, por parte dos clientes, nos mercados financeiros. Não se pode querer igualar um fundo de pensão, um grande cliente institucional, com um pequeno depositante, alheio aos grandes movimentos de volatilidade nos mercados mundiais. Logo, o CADE deve, mais uma vez, restringir sua atuação onde o consumidor é o cidadão médio, onde a proteção da defesa econômica pode estar mais a risco, já que pode-se pressupor que, grandes investidores institucionais terão maiores chances de exercer pressão sobre a autoridade monetária para ver satisfeitos seus pleitos no que diz respeito à autorização dada para o funcionamento de instituições financeiras.

O terceiro critério relevante deve ser a urgência. O Banco Central não é um órgão colegiado, logo, suas decisões podem ser tomadas em regime de urgência, muitas vezes necessárias para o salvamento de uma instituição bancária, com o propósito

7. *Exame*, "Setor bancário em queda", p. 13.

de se evitar uma corrida bancária com graves conseqüências. Já o CADE requer todo um procedimento processual, instruído pela Secretaria de Direito Econômico com o apoio da Secretaria de Acompanhamento Econômico, que pode colocar em risco, nesses casos específicos, o próprio futuro da instituição financeira.

Um quarto critério é o cumprimento das demais normas do Sistema Financeiro Nacional, especialmente aos acordos internacionais, como o Acordo da Basiléia, no Brasil disciplinado pela Resolução 2.099/94 e, posteriormente, alterado sobre a adequação do capital de instituições financeiras ao risco de seus ativos. Isto implica em afirmar que há critérios objetivos e quantificáveis para se avaliar se um banco está capitalizado ou não. Assim, numa fusão, o novo banco também terá que preencher estes critérios, aceitos mundialmente, e este é um preciso indicador se a concentração daquela instituição será nociva ou não.

Marcos Martins de Souza, funcionário do Banco Central e assessor do CADE é da opinião de que a atuação do Conselho Monetário Nacional, bem como do Banco Central, não arredaria a competência do CADE para também e especificamente falar em qualquer assunto pertinente à área financeira. Diz ele:

"Incumbe ao CADE com efeito debruçar-se sobre o tema, avaliando, sim, o mérito da regulamentação editada pelas autoridades do governo *vis-à-vis* os contornos da operação societária a ele submetida pelas partes requerentes, antes ou no prazo máximo de quinze dias úteis de sua consumação, mediante recebimento da correspondente documentação (...) não se lhe importará, vinculadamente, se o ato negocial integrativo logrará chancela do Banco Central, na medida em que são distintas as competências, malgrado complementares. Vale dizer: toda e qualquer alteração, verificada no âmbito do sistema financeiro por intermédio de fusão, incorporação, transferência de controle depende de prévia aprovação do BACEN, mas se redundar porventura em vinte por cento de participação nesse mercado ou qualquer das partes ostentar faturamento equivalente a quatrocentos milhões de reais, a eficácia plena somente será obtida após o crivo do CADE."[8]

Recente acordo celebrado entre o CADE e o Banco Central visa caminhar para uma solução de cooperação. Trata-se de um protocolo de cooperação técnica e prestação de consultoria para troca de informações. Baseado num acordo semelhante, assinado com o BNDES-Banco Nacional de Desenvolvimento Econômico e Social, este acordo irá permitir que o CADE possa obter informações para avaliar o impacto das fusões e incorporações de bancos nas condições de concorrência de segmentos não-bancários da economia.

O Banco Central também fornecerá informações sobre a indústria bancária, desde que não estejam protegidos pelo sigilo bancário, preceituado pelo art. 38 da Lei 4.595.

O pressuposto é atuar em áreas não-diretamente relacionadas à moeda, como, por exemplo, cartões de crédito ou outros produtos financeiros os quais o Banco Central tem pouco ou nenhuma vocação para controlar.

Fusões e incorporações de bancos podem criar setores de concentração no segmento bancário, gerando potenciais instabilidades. O papel do CADE deveria ser monitorar e atuar em conjunto com o Banco Central para diagnosticar, de forma preventiva, potenciais problemas de concentração no mercado financeiro, respeitados alguns critérios expostos acima, especialmente quanto ao mercado consumidor e o mercado monetário.

É com o fito de avaliar tais impactos que está se estabelecendo este convênio,

8. Marcos Martins de Souza, *Organização das Instituições Financeiras e o CADE*, p. 73.

que deve ser saudado com esperança de que possa se estabelecer um elevado nível de cooperação entre as duas instituições, cada uma dando o seu melhor em sua respectiva área.

Por esta principal razão, o poder de aprovar atos de concentração deve estar adstrito ao Banco Central. Além do CADE não possuir especialização em matéria monetária e financeira é evidente que o CADE já se encontra assoberbado com suas próprias atividades, julgando e processando os processos das várias fusões que lhe cabem e competem julgar por lei.

Já paira sobre o CADE a injusta acusação de querer fazer política industrial para o país – suas atribuições estão por demais amplas e deve-se agir no sentido de cooperar na disciplina do mercado financeiro.

Obviamente que se requer algum tipo de controle sobre o processo de concentração na área bancária. Recente estudo divulgado por um banco de investimentos indica que cerca de 15 bancos privados detém mais de 38% de todos os ativos do sistema financeiro, ou seja, cerca de U$ 174 bilhões.[9] Outro estudo indicou que a concentração era ainda maior: os cinco principais bancos não-estatais representando cerca de 70% de todo o volume de depósitos privados no país.[10]

Por algumas razões, é o Banco Central quem deve manter sobre seu controle a aprovação de toda e qualquer atividade no mercado financeiro. Além de ser especializado na tarefa, atos de concentração no mercado financeiro podem ter implicações na política monetária, na ampliação dos riscos sistêmicos e nos parâmetros de fiscalização. A política monetária influencia o volume de moeda e contribui para as decisões de uso dos instrumentos da política monetária, e é de bom alvitre que o Banco Central tenha sob suas rédeas novos multiplicadores de crédito. Por administração dos riscos sistêmicos, a tese de que um banco não pode se tornar *too big to fail*, ou seja, grande demais para ficar insolvente, tornando previsível o auxílio do Erário para que se evite o efeito dominó – a quebra de um banco, afetando todo o mercado financeiro. Finalmente, é a fiscalização das instituições financeiras, responsabilidade do Banco Central (e não do CADE) para atuar de maneira preventiva analisando a conduta das instituições, vigiando o obedecimento às normas cujo propósito é garantir a estabilidade do sistema bancário. Estas incluem matéria que dispõe sobre restrições no balanço (imposição sobre determinados tipos de ativos, exigibilidades sobre certas contas de passivo etc.) capital mínimo que os bancos devem apresentar, depósitos compulsórios que devem ser mantidos como reservas no Banco Central.

5. Os riscos da concentração bancária

Temos assistido, recentemente, a uma grande avalanche de mega-fusões e aquisições no mercado financeiro. Tanto no plano internacional como no nacional, a concentração bancária é uma realidade inexorável.

Há, no entanto, diferenças a considerar entre *concentração*, *conglomeração* e *especialização bancária*. Trata-se a primeira – *concentração* – da redução numérica dos participantes do mercado financeiro, mas com a crescente detenção dos negócios em valor por essas poucas instituições. Ou seja, poucos, em número, detêm muito dinheiro. *Conglomeração* vem a ser a capacidade de as instituições financeiras operarem em outras atividades, dentro ou fora do sistema financeiro. Em face disso, a participação relevante de um banco numa indústria é uma medida de conglomeração. É relevante notar que, em sociedades como a japonesa, o desenvolvimento desse fenô-

9. Banco ICATU, *Financial Report*, maio 1997, p. 2.

10. Ernst & Young, *Brazilian Banking Trends*, p. 15.

meno contribuiu decisivamente para o progresso. Assim, como já nos referimos anteriormente, o *keiretsu* – grupo corporativo diversificado em várias áreas da economia, mas organizado a partir de um banco – consiste numa explicação central para o mercado financeiro no Japão. Finalmente, a *especialização bancária* refere-se à centralização das atividades do banco em uma única área. As chamadas "*boutiques* financeiras" atestam que há algumas instituições preparando-se apenas para ser a melhor e a maior dentro de um segmento, ou por indústria (um banco especializado num determinado segmento, por exemplo, transportes), ou por região geográfica, ou mesmo por atividade financeira (comércio exterior, financiamento de capital de giro etc.)

Potencialmente, tanto a conglomeração como a especialização dizem respeito a atividades que podem ser disciplinadas pelo legislador. O advento da criação de regras impeditivas de atuação – as conhecidas "muralhas" – pode coibir a performance de controlados e controladores, com bancos tendo que separar completamente suas atividades financeiras das não-financeiras, bem como incentivar ou não a atuação específica em um determinado mercado, como quer a especialização bancária. Em ambos os casos, os riscos de mercado são controláveis pelo legislador, ao menos em tese.

A concentração é medida pela participação das unidades financeiras na formação do agregado total dos ativos, e tal definição é aquela que compõe o índice de Herfindahl, ainda um dos mais utilizados na mensuração econômica da concentração.[11]

A concentração bancária, por seu lado, oferece riscos que extrapolam o poder do legislador em tentar determinar a conduta do mercado. Sua justificativa mais plausível são as economias de escala – entenda-se que o aumento da quantidade produzida é obtido com menor utilização de recursos. Com base em autores como Fischer e Shefrigir, podem-se estabelecer três riscos dignos de atenção que correm os bancos que são oriundos da concentração bancária, a saber, o *risco da instabilidade estrutural*, o *risco da assimetria informacional* e o *risco da insolvência*.

O primeiro risco – o da *instabilidade estrutural* – decorre da própria natureza dos bancos. Bancos criam moeda escritural e fazem empréstimos com base num encaixe em depósito. Qualquer corrida bancária certamente corrompe o lastro no qual estão garantidos possíveis saques. Logo, há uma instabilidade natural do sistema, visto que as expectativas dos agentes econômicos – na maioria das vezes de cunho emocional – pode determinar o equilíbrio do sistema. A concentração bancária tende a aumentar o grau de instabilidade, pois o nível de exposição se multiplica assustadoramente.

O segundo grande risco é o da *assimetria informacional*. Pretende-se dizer com isso que há uma escassez de informações para a correta tomada da decisão. Um regulamentador pode não ter disponíveis todos os dados e fatos necessários para agir prudencialmente, como deveria fazê-lo. A concentração bancária também tende a aumentar a possibilidade do *disclosure* das informações tendo em vista práticas manipulativas. Da mesma forma, os supervisores sempre estão atrás dos bancos na coleta de informações, prejudicando também seu trabalho preventivo. Em outras palavras, a concentração implica um aumento significativo de poder por parte dos bancos.

Finalmente, há um último e grande risco. Presenciou-se na década de 1980 a emergência das teorias *too big to fail*, ou seja, bancos ou instituições financeiras de grande porte (em razão do número de de-

11. Luiz Carlos P. de Carvalho *et allii*, "Concentração e desconcentração dos bancos comerciais no Brasil".

positantes e da natureza de suas aplicações) que, se fossem liquidados, causariam um desequilíbrio muito intenso, quebrando inclusive o país de origem. Assim, a autoridade monetária era convocada para injetar dinheiro público em instituições financeiras muitas vezes impudentemente administradas. O intuito explícito era proteger a ocorrência de uma reação em cadeia por parte do sistema de depósito e poupança. A concentração bancária pode estimular comportamentos como esse, em que a imprudência é encorajada, já que o banqueiro sabe que é grande demais para falir.

6. À guisa de conclusão

Há uma diferença fundamental entre socorrer instituições com graves problemas de liquidez – uma situação de caráter temporário, em que existem necessariamente elementos reais de solvência – e aquelas que precisam de injeção de recursos públicos, mas estão em situação pré-falimentar. O socorro às instituições financeiras motivado pela ausência de critérios técnicos, especialmente refletida na precariedade da saúde de seus passivos, representa uma grave distorção da administração de risco.

O risco é um elemento essencial do sistema capitalista, de acordo com o qual a boa gestão de um negócio deve ser premiada com o lucro, e a má, punida com a liquidação.

Finalmente, restou evidente que em nossa opinião, os atos de concentração devem permanecer sob o crivo do Banco Central.

FRAUDES À LEI DE S/A*

JORGE LOBO

I – A Lei de S/A: uma Carta de Princípios. II – As normas da Lei 6.404/76: abundância de preceitos e insuficiência de sanções. III – O voto do acionista contrário à lei, aos estatutos sociais, à companhia e em conflito de interesses. IV – O abuso do poder de controle. V – A responsabilidade dos administradores da companhia. VI – Fraudes à Lei de S/A.

I – A Lei de S/A: uma Carta de Princípios

Uma leitura crítica da Lei 6.404, de 1976, leva à inelutável conclusão de que, quer quanto à sistemática externa, quer quanto à forma, a Lei de S/A brasileira se alinha entre as mais abrangentes, complexas, inovadoras e avançadas do mundo.

De forma por vezes até brilhante, ela disciplina:

(1) a formação, o aumento e a redução do capital social, com normas rígidas para evitar fraudes a sua realidade e integridade, corolários do princípio da intangibilidade ou inviolabilidade;

(2) a emissão de debêntures, para capitalizar a empresa a baixo custos;

(3) os direitos dos acionistas, em especial (a) os essenciais ou intangíveis, que devem ser observados pelo estatuto social e pela assembléia geral, e (b) o de recesso ou retirada, para prevenir abusos da maioria;

(4) o acordo de acionistas, para regular o direito de voto, através de pactos de comando e bloqueio, e a disponibilidade patrimonial das ações, através de cláusulas sobre a compra e venda de ações e a preferência para adquiri-las;

(5) o exercício do direito de voto pelo acionista controlador e pelo acionista minoritário, determinando que o direito de voto seja exercido no interesse da companhia e não com o fim de causar-lhe dano ou prejudicar outros acionistas ou obter, para si ou para outrem, vantagem a que não faz jus e de que resulte, ou possa resultar, prejuízo para a companhia ou outros acionistas;

(6) a reunião de acionistas em assembléia geral, cuidando, em pormenores, da convocação e instalação do conclave e da deliberação dos acionistas;

(7) os deveres e as responsabilidades dos acionistas controladores, administradores e fiscais, para coibir a prática de atos nocivos ao patrimônio social e aos direitos e interesses dos acionistas e de terceiros;

* Conferência proferida, no dia 10.9.96, no Ciclo de Conferências "Vigésimo Aniversário de S/A", patrocinado pela EMERJ, do qual participaram os Professores Doutores Alfredo Lamy Filho, Arnoldo Wald, Fábio Konder Comparato, Fábio Ulhoa Coelho, J. A. Tavares Guerreiro, Jorge Hilário Gouvêa Vieira e Nelson Eizirik.

(8) as demonstrações financeiras, para dar transparência às operações realizadas durante o exercício social findo;

(9) a formação de reservas e a distribuição de lucros, para dar estabilidade à companhia, torná-la competitiva e propiciar ao acionista receber dividendos semestrais ou anuais;

(10) a incorporação, fusão e cisão da companhia, para adequá-la a um mercado em contínua e avassaladora transformação;

(11) os grupos societários, de fato e de direito, para impor limites à sua atuação no âmbito interno, prevenindo litígios entre os acionistas das empresas controladora e controladas, e

(12) a dissolução, liquidação e extinção da companhia, através de regras que norteiam o epílogo de uma história de lutas ao final malsucedidas.

Esse conjunto homogêneo e harmônico de normas jurídicas seria objeto de incontidos aplausos, se não pecasse por ser riquíssimo em preceitos, mas paupérrimo em sanções, o que provoca a sensação que, por certo, tiveram os coetâneos do Código de Napoleão da crença jusracionalista na lei, tudo levando a crer que melhor teria o legislador obrado se houvesse adotado a política de desconfiar da auto-responsabilidade dos acionistas, em particular dos controladores, sobretudo quando a companhia integra um grupo de empresas, e da auto-responsabilidade dos administradores, os quais, as mais das vezes, de forma servil, obedecem às ordens dos patrões.

Como veremos a seguir, a abundância de preceitos da Lei 6.404, de 1976 – uma carta de princípios, de notável inspiração ético-jurídica, que se espraiam ao longo de seu primoroso texto –contrasta, indiscutivelmente, com a insuficiência de sanções, valendo-se a Lei de S/A, um sem número de vezes, da tradicional fórmula do recurso às perdas e danos, desatenta, todavia, ao fato de que a apuração das perdas e danos é extremamente difícil, em virtude da quase impossibilidade de definir, na petição inicial, o *an debeatur* e o *quantum debeatur*, embora a fixação deste possa ser transferida para a fase de execução de sentença, após o trânsito em julgado no processo de conhecimento.

II – As normas da Lei 6.404/76: abundância de preceitos e insuficiência de sanções

O Prof. Emilio Betti, Catedrático de Direito Civil da Universidade de Roam, em sua célebre *Teoria Geral do Negócio Jurídico* (1ª ed., t. I, Portugal, Coimbra Editora, p. 17), destaca que "a norma jurídica, considerada no seu arranjo lógico, consta de uma previsão e de uma disposição correspondente", o que a doutrina costuma identificar como preceito e sanção, podendo-se dizer que o preceito sem sanção é um corpo sem alma.

Como teremos oportunidade de constatar a seguir, o legislador pátrio não atentou para a sábia advertência de Miguel Reale, quando sustenta: "na maioria das vezes, o legislador não precisa referir-se às perdas e danos devidas pelo autor do ilícito, pois elas são uma verdade implícita e necessária, não havendo mister autorizar o recurso aos princípios gerais do direito, aos quais pode e deve recorrer sempre o julgador, como sói acontecer no caso de reparação do dano pelo causador do ato ilícito, que a todos repugna, quer sob o aspecto legal, quer sob o aspecto moral" (*Filosofia de Direito*, 12ª ed., Saraiva, 1987, p. 62).

Com efeito, a Lei 6.404/76, logo no art. 3º, § 2º, autoriza o prejudicado a demandar perdas e danos daquele que, indevidamente, utilizar denominação idêntica ou semelhante à de companhia já existente.

Por igual, o art. 8º, § 6º, sujeita os avaliadores e os subscritores a responderem por perdas e danos, pelos prejuízos causados à companhia por culpa ou dolo na avaliação dos bens.

Também sujeitam os infratores a repararem perdas e danos os artigos:

(1) 13, § 1º (quando há emissão de ações por preço inferior ao seu valor nominal);

(2) 23, § 1º (emissão de certificado de ação antes de cumpridas as formalidades necessárias ao funcionamento normal da companhia);

(3) 24, § 1º (omissão de declarações nos certificados de ações);

(4) 68, § 4º (responsabilização de agente fiduciário pelos prejuízos causados aos debenturistas no exercício de sua função);

(5) 92 (responsabilização dos fundadores da companhia pelos prejuízos decorrentes da inobservância de preceitos legais);

(6) 97, § 1º (responsabilização dos fundadores, quando negado o arquivamento dos atos constitutivos da companhia);

(7) 99 (responsabilização dos primeiros administradores pelos prejuízos causados pela demora no cumprimento das formalidades complementares à constituição da companhia);

(8) 104 (responsabilização da companhia pelos prejuízos decorrentes de vícios ou irregularidades nos livros);

(9) 115 (responsabilização do acionista que tiver praticado exercício abusivo do direito de voto);

(10) 117 (responsabilização do acionista controlador por atos praticados com abuso de poder);

(11) 124, § 3º (responsabilização dos administradores pelos prejuízos causados aos acionistas, quando não os convocarem para a assembléia geral nas companhias fechadas);

(12) 158 (responsabilização dos administradores pelos prejuízos causados à companhia, quando procederem, com dolo ou culpa, dentro de suas atribuições e poderes, e, independentemente de culpa ou dolo, com violação do estatuto social ou da lei);

(13) 165 (responsabilização dos membros do conselho fiscal pelos danos resultantes de omissão no cumprimento de seus deveres e de atos praticados com dolo ou culpa ou com violação da lei e do estatuto);

(14) 245 (responsabilização dos administradores da companhia, quando lhe causarem prejuízos por favorecerem sociedade coligada, controladora ou controlada);

(15) 246 (responsabilização da sociedade controladora por violação dos arts. 116 e 117); e

(16) 276 (responsabilização da sociedade controladora e de seu administrador por prejuízos causados aos sócios minoritários da sociedade filiada).

Além desses 18 (dezoito) dispositivos prevendo a ação de reparação de danos, a Lei 6.404/76, possui normas estabelecendo (1) a nulidade da emissão de ações por preço inferior ao seu valor nominal (art. 13, § 1º); (2) a nulidade do certificado da ação, se não preenchidos os requisitos legais (art. 23, § 1º); (3) a nulidade do negócio jurídico, quando ainda não realizados pelo menos trinta por cento do preço de emissão (art. 29, parágrafo único); (4) a nulidade da aquisição de ações pela própria companhia (art. 30 § 2º); (5) a ação de exibição de livros (art. 105); e (6) a ação de execução do acionista inadimplente no pagamento do preço de emissão das ações subscritas ou adquiridas (art. 107, I).

Ora, prever a ação de perdas e danos, a de exibição de livros e a de execução é repetir o que se encontra nos arts. 259 do Código Civil, 585, II do CPC, e 17 e 18 do Código Comercial, respectivamente, o que, por certo, estimula, sobretudo a controladores e administradores das empresas, à prática de atos danosos ao patrimônio da companhia, de seus acionistas e de terceiros, o que levou a doutrina a procurar sistematizar a matéria, como veremos a seguir.

III – O voto do acionista contrário à lei, aos estatutos sociais, à companhia e em conflito de interesses

O art. 115 da Lei 6.404, de 1976, dispõe: "Art. 115. (*abuso do direito de voto e conflito de interesses*) O acionista deve exercer o direito de voto no interesse da companhia; considerar-se-á abusivo o voto exercido com o fim de causar dano à companhia ou a outros acionistas, ou de obter, para si ou para outrem, vantagem a que não faz jus e de que resulte, ou possa resultar, prejuízo para a companhia ou para outros acionistas. § 1º O acionista não poderá votar nas deliberações da assembléia geral relativas ao laudo de avaliação de bens com que concorrer para a formação do capital social e à aprovação de suas contas como administrador, nem em quaisquer outras que puderem beneficiá-lo de modo particular ou em que tiver interesse conflitante com o da companhia. § 2º Se todos os subscritores forem condôminos de bem com que concorreram para a formação do capital social, poderão aprovar o laudo, sem prejuízo da responsabilidade de que trata o § 6º do art. 8º § 3º O acionista responde pelos danos causados pelo exercício abusivo do direito de voto, ainda que seu voto não haja prevalecido. § 4º A deliberação tomada em decorrência do voto de acionista que tem interesse conflitante com o da companhia é anulável: o acionista responderá pelos danos causados e será obrigado a transferir para a companhia as vantagens que tiver auferido".

Atente-se, de início, que o art. 115 não cuida, exclusivamente, da antijuridicidade do voto do acionista controlador, mas da generalidade dos acionistas, procurando prevenir o conflito formal e substancial de interesses entre o acionista e a companhia, conceituando, ademais, o abuso do direito de voto (cf. Modesto Carvalhosa, *Comentários à Lei de S/A*, 1ª ed., 4º v., Saraiva, 1978, p. 102).

Observe-se, outrossim, que o preceito do art. 115 se insere num conjunto que visa obstar o abuso de direito e o conflito de interesses, "como *v.g.*, os que tratam do abuso de poder do controlador e os da sociedade controladora (arts. 116, 238 e 245), o desvio de poder do administrador (art. 154) e do conflito de interesses do administrador da companhia (art. 156)" (Carvalhosa, ob. e v. cits., p. 102).

Tenha-se em conta, ademais, que a Lei 6.404, de 1976, ao disciplinar o exercício do direito de voto, se afastou do paradigma americano, que admite vote o acionista unicamente na busca da satisfação de seu interesse pessoal, preferindo o legislador pátrio adotar a teoria institucionalista da empresa em si, segundo a qual o interesse social prevalece sobre o interesse individual do acionista (Carvalhosa, idem, pp. 104/105), devendo, portanto, o acionista votar no interesse da sociedade, para que ela possa realizar o seu objeto e cumprir sua função social, o que, para muitos, explica e justifica a liberdade dos administradores de preferirem a autocapitalização da empresa, ao invés da distribuição de dividendos, sob o fundamento de que só uma companhia altamente capitalizada pode manter-se competitiva e rentável num mercado globalizado.

Por fim, cumpre destacar que a Lei 6.404/76 não leva em conta, quando trata do abuso do direito de voto do acionista na assembléia geral, a intenção do acionista de lesar a companhia ou a outros acionistas, conforme acentua Carvalhosa: "o caráter subjetivo da conduta tem sido posto de lado pela jurisprudência. Esta tem afirmado que o abuso deve reputar-se configurado, mesmo que a intenção fraudulenta não esteja provada, bastando que a deliberação vise alcançar fins que repugnam o sentimento jurídico" (ibidem, p. 111).

Ainda consoante o magistério do insigne Carvalhosa, o minoritário com o seu voto pode causar danos morais, *v.g.*, "voto exercido por mera emulação para difamar outros acionistas-controladores ou não ou, ainda, para prejudicar o bom nome da companhia ou causar dissídio entre os sócios", e, também, danos materiais, *v.g.*, "quando o acionista nega, por emulação, *quorum* mínimo para deliberação da assembléia geral (arts. 129 e 135), obstruindo, dessa forma, medida de interesse da sociedade" (ibidem, p. 111), esclarecendo que, "se o acionista violar o preceito (do art. 115) e votar, qualquer sócio poderá promover a anulação da respectiva assembléia. Por outro lado, a própria assembléia geral poderá reunir-se e anular a decisão sobre a matéria... mesmo que não tenha havido danos para a companhia ou para seus acionistas. O vício, na espécie, é formal" (ibidem, pp. 118/119).

Alfredo Lamy Filho e José Luiz Bulhões Pedreira, ao emitirem parecer sobre a exegese do art. 115 da Lei 6.404, de 1976, foram taxativos: "O acionista que profere voto com outro fim que não o interesse da companhia pratica ato ilícito – viola o disposto no art. 115 da Lei 6.404/76. Seu voto é anulável, e, se os votos que determinaram a deliberação são ilícitos, a própria deliberação é ilícita e, portanto, anulável" ("Abuso do poder de controle em aumento de capital social de banco comercial", in *A Lei de S/A*, 2ª ed., v. II, Ed. Renovar, p. 241, n. 28).

A nosso ver, se o acionista não pretende exercer o direito de voto (1) de boa-fé, (2) com lealdade, (3) com moderação e (4) no interesse da companhia, o presidente da assembléia geral pode recusar-se a computar o voto abusivo e a transcrevê-lo, sem prejuízo de consignar em ata o fato, o que, sem dúvida, é mais prudente e aconselhável do que dar azo à anulação do voto ou à deliberação especial por outra assembléia ou por decisão judicial, conforme lembrado por Carvalhosa, Lamy Filho e Bulhões Pedreira.

Há, entretanto, uma medida muito mais eficaz, de caráter administrativo e, portanto, extrajudicial, que pode resolver o impasse criado pelo acionista recalcitrante: trata-se do recurso ao expediente da suspensão do exercício do voto, previsto no art. 120 da Lei de S/A: "Art. 120. (*direitos do acionista: suspensão*) A assembléia geral poderá suspender o exercício dos direitos do acionista que deixar de cumprir obrigação imposta pela lei ou pelo estatuto, cessando a suspensão logo que cumprida a obrigação".

Destarte, havendo conflito de interesses entre o acionista e a companhia, a assembléia geral pode declarar suspenso o exercício de determinados direitos, inclusive dos inderrogáveis ou essenciais, como doutrina Carvalhosa: "a suspensão imposta pela assembléia geral poderá atingir todos os direitos assegurados ao acionista pela lei ou pelo estatuto".

Neles se incluem os direitos essenciais (art. 109), bem como os próprios dos minoritários ou de classe.

A suspensão poderá, assim, atingir o direito de voto (art. 112) e o próprio direito de comparecimento às assembléias (art. 125); o de recebimento de dividendos e de bonificações (arts. 109, 201 e 205); o de preferência na subscrição de novas ações e valores mobiliários de emissão da companhia (arts. 170 e 171) e também o exercício do direito de recesso (art. 45). Também pode ser suspenso o direito de fiscalizar a gestão dos negócios sociais e o de utilizar os meios, processos ou ações que a lei confere aos acionistas para assegurar os seus direitos (art. 109).

Os direitos individuais, da minoria e de classe, são, com efeito, os suscetíveis de suspensão, já que os direitos modificáveis pela assembléia geral, como, *v.g.*, os do valor de capital, forma societária, reorganização estrutural (fusão, incorporação), de participação em grupos societários etc., absolutamente não se coadunam com a hipótese de suspensão de direitos, uma vez que se ligam diretamente ao interesse societário, cujo modificação ou preservação é atribuída aos controladores.

Seria ilógico pretender restringir a suspensão a esses direitos modificáveis, pois isso tornaria o preceito inócuo e inaplicável.

São, portanto, os direitos inderrogáveis e os próprios da minoria e de classe que serão atingidos pela suspensão (ibidem, pp. 158/159).

Resumindo as conseqüências práticas de abuso de direito de voto do acionista, temos:

(1º) o presidente da assembléia geral poder recusar-se a computar o voto abusivo e manifestado em conflito de interesse e recusar-se a transcrevê-lo em ata;

(2º) a assembléia geral pode suspender o exercício do direito de voto do acionista, desde que ocorra a possibilidade de ofensa ao art. 115, entre outros, da Lei 6.404, de 1976;

(3º) o voto abusivo e a deliberação dele decorrente são anuláveis; e

(4º) o acionista que votou contra os interesses da companhia ou de outros acionistas responde por perdas e danos.

Anote-se, entretanto, que uma das práticas mais comuns dos minoritários – opor injustificada resistência à deliberação de modificação estatutária por interesse social – não enseja ação anulatória, mas apenas reparação das perdas e danos causadas à companhia e aos demais acionistas.

IV – O abuso do poder de controle

O acionista controlador pode violar a Lei de S/A, quando age com abuso do direito de voto (art. 115), ou quando age com abuso do poder de controle (arts. 116 e 117), dispondo os arts. 116 e 117: "Art. 116. (*conceito de acionista controlador*) Entende-se por acionista controlador a pessoa, natural ou jurídica, ou o grupo de pessoas vinculadas por acordo de voto, ou sob controle comum, que: a) é titular de direitos de sócios que lhe assegurem, de modo permanente, a maioria dos votos nas deliberações da assembléia geral e o poder de eleger a maioria dos administradores da companhia; e b) usa efetivamente seu poder para dirigir as atividades sociais e orientar o funcionamento dos órgãos da companhia. Parágrafo único. O acionista controlador deve usar o poder com o fim de fazer a companhia realizar o seu objeto e cumprir sua função social, e tem deveres e responsabilidades para com os demais acionistas da empresa, os que nela trabalham e para com a comunidade em que atua, cujos direitos e interesses deve lealmente respeitar e atender. Art. 117. (*responsabilidade do acionista controlador*) O acionista controlador responde pelos danos causados por atos praticados com abuso de poder: a) orientar a companhia para fim estranho ao objeto social ou lesivo ao interesse nacional, ou levá-lo a favorecer outra sociedade, brasileira ou estrangeira, em prejuízo da participação dos acionistas minoritários nos lucros ou no acervo da companhia ou da economia nacional; b) promover a liquidação de companhia próspera, ou a transformação, incorporação, fusão ou cisão da companhia, com o fim de obter, para si ou para outrem, vantagem indevida, em prejuízo dos demais acionistas, dos que trabalham na empresa ou dos investidores em valores mobiliários emitidos pela companhia; c) promover a alteração estatutária, emissão de valores mobiliários ou adoção de políticas ou decisões que não tenham por fim o interesse da companhia e visem causar prejuízo a acionistas minoritários, aos que trabalham na empresa ou aos investidores em valores mobiliários emitidos pela companhia; d) eleger administrador ou fiscal que sabe inapto, moral ou tecnicamente; e) induzir, ou tentar induzir, administrador ou fiscal a praticar ato ilegal, ou, descumprindo seus deveres definidos nesta lei e no estatuto, promover, contra o interesse da companhia, sua ratificação pela assembléia geral; f) contratar a companhia, diretamente ou através de outrem, ou de sociedade na qual tenha interesse, em condições de favorecimento ou não eqüitativas;

g) aprovar ou fazer aprovar contas irregulares de administradores, por favorecimento pessoal, ou deixar de apurar denúncia que saiba ou devesse saber procedente, ou que justifique fundada suspeita de irregularidade".

O acionista controlador, que detém o poder político supremo da sociedade, pode ser (a) uma pessoa física; (b) uma pessoa jurídica, em geral sob a forma de *holding company*; e (c) um grupo de pessoas vinculadas por acordos de votos, geralmente exercendo cargo da administração superior da companhia e impondo-se aos demais membros do conselho de administração e da diretoria, os quais nomeia e os quais, sem motivo justificado, pode destituir a qualquer tempo.

O exercício do poder de controle, conforme assinalado por Lamy Filho e Bulhões Pedreira, "pode revestir formas diversas, embora não excludentes, e se manifesta através de diferentes espécies de atos: (a) nas matérias de competência privativa da assembléia geral, ou submetidas à sua deliberação, sob a forma de voto; (b) se o acionista cumula suas funções ou as de administrador; e (c) ainda que não administrador eleito, sob forma de ordens aos órgãos de administração e fiscalização" (parecer citado, p. 235).

Ao dotar o controlador de plenos poderes e amplos direitos, a Lei 6.404/76, em contrapartida, instituiu diversas formas de responsabilidade (art. 117), facultando ao prejudicado por atos do controlador o recurso de medidas (1) administrativas, (2) fiscais, (3) penais, e (4) cíveis, para coibir ou punir o abuso do poder de controle.

Se a companhia for aberta (art. 4º), o controlador, exerça ou não a função de administrador, está sujeito à autoridade administrativa da Comissão de Valores Mobiliários-CVM, ficando sujeito às penalidades capituladas no art. 11 da Lei 6.385, de 1976, inclusive multas pecuniárias e suspensão ou inabilitação do exercício do cargo de administrador, e, também, à do Conselho Administrativo de Defesa Econômica-CADE, se tiver agido com abuso de poder econômico.

O Decreto 1.598, de 1977, que regula a cobrança do imposto de renda das pessoas jurídicas, pune o controlador quando houver prova da distribuição disfarçada de lucros (arts. 60, 61 e 62).

O controlador fica, ainda, sujeito às sanções do art. 177, VII, do Código Penal, se aprovar ou fizer aprovar contas irregulares dos administradores.

As decisões, atos ou negócios jurídicos eivados de vício por abuso do poder de controle são anuláveis (art. 286), podendo, ainda, ensejar ação de perdas e danos pelos prejuízos causados à companhia e a seus acionistas, não havendo, segundo o magistério de Carvalhosa, necessidade de provar-se a "intenção subjetiva do agente" de causar danos (ob. e v. cits., p. 135).

Se o controlador exercer funções administrativas, aplica-se também o disposto no art. 158, da Lei 6.404/76.

Conforme ensina Waldirio Bulgarelli, além da ação de reparação de danos com fundamento na violação do art. 117, qualquer acionista pode propor demanda de ressarcimento de prejuízos contra o controlador, quando este houver agido com culpa, dolo ou violação da lei e dos estatutos sociais (*A Proteção às Minorias na Sociedade Anônima*, 1ª ed., Biblioteca Pioneira de Direito Empresarial, p. 100, n. 11).

Por fim, aqueles que com o controlador concorreram para a prática de ato abusivo respondem solidariamente com ele.

V – A responsabilidade dos administradores da companhia

A Lei de S/A, no art. 138, dispõe que "a administração da companhia competirá, conforme dispuser o estatuto, ao conselho de administração e à diretoria, ou somente à diretoria", acrescentando o § 2º do citado art. 138 que "as companhias abertas e as de capital autorizado terão obrigatoriamente conselho de administração".

A seguir, a Lei de S/A na Seção III, do Capítulo XII, estabelece "normas relativas a requisitos, impedimentos, investidura, remuneração, deveres e responsabilidades dos administradores aplicam-se a conselheiros e diretores" (parte final do art. 145), ficando claro, portanto, que são administradores tanto os membros do conselho de administração, denominados por lei conselheiros, como os membros da diretoria, denominados por lei de diretores.

Os administradores da companhia têm que observar e cumprir, escrupulosamente, o disposto no art. 153, que trata do dever de diligência, no art. 154, que pune o desvio de poder, o art. 155, que cuida do dever de lealdade, o art. 156, que coíbe o conflito de interesses e o art. 157, que disciplina o dever de informar.

Após enumerar os deveres dos gestores dos negócios sociais, a Lei 6.404, de 1976, regula a responsabilidade dos administradores, estatuindo o art. 148 e seus incisos I e II: "Art. 158. (*responsabilidade dos administradores*) O administrador não é pessoalmente responsável pelas obrigações que contratar em nome da sociedade e em virtude de ato regular de gestão; responde, porém, civilmente, pelos prejuízos que causar, quando proceder: I – dentro de suas atribuições ou poderes, com culpa ou dolo; II – com violação da lei ou do estatuto".

De início, observe-se que, *ex-vi* do *caput* do art. 158, os administradores não respondem pelos efeitos dos atos regulares de gestão, mas apenas a companhia.

Nas hipóteses dos incs. I e II, os administradores respondem com os seus bens pelos danos causados por atos antijurídicos dolosos ou culposos (inc. I) e, também, pelos danos causados independente de culpa, para uns e, para outros, se, invertido o ônus de prova, o administrador não provar ter agido de acordo com a lei e os estatutos sociais (inc. II).

O ato antijurídico dos administradores pode causar prejuízos à companhia, a seus acionistas e a terceiros. Se o prejuízo é causado à companhia, a ação se chama social e tem por finalidade reparar o dano, devendo a assembléia geral de acionistas deliberar sobre a conveniência e oportunidade da demanda.

Caso a assembléia geral decida pela propositura da ação e a diretoria não a ajuíze no prazo de três meses, qualquer acionista, como substituto processual, poderá fazê-lo, revertendo, contudo, o benefício exclusivamente para a sociedade.

Caso a assembléia geral delibere não propor a ação, acionistas, representando 5% (cinco por cento) do capital social, poderão promovê-la, de novo revertendo o benefício exclusivamente para a sociedade.

Quando a ação social é proposta pelo acionista, a sociedade, embora se beneficie do resultado da demanda, deve indenizá-lo das despesas que ele tiver realizado.

Se o prejuízo é causado ao acionista, a ação se chama individual, cumprindo, nesse passo, distinguir o que a doutrina chama de dano direto e indireto: *dano direto* é aquele causado pelos administradores ao patrimônio do acionista; *dano indireto* é aquele causado pelos administradores ao patrimônio da companhia, que repercute sobre o patrimônio do acionista, quando, *v.g.*, devido a atos dos administradores, a companhia suporta prejuízos, os quais, certamente, terão influência imediata no valor patrimonial das ações e, imediatamente, na distribuição de dividendos, não podendo, segundo o § 7º do art. 159, o acionista propor ação individual, quando se tratar de dano indireto, mas, apenas, ação social, conforme já exposto.

VI – Fraudes à Lei de S/A

Apesar dos dezoito artigos da Lei 6.404/76 prevendo a ação de perdas e danos, e apesar do esforço de sistematização doutrinária, com a finalidade de impedir a fraude e de puni-la com rigor, se tiver ocorrido, em verdade, sob diferentes formas, por vezes demasiadamente sofisticadas, os acionistas controladores agem com abuso de poder e abuso de direito e os administradores agem com desvio e abuso do poder, em prejuízo da empresa, dos acionistas minoritários e de terceiros, e os acionistas minoritários votam, nas assembléias gerais, em seus próprios interesses e não nos da companhia, de que são exemplos marcantes, entre muitos outros:

(1) a constituição da companhia com denominação idêntica ou semelhante a companhia já existente;

(2) a criação e manutenção, pelos acionistas controladores e administradores, em benefício próprio, do "caixa dois";

(3) o vezo dos acionistas controladores de preencher os cargos da alta administração com parentes de todos os graus;

(4) a prática constante de os acionistas controladores e administradores se valerem de recursos materiais da empresa (aviões, automóveis, máquinas e equipamentos) em benefício próprio e de suas famílias, ou de terceiros;

(5) o uso de informações privilegiadas em proveito próprio;

(6) na sociedade fechada, o desprezo que os acionistas controladores e administradores dão à norma do art. 124, § 3º, da Lei 6.404/76, que compele a sociedade a convocar, por carta, o minoritário, para as assembléias gerais ordinária e extraordinária;

(7) a omissão, tantas vezes verificada, nas companhias abertas e fechadas, no atraso na publicação das demonstrações financeiras, nas publicações de anúncios de convocação das assembléias gerais e na realização dos respectivos conclaves;

(8) a disseminação de falsas informações na captação de recursos públicos;

(9) os abusivos aumentos de capitais, para aguar a participação acionária dos minoritários;

(10) o cerceamento do direito do minoritário e do acionista titular de ações preferenciais, quando pleiteiam a instalação do conselho fiscal e a nomeação de um representante e respectivo suplente, para fiscalizar os atos dos administradores;

(11) a omissão e a complacência dos administradores às ordens de seus amos e senhores;

(12) a omissão e a complacência dos membros do conselho fiscal no exame dos negócios da companhia e das demonstrações financeiras;

(13) a venda de controle, fusões e incorporações que permitem a realização de operações intrincadas e de difícil compreensão para o público em geral;

(14) transformação da companhia aberta em fechada ou de sociedade anônima em sociedade por quotas, de responsabilidade limitada;

(15) a não distribuição de lucros sob a forma de dividendos e a desnecessária formação de reservas em detrimento dos minoritários;

(16) condutas irregulares e tomadas agressivas do controle acionário das empresas;

(17) num grupo de fato, a política dos acionistas controladores de beneficiar a sociedade controladora em prejuízo da controlada e seus sócios ou acionistas;

(18) compras, vendas, assistência técnica e financeira em jogos prejudiciais à companhia e a seus acionistas;

(19) subavaliação do ativo; e

(20) sobreestimação do passivo.

Para prevenir a ocorrência de tão variadas e complexas formas de fraude à lei, aos estatutos sociais, à companhia, a seus acionistas e aos direitos e interesses de terceiros, e para punir os responsáveis que as hajam praticado, certamente que o recurso à ação de perdas e danos, previsto dezesseis vezes na Lei de S/A, ou à doutrina dos comercialistas pátrios não satisfaz nem mesmo aos menos exigentes, o que impõe possua o intérprete, sobretudo o advogado, um conhecimento profundo do Direito Positivo brasileiro, onde deverá buscar os meios de impedir a fraude ou, se ela já tiver ocorrido, de puni-la com rigor, sobrelevando notar, desde logo, que o legislador, no momento em que se propõe a reformar a Lei de S/A, deveria inspirar-se na Comissão de Valores Mobiliários e prever (1) penas restritivas e suspensivas do exercício de funções administrativas, e (2) penas pecuniárias diárias por transgressões de normas cogentes da Lei de S/A, e, até mesmo, permitimo-nos sugerir, a exclusão do acionista, até mesmo do controlador, que age em prejuízo da sociedade, de seus acionistas, de terceiros e da comunidade em que atua.

Mas este, Prezados Senhores, é um tema intrincado que demandará novo estudo de largo fôlego, que lhes fico devendo.

A REAVALIAÇÃO DOS ATIVOS DAS SOCIEDADES ANÔNIMAS E SEU TRATAMENTO COMO LUCRO

JOÃO LUIZ COELHO DA ROCHA

A – Sobre a reavaliação do ativo das companhias. B – A valorização econômica enquanto lucro, resultado da companhia. C – O tratamento concedido pela Lei 6.404. D – A realização da reserva de reavaliação. E – Lucro do exercício ou acumulado? F – Conclusão.

A – Sobre a reavaliação do ativo das companhias

À parte os resultados das correções monetárias de elementos contábeis da empresa – hoje técnicas de aferição da realidade econômica bem diluídas na sua importância à vista da economia monetariamente estável –, a Lei 6.404 consagra a aplicação, no balanço da companhia, do direito de se proceder a novas avaliações dos elementos do ativo.

Se por certo se impõe que as contas do ativo circulante (dinheiro na caixa, depósitos à vista nos bancos etc.) ou do realizável a longo prazo (CDBs, aplicações bancárias, debêntures etc.) não proporcionam, na sua natureza, uma revisão intrínseca de seu valor (pois que traduzem realidades monetárias líquidas e imediatas, ou créditos *a la longue*, também de aferição certa e fechada), não é menos verdade que as rubricas do ativo permanente, como os imóveis, os direitos de propriedade industrial etc., permitem, essencialmente, que, em certos e indeterminados (*a forfait*) momentos possam ser traduzidos contabilmente em montantes diversos dos originais, por experimentarem uma flutuação de valor mercadológico.

Se a companhia *A* constrói uma fábrica em imóvel adquirido em uma avenida à época pouco procurada, mas tempos depois muito valorizada no mercado imobiliário, parece conseqüente permitir-se que a empresa reveja o valor contábil daquela peça de seu ativo, anotando ali a nova realidade do bem patrimonial.

Da mesma forma se essa empresa *A* começa a produzir uma cerveja sob sua marca registrada *X* e tal nominativo ganhe enorme prestígio e aceitação popular, é, por certo, compreensível que essa outra rubrica de seu ativo permanente também tenha novo valor contábil mais adequado à realidade presente.

É nesta conformidade que a Lei 6.404 (art. 176, § 5º, *c*) já aponta como obrigação dos administradores o registro nas demonstrações financeiras de notas indicando "o aumento do valor de elementos de ativo resultantes de novas avaliações".

Seguindo tal diretriz, a mesma Lei 6.404 determina (art. 182, § 3º) que essas avaliações produtoras de novos valores contábeis deverão ter um procedimento formal – aquele que a própria Lei das S/A (art. 8º) demanda para a mensuração de bens a serem levados ao capital social: 3 (três) peritos ou empresa de auditoria especializada, nomeados pela assembléia geral, deverão elaborar o laudo, com todas as solenidades e publicidades ali demandadas.

E neste passo a Lei permite que, ocorrido e sacramentado tal aumento de valor no ativo da sociedade, aponte-se a sua contrapartida passiva como uma conta de reserva de reavaliação no não-exigível da empresa.

B – A valorização econômica enquanto lucro, resultado da companhia

Na conceituação do que seja o lucro da companhia, autores como Egberto Lacerda Teixeira (*Das Sociedades Anônimas no Direito Brasileiro*, José Bushatsky, 1979, p. 557) explicam: "Em linha gerais, pode-se afirmar que o lucro corresponde ao resultado positivo da exploração da atividade econômica pela sociedade, entendendo-se esse resultado positivo como a diferença entre a receita gerada e as despesas incorridas na operação social. Na verdade, há resultados que não derivam propriamente de exercício da empresa mercantil, mas nem por isso deixam de ser considerados lucros (...)".

José Waldecy Lucena observa de modo análogo: "O lucro ou prejuízo operacional exprime o efeito da atividade própria da sociedade. A este, todavia, se somam e se deduzem, respectivamente, as receitas e despesas não operacionais, vale dizer, aquelas que não provierem da atividade normal da empresa (...)" (*Direito Societário*, 2ª ed., Freitas Bastos, 1995, p. 381).

Rubens Requião (*Curso de Direito Comercial*, Saraiva, 2ª ed., 1995, p. 194) é um pouco mais teórico: "O lucro é o sobrevalor que a sociedade pode produzir, como resultado da aplicação do capital e outros recursos na atividade produtiva".

Ou se acompanharmos a delineação mais técnico-econômica de Requião, ou se se nos confortarmos com os conceitos de Egberto Lacerda e Waldecy Lucena, mais assentados na dogmática observação do nosso trato societário, a verdade é que o lucro da companhia vai se nos mostrar como tudo aquilo que ela ganha, obtém com sua atividade, e mais aquilo que ela adquire fora de seu giro normal com aplicação de seu capital monetário, no sentido de suas disponibilidades de moeda e créditos, e de seus outros elementos do ativo.

No seguimento deste raciocínio, uma sociedade anônima lucra se o resultado líquido da venda de seus produtos é positivo. Mas lucra também se da aplicação de suas disponibilidades monetárias e creditícias teve resultados favoráveis (ganhou mais do que despendeu nesse percurso). E parece correto concluir que, se no decurso do exercício o seu ativo imobilizado, por exemplo, foi atestadamente e seriamente valorizado – por tais e quais motivos, não importa, sejam eles devidos a ação própria da empresa ou debitados a imposições do mercado – esse *plus*, essa mais-valia do ativo, ela representa um ganho econômico da companhia que deve ser considerado como lucro.

C – O tratamento concedido pela Lei 6.404

O legislador selecionou todo um Capítulo (Capítulo XV) da Lei 6.404 onde são expostas as regras pertinentes ao termo do exercício social, às demonstrações financeiras da companhia, a seu balanço patrimonial e às demonstrações de resultados, lucros ou prejuízos, origens e aplicações de recursos.

Em suma, ali se fixam os parâmetros sobre o retrato patrimonial da empresa e suas flutuações.

Nesse contexto, o art. 176, § 5º, *c*, estipula que, notas explicativas às demonstrações devem indicar "o aumento de valor de elementos do ativo resultantes de novas avaliações".

Ou seja, ao contemplar nas suas contabilizações dos elementos do ativo a mais-valia, seu sobremontante fruto da reavaliação aqui estudada, a sociedade deve apontar, nas notas anexas os seus demonstrativos numéricos, elementos informativos a acionistas e a terceiros sobre tal aumento de valor do patrimônio.

Mais adiante, o art. 182, § 3º, da Lei 6.404, ao cuidar da expressão mandatória das contas do patrimônio líquido, ordena: "Serão classificadas como reservas de reavaliação as contrapartidas de aumentos de valor atribuídas a elementos do ativo em virtude de novas avaliações com base em laudo nos termos do art. 8º, aprovado pela Assembléia Geral".

Fica assim expresso que a obrigatória contrapartida passiva daquele aumento do valor do ativo decorrente da reavaliação, será efetuada na conta do passivo não exigível, na subconta das "reservas de reavaliação".

A elevação (ganho econômico) dos ativos em tela da empresa provoca, assim, um acréscimo no não-exigível, correspondendo tal acréscimo passivo a valor imputado à reserva de reavaliação.

Enfim, o art. 187, § 2º, complementa o trato orgânico da Lei 6.404 sobre os efeitos da reavaliação de itens do ativo: "O aumento do valor de elementos do ativo em virtude de novas avaliações, registrado como reserva de reavaliação (art. 182, § 3º), somente depois de realizado poderá ser computado como lucro, para efeito de distribuição de dividendos ou participações".

Onde vemos a preocupação do legislador em traçar parâmetros para essa "lucratividade" da companhia, esse ganho econômico, e seus efeitos jurídicos como efetivo lucro da empresa.

Modesto Carvalhosa, na sua recente obra sistemática (*Comentários à Lei de Sociedades Anônimas*, 1997, Saraiva, v. 3, p. 604), torna bem claro o sentido das exigências legais: "Somente se for realizado o valor da reavaliação é que o montante da reserva correspondente poderá ser computado com lucro para efeito de distribuição de dividendo ou de participações (§ 2º do art. 187). Esse tratamento contábil impede a prática, muitas vezes adotada no passado, que consistia reavaliar o ativo para eliminar ou reduzir prejuízos demonstrados no balanço".

D – A realização da reserva de reavaliação

Percebe-se que, como é natural, a legislação societária objetiva sempre a proteção dos acionistas e dos credores da companhia.

Neste sentido, tantas regras – e as acima citadas são apenas alguma delas – perseguem a maior transparência possível, e a mais próxima representação da realidade econômica efetiva da empresa.

Dentro desse pressuposto essencial, vê-se como a lei foi prudente no trato do resultado economicamente positivo, naquela mais-valia apurada nos ativos da sociedade.

Verificado, então, com todas as solenidades e exigências, que os imóveis da empresa dobraram de valor, esse montante extra é encartado na reserva específica dentro do não exigível, vale dizer, acresce o patrimônio líquido da companhia, o que já é, desde logo, uma vantagem para a companhia.

No entanto, esse valor, ao contrário daquele constante de tantas outras reservas – nem todas, mas da generalidade delas – não pode ser, desde logo, distribuído como lucros ou participações a acionistas ou titulares de partes beneficiárias.

É de se constatar, aliás, que a legislação tributária acompanha esse trato, ao determinar, em linha de princípio (art. 382 do Regulamento do Imposto de Renda) que aquela contrapartida passiva do produto da reavaliação do ativo permanente "não será computada no lucro real enquanto mantida em conta de reserva de reavaliação".

Acontece assim que, seja para efeitos de distribuição aos acionistas ou demais destinatários sociais, seja para submissão à incidência do crédito estatal por excelência, aquele *plus* aferido pela sociedade anônima não é, a rigor, considerado como lucro enquanto não realizado.

Optou o legislador, para bem categorizar a condicionante, pela exigência de *realização*. Poderia ter escolhido imputar a expressão da *conditio* à hipótese de alienação, que é, em primeiro *approach*, a mais evidente das formas de realização.

Isto seria considerar que apenas *au fur* e *a mesure* em que a sociedade for alienando aqueles bens reavaliados, poderia o correspondente montante da reserva de capital ser considerado lucro para todos os fins.

Assim não agiu a lei, demandando que, em qualquer caso, depois do aumento de valor *ter sido realizado* poderá tal montante ser distribuído pela empresa, e antes, aí tributado pelo Fisco como lucro real.

Modesto Carvalhosa (ob. e v. cits., p. 654) explícita a expressão legal: "somente se for transformado em dinheiro ou crédito esse valor poderá ser computado como lucro para efeito de distribuição de dividendos ou participações".

Ressalta aí a percepção de que esse indiscutível valor econômico agregado por uma formal reavaliação do patrimônio da empresa, ainda que, desde que apurado signifique acréscimo patrimonial, só será tido e havido como lucro, resultado distribuível, quando tal conteúdo econômico se converter em moeda ou crédito a favor da sociedade.

A legislação tributária, que de seu lado pretende resguardar os direitos do Fisco, tal como a Lei Societária busca preservar os créditos de acionistas e de outros titulares (detentores de partes beneficiários) de direitos sociais contra a empresa, ela até com mais abrangência conceitual vai envolver os modos de realização daquele sobre valor ativo e sua contrapartida na reserva de capital. (art. 383 do RIR).

Se a empresa, além da óbvia hipótese de vender ou de toda maneira alienar (dação em pagamento etc.) o pertinente bem de seu ativo, mas ainda se o deprecia, ou amortiza, ou o exaure, ou se procede a sua baixa por perecimento, ou se subtrai o caráter de raiz do bem ou direito passando-o para o circulante ou o realizável a longo prazo, em todas essas hipóteses teremos como *realizada* a reserva de reavaliação, na parcela pertinente, sujeita à tributação como item do lucro real.

O mesmo se diga, para fins tributários, se a companhia resolver usar tal valor econômico para agregar a reserva ao capital, aumentando este. Nessa hipótese exceto no caso de reavaliação decorrente de imóveis do ativo da empresa (art. 384 do RIR) torna-se o fato de capitalização da reserva como automática consideração de tal valor como lucro tributável.

Agora, se a sociedade anônima com o ativo reavaliado, e a reserva constituída, usa do direito de depreciar no ano aquele ativo reavaliado, a Lei Tributária determina que o mesmo percentil da depreciação se calcule sobre a reserva de reavaliação daquele ativo, e esse resultado – parcela da reserva – será tributável como lucro.

Em figuração numérica: a empresa *A* reavaliou seu ativo, então contabilizado a valor de 200 reais, passando este a ser de 300 reais, lançou como reserva de realização 100 reais (300 – 200). Ao depreciar aquele ativo, digamos em 5%, obtendo um resultado de depreciação abatível do cálculo do lucro real, a empresa fica compelida a calcular 5% da reserva de reavaliação (5% de 100 = 5 reais), e levar tal valor para dentro do lucro real tributável.

Essa fração da reserva, levada compulsoriamente à tributação como lucro, ela vai se contrapor à dedução do mesmo valor apurado no desgaste do ativo como encargo de depreciação, resultando na hipótese em *zerar* a posição da companhia.

Veja-se, a propósito, o parecer normativo CST 1.162/82 citado por Noé Winkler na sua obra *Imposto de Renda* (Forense, 1997, v. I, p. 681).

A operação acima, pela qual a companhia transforma o valor virtual da reavaliação do ativo, e de sua expressão passiva na reserva, em crédito oferecido à tributação, e que se abate contra o débito (encargo) de depreciação do mesmo ativo, ela representa na verdade uma *realização autêntica* da reserva, daquela parcela da reserva.

Assim, realizada essa fração da reserva e oferecida à tributação, seu montante passa a ser distribuível com lucro ou resultado, nos termos do art. 18, § 2º, da Lei 6.404.

E – Lucro do exercício ou acumulado?

Posto assim que, diante do ativo reavaliado e sua contrapartida passiva na reserva de capital, quaisquer daquelas operações da empresa acima provocam uma proporcional realização da reserva e o trato como lucro desse *valor realizado*, para fins fiscais e societários, resta ainda perceber que espécie de lucro será esse representado pela reserva de reavaliação (ou parte dela).

As sociedades anônimas fechadas (art. 4º da Lei 6.404), aquelas que não tem títulos (ações, debêntures, bônus de subscrição etc.) colocados na bolsa de valores ou no mercado das instituições de intermediação, essas, cremos, que poderão, pagando as incidências fiscais cabíveis, alocar o resultado naquele exercício, por isso que não há diretrizes próprias na lei a respeito.

As sociedades abertas, aquelas que tem títulos seus colocados no mercado, essas, por força da Lei 6.385 (art. 22), têm suas contas e demonstrações sujeitas a normas e parâmetros expendidos pela Comissão de Valores Mobiliários.

Ora, a CVM editou, a respeito, a Instrução 143, que determina seja o valor realizado da reserva de reavaliação do ativo lançado na conta de lucros ou prejuízos acumulados.

Não nos parece ter pertinência tal regulamentação da autarquia. Não nos parece que essa realização da parcela da reserva de reavaliação deva ser levado a "lucros acumulados" senão a lucros daquele mesmo exercício.

Admitida que é a depreciação do ativo por expressa previsão legal, a imediata conseqüência da aplicação do índice depreciativo é encontrar-se um valor que será um encargo da sociedade, afetando, negativamente, o seu resultado e reduzindo seu lucro tributável.

Ora, a Lei Fiscal é expressa em demandar que, se há um ativo reavaliado na companhia (com a conseqüente reserva passiva de reavaliação), o procedimento legal da depreciação desse ativo implica na conseqüente *realização e consideração como lucro no resultado do exercício* da parcela da reserva equivalente ao percentual depreciativo.

O que o legislador fiscal fez foi considerar que se a empresa usa a fração legal depreciativa naquele ativo que foi reavaliado, ela como que está usando também o valor da reavaliação (que está embutido no ativo, é claro) para fins de seu resultado, apresentando pois um encargo que reduz seus lucros. Neste passo, se está ela usando assim também a fração, o *quantum* da reavaliação, deve considerar como realizado, usado, utilizado como *creditum*, o percentual da reserva equivalente ao percentil depreciatório.

Como não há diferença básica, ao contrário do que às vezes as autoridades fiscalizadoras querem fazer crer, entre Lei Tributária e Lei Comercial, por isso que ambas são obrigatórias e integram um trato orgânico da ordem jurídica, a seqüela da força compulsória daquela Lei Fiscal é que, se a fração depreciada do ativo afeta negativamente o resultado do exercício, aquela fração realizada, utilizada contabilmente, da reserva da reavaliação do ativo, vai também ser imputada a crédito nesse mesmo exercício.

Em expressão popular, "vento que venta lá, venta cá". Se aquela empresa perde no exercício, e em seu resultado, o valor da depreciação, vai ganhar também no resultado desse exercício o valor da reserva de reavaliação usada para "matar" o *quantum* depreciado no cálculo do lucro real.

F – Conclusão

Não se engane ninguém em supor que tudo isso refletiria mero artifício contábil sem relevância prática, por isso que o imposto de renda seria pago, de toda forma e de toda maneira, o resultado da parcela usada da reserva de reavaliação seria computado nos lucros acumulados, que são também distribuíveis.

A expressão das demonstrações financeiras é da maior relevância na comunicação com o mercado.

A presença de um retrato do exercício negativo, ou mesmo amesquinhado, tem um reflexo óbvio na imagem da empresa.

E, no entanto, se esta teve um resultado razoável e esse resultado foi eliminado por um montante alto de depreciação (empresa com ativos de porte), não parece justo que não tenha ela a possibilidade de imputar àquele resultado o fruto da reserva de reavaliação tido como realizado – e tributado – naquele mesmo exercício.

Se a companhia sofreu no exercício os efeitos da depreciação (efeitos benéficos ao reduzir o imposto devido e maléficos ao apresentar menor resultado) deve experimentar, de igual forma, os efeitos da contrapartida legal, de ter como realizada a fração da reserva de reavaliação (efeitos maléficos de acrescer a base tributável e, benéficos, de ter como mostrar aos acionistas e ao mercado um resultado melhor).

Esse é um terreno ainda um tanto controvertido perante a CVM, e a modulação acima delineada em torno da alternativa legal da depreciação vale, da mesma forma, por exemplo, para as hipóteses de amortização ou de exaustão.

Se a realização legal do *quantum* reavaliado do ativo se dá pela venda do mesmo ativo, não cremos em dificuldades por isso que teremos resultado tributável e distribuível no exercício por óbvio, sendo essa a *realização* mais típica e flagrante.

E, enfim, se o valor da reavaliação for levado a capital, não há que se falar em resultado distribuível senão em incorporação de reservas, ainda que por força da Lei Fiscal (RIR, art. 383), seja tributável como valor "realizado" de alguma forma, exceto no caso de imóveis onde inexiste a incidência por opção legal (RIR, art. 384).

Atualidades

NOTAS SOBRE O DIREITO DE RECESSO NA INCORPORAÇÃO, FUSÃO E CISÃO DAS COMPANHIAS

NELSON EIZIRIK

I – Introdução. II – Os objetivos da reforma. III – Eliminação do direito de recessão na cisão. IV – O direito de recesso na fusão e na incorporação. V – Incorporação, fusão e cisão de companhia aberta.

I – Introdução

A Lei 9.457/97 introduziu algumas modificações de relevo no tratamento legal do direito de recesso nas hipóteses de incorporação, fusão e cisão das sociedades anônimas.

Os novos dispositivos legais tem trazido alguma controvérsia na sua aplicação prática às operações de reestruturação societária, particularmente no caso de companhias abertas.

Trataremos, no presente artigo, de analisar o novo tratamento legal conferido ao direito de recesso nas hipóteses de incorporação, fusão e cisão de sociedades anônimas, tendo em vista, principalmente, as dificuldades práticas que se tem observado na interpretação sistemática das disposições legais introduzidas mediante a Lei 9.457, de 5.5.97.

Para tanto, desenvolveremos o presente estudo analisando:

1. os objetivos da reforma no que se refere aos processos de reestruturação societária implementados por meio de fusões, incorporações ou cisões;

2. o novo tratamento legal conferido ao direito de recesso na cisão;

3. a disciplina do recesso nas hipóteses de incorporação e fusão;

4. a hipótese de recesso caso a cisão, incorporação ou fusão envolva companhia aberta e a sociedade que a suceder seja uma companhia fechada.

II – Os objetivos da reforma

Conforme se verifica da leitura do Projeto de Lei 1.564/96 ("Projeto Kandir"), que constituiu o primeiro impulso de relevo para a *mini-reforma* da Lei das S/A, visava-se, primordialmente, com as alterações propostas: a) reduzir os custos dos projetos de privatização, e b) facilitar os processos de concentração empresarial, tornando-os menos onerosos.

Para tanto, conforme já analisamos,[1] foram flexibilizadas as normas disciplinando o direito de recesso por ocasião da in-

1. Cf. o nosso *Reforma das S/A e do Mercado de Capitais*, Rio de Janeiro, Ed. Renovar, 2ª ed., pp. 24 e 25.

corporação, fusão e cisão das companhias, inclusive no que se refere ao valor do reembolso, assim como eliminada a obrigatoriedade de oferta pública para os minoritários na alienação de controle acionário de companhia aberta.

Com a implementação da *mini-reforma* indiscutivelmente facilitou-se a realização de operações de reestruturação empresarial, tornando-as menos onerosas, na medida em que diminuídas as hipóteses de recesso para os acionistas dissidentes.

No que se refere especificamente aos casos de fusão, incorporação e cisão de companhias, visou a Lei 9.457/97 a:

a) dirimir as dúvidas surgidas a partir da promulgação da Lei 7.958/89 (Lei Lobão) sobre a sobrevivência do direito de recesso nas hipóteses de cisão, fusão e incorporação;

b) eliminar, em princípio, o direito de recesso na cisão (atendendo diretamente aos objetivos governamentais de reduzir os custos dos processos de privatização de concessionárias de telecomunicações e de energia, nos quais as cisões seriam utilizadas como *ajustes prévios* à alienação do controle das empresas);

c) manter o direito de recesso nos casos de fusão e incorporação, exceto quando a companhia fundida ou incorporada apresenta elevados índices de dispersão de seu capital social ou de liquidez em suas ações;

d) criar uma nova hipótese de direito de recesso, nos casos de cisão, incorporação e fusão envolvendo companhia aberta, ao exigir que a companhia sucessora também seja uma companhia aberta.

III – Eliminação do direito de recesso na cisão

Com a nova redação dada pela Lei 9.457/97 aos arts. 136, 137 e 230 da Lei 6.404/76, restou, em princípio, eliminado o direito de recesso na cisão.

Com efeito, dentre as causas ensejadoras do direito de recesso, enumeradas no art. 137 da Lei das S/A, *não* mais consta aquela prevista no (agora) inciso IX do art. 136, que trata da cisão da companhia.

Ademais, o art. 230 da Lei das S/A, com a nova redação que lhe foi dada pela Lei 9.457/97, prevê expressamente o direito de recesso somente para os casos de incorporação e fusão, não mais para o de cisão de companhias.

É inequívoco, por outro lado, que *não* foi eliminado o direito de recesso em todas as hipóteses de cisão.

Em primeiro lugar, conforme analisaremos mais adiante, se a cisão envolver companhia aberta e a sociedade sucessora não for companhia aberta, ou não registrar-se como tal na CVM, o acionista dissidente poderá exercer o seu direito de recesso.

Em segundo lugar, conforme já analisado doutrinariamente,[2] é mantido o direito de recesso em outras hipóteses que podem decorrer da operação de cisão, mas que são autônomas com relação à cisão, em si.

As causas ensejadoras do direito de recesso previstas nos incisos I a VI do art. 136 são, inequivocamente, *autônomas*, decorrendo, de qualquer delas, o nascimento do direito de retirada para o acionista dissidente, mesmo que eventualmente verificadas como conseqüência de um processo de cisão, o qual, por si só, não mais acarreta o direito de recesso.

Assim, se, eventualmente, em decorrência da cisão ocorrem: a mudança do objeto social da companhia resultante da cisão; a redução do dividendo obrigatório; a criação de ações preferenciais ou aumento de classes existentes, sem guardar proporção com as demais espécies ou classes; a

2. Mauro Rodrigues Penteado, "A Lei 9.457/97 e a tutela dos direitos dos acionista minoritários"; in *Reforma da Lei das Sociedades por Ações*, obra coordenada por Waldirio Bulgarelli, São Paulo, Pioneira, 1998, pp. 50 e ss.

alteração nas preferências, vantagens e condições de resgate de uma ou mais classes preferenciais; a criação de uma classe mais favorecida (art. 136, I, II, III e VI), tem o acionista dissidente o direito de recesso.

Repita-se: o direito de recesso, nos casos acima, decorre *não* cisão, em si, mas da configuração de qualquer das causas previstas nos incisos I, II, III e VI do art. 136 da Lei das S/A.

Nos casos dos incisos I e II do art. 136 (criação de ações preferenciais ou aumento de classes existentes, sem guardar proporção com as demais espécies e classes, salvo se já previstos ou autorizados pelo estatuto; e alteração nas preferências, vantagens e condições de resgate ou amortização de uma ou mais classes de ações preferenciais, ou criação de nova classe mais favorecida) somente terá direito de retirada, conforme o inciso I do art. 137, com a redação que lhe foi dada pela Lei 9.457/97, o titular de ações de espécie ou classe "prejudicadas".

Assim, a reforma segue a orientação, já verificada na jurisprudência,[3] de que, nas hipóteses acima, somente cabe o direito de recesso se o acionista dissidente demonstrar que seus interesses patrimoniais estão sendo atingidos desfavoravelmente.[4]

IV – O direito de recesso na fusão e na incorporação

Com a nova redação dada aos arts. 136 e 137 da Lei das S/A pela Lei 9.457/97, restou claro que, a despeito da enorme discussão doutrinária ocasionada com a promulgação da Lei Lobão,[5] ficou mantido o direito de recesso nas hipóteses de fusão e de incorporação, com algumas ressalvas, a seguir analisadas.

O art. 137, inciso II, da Lei das S/A, com a redação dada pela Lei 9.457/97, assim dispõe:

"Art. 137. A aprovação das matérias previstas nos incisos I a VI do art. 136 dá ao acionista dissidente direito de retirar-se da companhia, mediante reembolso do valor das suas ações (art. 45), observadas as seguintes normas:

"I – (...)

"II – nos casos dos incisos IV e V *(fusão da companhia ou sua incorporação em outra; e participação em grupo de sociedades)* somente terá direito de retirada o titular de ações:

"a) que não integrem índices gerais representativos de carteira de ações admitidos à negociação em bolsas de futuros

"b) de companhias abertas das quais se encontram em circulação no mercado menos da metade do total das ações por ela emitidas, entendendo-se por ações em circulação no mercado todas as ações da companhia, menos as de propriedade do acionista controlador."

Em princípio, pois, tanto na incorporação como na fusão, o acionista dissidente (da sociedade incorporada, no caso de incorporação, das fusionadas, na fusão) tem o direito de retirar-se da companhia com o reembolso do valor de suas ações.

As exceções previstas no inciso II do art. 137 referem-se única e exclusivamente às companhias abertas; a letra *b* do inciso II é expressa a respeito; a letra *a* não é, nem precisa sê-lo, pois somente ações de companhias abertas podem ser negociadas em bolsas de valores e integrarem os seus índices.

Assim, na incorporação ou fusão envolvendo companhia fechada, por definição, os dissidentes tem o direito de recesso.

Tratando-se de companhia aberta, o direito de recesso será suprimido em qualquer das hipóteses previstas nas letras *a* e *b* do inciso II do art. 137 da Lei das S/A.

3. *RT* 730/181.

4. Modesto Carvalhosa, *Comentários à Lei de Sociedades Anônimas*, v. II, São Paulo, Saraiva, 1997, p. 747.

5. Cf. o nosso *Reforma das S/A e do Mercado de Capitais*, cit., pp. 69 e ss.

A lei manifestamente adotou dois critérios alternativos para justificar a exclusão do direito de recesso: a) o da liquidez das ações; b) o da dispersão do capital da companhia.

No primeiro caso (letra *a* do inciso II) a exclusão do direito de recesso decorre da presunção absoluta de que as ações, por integrarem índices gerais representativos de carteiras de ações admitidas à negociação em bolsa de futuros, são dotadas do atributo de *liquidez*.

Tais índices representam a rentabilidade média de uma carteira teórica das ações mais negociadas na Bolsa de Valores.

A Bolsa de Mercadorias e Futuros–BM&F é, no Brasil, a única bolsa de futuros na qual admite-se a negociação de um índice representativo de carteira de ações, na modalidade de *Contrato Futuro de IBOVESPA*.

Daí decorre a presunção legal absoluta de que as ações que integram o IBOVESPA – índice representativo da carteira de ações mais negociadas na Bolsa de Valores de São Paulo – são dotadas de liquidez.

Ou seja, presume-se que os titulares de ações que integram o IBOVESPA detêm papéis de comprovada liquidez, daí legitimando-se a exclusão do direito de recesso.

Na letra *a* do inciso II do art. 137, a lei é clara ao conferir o recesso ao titular de *ações* que não integrem índices gerais representativos de carteiras de ações admitidas à negociação em bolsas de futuros.

Tal ocorre pelo fato de ser o índice integrado pelas ações de espécie ou classe de emissão da companhia que apresentam maior negociabilidade em bolsa de valores. Ou seja, não é a companhia que integra o índice, mas as ações por ela emitidas que são dotadas de maior liquidez.

Assim, por exemplo, a companhia *X* pode ter todas as ações preferenciais de sua emissão integrando o índice, ou apenas uma classe delas, embora as ações ordinárias não façam parte do índice.

A exclusão do direito de recesso refere-se apenas aos titulares das ações (da espécie ou classe) que integram o índice. Se a companhia *X* tem ações ordinárias e ações preferenciais das classes A, B e C e somente as preferenciais da classe C integram o índice IBOVESPA, o direito de recesso, por ocasião de fusão ou incorporação, somente pode ser negado aos titulares das ações preferenciais da classe C.

Ou seja, a exclusão do recesso, no caso, refere-se à espécie e à classe de ações, uma vez que o parâmetro adotado pela lei, na letra *a* do inciso II do art. 137 é o da *liquidez* das ações.

Já a letra *b* do inciso II menciona, expressamente, ao negar o direito de recesso, os titulares de ações de *companhias* abertas nas quais se encontram em circulação no mercado mais da metade do *total* das ações por elas emitidas; entende-se por ações em circulação no mercado *todas* as ações de emissão da companhia, menos as de propriedade do acionista controlador.[6]

No caso da letra *b* do inciso II o parâmetro adotado pela lei é o da *dispersão* do total das ações de emissão da companhia.

Assim, se o acionista controlador, ou grupo de controladores, em conjunto com os administradores, detêm, direta ou indiretamente, menos da metade do total das ações da companhia, independentemente da espécie ou classe, presume-se que esteja atendido o requisito de *dispersão* das ações, podendo ser legitimamente negado o direito de recesso ao acionista dissidente da deliberação de incorporação ou fusão da companhia.

6. Reconhecemos ter incorrido em contradição ao comentarmos o referido dispositivo legal (*Reforma das S/A e do Mercado de Capitais*, cit., p. 77) que agora pretendemos corrigir, uma vez que ora nos referíamos ao total das ações, ora às ações de cada espécie ou classe, parâmetro somente aplicável, conforme aqui analisado, à hipótese prevista na letra *a* do inciso II do art. 137.

O dispositivo legal, na realidade, não poderia exigir que mais da metade de cada espécie ou classe de ações estivesse dispersa no mercado, sob pena de transformar-se, no caso das ações ordinárias, em letra morta.

Já são poucas as ações ordinárias que atendem ao parâmetro *liquidez*; das cinqüenta e sete ações integrantes do IBOVESPA, somente quatorze são ordinárias, sendo as demais quarenta e três preferenciais.

No mercado brasileiro, há raríssimos, talvez nenhum caso de companhia em que o controlador, ou grupo de controle, detenha *menos* da metade das ações ordinárias. Mesmo tratando-se das companhias privatizadas, nas quais ocorreu expressiva dispersão do seu capital, o grupo controlador, na generalidade dos casos, agindo em conjunto por força de acordo de acionistas, detêm mais da metade das ações ordinárias.

Assim, presume-se que, quando o acionista controlador é titular de menos da metade do total das ações de emissão da companhia, está atendido o requisito da *dispersão* das ações, não tendo o acionista dissidente o direito de recesso.

V – Incorporação, fusão e cisão de companhia aberta

A Lei 9.457 incluiu o § 3º ao art. 223 da Lei das S/A, nos termos do qual, *se a incorporação, fusão ou cisão envolver companhia aberta, as sociedades que a sucederem serão também abertas, devendo obter o respectivo registro e, se for o caso, promover a admissão de negociação das novas ações no mercado secundário, no prazo máximo de cento e vinte dias, contados da data da assembléia geral que aprovou a operação, observadas as normas baixadas pela Comissão de Valores Mobiliários.*

O § 4º, acrescentado ao art. 223, cria mais uma hipótese de recesso, ao estabelecer que o descumprimento do disposto no § 3º dará ao acionista o direito de retirar-se da companhia, mediante o reembolso do valor de suas ações, nos trinta dias seguintes ao término do prazo de cento e vinte dias.

O direito de recesso, no caso, decorre não da operação de cisão, incorporação ou fusão, mas do fato de não registrar-se a companhia sucessora como companhia aberta junto à CVM, no prazo legal.

Algumas questões relevantes vêm sendo suscitadas, na prática, a respeito da mais adequada interpretação dos dispositivos acima transcritos.

Assim, indaga-se sobre a possibilidade de a sucessora de companhia que tinha suas ações negociadas em bolsa de valores passar a ter suas ações transacionadas em mercado de balcão.

Em nosso entendimento, o objetivo da norma constante do § 3º do art. 223 é o de assegurar aos minoritários que passam a ser acionistas da companhia sucessora condições de liquidez semelhantes às que detinham antes de realizada a operação.

É certo que a companhia sucessora não pode prover idêntica liquidez aos papéis; a maior ou menor liquidez decorre de condições do mercado, com relação às quais a companhia tem poderes limitados de atuação.

Deve ela, porém, assegurar os *meios* necessários à manutenção de níveis semelhantes de liquidez.

Assim, se as ações da companhia fusionada, incorporada ou cindida eram admitidas à negociação em bolsa de valores, caberá à companhia sucessora promover a listagem das ações na mesma bolsa, ou em outra que assegure semelhantes ou mais favoráveis condições de liquidez.

Por outro lado, se a companhia era aberta por ter emitido publicamente debêntures ou outros valores mobiliários, mas não ações, os acionistas da sucessora não tem o direito de exigir que as ações que lhes foram atribuídas sejam admitidas à negociação em bolsa de valores. No caso, a manutenção do *status* de companhia aberta é relevante apenas para os efeitos de divulgação de informações, auditoria externa obrigatória, fiscalização por parte da CVM, assim como dos deveres atribuídos aos controladores e administradores de companhias abertas.

Outra questão que vem sendo objeto de discussão é a referente ao prazo de cento e vinte dias, contados da assembléia geral que aprovou a operação, para a obtenção do registro e, se for o caso, da admissão da negociação das novas ações no mercado secundário.

A obrigação da sociedade, no caso, é de *meio*, não de resultado, posto que a concessão do registro é ato praticado pela CVM. Ou seja, cabe à companhia solicitar o registro dentro do prazo legal e envidar seus melhores esforços para obter, nos cento e vinte dias, a condição de companhia aberta.

Caso o registro não seja deferido, no prazo legal, por ato ou omissão da CVM, tendo a companhia desenvolvido seus melhores esforços para obtê-lo, descabe o direito de recesso no prazo de trinta dias seguintes aos cento e vinte dias.

Na hipótese, deve a companhia, por cautela, divulgar, ao final do prazo de cento e vinte dias, um *fato relevante*, demonstrando que atuou diligentemente e que a não obtenção do registro não decorreu de ato ou omissão de sua responsabilidade. Caberia, ainda, informar qual a data final para a obtenção do registro, a partir da qual, caso não concedido pela CVM, ficariam os acionistas legitimados para o exercício do direito de recesso.

Indaga-se, também, sobre a possibilidade de a companhia sucessora, após ter obtido o registro de companhia abertá, decidir cancelar tal registro, mediante o *fechamento* de seu capital.

Poderia a CVM, no caso, impedir o *fechamento* do capital da companhia sucessora, negando-se a praticar o ato de cancelamento do registro de companhia aberta?

No registro de emissão pública de valores mobiliários, por ocasião da *abertura* de capital, os poderes atribuídos à CVM são, inequivocamente, *vinculados*.

A Lei 6.385/76 e a regulamentação administrativa estabelecem os requisitos e as condições para a prática dos atos de concessão do registro de companhia aberta e de emissão pública de valores mobiliários, não cabendo à CVM entrar no exame do mérito dos títulos ou da oportunidade da emissão.[7]

Idêntica é a situação por ocasião do cancelamento do registro de companhia aberta. A CVM, no caso, *não* tem o poder de decidir qual companhia deve ou não deve cancelar o seu registro, ou qual o momento mais oportuno para fazê-lo.

A regulamentação administrativa (Instrução CVM 229/95) estabelece as condições para o cancelamento do registro de companhia aberta, que são basicamente a deliberação assemblear e a realização de oferta pública de aquisição das ações em circulação no mercado, a ser feita pelo acionista controlador.

Atendidas as exigências previstas na regulamentação administrativa, não pode a CVM, sob pena de caracterizar-se o abuso de poder, negar-se a praticar o ato de cancelamento do registro de companhia aberta.

Caso o preço pago aos acionistas minoritários na oferta pública de aquisição de suas ações seja inferior ao valor do reembolso de suas ações, inequivocamente tem eles o direito de cobrar da companhia a diferença, para que não seja fraudado o disposto no § 4º do art. 223 da Lei das S/A.

Rio de Janeiro, setembro de 1998

7. Cf. analisamos em *Aspectos Modernos do Direito Societário*, Rio de Janeiro, Ed. Renovar, 1992, p. 12.

Atualidades

CONSIDERAÇÕES SOBRE A PROTEÇÃO JURÍDICA DO NOME COMERCIAL, EM FACE DO PROJETO DO NOVO CÓDIGO CIVIL

MAURO J. G. ARRUDA

I – Apresentação. II – Breve histórico da proteção ao nome comercial. III – A legislação vigente. IV – O projeto de lei do novo Código Civil. V – Conclusão.

I – Apresentação

1. Tramita no Senado Federal, já aprovado pela Câmara dos Deputados, o Projeto de Lei 634-C, cuja primeira versão data de 1975, referente ao novo Código Civil. Em seu Livro II, disciplina o aludido Projeto o Direito de Empresa e, mais especificamente, no Título IV, Capítulo II, arts. 1.156 a 1.169, a proteção jurídica ao nome comercial. Constitui o escopo do presente estudo tecer algumas considerações sobre as alterações introduzidas pelo referido Projeto de Lei, no que concerne à proteção dada ao nome comercial, em comparação com o que dispõe a legislação ora em vigor, juntamente com os ensinamentos jurídicos e doutrinários já consagrados a respeito da matéria em questão.

II – Breve histórico da proteção ao nome comercial

2. Basicamente, a proteção ao nome comercial é atribuída aos textos dos arts. 6º e 10 do Decreto 916, de 24.10.1890, que criou o registro de firmas e razões comerciais. Dispõe o art. 6º do aludido Decreto que toda firma nova deverá se distinguir de qualquer outra que já exista, inscrita no registro do lugar, devendo comerciante, se tiver nome idêntico ao de outro já inscrito, acrescentar designação que o distinga (§ 1º). O art. 10, por sua vez, faculta ao "dono" de firma ilegalmente empregada o direito de proibir o seu uso, pleitear uma indenização em decorrência desse uso indevido, bem como recorrer à justiça criminal para fazer valer os seus direitos.

3. Posteriormente ao Decreto 916, o Decreto-lei 2.627, de 26.9.1940 (antiga Lei das Sociedades Anônimas), dispôs sobre a proteção ao nome comercial, porém, exclusivamente em relação a esse tipo de sociedade. Consoante o seu art. 3º, § 2º, assistia ao prejudicado o direito de exigir a modificação da denominação de sociedade anônima constituída posteriormente, que pudesse ser considerada idêntica ou semelhante à sua. Com a promulgação do Decreto-lei 7.903, de 27.8.1945 – Código da Propriedade Industrial –, instituiu-se o registro de âmbito nacional, mediante requerimento ao Instituto Nacional da Propriedade Industrial (INPI). Determinava o art. 105 do Decreto-lei 7.903 que, para obter o direito ao uso exclusivo do nome comercial, em todo o território nacional, o interessado deveria requerer o registro próprio ao INPI.

4. Além do Decreto 7.903, a Lei 4.726, de 13.7.65, que dispunha sobre o serviço do Registro do Comércio, posteriormente regulamentada pelo Decreto 57.651, de 19.1.66, também disciplinou a questão do nome comercial. O art. 38, inc. IX, da Lei 4.726 determinava que não podiam ser arquivados os contratos das sociedades mercantis sob firma ou denominação idêntica ou semelhante a outra já existente. Por sua vez, o art. 49 estabelecia que, na hipótese de conter o nome comercial das sociedades por ações ou de outro tipo, expressão de fantasia e tendo a Junta Comercial dúvida de que reproduza ou imite nome comercial ou marca de indústria ou comércio já depositada ou registrada, poderá suscitá-la, ficando o arquivamento ou registro suspenso até que se junte certidão negativa do Departamento Nacional da Propriedade Industrial ou até que se resolva judicialmente a dúvida. O registro do nome comercial no INPI foi mantido no Decreto-lei 254, de 28.2.67 (art. 91), Código da Propriedade Industrial que se seguiu ao Decreto-lei 7.903 (n. 3 *supra*), só vindo a ser alterado esse aspecto com a promulgação do Decreto-lei 1.005, de 21.10.69. Estabeleceu o art. 166 do Decreto-lei 1.005 que a proteção ao nome comercial ou de empresa é adquirida através do arquivamento ou registro dos atos constitutivos da firma ou sociedade no Registro do Comércio ou no Registro Civil das pessoas jurídicas, conforme o caso. O Código da Propriedade Industrial seguinte, Lei 5.772, de 21.12.71, que vigeu até 14.5.97, manteve essa determinação, afastando por completo do âmbito do INPI a proteção ao nome comercial, estabelecendo, em seu art. 119, que continuaria o mesmo a gozar de proteção própria, não se lhe aplicando o disposto no referido Código.

III – A legislação vigente

5. A proteção jurídica ao nome comercial é tutelada pelo art. 5º, inc. XXIX, da Constituição Federal, que assegura o direito ao seu uso exclusivo, delegando essa função especificamente à lei ordinária, ao determinar que a lei assegurará a sua exclusividade. Por outro lado, o art. 8º da Convenção da União de Paris, aplicada como norma de direito interno, *ex-vi* do Decreto Federal 1.263, de 10.10.94, estabelece, em seu art. 8º que "o nome comercial será protegido, em todos os países da União, sem a obrigação de depósito, nem de registro, quer faça ou não parte de uma marca de fábrica ou comércio". A atual Lei da Propriedade Industrial, Lei 9.279, de 14.5.96, que revogou a Lei 5.772/71 (n. 4 *supra*) e entrou em vigor, para a maioria dos seus artigos, em 15.5.97, silenciou quanto à proteção do nome comercial. No entanto, em seu art. 124, inc. V, a Lei da Propriedade Industrial trouxe uma valiosa contribuição para a questão da proteção ao nome comercial, ao determinar que não são registráveis como marca a "reprodução ou imitação de elemento característico ou diferenciador de título de estabelecimento ou de nome de empresa de terceiros, suscetível de causar confusão ou associação com estes sinais distintivos".

6. Além do Decreto 1.263/94, também a Lei da Propriedade Industrial (Lei 9.279/94) permite a aplicação do art. 8º da Convenção de Paris, como norma de direito interno. Neste sentido, determina o art. 4º da Lei da Propriedade Industrial que as disposições dos tratados em vigor no Brasil são aplicáveis, em igualdade de condições às pessoas físicas e jurídicas nacionais ou domiciliadas no País. Somam-se a esses dispositivos legais na tutela ao nome comercial a Lei 8.933, de 9.11.94, que revogou a Lei 4.726 (n. 4 *supra*) e a Lei 6.404, de 15.12.76, que dispõe sobre as sociedades por ações e que revogou o Decreto-lei 2.627/40. O art. 33 da Lei 8.933/94 dispõe que "a proteção ao nome empresarial decorre automaticamente do arquivamento dos atos constitutivos de firma individual e de sociedades, ou de suas alterações". O art. 34 da Lei 8.933/94 estabelece que o "nome empresarial obedecerá aos princípios da veracidade e da novidade". Na sua Seção II, art. 35, inc. V, a Lei 8.993/94 determina que não podem ser arquivados os atos de empresas mercantis com nome idêntico ou semelhante a outro já existente. Também o § 2º do art. 3º da Lei 6.404/76 manteve a mesma redação do § 2º do art. 3º do Decreto-lei o 2.627/40, conferindo à sociedade prejudicada, pela identidade ou semelhança de nomes, o direito de requerer a modificação por via administrativa ou em juízo e a demandar as perdas e danos resultantes.

7. O Decreto 916 (n. 3 *supra*) ao qual se atribui, em seus arts. 6º e 10 fundamentação legal para tutelar a proteção jurídica do nome comercial deve ser invocado apenas e tão-somente no que concerne às firmas. Isso porque, como expressamente alude o seu art. 15, não se refere o mesmo "ao nome comercial ou industrial". De acordo com a sistemática atual, não obstante haja ainda alguma divergência nesse sentido, têm entendido a doutrina e a jurisprudência que a proteção ao nome comercial é extensiva a todo o território nacional e surge a partir do momento que dele se faça uso, independentemente de qualquer formalidade ou registro, com o simples arquivamento dos atos constitutivos das empresas no registro do comércio.

8. A Portaria 1, de 12.2.74, do Departamento Nacional do Registro do Comércio (DNRC), que, para efeito da extensão da proteção do nome comercial, em âmbito nacional, faculta às empresas interessadas o direito de pleitear o registro nas Juntas Comerciais dos demais estados, independentemente da abertura de filial, é, a nosso ver, completamente inócua e desnecessária. É bem verdade que, na prática, a observância do disposto na aludida Portaria confere às empresas uma segurança maior em relação à proteção do seu nome comercial, porque faz com que as Juntas Comerciais locais exerçam uma certa fiscalização em relação ao arquivamento dos atos constitutivos de sociedades com nomes colidentes. Todavia, quanto ao seu aspecto legal, a aludida Portaria não faz senso lógico, porque determina a respeito de uma providência que é totalmente desnecessária à proteção do nome comercial, consoante estabelece o próprio texto do art. 8º da Convenção de Paris (n. 5 *supra*), que, como lei, vige entre nós desde 1929, e que assegura ampla e irrestrita proteção ao nome comercial, independentemente de qualquer formalidade ou registro.

9. Com efeito, tão inócuo era o registro instituído pelo Decreto-lei 7.903/45 (n. 3 *supra*) que o Código da Propriedade Industrial, Lei 5.772/71, como já fizera o seu antecessor, Decreto-lei 1.005/69, simplesmente o eliminou (n. 4 *supra*), enquanto que a atual Lei da Propriedade Industrial não faz qualquer menção nesse sentido. Esse era também o pensamento de Gama Cerqueira, para quem o nosso país apenas ratificou o entendimento universal da proteção exclusiva ao nome comercial. Disse o saudoso mestre que:

"A proteção jurídica ao nome comercial, em suas diversas modalidades, não depende de registro ou do cumprimento de qualquer formalidade, segundo o princípio universalmente aceito e consagrado tanto em nossas leis e pelos tribunais do país, como na doutrina estrangeira e nas convenções internacionais (...) A legislação interna consagra, pois, o mesmo sentido da proteção ao nome comercial independentemente de registro, inscrito nas convenções internacionais ratificadas pelo nosso país" (João da Gama Cerqueira, *Tratado da Propriedade Industrial*, v. I, Parte I, Revista Forense, 1946, Rio de Janeiro, pp. 509-511).

10. O Supremo Tribunal Federal já teve a oportunidade, por diversas vezes, de se pronunciar a respeito da questão da extensão da proteção do nome comercial a todo o território nacional. Ao apreciar o recurso extraordinário 89.424-MA, no qual constam como Autora e recorrente Veplan – Residência Empreendimentos e Construções S.A., empresa com sede na Cidade do Rio de Janeiro, e Viplan – Vitória Planejamento Indústrias e Construções Ltda., estabelecida na Cidade de São Luiz, Estado do Maranhão, onde a primeira pleiteava a condenação da segunda a se abster de usar a expressão "VIPLAN" na sua denominação social, a nossa Corte Suprema deu provimento por unanimidade ao recurso. Ao proferir o seu voto, de conformidade com acórdão publicado na *RTJ* 88, datada de maio de 1979, pp. 693-696, o Ministro Soares Muñoz enfatizou que:

"A circunstância de não ter sido a mesma Junta Comercial que procedeu ao arquivamento dos contratos constitutivos das duas sociedades, não afasta, da mais antiga, o direito ao nome, assegurado pela Constituição da República e pela lei ordinária em todo o território nacional".

11. Não parece haver dúvidas, portanto, quanto à inocuidade da Portaria DRNC 1/74 (n. 8 *supra*), no que diz respeito à obediência da formalidade ali contida, como condição para a extensão da proteção do nome comercial a todo o território nacional.

IV – O projeto de lei do novo Código Civil

12. A redação final do Projeto de Lei 634-C, aprovada pela Câmara dos Deputados, destinou o Capítulo II, do Título IV, do Livro II, relativo ao Direito de Empresas, especificamente à proteção do nome comercial, englobando os arts. 1.156 a 1.169. Ao invés da já consagrada expressão nome comercial ou, mais modernamente, de empresa, preferiu o projeto adotar a expressão "nome de empresário". O art. 1.156 define como nome de empresário a "firma ou denominação adotada", de acordo com o referido Projeto "para o exercício de empresa". O parágrafo único do citado artigo determina que "equipara-se ao nome de empresário, para os efeitos da proteção da lei, a denominação das sociedades simples, associações e fundações".

13. Essa equiparação constitui, a nosso ver, um fator positivo, vindo, na verdade, a ratificar um princípio já consagrado pela doutrina e pela jurisprudência, equiparando ao nome comercial (ou nome de empresário, como alude o projeto) ao nome das sociedades civis, das associações e das fundações. Nesse sentido já dispunha o Decreto-lei 7.903/45 (n. 3 *supra*), em seu art. 104, parágrafo único, equiparando ao nome comercial, para os efeitos de aplicação daquela lei, a denominação das sociedades civis ou fundações. Ao julgar a apelação cível 970/79, consoante publicação na *RT* 544/185, 1981, decidiu a 4ª Câmara Cível do Tribunal de Justiça do Paraná pela procedência da ação proposta por uma empresa de natureza civil, que pleiteava a condenação de outra de natureza mercantil, constituída posteriormente, com denominação semelhante. O acórdão teve por ementa o seguinte:

"Nome comercial – Pessoa jurídica civil – Registro em cartório – Nome semelhante por terceiro no Registro do Comércio – Ação contra este – Procedência – Apelação não provida".

14. Por outro lado, o art. 1.165 do Projeto veio a ratificar expressamente outra determinação já consagrada, ao vetar a alienação do "nome do empresário". Faculta, no entanto, o parágrafo único do citado artigo ao adquirente de estabelecimento, por ato entre vivos, o uso do nome do alienante, se o contrato o permitir, precedido do seu próprio nome, com a qualificação de sucessor. Mas, indubitavelmente, os aspectos mais importantes, especificamente em relação à proteção do nome comercial ou "de empresário", estão disciplinados pelos arts. 1.164, 1.167 e 1.168 do Projeto.

15. Dispõe o art. 1.164 que o "nome do empresário" deve distinguir-se de qualquer outro já inscrito no mesmo registro. Acrescenta o parágrafo único do aludido artigo que "se o empresário tiver nome idêntico ao do outro já inscrito, deverá acrescentar designação que o distinga". Neste aspecto, o Projeto praticamente manteve a redação do art. 6º do Decreto 916 (n. 3 *supra*), em relação às firmas, ora equiparadas no Projeto em questão, ao nome comercial ou "de empresário" (ns. 13 e 14 *supra*).

16. Entretanto, o aspecto mais polêmico do Projeto, em relação à proteção ao nome comercial está no texto do art. 1.167 que assim dispõe:

"A inscrição do empresário, ou dos atos constitutivos das pessoas jurídicas, ou as respectivas averbações, no registro próprio *asseguram o uso exclusivo do nome nos limites do respectivo Estado.*

"Parágrafo único. *Esse uso estender-se-á a todo o território nacional se registrado na forma da lei especial*" (grifamos).

17. Como se observa, o texto do art. 1.167 do Projeto contraria, de forma flagrante, o princípio do direito à exclusividade do nome comercial extensivo a todo o território nacional, já regulado pelos dispositivos legais ora em vigor (ns. 5 a 11 *supra*), e já consagrados pela doutrina e pela jurisprudência. Ademais, o parágrafo único do aludido art. 1.167 condiciona a extensão da proteção ao nome comercial a todo o território nacional ao registro "na forma da lei especial". Ora, como já ficou evidenciado no curso desse estudo, a lei especial dispensa expressamente o registro, o que torna absurdo e incoerente o texto do aludido artigo, em relação a todos os ordenamentos doutrinários e jurídicos já consagrados, no que diz respeito à proteção ao nome comercial.

18. Já o art. 1.168 encerra outro ponto controvertido, quando dispõe que "cabe ao prejudicado, *a qualquer tempo* ação para anular a inscrição do nome do empresário feita com violação da lei ou do contrato" (grifamos). Nesse sentido, também a doutrina e a jurisprudência têm sido unanimes em admitir que às ações objetivando a alteração de nome comercial aplica-se o prazo de prescrição previsto no art. 178, § 10, inc. VII do Código Civil vigente, que é de cinco anos. (Salvo quando a expressão característica do nome comercial for composta por marca registrada em nome de terceiros, caso em que a ação prescreve em vinte anos, de conformidade com a Súmula 142, do Superior Tribunal de Justiça.) O art. 1.168 do Projeto inova a respeito desse prazo prescricional ao admitir, a qualquer tempo, a ação para o prejudicado pleitear a alteração de denominação social conflitante com a da sua empresa, o que nos parece constituir também um ponto positivo.

V – Conclusão

19. Do exposto, conclui-se que o texto do Capítulo II, do Título IV, do Livro II, do Projeto de Lei 634-C constitui, na verdade, um retrocesso, em matéria de proteção ao nome comercial, no que diz respeito ao seu campo de abrangência. Com efeito, criar novamente um registro especial para disciplinar a proteção ao nome comercial como extensiva a todo o território nacional significa incorrer outra vez no mesmo equívoco oriundo do registro no INPI, instituído pelo art. 105 do Decreto-lei 7.903/45 (n. 4 *supra*). Naquela época, discorrendo sobre o assunto, afirmou Gama

Cerqueira que "o registro criado pelo Código da Propriedade Industrial, além de inútil quanto aos seus fins e quanto aos seus efeitos, está em franco desacordo com o princípio da proteção do nome comercial independentemente do cumprimento de qualquer formalidade, princípio geralmente observado em todos os países e que se acha consagrado no art. 8º da Convenção da União para a Proteção da Propriedade Industrial" (*Tratado da Propriedade Industrial*, v. II, t. II, Parte III, Revista Forense, Rio de Janeiro, 1956, p. 310).

20. Quer nos parecer pois que a manutenção desse dispositivo seria um contrasenso completo e, na verdade, só viria tumultuar por completo a já tão conturbada questão da proteção do nome comercial. Melhor seria que se dotasse o DNRC de recursos, tornando-o um órgão operante e mais dinâmico, com a reestruturação do Cadastro Nacional de Empresas, de sorte a que o mesmo pudesse ser consultado pelas Juntas Comerciais de todo o País, quanto à existência de nomes comerciais já existentes, toda vez que procedessem ao arquivamento dos atos constitutivos das empresas. O fato é que o DNRC tem-se mostrado um órgão inoperante para disciplinar questões relativas à colidência de nomes comerciais, uma vez que, sempre que é chamado a opinar sobre a questão, na decisão de recursos administrativos, se apresenta com um parecer padronizado que, não obstante relacione toda a legislação pertinente, incoerentemente não dá cumprimento a nenhum dos dispositivos legais citados.

21. Assim sendo, na ausência de uma disposição mais positiva, que efetivamente viesse a trazer alguma contribuição para um aprimoramento da proteção ao nome comercial no Brasil, a solução mais coerente seria se eliminar pura e simplesmente do Projeto os arts. 1.164 e 1.167 ou, se necessário, mantê-los, porém com a supressão da parte final dos mesmos, que restringe a proteção ao local da sede da empresa, bem como dos respectivos §s únicos, devendo prevalecer a seguinte redação:

"Art. 1.164. O nome de empresário deve distinguir-se de qualquer outro já inscrito.

"Art. 1.167. A inscrição de empresário, ou dos atos constitutivos das pessoas jurídicas, ou as respectivas averbações, no registro próprio, asseguram o uso exclusivo do nome."

22. Para minimizar a questão da colidência entre marcas e nomes comerciais, o Projeto poderia acrescentar um § ao art. 1.169, reeditando o texto do art. 49 da Lei 4.726/65 (n. 4 *supra*) adaptado com o seguinte teor:

"Parágrafo único. Na hipótese de o nome conter expressão de fantasia, o requerente deverá juntar certidão expedida pelo Instituto Nacional da Propriedade Industrial, certificando que tal expressão não imita ou reproduz, no todo ou em parte, marca registrada em nome de terceiros."

São Paulo, 13 de novembro de 1998

A POSSIBILIDADE JURÍDICA DA DECLARAÇÃO DE FALÊNCIA DAS SOCIEDADES CIVIS COM A ADOÇÃO DA TEORIA DA EMPRESA NO DIREITO POSITIVO BRASILEIRO

JORGE RUBEM FOLENA DE OLIVEIRA

1. Considerações introdutórias. 2. A figura do comerciante e a falência. 3. Da distinção entre as sociedades comerciais e as civis. 4. A teoria da empresa e sua importância. 5. A adoção da teoria da empresa no Brasil e seus efeitos. 6. Conclusão. Bibliografia.

1. Considerações introdutórias

De uma forma em geral, ainda persiste no cenário jurídico nacional a diferenciação entre sociedades civis e comerciais. A distinção entre tais sociedades está apoiada no *ato de comércio*, salvo as sociedades anônimas que, por imperativo legal, estendem os efeitos comerciais às sociedades civis que adotem, na sua estrutura, este tipo de sociedade por ações.

As legislações comerciais procuram enumerar quais seriam os atos de comércio, a exemplo do que fez o Código Comercial francês de 1807, em seus arts. 632 e 633. No Direito nacional, os atos de comércio foram relacionados no art. 19 do Regulamento 737/1850, sendo estes atos os seguintes, para caracterizar a profissão mercantil: a) a compra e venda ou troca de efeitos móveis ou semoventes, para os vender por grosso ou a retalho, na mesma espécie ou manufaturados, ou para alugar o seu uso; b) as operações de câmbio, banco e corretagem; c) as empresas de fábricas, de comissão, de depósitos, inclusive aqueles feitos em armazéns gerais, de expedição, consignação e transportes de mercadorias, de espetáculos públicos; d) os seguros, fretamentos, riscos e quaisquer contratos relativos ao comércio marítimo, e, e) a armação e expedição de navios.

O ato de comércio, basicamente, tem seu fundamento na intermediação ou na interposição de trocas. Desta forma, as pessoas que não praticam intermediação, não seriam consideradas comerciantes, por conseguinte, não beneficiando-se dos direitos e vantagens inerentes a esta classe.

Porém, de longa data, a doutrina vem se posicionando negativamente quanto à distinção entre as sociedades civis e comerciais com base no ato de comércio.[1]

1. Para Waldemar Ferreira (*Instituições de Direito Comercial*, p. 107) tal distinção perdeu sentido, no Direito nacional, desde 1875, quando desapareceu a distinção entre a jurisdição civil e comercial.

Ademais, as relações econômicas travadas internacionalmente, envolvem não somente a comercialização de bens, mas, acima de tudo, prestações de serviço,[2] serviços estes de importância fundamental para a sociedade contemporânea, tais como de telecomunicações, informática, transportes, financeiros etc.[3]

Estas relações econômicas não são mais tratadas por meros comerciantes da era do mercantilismo, que estavam, sob chancela do Estado absoluto, em busca de especiarias orientais para comercializarem na Europa renascentista. Na sociedade moderna, estas relações econômicas são travadas por empresários que movimentam bilhões de dólares em todo o mundo, ora globalizado.

Todavia, nosso Direito, ressalvada a Lei das Sociedades Anônimas,[4] que já teria adotado a teoria da empresa,[5] ainda trata estes homens de negócios como os comerciantes do século XV e XVI. Além do que não reconhece o *ato empresarial* que envolve todas as atividades econômicas organizadas, desde a produção até a circulação de bens e prestação de serviço.

Acresça-se, ainda, que as *empresas*, ao contrário das sociedades comerciais, principalmente as por cotas de responsabilidade limitada, cada vez mais tornam-se despersonalizadas da figura dos seus sócios.[6] Há, nas empresas contemporâneas, uma infinidade de sócios que jamais se viram, sendo apenas meros investidores de capitais. Estas empresas, com a era da "globalização e da regionalização de mercados", têm suas atividades espalhadas por todo o Globo ou em mercados internacionais regionalizados em seus respectivos continentes.[7]

Independente de tudo isto, o nosso Direito Positivo aos poucos vem consagrando a denominada teoria da empresa, cuja meta é transformar as relações comerciais em relações empresariais. E, assim, igualmente, tem procedido a nossa jurisprudência reconhecendo a teoria da empresa em nosso meio.[8]

2. A figura do comerciante e a falência

Salienta-se que, com o advento da Revolução Industrial e o surgimento da máquina a vapor, do telefone, da ampliação e desenvolvimento da navegação marítima e aérea, da expansão ferroviária e da intensificação das prestações de serviço nas grandes metrópoles, uma série de transformações ocorreram no mundo empresarial, deixando a agricultura e o comércio de produtos manufaturados de serem o ponto central da atividade econômica, para cederem seus lugares às novas atividades ligadas ao

2. Haroldo Malheiros Duclerc Verçosa ("Atividade mercantil. Ato de comércio. Mercancia. Matéria de comércio. Comerciante", p. 31) adverte que a prestação de serviço não corresponde invariavelmente ao campo do direito civil, como é comumente generalizado, isto porque, segundo ele, muitas prestações de serviço são consideradas mercantis, a exemplo do que ocorre como o transporte, a corretagem, serviços bancários etc., como previsto no próprio art. 19 do Regulamento 737/1850.

3. Marcelo Aguiar ("Prosperidade leva nova era à economia dos EUA", *Jornal O Globo*, de 17.8.97, p. 44) informa que o setor de serviço já responde por 80% da produção americana.

4. Jorge Lobo ("Anteprojeto de lei das sociedades por quotas de responsabilidade limitada", p. 35), em proposta enviada à Comissão de Juristas encarregada para elaborar o projeto de lei em referência, manifestou a necessidade de "(...) a limitada, tal qual a anônima, ser sempre comercial, qualquer que seja o seu objeto, sabido, de antemão, que quase todas as legislações a consideram comercial, independentemente do objeto".

5. Alfredo Lamy e José Luiz Bulhões Pedreira (*A Lei das S/A*, pp. 146-147) expõem que a Lei das S/A é a lei da grande empresa e do empresário empreendedor.

6. Michel Despax, *L'Entreprise et le Droit*, e Efraín Richard, *La Conservación de la Empresa*.

7. Fábio Konder Comparato (*Estado, Empresa e Função Social*, pp. 38-46) demonstra que, neste século, o processo de globalização tem na grande empresa multinacional o seu ponto de estruturação, inclusive nos mercados regionalizados ora em plena evolução.

8. *RT* 536/126, 555/191, 565/174 e 566/170.

avanço tecnológico decorrentes da Revolução Industrial.[9] Pode-se dizer, portanto, que a empresa e atividade empresarial surgem com a Revolução Industrial, quando, a partir de então, substituem o comércio de mercadorias e o comerciante do apogeu das atividades econômicas. Assim, outras atividades, além do comércio, passam a ter vulto na ordem econômica.[10]

Entretanto, o Direito nacional, desde a virada do século passado, até agora, próximo ao novo milênio, não acompanhou de perto as evoluções decorrentes da Revolução Industrial. Exemplo disto, é a própria Lei de Falências, onde em plena década de 40,[11] dispensava aos homens de negócio, no país, o mesmo tratamento próprio dado aos comerciantes da era do mercantilismo; só que os tratava pela prática habitual de atos de comércio, conforme influência, extremamente objetivista, herdada do Código Comercial francês, de 1807.[12]

O Direito brasileiro estava, até então, assentado na figura do comerciante, cuja noção está vinculada à prática de ato de comércio. Então, somente os que praticavam tal ato, com freqüência e de forma profissional, eram considerados comerciantes.[13]

Nesse contexto, o Decreto-lei 7.661, de 21.6.45 (Lei de Falências), por força de seu art. 1º, restringiu à sua aplicação apenas aos comerciantes,[14] excluindo de sua incidência os devedores civis.

É imperioso registrar que a definição de comerciante, como realçou Wille Duarte Costa (in *Revista* 2/265), é mais uma questão política, que o legislador usa sem qualquer critério, isto porque o Código Comercial não nos dá uma definição segura de comerciante.

Com efeito, o Código Comercial brasileiro, em seu art. 4º, apenas refere que

9. Rubens Sant'Anna ("A falência da empresa", p. 34) salienta que, de fato, *a empresa é um fenômeno que surgiu com a Revolução Industrial, com o desenvolvimento econômico e dos processos de produção.*

10. Alfredo Lamy Filho e José Luiz Bulhões Pedreira (ob. cit., p. 23) explicam que a empresa se desenvolveu e expandiu após a Revolução Industrial.

11. A década de 40 pode ser considerada como a 2ª fase da Revolução Industrial, quando passa-se a intensificar as concentrações econômicas e a busca de novos mercados internacionais. Nesse sentido, Theotonio dos Santos (*Economia Mundial, Integração Regional e Desenvolvimento Sustentável*, p. 33), manifesta que: "(...) A partir de 1945 a humanidade assistiu a um forte processo de integração dos sistemas produtivos mundiais. No Ocidente, as empresas multinacionais articulam um sistema complexo de produção a partir de diferentes pontos do globo, realizam um gigantesco movimento de capital a nível internacional, expandem drasticamente os serviços e o mercado de capitais e financeiros (...)".

12. Rubens Requião (*Curso de Direito Comercial*, pp. 38-39) explica que o Código Comercial brasileiro, de 1850, evitando controvérsia verificada no Direito francês quanto a serem os atos de comércio enumerados na legislação comercial de índole exemplificativa ou taxativa, adotou "o sistema acentuadamente subjetivo", quanto a definição de comerciante a quem faz da mercancia profissão habitual. No entanto, entendemos que, apesar de o Código Comercial estar influenciado pela teoria subjetivista, pautada na pessoa do comerciante, o seu Regulamento 737/1850, ao enumerar os atos de comércio, adotou a teoria objetiva ao considerar mercadores as pessoas que praticavam os atos de comércio definidos na legislação comercial. Assim, ao nosso ver, o Direito pátrio adotou um sistema misto, por levar em conta (I) a pessoa do comerciante, aquele que pratica com habitualidade atos de mercancia, (II) bem como considerou os atos de comércio definido legislação como referencial para se definir a mercancia, independentemente da enumeração dos atos de comércio previsto no Regulamento 737/1850, serem de natureza exemplificativa, como entende o mestre Requião, ou taxativa.

13. Haroldo Malheiros Duclerc Verçosa (ob. cit., p. 30) expôs que "não há nenhuma regra que defina pacificamente a atividade mercantil. Isto se explica, segundo ele, porque o Direito Comercial teve nascimento baseado em causas próprias, no âmago das corporações de mercadores, ao tempo da longínqua Baixa Idade Média".

14. José da Silva Pacheco (*Processo de Falência e Concordata*, pp. 41 e ss.) expõe que a lei falimentar brasileira teria adotado o sistema latino, consagrado através do Código Comercial francês, de 1807, onde a falência se aplicaria apenas aos reconhecidamente comerciantes, ao contrário dos sistemas adotados na Alemanha e Inglaterra, onde se estendeu à falência, tanto às sociedades comerciais, como às civis.

comerciante é quem "(...) *faça da mercancia profissão habitual*", i.e., em outras palavras, quem pratica o ato de comércio. Esta previsão segue a linha adotada no Código Comercial francês de 1807 que em seu art. 1º previa que: "*são comerciantes aqueles que exercem atos de comércio e deles fazem profissão habitual*".

Então, o comerciante pode ser definido como a pessoa natural ou jurídica que exerce com habitualidade atividades-mercantis.[15] O exercício das atividades mercantis está relacionado com a prática, profissional, *habitual* (art. 4º, CCom) dos atos de comércio,[16] arrolado no art. 19 do Regulamento 737/1850.[17]

Saliente-se, ainda, que a atividade comercial pode decorrer de imperativo legal, tal como ocorre, *v.g.*, com as sociedades anônimas (art. 2º, § 1º da Lei 6.404/76), as empresas de construção (art. 1º da Lei 4.068/62), as empresas concessionárias de serviços aéreos (art. 191 da Lei 7.565/68, Código Brasileiro de Aeronáutica) e o incorporador imobiliário (art. 43, III, da Lei 4.591/64) que pode ser declarado falido.

Infere-se, destarte, que os comerciantes seriam (I) todos aqueles que praticam, profissionalmente, atos de mercancia ou (II) as pessoas assim consideradas por força legal.

No entanto, Ruben Ramalho (1989:33) adverte que "a tendência do direito moderno é a substituição do substantivo comerciante por empresário",[18] uma vez que, assim pensamos, *a empresa e, por conseguinte, o empresário, passam a dominar o novo cenário econômico*, ora totalmente influenciado pela globalização em franca evolução,[19] ao contrário da figura do comerciante que tem sua origem na era renascentista, do mercantilismo e das expansões comerciais, onde se colocava, volta-se a repetir, "na busca de sedas e especiarias orientais para comercializarem no mundo ocidental".

Portanto, doravante, *é na pessoa do empresário*, aquele que pratica atividades econômicas de forma organizada – *independente da mera comercialização de mercadorias, mas responsável e envolvido com todo o ciclo de produção, comercialização e prestação de serviço*[20] *– que deverá recair as atenções do Direito Comercial*, que por ora, em decorrência destes fatos, é por muitos denominado de Direito Empresarial.[21]

3. *Da distinção entre as sociedades comerciais e as civis*

De antemão, ressalta-se que a distinção entre as obrigações comerciais e civis

15. José da Silva Pacheco, *Processo de Falência e Concordata*, p. 86.

16. Como expõe José Flávio Bueno Fischer ("Sociedades civis e sociedades comerciais. Aspectos distintivos"), as atividades desenvolvidas pelos comerciantes caracterizam-se pela (I) intermediação, (II) habitualidade, (III) emprego de capital e (IV) busca de lucros, bem como, ressaltamos, que estas atividades devem ser exercidas (V) de forma profissional.

17. J. C. Sampaio Lacerda, *Manual de Direito Falimentar*, p. 35.

18. E, influenciado pela teoria da empresa, Rubens Ramalho (*Curso Teórico e Prático de Falência e Concordata*, p. 35) amplia o conceito de comerciante ao manifestar que: "comerciante é a pessoa que exerce, profissionalmente, atividade econômica de produção e de circulação de bens móveis e semoventes e serviços".

19. Como manifesta Reinaldo Gonçalves (*Ô Abre-Alas. A Nova Inserção do Brasil na Economia Mundial*, p. 55), "(...) o progresso tecnológico e as mudanças organizacionais das duas últimas décadas levaram, simultaneamente, à aceleração dos processos de internacionalização da concorrência em escala mundial (*a chamada 'globalização'*) (...)" (nossos grifos).

20. Waldemar Ferreira ("A elaboração do conceito de empresa para extensão no âmbito do direito comercial", pp. 40-41) justificando que a ampliação do conceito de empresa englobaria atividades até então consideradas fora do alcance do direito comercial, manifestou que: "Ora, para alargar-se esse âmbito ter-se-á que invadir o âmbito do direito civil, de modo a trazer para aquele (o direito comercial) o agricultor, o pecuarista, o que explore a propriedade imóvel, a fim de retalhá-la e revendê-la em lotes, com o intuito de lucro, e isso até profissionalmente etc. Será para esse escopo, mister atribuir à empresa conceito tal que possa envolver aquelas atividades econômicas".

21. Waldirio Bulgarelli, "Perspectivas da empresa perante o Direito Comercial", p. 12.

das sociedades referidas, decorre das codificações do século XVIII e XIX, uma vez que, como manifesta José da Silva Pacheco (1979:8): "(...) de início, o Direito era único, abrangendo todas as matérias, desde a administrativa, econômica, militar, penal, civil e judicial. (...) No século passado, *em que a codificação se impõe*, como forma de autodeterminação dos povos, por influência da Revolução Francesa, Revolução Comercial, Industrial e Intelectual, *surgiram os códigos civis, criminais e comerciais*, aqueles dois prestigiados pela herança romano-canônica-universitária, e estes pelo ímpeto, descortino, desassombro e agressividade dos empresários. (...)" (nossos grifos).

No entanto, muitos juristas, entre estes pode ser destacado Teixeira de Freitas, pregavam pela unidade do direito privado,[22] não devendo existir tratamento diferenciado entre obrigações civis e comerciais.

A idéia de unificação do direito privado foi acolhida por legisladores de vários países, tais como os da Suíça, Polônia e Itália,[23] já que a distinção entre as obrigações comerciais e civis era desprovida de qualquer fundamento lógico-científico,[24] por serem aquelas obrigações próprias do direito privado, comum tanto aos comerciantes quanto aos não comerciantes.

Contudo, ao contrário de outros países, o Direito pátrio, até então, não teria unificado as obrigações comerciais e civis. Assim, dispensando tratamento diferenciado entre aqueles que praticam ato de comércio para os que executam atividades consideradas civis.[25]

Assim, se a atividade desenvolvida não apresentar nenhum dos caracteres próprios dos comerciantes, como acima já destacado, ou não for definida em lei como comercial, ela deverá ser considerada como de natureza civil. Entretanto, é árduo o mister de diferenciar a atividade mercantil da atividade civil.[26]

Realça-se que a diferenciação entre as sociedades comerciais e as civis deve ocorrer não pelo modo como estas foram constituídas, *mas, sim, pela natureza das operações habitualmente, praticadas por elas*, como, de longa data, já teria se posicionado a jurisprudência do antigo Superior Tribunal de Justiça, através de *decisum* datado de 25.6.1862.[27]

Verifica-se, então, que a distinção entre as sociedades civis e as sociedades comerciais, como manifesta José Edwaldo Tavares Borba (1986:29), repousa sobre o objeto social, de modo a ser importante, ao nosso ver, se apurar, *de fato*, qual o verdadeiro objeto social praticado pela sociedade, para se concluir se ela é comercial ou civil.

Todavia, há determinadas sociedades que praticam, ao mesmo tempo, atividades consideradas de natureza comercial, como também atividades de natureza civil, as quais são consideradas como de objetos mistos. Nestes casos, como ensina Ruben Requião (1983:46), *deve prevalecer a atividade preponderante*, i.e., *a atividade principal exercida, mesmo que tal atividade seja exercida* ***de fato****, contrariamente ao objeto previsto no contrato social.*

22. Sílvio Meira (*Teixeira de Freitas, o Jurisconsulto do Império. Vida e obra*, p. 131) comentando sobre o esboço de Código Civil desenvolvido por aquele saudoso jurista pátrio, expôs que, para Teixeira de Freitas: "o direito civil é tomado em conjunto com o direito comercial, *como se fora um só corpo*" (nossos grifos).

23. José da Silva Pacheco, *Empresário: Pessoa e Patrimônio*, p. 8.

24. Haroldo Malheiros Duclerc Verçosa (ob. cit., p. 33) manifesta que esta divisão, entre obrigações comerciais e civis, não tem qualquer fundamento científico.

25. Haroldo Malheiros Duclerc Verçosa (ob. cit., p. 32) explica que as atividades consideradas civis, dentro de um critério histórico, estão relacionadas com imóveis, agricultura, pecuária e profissões liberais, haja vista a vinculação destas atividades e os institutos jurídicos que as norteiam com o Direito Romano, o qual é a base do direito civil.

26. José Flávio Bueno Fischer, ob. cit., p. 30.

27. *Apud* J. X. Carvalho de Mendonça, *Tratado de Direito Comercial*, v. III, p. 49.

Assim tem se posicionado a jurisprudência, *in verbis*: "Sociedade civil – Falência – Admissibilidade – Hipótese em que exerce habitualmente atos de intermediação de produtos com intuito de lucro – Caracterização como comerciante de fato – Sujeição às regras da lei de quebras.

"Se a sociedade estatutariamente definida como civil exerce habitualmente atos de intermediação de produtos com intuito de lucro, *caracteriza-se como comerciante de fato*, sujeitando-se, portanto, à Lei de Falências, que se dirige aos comerciantes em geral, e não apenas àqueles que tais se matriculam" (*RT* 632/100, nossos grifos).

"Falência – Sociedade Civil – Prestadora de serviços de pintura – Prática habitual de atos de comércio que desvirtuam a sua finalidade eminentemente civil – Sujeição à quebra" (TJSP, ac. 166.177-1, rel. Des. Cunha de Abreu, j. em 30.4.92, *Jurisprudência Informatizada Saraiva* 11).

"Falência – Sociedade civil que não pratica atos de comércio – Incoerência – Hipótese em que a devedora é empresa do ramo de construção civil que exerce com habitualidade e fim lucrativo – Natureza mercantil – *Extensão da Lei de Falências à sociedade civil quando, apesar do nome rotulado, os atos praticados são todos de comércio caracterizados pela habitualidade* – Extinção afastada – Recurso provido (TJSP, *Jurisprudência Informatizada Saraiva* 11, nosso grifos).

"Engenheiro arquiteto não é explorador de empresa mercantil, pois aplicava os materiais comprados nas construções que fazia por empreitada; não os revendia, não os manipulava para revenda. Faltava à sua atuação, por isso, o característico da comercialidade" (*RT* 101/125).

"Falência – Empresa de publicidade – Natureza comercial – Quebra decretada – Agravo improvido. Empresa de publicidade tem natureza comercial e está sujeita à falência" (*RT* 489/106).

Com efeito, verifica-se, nos julgados acima, a preocupação da jurisprudência em se apurar *a verdade real*, quanto ao exercício freqüente da atividade mercantil, com intuito de lucro, nas sociedades examinadas.

Todavia, ressaltamos que no caso de a pessoa, seja física ou jurídica, exercer qualquer atividade mercantil, independentemente de ser esta atividade principal ou não, na consecução de seus negócios, *a ela deverá ser estendida as regras próprias dos comerciantes*, por exercer esta pessoa atividade própria daqueles (intermediação de bens) e, assim, como tal devem ser tratadas.

O mais importante em tudo isto, é que leve-se sempre em consideração a figura do empresário, i.e., o provedor de negócios com fins econômicos; desta forma, excluindo-se qualquer tratamento diferenciado que possa existir entre os praticantes de atividades comerciais ou civis, haja vista que, pela ordem constitucional ora vigente no país,[28] "todos são iguais perante a lei, sem distinção de qualquer natureza", o que, por si só, é suficiente para demonstrar, no estágio atual, a inutilidade da distinção entre as sociedades comerciais e as civis e, por conseguinte, os efeitos daí advindos.

4. A teoria da empresa e sua importância

Com o reconhecimento da teoria da empresa, onde se dá prioridade à organização dos fatores de produção para a criação ou circulação de bens e serviços, perdeu sentido a distinção entre as sociedades comerciais e civis, porque como esclarece José Edwaldo Tavares Borba (1986:26), "a teoria da empresa passaria a informar esse novo critério diferenciador".[29]

28. *Caput* do art. 5º da CF/88.

29. Fran Martins (*Curso de Direito Comercial*, p. 78) explica que, no avanço da teoria da empresa, "o Código Civil italiano, de 1942, tentando fazer a unificação do direito privado, tomou como agente da profissão comercial não o comerciante, pessoa física ou jurídica, *mas a empresa comercial, ou seja, o con-*

Nesse cenário, *o empresário passa a assumir o papel principal*, como aliás reconhecem o Código Civil italiano, de 1942, em seu art. 2.082,[30] o Projeto do novo Código Civil brasileiro,[31] já aprovado pelo Senado Federal, em seu art. 969,[32] e também o Projeto de Lei 4.376-A, de 1993, que regula a falência, a concordata preventiva e a recuperação da empresa.[33] Deste modo, o empresário, ao invés do comerciante, passa a ser o sujeito passivo da falência, como manifesta Nelson Abrão (1989:47). Então, *as sociedades de objeto civil não encontrariam mais as restrições que lhes eram impostas*, porque não estaria mais em pauta a prática de atos de comércio, mas, sim, de atividade econômica organizada, desde a produção, a comercialização e prestação de serviços com fins especulativos, ou seja, *a prática de atos empresariais*.

A propósito, registra-se que há muito tempo, na doutrina comercialista, discute-se a conveniência ou não de se estender o concurso falimentar aos devedores civis, entre este autores destacam-se Hehnemann Guimarães(1940:09) e J. C. Sampaio Lacerda (1959:16).

Nesse sentido, em linha com a evolução da teoria da empresa, importantes legislações estrangeiras, como a Lei 67.563, de 13.7.67, na França, onde se promoveu a reforma do direito falimentar, *estendeu os efeitos da falência aos não comerciantes*.[34]

Cumpre esclarecer, por oportuno, que o Projeto de Lei 4.376-A, de 1993, de autoria do Poder Executivo, que objetiva alterar a legislação falimentar brasileira, incluía no campo de incidência da falência, da recuperação da empresa e da concordata, *as sociedades civis*, como estava disposto, na redação inicial, do seu art. 2º, *in verbis*: "Art. 2º. Ficam sujeitos à falência e podem requerer concordata preventiva e recuperação da empresa *a pessoa jurídica de natureza civil* que explore atividade econômica e o devedor individual que a exerce, em nome próprio e de forma organizada, com o objetivo de produzir bens ou serviços para o mercado. Parágrafo único. O disposto neste artigo não se aplica aos

junto de pessoas, capital e trabalho, que se dedica às atividades de produção e circulação dos bens" (nossos grifos).

30. Alberto Asqui, "Perfis da empresa", p. 109.

31. Clóvis do Couto e SILVA, "El concepto de empresa en Derecho Brasileño", p. 47.

32. Waldirio Bulgarelli (*Tratado de Direito Empresarial*, pp. 15-16) assevera que "o projeto de Código Civil, em resumo, marca o abandono do sistema tradicional consagrado pelo Código Comercial atual, baseando no comerciante e no exercício profissional da mercancia, *trocando-o pela adoção do sistema do empresário e da atividade empresarial e, ainda, formalizando a unificação das obrigações e, portanto, extinguindo-se a dualidade existente*. (...) A profundidade das alterações pretendidas diz respeito não só à unidade obrigacional, sem distinção entre atos civis e mercantis. (...). *O direito não mais considerará o comerciante e os atos de comércio como peças angulares, como ocorre no sistema atual, pois que o fundamento da qualificação do empresário não será, como agora, 'o exercício da mercancia' (art. 4º do CCom) e, sim, a empresa como noção re-***ferível** *à atividade econômica organizada de produção de bens e serviços para o mercado, exercida profissionalmente*" (nossos grifos).

33. Assim, pode-se verificar na redação do seu art. 1º, com nova redação dada pela emenda substitutiva do deputado Adroaldo Streck, onde se substituiu, da redação original do texto enviado pelo Executivo, a expressão "*...das pessoas jurídicas...*" por "*...das empresas...*". Na justificação de sua emenda, o deputado Adroaldo Streck manifestou que: "a denominação empresa está mais adequada à nova sistemática adotada pelo substitutivo, acompanhando inclusive a noção mais atual contida nas legislações falimentares de outros países, como França e Alemanha. (...) *Também a doutrina moderna encampada por ilustres juristas já entende que o termo empresa substituiu em grande parte a expressão comerciante ou sociedade comercial*, designando toda a atividade econômica, mesmo se ela não tem por fim imediato a realização de lucros" (nossos grifos).

34. Fábio Konder Comparato (*Aspectos Jurídicos da Macroempresa*, p. 117) comentando sobre a extensão da lei de falências francesa aos não comerciantes, manifesta que houve um exagero naquela legislação, pois ela não visa somente as sociedades civis propriamente ditas, i.e., às pessoas jurídicas de direto privado com fins lucrativos, *mas abarcou também qualquer tipo de pessoa jurídica de direito privado*, o que na visão do eminente professor "representou seguramente um excesso" (nossos grifos).

pequenos comerciantes dispensados por lei da escrituração, aos cultivadores diretos da propriedade rural, aos que prestam serviços ou exercem atividade profissional organizada, preponderantemente com o trabalho próprio e membros da sua família, aos artesãos e aos profissionais liberais e as suas sociedades civis de trabalho"[35] (nossos grifos).

Na exposição de motivos do Projeto de Lei de Falências referido, o então Ministro da Justiça, Maurício Corrêa, manifestou que: "(...) Com as transformações econômico-sociais ocorridas no País, a legislação falimentar não poderia mais atender aos reclames da sociedade, fazendo-se necessária a edição de nova lei mais ágil e moderna.(...) *Pelo anteprojeto ficam sujeitas à falência, reservada tradicionalmente aos comerciantes,* ***as pessoas jurídicas de natureza civil*** e o devedor individual que explorem atividades econômicas, este quando o faça em nome próprio e de forma organizada, com a finalidade de produzir bens ou serviços para o mercado (...)"[36] (nossos grifos).

Então, com o reconhecimento da empresa e da figura do empresário, há um rompimento com o tratamento desigual existente entre os praticantes de atividades comerciais e civis; passando todas as atividades econômicas, exercidas de forma produtiva e profissional, a serem consideradas como únicas, ou seja, *atividades empresariais.*

5. A adoção da teoria da empresa no Brasil e seus efeitos

A teoria da empresa já se faz sentir algum tempo em nosso ordenamento jurídico, como pode-se verificar através da atual Lei das S/A (Lei 6.404/76), especificamente aplicável para as associações que adotem a forma de sociedade anônima.

Com a vigência da Lei 8.934, de 18.11.94 (*DOU* de 21.11.94), que dispõe sobre o Registro Público das Empresas Mercantis e Atividades Afins, a teoria da empresa, *de forma geral*, foi acolhida em nosso Direito Positivo, *vez que esta lei é extensível a todas as formas de associação ou exercício de atividade individual com fins lucrativos, independentemente do objeto praticado.*[37]

Registre-se que o deputado José Carlos Aleluia, relator do Projeto que resultou na Lei 8.934/94, ao manifestar-se na Comissão de Economia, Indústria e Comércio da Câmara dos Deputados, salientou que: "a principal inovação do Projeto diz respeito a mudança de denominação do registro do comércio para o registro de empresas mercantis, ***fazendo prevalecer, portanto, a chamada 'teoria da empresa'***, *em detrimento da ótica restrita de levar a registro apenas 'atos de comércio', cuja interpretação conceitual causa inúmeras controvérsias sobre a competência registral*, repetindo, com outras palavras, o voto do deputado Roberto Magalhães, bem sintonizado com a amplia-

35. Após o projeto de lei em referência passar, em 25.3.1998, pela Comissão Especial da Câmara dos Deputados, o mesmo ficou com a seguinte redação:

"Art. 1º. Esta lei institui e regula a recuperação e a liquidação judicial das *sociedades comerciais e civis* de fins econômicos e das pessoas físicas que exerçam atividades econômicas em nome próprio e de forma organizada, com objetivo de lucro. Parágrafo único. O disposto neste artigo não se aplica: I – aos agricultores que explorem propriedade rural para fins de subsistência familiar; II – às sociedades civis de prestação de serviços profissionais relativos ao exercício de profissão regulamentada e aos que prestam serviços ou exerçam atividade profissional autônoma, de forma individual ou organizada. (...)" (nossos grifos).

36. Jorge Lobo (*Direito Concursal*, pp. 8-9) manifesta que um dos três aspectos mais importantes do direito concursal moderno reside "(...) na unidade da disciplina: um único regime jurídico para toda e qualquer classe de devedores, comerciantes ou não comerciantes (...)".

37. O art. 2º da Lei 8.934/94 dispõe: "Os atos das firmas mercantis individuais e das sociedades mercantis serão arquivados no Registro Público de Empresas Mercantis e Atividades Afins, *independentemente de seu objeto*, salvo as exceções previstas em lei" (nossos grifos).

ção do conceito de empresa: *'entendemos positiva a manifestação dessa inovação no projeto, pela qual a atividade negocial não se caracterizará mais pela prática de atos de comércio, mas pelo exercício profissional de uma atividade econômica organizada, para a produção ou circulação de bens ou serviços. Substitui-se, assim, o tradicional conceito de comerciante pelo conceito de empresa*"'[38] (nossos grifos).

A lei em referência trata do Registro Público das Empresas Mercantis ao contrário da Lei 4.726, de 13.7.65, *ab-rogada*, que regulava apenas o Registro de Comércio, i.e., era o registro próprio para os considerados comerciantes, seja em decorrência da prática de atos de comércio ou para os assim definidos em lei. *Nota-se, assim, que a intenção do legislador foi de recepcionar, em nosso Direito, o ato empresarial em contraposição ao ato de comércio,* cuja conceituação tem se mostrado polêmica por não ter sido fixada com clareza no Direito Positivo, levando, em conseqüência, a inúmeras controvérsias legislativas, como acima já realçado.[39]

Por oportuno, esclarecemos que *o ato empresarial* é mais amplo que o ato de comércio, pois, não envolve somente este, mas, também, o ato civil, considerando que ele está relacionado com a organização dos meios de produção para a circulação de bens e serviços. Deste modo, o ato empresarial envolve toda a cadeia econômica, desde a produção, a circulação de bens e a prestação de serviços, desenvolvidas de forma organizada com vistas ao lucro e em pleno atendimento dos consumidores e de toda a sociedade.[40]

Nesse passo, levando-se em conta o reconhecimento da teoria da empresa e do ato empresarial, a Lei 8.934/94 pôs fim a dicotomia entre sociedades comerciais e civis, *por conseguinte consagrando a unificação do direito societário*, englobando ambas as espécies.

Assim, todos os efeitos decorrentes desta distinção perderam sentido, principalmente os referentes à não extensão da lei de quebras aos empresários que desenvolvem atividades consideradas civis, que por imposição legal não poderiam ser declarados falidos.[41]

O curioso é que o exercício de determinadas atividades civis, tais como a prestação de ensino e a corretagem de imóveis, operam, muitas vezes, recursos econômico-financeiros superiores aos de muitas pessoas consideradas comerciantes, como, por exemplo, as que exploram negócios de armarinho, armazém, padaria, bar etc. No entanto, pelo fato de estes serem qualificados como comerciantes, *por praticarem atos de comércio, o Direito Positivo lhes dava tratamento diferenciado em relação àqueles que executam atos civis.*

38. *Apud* Theophilo de Azeredo Santos, "A comercialidade das sociedades de objeto civil, fins econômicos e lucrativos", p. 5.

39. Trajano de Miranda Valverde (*Comentários à Lei de Falência*, p. 12) comentando acerca do sistema adotado no Código suíço que determinou o registro único para todos os praticantes de atividades econômicas, independentemente de serem comerciais ou civis, bem como que a possibilidade de sua adoção no Brasil levaria a derrogação do art. 1.364 do CC brasileiro, expôs que: "(...) lembramos, o sistema do Direito suíço, já obrigando àquele que exerce o comércio, explora uma fábrica ou qualquer outra indústria sob forma comercial a inscrever-se no Registro de Comércio, já permitindo que já nela se inscreva, e se torne, portanto, comerciante, *aquele que explora qualquer outra empresa ou mantém uma organização sob a forma comercial.* É claro que a adoção deste sistema importará na imediata revogação do artigo 1.364 do Código Civil, *que manda as sociedades civis, que revestirem as formas estabelecidas nas leis comerciais inscreverem-se no Registro Civil*" (nossos grifos).

40. Jorge Rubem Folena de Oliveira, "Desenvolvimento da teoria da empresa – Fim da distinção entre sociedades civis e comerciais", pp. 37-39.

41. Theophilo de Azeredo Santos (ob. cit., p. 6) expõe que, salvo as exceções previstas em lei, as ditas sociedades civis, após a vigência da Lei 8.934/94, poderão requerer concordata, sacar duplicatas e ser declaradas falidas, sendo impróprio o arquivamento de seus atos junto ao Cartório de Registro Civil das Pessoas Jurídicas.

Entretanto, no mundo moderno, em plena era da "globalização", *chega a ser um absurdo considerar como válida esta diferenciação discriminatória*, inclusive levando-se em conta a importância e o desenvolvimento das prestações de serviço no cenário econômico mundial, como referenciamos na nota de rodapé, acima, onde foi salientada a importância do setor de serviço na economia dos Estados Unidos da América do Norte, país líder na economia mundial.

Por isso, entendemos que, mesmo antes do advento da Lei 8.934/94, não deveria persistir mais tal diferenciação, entre as sociedades comerciais e as civis, no mundo jurídico, no que se refere aos efeitos estendidos a uma e a outra sociedade.

O direito e, acima de tudo, os seus aplicadores devem estar atentos às transformações ocorridas no mundo social. Com isto, evitar-se-iam *injustiças e diferenças injustificáveis*, como a ora mencionada, vez que assim deve se posicionar o Direito como controlador e transformador da sociedade.[42] Portanto, nessa linha de pensamento, deve ser rechaçada, por exemplo, a situação esdrúxula de se denegar o deferimento de concordata preventiva a uma sociedade civil, que está atravessando má situação financeira, em decorrência da crise econômica, *só pelo fato de ela não praticar atos de comércio*. Com todo respeito aos que pensam de forma contrária, esta decisão deve levar em conta a função social a ser desempenhada pela sociedade civil, onde não só a pessoa jurídica e seus sócios estão envolvidos, *mas também seus empregados, fornecedores e tomadores de serviço que podem depender da sobrevivência dela para se manterem.*[43]

Então, a *função social* que a empresa desempenha – não só no meio da sociedade empresarial constituída (i.e., na relação entre seus componentes societários), mas também fora de suas paredes, com relação aos empregados e suas famílias, seus fornecedores e seus tomadores de serviço que podem depender da sobrevivência dela – *é mais importante do que meras questões formais, desprovidas, hoje, de qualquer sentido prático e objetivo, como as restrições criadas em decorrência da dicotomia entre sociedades comerciais e civis, apoiada no já ultrapassado dogma do exercício dos atos de comércio, onde se estende direitos a uns em detrimento de outros.*

Sendo assim, o Direito pátrio, em boa hora, através da Lei 8.934/94, dissipou com a ultrapassada diferenciação existente entre as sociedades comerciais e civis, a qual, voltamos a repetir, é desprovida de qualquer critério científico, como manifestado por Caio Mário da Silva Pereira (1978: 395-396).

Destarte, salientamos que, quando se verificar na legislação, qualquer referência à expressão "comerciante", como ocorre, por exemplo, no art. 1º da Lei de Quebras brasileira, esta expressão deve ser considerada como "empresário", por conseqüência, *sendo aplicada esta norma, tanto às pessoas que praticam atos de comerciais, como às praticantes de atos civis.*

6. Conclusão

Portanto, com o reconhecimento legal da teoria da empresa, no país, chega-se ao fim da discussão acerca da dicotomia entre sociedades civis e comerciais, adotando-se o ato empresarial como objeto das socie-

42. Jorge Rubem Folena de Oliveira, "O direito como instrumento de controle social ou como instrumento de mudança social?", pp. 377-381.

43. Jorge Lobo (*Direito Concursal*, p. 6) informa que, a preocupação com os interesses sociais da empresa e o princípio de sua conservação, levou a reforma da legislação concursal em vários países, entre eles a França e os Estados Unidos. E destaca, ainda, que o interesse maior do Estado "(...) passou a ser com a sorte da empresa, devido ao interesse público em conservar-se um organismo produtor de riquezas e empregador de mão-de-obra e não mais tanto com os direitos dos credores, embora estes continuem a merecer especial tratamento legal".

dades de fins econômicos; sendo estendidos também os direitos, antes próprios dos comerciantes, àqueles que praticam atividades ditas como civis, desde que organizados de forma produtiva,[44] ressalvadas, entretanto, as determinações, previstas em lei especial, em sentido contrário.

Deste modo, os efeitos do Decreto-lei 7.661, de 21.6.45, deverão ser aplicados a todos os empresários e não somente aos comerciantes como até então. Assim sendo, é juridicamente possível, hoje, as sociedades empresariais, que executam atividades consideradas de natureza civil, serem declaradas falidas, como igualmente requererem concordata preventiva, perante o sistema jurídico nacional.

Bibliografia

ABRÃO, Nelson. *Curso de Direito Falimentar*, 3ª ed., São Paulo, Ed. RT, 1989.

ASQUI, Alberto. "Perfis da empresa", trad. Fábio Konder Comparato, *Revista de Direito Mercantil*, São Paulo, v.104.

BORBA, José Edwaldo Tavares. *Direito Societário*, 1ª ed., Rio de Janeiro, Freitas Bastos, 1986.

BORGES, João Eunápio. *Curso de Direito Comercial Terrestre*, 4ª ed., Rio de Janeiro, Forense, 1969.

BULGARELLI, Waldirio. "A perspectiva da empresa perante o direito comercial", in *Estudos e Pareceres de Direito Empresarial (O Direito das Empresas)*, São Paulo, Ed. RT, 1980.

________. *Tratado de Direito das Empresas*, 2ª ed., São Paulo, Atlas, 1995.

COMPARATO, Fábio Konder. *Aspectos Jurídicos da Macroempresa,* São Paulo, Ed. RT, 1970.

________. "Estado, empresa e função social", *Revista dos Tribunais*, Rio de Janeiro, v. 732.

CORRÊA, J. Lamartine. *A Dupla Crise da Pessoa Jurídica*, São Paulo, Saraiva, 1979.

COSTA, Wille Duarte. "Comerciante: ampliação do conceito", *Revista da Faculdade Milton Campos*, Belo Horizonte, v. 2.

44. Aqueles que prestam serviços intelectuais, de natureza científica, literária e artística, ainda que com auxílio de terceiros, sem uma organização produtiva empresarial, bem como os produtores agrícolas que produzem para sua subsistência, estariam fora desta situação, por não exercerem atividade empresarial.

DESPAX, Michel. *L'Entreprise et le Droit*, LGDJ, Paris, 1957.

GONÇALVES, Reinaldo. *Ô Abre-Alas. A Nova Inserção do Brasil na Economia Mundial*, Rio de Janeiro, Relume Dumará, 1994.

GUIMARÃES, Hahnemann. "A falência civil", *Revista Direito*, v. VI, 1940.

FISCHER, José Flávio Bueno. "Sociedades civis e sociedades comerciais. Aspectos distintivos", *Revista Estudos Jurídicos*, São Leopoldo, v. 25, n. 64, mai./ago. 92.

FERREIRA, Waldemar. *Instituições de Direito Comercial*, Rio de Janeiro, Freitas Bastos, 1944, I v.

________. *Tratado de Sociedades Mercantis*, Rio de Janeiro, Editora Nacional de Direto, 1958.

________. "A elaboração do conceito de empresa para extensão no âmbito do direito comercial", *Revista Forense*, Rio de Janeiro, v. 158, p. 40.

HOYOS TURRIAGO, Álvaro. "Teoría sobre el empresario innovador de capital humano en América Latina", *Revista Universidades*, jul.-dez. 94.

LACERDA, J. C. Sampaio. *Manual de Direito Falimentar*, 5ª ed., Rio de Janeiro, Freitas Bastos, 1959.

LAMY, Alfredo, PEDREIRA, José Luiz Bulhões. *A Lei das S/A*, 2ª ed., Rio de Janeiro, Renovar, 1995,

LOBO, Jorge. "Anteprojeto de lei das sociedades por quotas de responsabilidade limitada", *Revista de Direito Mercantil*, São Paulo, v. 66.

________. *Direito Concursal*, Rio de Janeiro, Forense, 1996.

MARTINS, Fran. *Curso de Direito Comercial*, 9ª ed., Rio de Janeiro, Forense, 1984.

MEIRA, Sílvio. Teixeira de Freitas. *O Jurisconsulto do Império, Vida e Obra*, 2ª ed., Brasília, CEGRAF, 1983.

MENDONÇA, J. X. Carvalho de. *Tratado de Direito Commercial Brasileiro*, 2ª ed., Rio de Janeiro, Typog. do Jornal do Commércio, Rodrigues & C., 1930.

OLIVEIRA, Jorge Rubem Folena de. "Desenvolvimento da teoria da empresa - Fim da distinção entre sociedades civis e comerciais", *Revista de Direito Mercantil*, São Paulo, v. 103.

________. "O direito como instrumento de controle social ou instrumento de mudança social?", *Revista de Informação Legislativa do Senado Federal*, v. 136.

PACHECO, José da Silva. *Processo de Falência e Concordata*, 6ª ed., Rio de Janeiro, 1995.

________. *Empresário: Pessoa e Patrimônio*, São Paulo, Saraiva, 1979, 1ª v.

PEREIRA, Caio Mário da Silva. *Instituições de Direito Civil*, 4ª ed., Rio de Janeiro, Forense, 1978, III v.

RAMALHO, Ruben. *Curso Teórico e Prático de Falências e Concordatas*, 2ª ed., São Paulo, Saraiva, 1989.

REQUIÃO, Rubens. *Curso de Direito Falimentar*, 8ª ed., São Paulo, Saraiva, 1983, v. 1.

RICHARD, Efraín. *La Conservación de la Empresa*, Anales de La Academía Nacional de Derecho y Ciencias Sociales de Córdoba, Córdoba, t. XXV, 1996.

ROCCO, Alfredo. *Princípios de Direito Comercial*, São Paulo, Livraria Acadêmica, 1931.

SANT'ANNA, Rubens. "A falência da empresa", *Revista de Direito Mercantil*, São Paulo, v. 64.

SANTOS, Theophilo de Azeredo. "A comercialidade das sociedades de objeto civil, fins econômicos e lucrativos", caderno especial da Associação dos Bancos do Estado do Rio de Janeiro n. 26.

SANTOS, Theotonio dos. *Economia Mundial, Integração Regional & Desenvolvimento Sustentável*, 3ª ed., Petrópolis, Vozes, 1995.

SILVA, Clóvis do Couto e. "El concepto de empresa en Derecho brasileño", *Revista de la Facultad de Derecho de la Universidad Nacional de Rosario*, Rosario, v. 7-9.

VALADÃO, Alfredo. *O Direito Comercial em Face do Projeto de Código Civil, Unificação do Direito Privado*, São Paulo, Tipográfica Salesiana, 1902.

VALVERDE, Trajano Miranda. *Comentários à Lei de Falências*, 3ª ed., Rio de Janeiro, Forense, I v., n. IV.

VERÇOSA, Haroldo Malheiros Duclerc. "Atividade mercantil. Ato de comércio. Mercancia. Matéria de comércio. Comerciante", *Revista de Direito Mercantil*, São Paulo, v. 47.

Atualidades

A RECUPERAÇÃO DA EMPRESA EM CRISE NO DIREITO FRANCÊS

JORGE LOBO
e
SÉRGIO PIMENTEL

I – Introdução. II – A prevenção das dificuldades. III – O regulamento amigável. IV – Procedimento judicial: 1. A abertura do processo; 2. O período de observação; 3. A fase definitiva. V – Conclusões.

I – Introdução

A recuperação da empresa em estado de crise econômica vem, já há algum tempo, sendo a principal preocupação dos estudiosos do Direito Concursal estrangeiro, os quais, de início, apenas atentos à proteção dos direitos dos credores, estão, atualmente, empenhados em salvaguardar as empresas viáveis.

Nessa linha, a França promoveu uma total reformulação em sua legislação falimentar, em especial com a edição da Lei 84-148, de 1.3.84, e da Lei 85-98, de 25.1.85, que substituíram os combalidos institutos da concordata e da falência pelos inovadores procedimentos da recuperação e liquidação judiciais, em que se procura garantir ao máximo a sobrevida da empresa, muitas vezes até mesmo em detrimento de seus credores.

Tais mudanças versaram basicamente sobre três aspectos:

a) a prevenção das dificuldades das empresas;

b) a previsão de institutos de caráter extrajudicial para prevenir e equacionar essas dificuldades; e

c) a instituição de procedimentos judiciais para recuperação e liquidação das empresas.

II – A prevenção das dificuldades

A Lei 84-148, de 1.3.84, trata da prevenção das dificuldades das empresas, através (a) de informações sobre as atividades empresariais e (b) da concessão de financiamentos.

A prática tem demonstrado que grande parte dos problemas enfrentados pelas empresas poderiam ser eliminados caso houvesse informações suficientes sobre sua situação econômica e financeira, daí porque a lei buscou melhorar a informação já existente, (1) prevendo a obrigatoriedade, nos grupos de sociedade, da publicação, em documento único, das contas de todas as empresas do grupo, (2) garantindo maior independência do *comissaire aux comptes* encarregado da auditoria nas contas da empresa, e, (3) estabelecendo a obrigatoriedade de depositar as contas anuais da sociedade em cartório, garantindo maior publicidade à informação.

Porém, não se ateve o legislador francês à previsão de informações voltadas para o passado, pois criou dispositivos que permitem aos interessados tomar conhecimento de dados atualizados sobre a situação financeira da sociedade, que, projetados, permitem uma avaliação segura sobre as perspectivas futuras.

A grande inovação da Lei 84-148 consiste no caráter preventivo das informações, dadas a conhecer ao *comissaire aux comptes*, a um representante dos empregados e ao conselho de vigilância (*conseil de surveillance*), que têm o dever de sobre elas manter sigilo, para evitar quaisquer tipos de abalo à credibilidade da empresa. Estas informações consubstanciam-se (1) em demonstrativos do ativo realizável e disponível e do passivo exigível (terminologia criticada pela doutrina francesa, porquanto não há que se falar em passivo exigível sem cessação de pagamentos, nem se compreende o que o legislador quis dizer com ativo realizável, cfr. Yves Guyon, *Droit des Affaires*, Ed. Economica, 3ª ed., 1991, p. 49), (2) em um quadro de financiamento contendo os recursos disponíveis, e, (3) nos gastos realizados no exercício anterior, além da divulgação de um plano de financiamento, quando houver. Para garantir o sigilo, tais informações preventivas somente são reveladas aos acionistas por ocasião das assembléias-gerais (do contrário, nas companhias que contarem com um número grande de acionistas, poderia haver a divulgação precipitada de informações que porventura aumentasse as dificuldades existentes). É certo que, divulgados os dados na assembléia-geral, não mais se pode falar em sigilo, posto que o universo de pessoas abrangidas inviabiliza qualquer pretensão neste sentido.

A existência deste tipo de contabilidade preventiva é obrigatória nas empresas ditas importantes (que tenham movimentação anual superior a 120 milhões de francos ou empreguem mais de 300 trabalhadores) e facultada às demais, que podem, inclusive, aderir a grupos de prevenção encarregados da análise, juntamente com a *Banque de France*, das dificuldades encontradas.

A Lei 84-148 instituiu, também, um especial procedimento de aumento de capital, para reforço dos fundos das empresas, notadamente com a criação de novos valores mobiliários, como os ditos compostos ou inominados, mesclando as características de outros títulos (direito de voto, direito a dividendos prioritários etc.), cuja emissão recebe incentivos fiscais ou certificados de investnclusive, aderir a grupos de prevenção encarregados da análise, juntamente com a Banque de France, das dificuldades encontradas. A Lei 84-148 instituiu, também, um especial procedimento de aumento de capital, para reforço dos fundos das empresas, notadamente com a criação de novos valores mobiliários, como os ditos compostos ou inominados, mesclando as características de outros títulos (direito de voto, direito a dividendos prioritários etc.), cuja emissão recebe incentivos fiscais ou certificados de investuou a importância da prevenção, tornando-a a *pièce maîtresse* capaz de representar verdadeira alternativa à recuperação judicial (Alain Couret, *La Réforme du Droit des Entreprises en Difficultés*, Ed. Montechrestien, 1995, p. 13).

III – O regulamento amigável

Tem eficácia limitada, porquanto necessita de acordo entre o devedor e seus credores para ter sucesso.

A par dessas iniciativas de caráter individual, a Lei 84-148 instituiu um procedimento coletivo extrajudicial – o regulamento amigável –, em que se requer ao Presidente do Tribunal do Comércio a designação de um conciliador, para, nas hipóteses de empresas cujas necessidades de curto prazo não possam ser satisfeitas por financiamentos, sendo, todavia, suscetíveis de se recuperar, negociar condições mais favoráveis de pagamento com os principais credores.

Não se faz necessária a participação de todos os credores no regulamento amigável, tampouco são os mesmos forçados a aceitar as condições propostas. No entanto, para que a iniciativa seja bem sucedida, é mister a colaboração dos principais credores; do contrário o regulamento amigável seria apenas uma forma de prolongar a agonia da empresa antes da instauração do procedimento em juízo.

O acordo deve ser homologado pelo Presidente do Tribunal, como estabelecido pela Lei 94-475, que reintroduziu a possibilidade de suspensão provisória das demandas judiciais contra a empresa, mediante requerimento feito pelo conciliador ao Presidente do Tribunal do Comércio. Essa iniciativa, implantada em 1967, havia desaparecido com as Leis 84-148 e 85-98, ressurgindo com a reforma de 1994.

Por fim, o não cumprimento dos encargos financeiros do regulamento amigável enseja a instauração do processo judicial de recuperação.

IV – Procedimento judicial

1) A abertura do processo

A Lei 85-98 manteve o critério da interrupção dos pagamentos, fato caracterizador da abertura do processo de recuperação judicial do devedor.

Quaisquer pessoas, física ou jurídica de direito privado, estão a ele sujeitas, excluindo-se apenas as sociedades ditas ocultas e as sociedades de fato, nas quais o processo é aberto em relação a seus sócios.

As pessoas físicas podem ser submetidas à recuperação judicial como conseqüência de outro processo, nas hipóteses de responsabilidade solidária dos diretores, quando se verificar a obtenção de vantagens pessoais em detrimento da empresa ou de haverem sido condenadas a cobrir o passivo, sempre que não executarem espontaneamente a condenação.

Ademais, a Lei Neiertz, de 31.12.89, criou a possibilidade de particulares requererem o benefício de um regulamento amigável civil (em hipóteses tão comuns no dia-a-dia, como a impossibilidade de honrar todos os crediários etc.), o qual, caso descumpridos seus encargos, dará origem à recuperação judicial.

Apenas os profissionais liberais não se incluem nestas hipóteses, pois os procedimentos coletivos não se aplicam a suas dívidas profissionais, exceção esta cuja razão de existir a doutrina francesa ainda não conseguiu vislumbrar.

O art. 4º da Lei 85-98 foi expresso ao estabelecer que dívidas de qualquer natureza (civil ou comercial) ensejam a recuperação judicial, bastando a efetiva comprovação da interrupção dos pagamentos. Hipótese interessante é aquela contemplada pela jurisprudência francesa, reconhecendo a possibilidade de se iniciar o processo de recuperação sempre que os pagamentos estiverem sendo mantidos em dia de modo artificial, ruinoso ou fraudulento, visto que estaria configurada, na verdade, uma interrupção de pagamentos disfarçada.

Têm legitimidade para requerer a recuperação 1) o devedor, mediante o depósito do balanço em cartório, detalhando a real situação jurídica, financeira e social da empresa, no prazo de quinze dias da interrupção dos pagamentos, e, 2) o credor, não importando a natureza do crédito ou a existência de benefício de ordem, sendo necessário apenas que a dívida seja líquida, certa e exigível.

Tem por igual legitimidade, em casos excepcionais, o Ministério Público, prevendo-se, também, dentro da idéia de formação de uma magistratura econômica, capaz de bem analisar e compreender o funcionamento das grandes empresas, a possibilidade de abertura do processo por determinação *ex officio* do Tribunal do Comércio.

Almejando evitar custos demasiado altos para os processos de menor vulto, envolvendo pequenas empresas e pessoas físicas, foi previsto um procedimento simplificado, contrapondo-se ao regime geral, aplicável às empresas cujo número de empregados não exceda cinqüenta e, cumulativamente, tenham um volume de negócios inferior a 20 milhões de francos. Nele, os prazos são mais curtos e não há a necessidade de um número grande de pessoas envolvidas no processo. Há, outrossim, a possibilidade de conversão do procedimento simplificado em comum, sempre que se entender que tal ato virá a favorecer a recuperação do devedor.

Após a oitiva obrigatória do devedor, do representante dos trabalhadores e, quando anteriormente houver existido um regulamento amigável, do conciliador, o Tribunal, com base em elementos econômicos (perspectivas de recuperação, garantia dos empregos etc.), e nas informações de que dispuser, decide pela continuação, cessão ou liquidação da empresa.

A sentença estabelece o período suspeito, fixando a data da interrupção dos pagamentos (no prazo máximo de 18 meses da data do início do processo), e o procedimento a ser seguido.

Nessa ocasião, são nomeados os órgãos que atuarão na recuperação, como o juiz-comissário, o administrador judicial, o representante dos credores e o perito, assegurando-se aos empregados a indicação de seu representante.

Destaca-se a figura do juiz-comissário, considerado o verdadeiro "maestro do novo processo" (Derrida, Godfé e Sortais, *Redressement et Liquidation Judiciaire des Entreprises*, Dalloz, 3ª ed., Dalloz, 1991) pela amplitude das suas funções, que vão desde zelar pela rapidez do processo e pela proteção dos interesses envolvidos, até a fiscalização do administrador e do representante dos credores e a participação, junto com os mesmos, na elaboração do balanço econômico e social da empresa.

2) O período de observação

É a grande inovação da lei francesa de 25 de janeiro de 1985.

É durante o seu desenrolar que, através da elaboração de um balanço econômico e social, se extrairão elementos concludentes acerca da real possibilidade de recuperação da empresa.

A duração do período de observação, prevista inicialmente no art. 8º da Lei 85-98, foi alterada com a recente reforma promovida pela Lei 94-475, de 10.6.94. A nova redação do citado art. 8º estabeleceu que a fixação do prazo será feita mediante decreto do *Conseil d'État*.

O Decreto 94-910, de 21.10.94, veio fixar o prazo, mantendo a duração inicial de 6 meses, no regime geral, prorrogável por mais 6 meses mediante requerimento do devedor, do administrador, do MP ou de ofício pelo Tribunal. A mudança levou à fixação de um prazo máximo de 8 meses para a hipótese de uma segunda prorrogação, a pedido da Procuradoria da República, sendo, portanto, de 20 meses o tempo máximo de que se dispõe para a elaboração do plano de recuperação da empresa.

Para que ocorram as prorrogações, o Decreto 95-910 estabeleceu a necessidade de designação, pelo Presidente do Tribunal do Comércio, de uma audiência, no máximo até 10 dias antes do prazo fatal, convocando-se o devedor, os representantes de empregados e credores e dando-se ciência à Procuradoria da República.

Já no procedimento simplificado, foi mantido o prazo máximo de 8 meses de duração previsto pela Lei 85-98. A grande mudança foi a supressão do período de pesquisa, que, inicialmente, precedia a abertura do período de observação, unificando-se o procedimento.

O grande objetivo desta fase do processo é a elaboração de um plano de recuperação da empresa, a cargo do administrador judicial designado pelo Tribunal. Para tanto, o administrador elabora, de início, um balanço, na maioria das vezes acompanhado de um perito, que deve, além de abranger questão econômica (contábil e financeira), enfocar o lado social, indicando a situação do emprego e, jurídico, dando notícia da existência de litígios e da validade dos contratos.

Finalmente, traçada com fidelidade a situação da empresa, deve o administrador apontar precisamente onde considera estar a origem das dificuldades enfrentadas e, só então, partir para as soluções possíveis, a serem expostas no plano de recuperação.

O administrador funciona como um verdadeiro negociador, sua missão consistindo, nas palavras de Yves Guyon, em "susciter les bonnes volontés" (ob. cit., p. 217) do devedor, principalmente nos casos de continuação da empresa, dos credores, persuadindo-os a aceitar os sacrifícios que o Tribunal não lhes pode impelir, e de terceiros, principalmente daqueles que financiarão a recuperação.

Destas negociações surge o plano de recuperação, estabelecendo (a) os prazos para pagamento dos credores, sem limite fixado pela lei; (b) as dívidas eventualmente perdoadas (não se pode impor a remissão aos credores, esta deve resultar de acordo); (c) as garantias dadas pelo devedor à execução do plano (ex., previsão de aumentos de capital etc.), e, (d) a venda de elementos do ativo. Devem ser explicitadas, também, as medidas para a reorganização estrutural da empresa, nelas incluídas possíveis demissões de empregados, em casos excepcionais.

Durante todo o período de observação, a exploração da atividade empresarial continua, seja sob o comando do próprio devedor ou dos diretores da empresa, seja com o administrador judicial à sua frente, nos moldes fixados pela sentença de abertura desta fase processual. No procedimento simplificado não há designação de administrador judicial, ficando, portanto, a gestão a cargo do devedor ou dos diretores da empresa.

Quanto aos credores, devem habilitar seus créditos no prazo máximo de 2 meses, contados da publicação da sentença de abertura, sob pena de serem declarados extintos. Somente na hipótese de dívidas com o Tesouro ou a Seguridade Social, ainda não conhecidas e, em caso de se optar pela liquidação da empresa, se admite uma dilação desse prazo. A Lei 85-98 prevê, ainda, a suspensão dos processos individuais e a inexigibilidade dos juros sobre o valor dos créditos após a declaração de abertura do processo de recuperação.

Durante todo o desenrolar do período de observação, o Tribunal, verificando a impossibilidade de recuperação, pode decidir por seu encerramento e pelo início imediato da liquidação da empresa.

3) A fase definitiva

Ao final do período de observação, o Tribunal profere nova sentença, devendo decidir, com base no relatório do administrador, (a) pela adoção do plano de recuperação, quando, então, oficializará as propostas nele contidas, podendo mesmo modificá-las, dilatando, p. ex., os prazos previstos para pagamento dos credores, ou, caso verifique a inviabilidade da atividade empresarial, (b) pela liquidação judicial.

Feita a opção pela liquidação, constatando-se o fracasso de todo o processo, cujo objetivo precípuo é a salvaguarda da empresa, o Tribunal nomeia um liquidante, que normalmente é o representante dos credores. Excepcionalmente, pode-se autorizar o prosseguimento da atividade empresarial, para assegurar o cumprimento dos contratos e esgotamento dos estoques, cumprindo ressaltar que a liquidação pode ser decidida no início do processo, caso haja provas cabais de que a situação de degradação é irreversível e a empresa irrecuperável, visando, assim, evitar maiores prejuízos.

Caso prossiga a recuperação, o Tribunal estabelecerá se a empresa deve permanecer sob a gestão de seus diretores ou se deve ser cedida a terceiros, nomeando, também, um comissário encarregado da execução do plano.

Além do destino a ser dado à empresa, a sentença deve fixar a forma como o passivo será apurado e os credores ressarcidos, cabendo ao Tribunal fixar os prazos de pagamento, homologar as eventuais remissões concedidas pelos credores, incluindo-se a Fazenda e a Seguridade Social, e oficializar as medidas previstas no plano de recuperação da empresa.

Na hipótese de liquidação, a Lei 85-98 confere uma maior liberdade de procedimento a cargo do liquidante, particularmente quanto à venda dos bens em hasta pública, autorizando-o a ceder algumas unidades de produção rentáveis, mediante apuração da melhor oferta, ou até mesmo optar pela venda de bens isolados, fazendo-se a alienação judicial apenas em último caso, tudo no intuito de assegurar uma maior rapidez ao processo.

IV – Conclusões

A Lei 85-98 rompeu com o sistema tradicional das falências e concordatas, com o escopo de minimizar os prejuízos sofridos pelos credores, pois veio estabelecer normas que visam principalmente a assegurar a sobrevida das empresas.

Para tanto, prevê um período de observação – e esta é a sua maior contribuição ao moderno Direito Concursal –, que possibilita realizar uma real avaliação das condições da empresa.

Outros institutos polêmicos, como a declaração de extinção dos créditos não habilitados tempestivamente ou a não fixação de um prazo limite para o pagamento dos créditos, podem soar como verdadeira heresia aos ouvidos daqueles que se preocupam somente com o imediatismo, não percebendo que a total satisfação dos créditos, seguida da quebra da empresa, traz conseqüências bem mais graves, podendo afetar os próprios credores ressarcidos e atingir toda a coletividade.

Por esta razão, deve-se considerar a lei francesa de 1985 como um real avanço, publicizando institutos anteriormente considerados apenas sob a ótica privada, sempre objetivando a manutenção da atividade empresarial e do nível de empregos.

A reforma operada pela Lei 94-475, oito anos após a edição da Lei 85-98, ocorreu em função da constatação de que, malgrado seu espírito inovador, a Lei 85-98 não atingiu plenamente seus objetivos, demonstrando as estatísticas que 95% dos processos terminaram em liquidação judicial, enquanto a porcentagem de créditos quirografários recuperados não passou dos 5%. Estes dados permitem concluir que o novo direito dos procedimentos coletivos não conseguiu reduzir o número de falências na economia francesa, duramente afetada pela crise econômica internacional, sobrelevando notar que algumas mudanças trazidas pela reforma de 1994, limitando os sacrifícios impostos aos credores, podem mesmo inviabilizar a recuperação de muitas empresas, tornando mais fácil a liquidação judicial.

Contudo, e isso é o que efetivamente importa, o objetivo de sanear, reorganizar e recuperar a empresa permanece inalterado. No entanto, para atingi-lo, faz-se necessária uma mudança de atuação dos magistrados, que devem passar a analisar a matéria sob um enfoque econômico, em detrimento das filigranas jurídicas. Também o Estado há de ter uma papel ativo no processo, concedendo incentivos, empréstimos e remissão de dívidas, assim como os credores, que devem preocupar-se menos com o ressarcimento total e imediato de seus créditos, privilegiando soluções de médio e longo prazos, que permitam a continuidade do devedor e, em conseqüência, de seu cliente, o que só será possível mediante a comunhão de esforços de todos os envolvidos no processo.

Mercosul

IMPORTAÇÕES PARALELAS: A IMPLEMENTAÇÃO DO PRINCÍPIO DA EXAUSTÃO DE DIREITOS NO MERCOSUL, DIANTE DO CONTEXTO DE GLOBALIZAÇÃO[1]

ELISABETH KASZNAR FEKETE

1. Considerações introdutórias. 2. Noções prévias: conceito, terminologia e âmbito territorial de aplicação do princípio da exaustão. 3. Regime jurídico das importações paralelas no Mercosul: 3.1 Direito interno dos países-membros: 3.1.1 Direito brasileiro: 3.1.1.1 Resumo da situação anterior à nova Lei da Propriedade Industrial brasileira; 3.1.1.2 O sistema adotado pela nova lei; 3.1.1.3 O significado do consentimento, elemento regulador do princípio da exaustão; 3.1.1.4 Direito Processual brasileiro; 3.1.2 Direito argentino; 3.1.3 Direito uruguaio; 3.1.4 Direito paraguaio; 3.2 Direito comunitário: o Protocolo de Harmonização de Marcas no Mercosul; 3.3 Tratados internacionais assinados pelos Estados-membros do Mercosul. 4. Direito comparado – Regras sobre a matéria aplicadas em outros espaços econômicos integrados: 4.1 A experiência da União Européia: 4.1.1 A origem comunitária do princípio do esgotamento; 4.1.2 Algumas regras de exaustão aplicáveis a cada categoria de direitos no âmbito comunitário europeu; 4.1.2.1 Patentes; 4.1.2.2 Marcas: normas gerais vigentes e a questão específica da reembalagem pelo importador; 4.1.2.3 Concorrência desleal; 4.1.2.4 Direitos autorais; 4.1.3 A compatibilização do direito interno com o direito comunitário: o caso da Alemanha; 4.2 A exaustão nos países do Pacto Andino; 4.3 O sistema prevalecente no NAFTA. 5. Análise crítica: limites aos quais deve ser submetido o princípio do esgotamento de direitos: 5.1 A difícil questão do grau de permissividade a ser adotado quanto às importações paralelas, diante da globalização; 5.2 Limites quanto ao objeto; 5.3 Limites territoriais. 6. Conclusão.

1. Considerações introdutórias

Entre as diversas situações potencialmente críticas enfrentadas pelos blocos econômicos regionais, em seu processo de formação, consolidação e aperfeiçoamento, algumas dizem respeito a direitos de propriedade industrial. Atos como, por exemplo, a usurpação de marcas registradas (a chamada "*pirataria*") transfronteiras, causam certas dificuldades ao processo de integração, uma vez que os titulares legítimos vêm-se impossibilitados de usar os seus

1. Palestra proferida no XVII Seminário Nacional de Propriedade Intelectual, em 30.9.97, em Porto Alegre, e publicada nos respectivos *Anais* (pp. 76-102), editados pela Associação Brasileira da Propriedade Intelectual.

próprios sinais distintivos no país-membro em que a apropriação ilícita ocorreu, e, por conseguinte, de comercializar seus produtos com a marca em questão, através de empresa do grupo, de uma licenciada independente ou, ainda, mediante exportação, vendo-se obrigados a adotar uma marca nova ou pouco conhecida, caso resultem infrutíferas as tentativas de recuperação da marca. Outro tipo de obstáculo potencial origina-se das importações de mercadorias que incorporam um direito de propriedade industrial (sobretudo patente, desenho industrial, marca) ou intelectual (direito de autor) do titular local, em detrimento do direito de exclusividade do comerciante intermediário (licenciado, distribuidor etc.) doméstico, configurando as chamadas "importações paralelas", tema do presente ensaio.

Sob o ponto de vista da integração comunitária, a problemática origina-se do fato de que, enquanto o regime de proteção aos direitos de propriedade industrial[2] confere aos seus titulares direitos de exclusividade de alcance territorial nacional (a proteção abrange somente o território do Estado que concedeu a patente, o registro de desenho ou de marca), atribuindo-lhes a possibilidade de acionar em juízo, nesse país, os terceiros que reproduzam ou copiem a criação imaterial tutelada, a fim de proibi-los de importar, manter em depósito e vender os respectivos produtos, os mercados comuns, segunda etapa da integração econômica dos blocos regionais, têm por escopo primordial a eliminação das barreiras à circulação de mercadorias e serviços, bem como à de pessoas e capitais.

Ao mesmo tempo, a tutela jurídica da propriedade industrial deve ser compatibilizada, em determinados aspectos, com o princípio da livre concorrência, essencial no direito comunitário.[3] Um dos difíceis problemas que surgem, segundo Christopher Bellamy e Graham Child, é a existência de uma tensão óbvia entre, de um lado, os sistemas que conferem monopólios legais e, de outro, aqueles cujo objetivo é assegurar a livre concorrência, pois, em matéria de direito nacional, o titular de um direito de propriedade industrial ou intelectual em determinado Estado-membro de um mercado comum pode, em circunstâncias específicas, impedir a importação (paralela) de produtos legitimamente comercializados em outros Estados-membros, mediante o exercício das ações legais correspondentes à infração do direito sob a lei nacional de que se trate, obstruindo, deste modo, a livre circulação de mercadorias através das fronteiras.[4]

Surgiu, pelas razões expostas, no âmbito da Comunidade (hoje União) Européia, a necessidade de conciliar os direitos de propriedade industrial e intelectual com os princípios da livre circulação de mercadorias e da livre concorrência.

Neste estudo, examinaremos o estágio em que se encontra o trabalho de regulamentação da complexa temática das importações paralelas no Mercado Comum do Sul-Mercosul, sobretudo diante do "Protocolo de Harmonização de Normas sobre Propriedade Intelectual no Mercosul em Matéria de Marcas, Indicações de Procedência e Denominações de Origem", assinado em 1995, em Assunção, o qual seguiu uma linha evolutiva, ao determinar expressamente a adoção, pelos países-membros, do *princípio da exaustão ou esgotamento de direitos*. Será interessante mostrar, de um lado, as dificuldades e, de outro, de que forma esse Protocolo contribui para superá-las, ou pelo menos, amenizá-las.

Nosso enfoque será, claramente, de "direito do Mercosul", novo ramo do direito que está nascendo, filiado ao direito internacional, a ocupar um lugar semelhante

2. Abordaremos sobretudo esse regime, e só generalizadamente, os direitos autorais.

3. Depois de décadas de polêmica doutrinária, parece ter-se tornado pacífica a tese da complementaridade dos ramos da propriedade industrial e do direito antitruste.

4. In *Direito da Concorrência no Mercado Comum*, pp. 409 a 411.

ao que o direito comunitário ocupa na Europa, em palavras do professor Luiz Olavo Baptista.[5] O princípio do esgotamento em si e o Direito brasileiro serão objetos de breve análise apenas, pois pretendemos dedicar maior atenção às questões de interesse regional do Mercosul, particularmente no que diz respeito às patentes, aos desenhos industriais e às marcas. Com esse propósito, colocamo-nos desde já duas questões: até que ponto os direitos de exclusividade do titular e do licenciado devem prevalecer sobre a livre circulação de mercadorias e, caso não devam, os limites aos quais deve ser submetido o princípio do esgotamento de direitos. Verificaremos, antes de tentar respondê-las, as diferenças legislativas e jurisprudenciais existentes na matéria entre os países integrantes do Mercosul, e faremos uma incursão na experiência de outros mercados comuns, sobretudo, na da União Européia, cuja jurisprudência criou o princípio da exaustão de direitos.

Muito pouco mencionaremos as considerações de ordem econômica envolvidas no tema, cujo detalhamento ultrapassaria os objetivos deste trabalho.[6]

2. *Noções prévias: conceito, terminologia e âmbito territorial de aplicação do princípio da exaustão*

Por razões econômicas, políticas e conjunturais diversas, o preço de um mesmo produto pode variar muito de um país para outro, atraindo obviamente a preferência, por parte dos comerciantes, da cotação mais baixa. Ao localizarem preço mais competitivo em determinado país, compreende-se que optem por importar dele a mercadoria e, em princípio, nada haveria a recriminar nesse comportamento. Contudo, caso a importação afete os direitos do licenciado ou distribuidor exclusivo no país importador ou os do titular de um direito de propriedade imaterial nesse mesmo mercado, surge a indagação se tal importação caracteriza-se como "paralela" e se a legislação do país destinatário a sanciona cível e/ou criminalmente.

A maioria das Nações não estabeleceu uma definição legal das importações paralelas,[7] nem tampouco o fizeram os principais tratados internacionais sobre propriedade industrial e/ou intelectual, como a Convenção da União de Paris, a Convenção de Berna e o *Acordo sobre os Aspectos de Propriedade Intelectual Relacionados com o Comércio*, firmado como anexo ao Acordo que estabeleceu a Organização Mundial do Comércio, negociado no âmbito da Rodada Uruguai do GATT (doravante, TRIPs).[8] A conceituação, geralmente, é encontrada na doutrina e na jurisprudência.

A *Ligue Internationale du Droit de la Concurrence*[9] realizou, em 1992, um amplo estudo intitulado "*As Importações Pa-*

5. Na apresentação da obra: *Mercosul: a Estratégia Legal dos Negócios*, p. 12. O Mercosul, nesta fase, está funcionando como união aduaneira, não como mercado comum, ainda, encontrando-se operando acordos de livre comércio com o Chile e a Bolívia. Acordos semelhantes estão sendo negociados com os países andinos.

6. Tampouco nos deteremos sobre assuntos como os subsídios e os aspectos de Direito Tributário e Direito Econômico concernidos.

7. Na União Européia, por exemplo, nenhum país as definiu em lei. No Japão, a importação de produtos violando uma patente de invenção, modelo de utilidade, desenho industrial, marca ou direito autoral domésticos é proibida sob a lei alfandegária. Contudo, quer essa lei, quer a de marcas, proíbem expressamente a importação paralela de produtos genuínos. As importações paralelas, nesse país, ocorrem na maioria das vezes pelo fato de que os produtos com marcas, patentes ou direitos autorais são vendidos no mercado doméstico por um preço mais alto do que no mercado estrangeiro. O caso *Parker Pen* constitui o precedente jurisprudencial mais significativo sobre importação paralela no direito japonês. Cf. Kaoru Takamatsu, "Treatment of parallel importation in Japan", pp. 5-6 (v. trad. port.: "A importação paralela no Japão", pp. 7-8). V. tb. Christopher Heath, *From "Parker" to "BBS" – The Treatment of Parallel Imports in Japan*, pp. 179 e ss.

8. V., a respeito do TRIPs, o capítulo 3.3 *infra*.

9. Liga Internacional do Direito da Concorrência, associação científica internacional, fundada em 1930.

ralelas e a Proteção de uma Rede de Distribuição".[10] Com base nos relatórios nacionais, a Liga concluiu haver um consenso em definir as importações paralelas como sendo "*aquelas efetuadas por cidadãos ou sociedades por sua conta ou por conta de terceiros, fora dos circuitos de distribuição exclusiva ou seletiva, num território nacional, de produtos legitimamente comercializados em outro território, seja pelo titular do direito de propriedade intelectual ou outros direitos associados à fabricação, à comercialização e/ou à identificação dos produtos, seja por qualquer outra pessoa com o consentimento ou a autorização do titular*". Mais sucintamente, trata-se da "*importação de produtos contratuais distribuídos por uma rede 'oficial', comprados em uma outra rede geográfica*".[11]

Observe-se que as mercadorias "paralelamente importadas" apresentam a característica essencial de terem sido produzidas de acordo com uma patente ou desenho devidamente protegidos, ou de portarem marca genuína, não contrafeita, ou ainda, de incorporarem direito autoral de forma lícita, uma vez que foram fabricados seja pelo próprio titular do direito de propriedade industrial ou intelectual, seja por um de seus licenciados, muitas vezes subsidiária do primeiro, e vendidos legalmente; o problema surge por terem sido depois exportados para um país no qual sua venda não foi originalmente autorizada.

A expressão "*importação paralela*", a mais conhecida no âmbito do Mercosul, foi criada pela jurisprudência européia. Os países anglo-saxões adotam, ao lado da expressão *parallel imports*, os termos *gray goods* ("produtos cinzas") e *gray market* ("mercado cinza").

Enquanto as importação paralelas são o fato, a exaustão ou esgotamento de direitos é o princípio jurídico destinado a discipliná-lo, segundo o qual a exclusividade conferida pelo direito de propriedade industrial ou intelectual pode ser exercida pelo seu titular uma única vez: no primeiro ato de comercialização do produto ao qual está associado; por essa razão, o princípio é também chamado de *first sale doctrine*, ou "doutrina da primeira venda", expressão menos usual. Uma vez colocado o produto no comércio, o direito de propriedade industrial ou intelectual "esgotou-se", no sentido de que não poderá mais ser invocado pelo titular para impedir as vendas subseqüentes. Note-se que as importações paralelas não são o único campo de aplicação do princípio do esgotamento, criado originalmente para evitar que o titular de um direito de propriedade industrial pudesse impedir ou controlar qualquer meio de circulação do produto após a primeira venda, mesmo os simples atos de comércio (revendas posteriores) dentro de um único país, e as conseqüentes interferências sobre os preços.

Ao legislador do país importador, tanto na esfera nacional como em conjunto com seus parceiros comerciais regionais, compete estabelecer as regras de aplicação do princípio da exaustão: a) quanto às hipóteses em que operará e b) quanto à sua amplitude geográfica.

a) A primeira tarefa consiste basicamente em determinar em que circunstâncias uma importação paralela é considerada ilícita, sobretudo em função da inexistência de consentimento do titular do direito de propriedade industrial ou intelectual, e em estabelecer as sanções cíveis ou criminais.

b) Quanto à segunda, as diversas soluções possíveis para delimitar o escopo geográfico de aplicação do princípio serão

10. V. *Revue Internationale de la Ligue Internationale du Droit de la Concurrence* 168, mar./1992, e 169, abr./1992. O relatório da Liga publicado na *Revue* 168 analisa, às pp. 29 e ss., o impacto das importações paralelas sobre as três categorias identificadas de sistemas de distribuição: distribuição aberta, distribuição exclusiva e distribuição seletiva.

11. *Revue Internationale de la Ligue Internationale du Droit de la Concurrence*168, mar./1992, p. 20, trad. nossa.

abordadas a seguir. O sistema do esgotamento pode alcançar três âmbitos territoriais: a exaustão *interna* ou *nacional* opera dentro do território de um país; a *regional*, dentro do território de uma zona integrada de comércio; e a *internacional* prevalece em relação a todos os países do globo. À primeira vista, a explicação parece simples. Mas o que significam exatamente esses três níveis de exaustão de direitos? Parece-nos útil precisar o seu verdadeiro sentido e as suas conseqüências.

O esgotamento *nacional* é aquele adotado pela legislação de um país com relação a todos os casos em que a primeira venda do produto foi feita no mercado interno desse mesmo país. Logo, aplicando-se o princípio da exaustão nacional, o titular que colocou seus produtos no país *X* não poderá impedir qualquer importação paralela de mercadorias que nele ingressem.

O segundo nível, o da exaustão *regional*, atinge os atos pós-venda quando a primeira comercialização tiver sido realizada no território de qualquer país pertencente ao mesmo mercado unificado que o(s) país(es) aplicador(es) da regra. Assim, o titular que tenha vendido no país *X* não poderá impedir as subseqüentes transações transfronteiras intra-comunitárias, ou seja, seu direito de exclusividade não poderá barrar quer a movimentação dos produtos dentro do país *X*, quer a sua entrada nos países *Y*, *Z* ou outros que formem uma união aduaneira ou um mercado comum com o país *X*. No Mercosul, por exemplo, os produtos importados inicialmente pela Argentina poderão depois circular para o Brasil, deste para o Uruguai e, ainda, sucessivamente, para o Paraguai. Em outras palavras, a conseqüência da aplicação do princípio da exaustão regional, quando uma norma nesse sentido venha a entrar em vigor no Mercosul, será que, se o titular comercializar pela primeira vez o produto genuíno em qualquer país-membro diretamente ou através de um licenciado, o seu direito de propriedade industrial ou intelectual esgotar-se-á dentro do bloco comercial, de forma que não poderá ele impedir as vendas sucessivas dessa mercadoria dentro do território da região. Fazendo referência ao que dissemos sobre a integração regional no primeiro capítulo, é fácil entender que a inexistência de uma regra estabelecendo a exaustão regional impediria a livre circulação intra-comunitária dos produtos.

Somos convidados a indagar se haveria alguma diferença na aplicação do princípio do esgotamento regional se, por exemplo, o produto fosse fabricado no Uruguai e exportado para o Brasil, ou se fosse industrializado fora do Mercosul (suponhamos, no México), exportado para o Uruguai e depois para o Brasil? Fica claro que não. Se o titular tiver colocado a mercadoria no Mercosul, seja fabricando-a num país-membro, seja exportando-a, a regra será a mesma: ele não mais poderá exercer o seu direito de propriedade industrial ou intelectual para impedir a circulação posterior intra-bloco. O que determina se a exaustão é nacional, regional ou internacional é a referência feita à extensão do mercado onde o produto foi *vendido* primeiro. O país em que foi fabricado e para onde segue depois da primeira venda não são fatores determinantes nesse sentido.

A conseqüência da adoção da exaustão *internacional*, num terceiro nível, é que, após a venda da mercadoria pelo titular em qualquer país, não pertencente ao mesmo bloco regional de comércio que o país importador, ele não poderá mais impedir as vendas subseqüentes a qualquer país (não autorizadas por ele, como veremos adiante).

Complexa é a conciliação do primeiro ou do segundo níveis com o terceiro. Depende de cada país e de cada zona integrada adotar a exaustão internacional ou não. Se determinado mercado comum, por exemplo, resolver seguir unicamente a exaustão regional, e não a internacional, a conseqüência será que dentro do território desse bloco, o direito do titular exaurirá após a primeira comercialização, não podendo o mesmo proibir a importação paralela; já fora desse mercado comum, o direito não se esgotará, facultando-se ao titular impedir as importações paralelas feitas nos países não pertencentes ao bloco.

3. Regime jurídico das importações paralelas no Mercosul

No cone sul, as importações paralelas são bastante freqüentes. Particularmente, além de abastecer-se junto aos exportadores asiáticos, os comerciantes da região conseguem ótimos preços junto aos atacadistas de Miami e de Colón,[12] bem como em zonas francas, tais como Manaus.

Antes de analisar o sistema de alcance comunitário adotado no Mercosul quanto às importações paralelas, procuraremos traçar as principais características do Direito Positivo doméstico dos quatro Estados-membros, excusando-nos por eventuais lacunas da nossa exposição relativa ao Direito argentino, uruguaio e paraguaio.

3.1 Direito interno dos países-membros[13]

3.1.1 Direito brasileiro

3.1.1.1 Resumo da situação anterior à nova Lei da Propriedade Industrial brasileira – Antes da entrada em vigor, em 15.5.97, da Lei 9.279/96,[14] conhecida como nova Lei da Propriedade Industrial (à qual nos referiremos doravante como LPI), nossos tribunais já tinham julgado alguns litígios em torno de importações paralelas.[15] Em três das quatro decisões (entre as quais, a do famoso caso "Bolla"[16]) analisadas por Luiz Henrique Oliveira do Amaral, que com pioneirismo e mestria versa o tema no Direito pátrio, a importação paralela foi considerada lícita, enquanto na quarta, o Tribunal caracterizou-a como violação do direito do licenciado exclusivo. Na percepção da primeira corrente jurisprudencial, se os produtos foram importados numa transação legal, para venda no Brasil, o que não é *per se* uma atividade ilícita, as importações não chegam a constituir uma violação ou contrafação da marca. Já a segunda linha seguiu o entendimento segundo o qual não influi na questão o fato de os bens terem sido regularmente importados, pois a proteção da propriedade industrial compreende também os licenciados de outros países, embora, no caso "Sega", que representa a segunda corrente, o importador tenha sido proibido de importar antes de tudo por uma circunstância própria do caso (a marca tinha o distribuidor como titular).[17]

Segundo o autor citado, na jurisprudência anterior à LPI, casos que, em princípio, deveriam ter sido considerados típicas importações paralelas, atraíram um enfoque diametralmente oposto, porque a

12. Cidade panamenha, um dois mais importantes portos do mar caribenho.

13. Sobre a situação atual da propriedade intelectual no Mercosul e os tratados internacionais que regem a matéria, contendo profícuos quadros sinópticos, consulte-se a monografia de Cláudio Roberto Barbosa, "A proteção internacional da propriedade intelectual e aspectos incidentes no Mercosul", in *Mercosul: seus Efeitos Jurídicos, Econômicos e Políticos nos Estados-membros*, pp. 287-316.

14. A lei é de 14.5.96 e foi publicada no *DOU* em 15.5.96. A lei anterior era a de n. 5.772, de 21.12.71. O Brasil ratificou o TRIPs através da aprovação da Ata Final que incorporou os resultados da rodada Uruguai, pelo Decreto Legislativo 30, de 15.12.94, com a subseqüente promulgação pelo Decreto 1.355, de 30.12.94.

15. Ver, por exemplo, o acórdão proferido no caso *Barber-Greene*, comentado por Joaquim Antônio D'Ângelo de Carvalho, in *RDM* 6/88.

16. Acórdão da 1ª CC do TJSP, na AC n. 75.002-1, in RTJSP 106/134.

17. In *Gray Market Goods in South America: The Status in Some Jurisdictions*, palestra proferida no Congresso da INTA-International Trademark Association, em nov./1993, pp. 3 e 4. V. também a palestra *A Exaustão dos Direitos de Propriedade Industrial e a Importação Paralela*, fita de vídeo editada pela Associação Paulista da Propriedade Industrial-ASPI, São Paulo, 25.7.96.

parte local, além de importar os produtos, atuou de má-fé ao requerer o registro da marca e pedir a caducidade do registro do titular legítimo. Como tais atitudes se enquadram no conceito de concorrência desleal, elas forneceram fundamento para a condenação.[18] Em suma, como a Lei 5.772/71 nada previa sobre as importações paralelas, para tentar combatê-las era necessário aduzir fundamentos legais relativos à violação de marcas, concorrência desleal, má-fé etc.

Na área administrativa, tínhamos importantes desenvolvimentos, também relatados e comentados por Oliveira do Amaral: o Procurador-Geral da SUFRAMA-Superintendência da Zona Franca de Manaus, ao analisar as importações paralelas de *jet skis* da marca *Kawasaki* e de telefones celulares *Motorola*, decidiu, em agosto de 1994, pela rejeição da proibição das importações, sob o fundamento de que não havia contrato de licença de uso de marca averbado junto ao INPI-Instituto Nacional da Propriedade Industrial. Na opinião da SUFRAMA, anterior à entrada em vigor da LPI, "o art. 90 do Código da Propriedade Industrial brasileiro (tratava-se da Lei 5.772/71) permite ao titular transferir (*sic*; *rectius*: licenciar) os direitos de uso da marca a terceiros, através das devidas formalidades". Nos casos em questão, os contratos de licença não tinham sido averbados e, por conseguinte, as importações paralelas não foram proibidas.[19]

3.1.1.2 O sistema adotado pela nova lei – Atualmente, nas principais leis brasileiras sobre propriedade intelectual (LPI, mencionada no item precedente, e Lei 5.988/73, Lei de Direitos Autorais) encontramos dispositivos sobre a matéria somente na primeira delas, que a introduziu no sistema legal pátrio.

Assim, no Brasil, as importações paralelas passaram a contar com regulamentação legal recentemente, encontrando-se em fase embrionária a constituição de jurisprudência relativa à nova lei. Esta assegurou aos titulares de patentes, desenhos industriais e marcas a possibilidade de, em determinadas circunstâncias, impedir terceiros de, no Brasil, colocar à venda, vender ou importar produtos, ainda que genuínos, sem o seu consentimento, nos arts. 43, IV (c/c art. 42), 188, II, e 132, III, respectivamente.

A LPI considera lícita a importação quando realizada ou consentida pelo titular, mesmo que este ou o detentor do direito de uso (licenciado) da patente, desenho industrial ou marca no Brasil o explorem. Segundo a nova lei, o direito do titular esgota-se na primeira venda (já vimos ser esse o sentido do princípio da exaustão), se ele consentiu com a venda *no Brasil*. É permitido, portanto, comprar os produtos do titular ou de um licenciado do mesmo, e revendê-los no mesmo mercado, sem necessidade de consentimento do primeiro; contudo, para comprar no exterior e importar *para o Brasil*, é necessária uma autorização expressa ou tácita do titular. Voltaremos a tratar do consentimento no capítulo 3.1.1.3 *infra*.

Em suma, a LPI adotou o princípio do esgotamento de direitos, mas não de forma geral e irrestrita, quer quanto ao conteúdo (sobretudo em função do consentimento), quer quanto à extensão territorial da regra (neste particular, já especificamos os três âmbitos possíveis no capítulo 2 acima). Com relação ao alcance geográfico, o Brasil adotou dois níveis de exaustão: a) a interna (nacional) no que concerne três espécies de direitos: patentes,[20] desenhos indus-

18. Luiz Henrique Oliveira do Amaral, *Gray Market...*, cit., p. 8.

19. In *Exhaustion of Rights and Parallel Imports: The Status in Brazil*, palestra apresentada no Congresso Internacional da LES-Licensing Executive Society, em Buenos Aires, 1995.

20. Quanto a estas, o Senador Fernando Bezerra (PMDB/RN), relator do Projeto de Lei 115/93 (originariamente 824/91), que se tornou Lei 9.279/96 ou

triais e marcas (significando que se a primeira comercialização tiver ocorrido no Brasil, o direito do titular exauriu-se, mas se ocorreu no estrangeiro, não) e b) a internacional, somente nos casos específicos das patentes sob licença compulsória, das marcas identificativas dos produtos fabricados com base em tais patentes e da importação para exploração da patente, hipóteses com relação às quais a lei foi mais generosa com os importadores paralelos, sem ser totalmente liberal, como veremos a seguir.

Ex vi do disposto no art. 68, § 3º da LPI, a importação pelo licenciado detentor de uma licença compulsória,[21] que a tenha obtido em razão da prática de abuso de poder econômico pelo titular da patente, é permitida, desde que os produtos fabricados de acordo com a patente objeto da licença compulsória tenham sido colocados no mercado *internacional* diretamente pelo titular ou com o seu consentimento. Contudo, o prazo para que o licenciado proceda a tal importação é limitado ao estabelecido no art. 74 (um ano contado a partir da concessão da licença compulsória).

Conforme prescreve o art. 68, § 1º, I, a lei brasileira somente admite a exploração da patente mediante importação, pelo titular ou por terceiros, em vez de fabricação local, sob pena de ensejar licença compulsória, na hipótese de inviabilidade econômica de produção no território nacional (p. ex., caso a mesma não seja suficiente para cobrir escala industrial), ou caso o titular perpetre abuso de poder econômico através da patente. Segundo essa regra, somente a fabricação interna proporciona o monopólio de mercado ao titular da patente, sendo esse o atrativo com o qual a política econômica interna pretende estimular a industrialização nacional. Caso se configure a inviabilidade econômica e o titular opte, ao invés de produzir internamente, por importar, o mesmo é, de certa forma, penalizado pela lei, depreendendo-se do artigo em questão que terceiros também poderão importar e, freqüentemente, fazem-no através de importações paralelas.

Somos conduzidos, na seqüência, ao § 4º do art. 68 da LPI, o qual contém a única hipótese em que terceiro (não licenciado compulsório) pode realizar importações paralelas de forma lícita: no caso de importação para exploração da patente. Contudo, a condição de licitude, tanto nesse caso como no da importação por licenciado compulsório (a que se refere o § 3º), é, como já dissemos, que a colocação no mercado internacional tenha sido feita seja diretamente pelo titular, seja com o seu consentimento. De forma indireta, portanto, o § 4º do art. 68 estabelece o direito do titular da patente de impedir que terceiro, *sem o seu consentimento*, importe produtos objeto de patente.

Com relação às marcas, o significado desta regra, combinada com a ressalva con-

LPI, na Comissão de Assuntos Econômicos do Senado Federal, eliminou o termo "externo", mantendo somente o adjetivo "interno", qualificativo do mercado, no texto do art. 43, IV. O dispositivo que enumera os crimes contra patentes de invenção e modelos de utilidade refere-se expressamente ao mercado *externo* (art. 184, II). A importação paralela relativa às patentes mereceu uma solução diferenciada daquela envolvendo marcas, pois ao contrário daquelas, que garantem um monopólio legal, ou seja, um mercado exclusivo ao seu titular, o objetivo principal das marcas é identificar os produtos nos quais estão apostas. V. também, a este respeito, a regra mencionada na nota 64 e a nota 91.

21. A licença compulsória é a sanção com a qual se penaliza o titular da patente que não tenha iniciado sua exploração no prazo de três anos após a concessão, excetuados os casos de força maior ou obstáculos legais. Até a entrada em vigor, no Brasil, do texto da Revisão de Estocolmo da Convenção de Paris, em 24.8.92, pelo Decreto 635/92, a primeira sanção aplicada pela falta de exploração, antes de submeter a patente à licença compulsória, era a caducidade (art. 49 da Lei 5.772/71). A lei revogada, em seu art. 52, especificava que considerava-se uso efetivo a exploração comprovada, contínua e regular da invenção em escala industrial, seja através de produção pelo titular da patente, seja por produção através de concessão de licenças de exploração a terceiros. Note-se que na LPI, não existe dispositivo equivalente a tal artigo.

tida no inc. III do art. 132, a nosso ver, é que a importação paralela é lícita quando a marca estiver aposta aos produtos fabricados com base numa patente sob licença compulsória, desde que consentida pelo titular. Embora os §§ 3º e 4º do art. 68 não especifiquem de que "mercado" se trata, entendemos tratar-se do internacional.

Pesquisaremos, a seguir, a extensão dos fundamentos legais pertinentes às importações paralelas.

Cabe ao titular invocar, para impedir as importações paralelas, o direito de exclusividade conferido pela concessão da patente ou registro? A nosso ver, os fundamentos do direito do titular de impedir (desde que preenchidas as condições legais já referidas) a importação paralela ou a venda dos produtos paralelamente importados, contidos na LPI, são: a) os específicos sobre importações paralelas (art. 43 c/c art. 42 para as patentes, art. 132, III para as marcas e 109 para os desenhos industriais); e b) aqueles relativos à violação do direito de propriedade e de exclusividade de uso do titular, por ausência do seu consentimento, posto que um dos direitos decorrentes do título é o de colocação dos produtos no mercado em que há um direito de propriedade industrial válido, pelo titular (art. 42 para as patentes, 129, 130 e 131 para as marcas e 109 para os desenhos industriais).

No sistema brasileiro, não houve tipificação penal, constituindo a importação paralela sem consentimento do titular um ilícito civil, tanto com relação às patentes (art. 184, II), quanto aos desenhos (art. 188, II) e às marcas (pela não inclusão da referência às importações paralelas nos arts. 189 e 190).

E quais são os fundamentos do dever indenizatório do importador paralelo, uma vez preenchidos os requisitos de ilicitude? Os direitos lesados e os prejuízos materiais decorrentes são, de um lado, os do titular e, de outro, os do licenciado ou distribuidor exclusivo (aos quais o primeiro garante certa proteção através da determinação de um território privativo). Configurando-se a ilicitude, é de invocar-se o princípio geral contido no art. 159 do Código Civil em ambos os casos, mas incidem, também, regras específicas: aquelas contidas nos arts. 208 a 210 da LPI, sobre indenização. Note-se também que, ao comerciante, dada a finalidade lucrativa de sua atividade, com mais razão ainda aplica-se a regra de não poder escusar-se de cumprir a lei, alegando não conhecê-la (art. 3º da LICC).

No que concerne o segundo vértice, o do distribuidor face ao titular, dependendo das circunstâncias, o licenciado ou distribuidor exclusivo pode reivindicar do licenciador indenização por perdas e danos, alegando que a "exportação paralela" constituiu infração contratual (quebra da cláusula de exclusividade), demonstrando que sofreu prejuízos em razão da concorrência praticada pelo importador paralelo (ex.: perdas e danos e lucros cessantes causados pelas demissões de empregados, investimentos para estruturar uma indústria local, publicidade em torno do produto, prejuízos causados à reputação da marca em razão da qualidade inferior etc.). No entanto, se a importação paralela se tiver consumado sem o conhecimento do titular, ou em desatendimento às instruções deste, o licenciado ou distribuidor exclusivo não poderá reivindicar indenização daquele, não cabendo falar-se em responsabilidade objetiva do licenciador, na ausência de previsão legal nesse sentido. Se este último não tiver vendido diretamente ao importador paralelo, e se tiver tomado medidas razoavelmente adequadas no sentido de impedir que os produtos cheguem ao país do licenciado através de importações paralelas, não responderá por perdas e danos face ao licenciado. No âmbito comunitário, o licenciador poderia ainda alegar não ser responsabilizado, por caber-lhe obedecer aos princípios de interesse público, tais como o da livre circulação de mercadorias no território integrado e o da livre concorrência.

Ainda com relação aos fundamentos legais invocados em matéria de importações paralelas, alguns aspectos concorrenciais e de Direito do Consumidor estão profundamente correlacionados com este tema. Mesmo sob a vigência da LPI, continua existindo o direito dos titulares de, em determinadas condições, impedir as importações paralelas pelo que, dada a inclusão de normas específicas na lei, passaríamos a chamar de "efeitos colaterais" de tais importações, a seguir versados.

Considerando que os importadores paralelos concorrem seja com os titulares, seja com os seus licenciados ou distribuidores, estando presente, portanto, a relação concorrencial, é de se questionar se as importações paralelas constituem modalidade de ato de concorrência desleal *stricto sensu*. Com os importadores paralelos, os licenciados, distribuidores e franqueados competem em condições de desigualdade, por razões conjunturais econômicas, de carga tributária, política cambiária, relações trabalhistas e previdenciárias etc., podendo as importações paralelas, em alguns casos, caracterizar ato de desvio de clientela, presente o elemento fraude. Contudo, o fundamento da ilicitude da importação paralela pura e simples é aquele já mencionado acima: a violação do direito de exclusividade do titular.

Por outro lado, sendo indubitável que os consumidores são os destinatários finais das importações, alguns danos aos mesmos, decorrentes de atos contrários às normas de saúde e higiene (falta de registro do produto, desrespeito às medidas sanitárias etc.), da omissão de informações sobre o produto no idioma local ou, ainda, da ausência de uma rede de assistência técnica etc.,[22] geram a possibilidade de invocar as normas pertinentes. A teor do que dispõe o art. 12 da Lei 8.078/90 (Código Brasileiro de Defesa do Consumidor), o importador responde tanto quanto o fabricante, independentemente da existência de culpa, pela reparação dos danos causados aos consumidores por defeitos dos produtos ou insuficiência de informação sobre a utilização e riscos. O comerciante é igualmente responsável, entre outras hipóteses, quando os dois primeiros não puderem ser identificados (art. 13, I).

Há situações de difícil solução, como por exemplo, saber se o licenciado local tem alguma responsabilidade face aos consumidores e se pode recusar-se a prestar assistência técnica com relação aos produtos importados paralelamente por terceiro. Com base nas regras do CDC acima mencionadas e nos princípios da responsabilidade civil, considerando que o licenciado local não fabricou, importou nem vendeu a mercadoria trazida ao país por um importador paralelo, entendemos não caber ao primeiro, mas sim ao segundo e ao fabricante estrangeiro, a responsabilidade pelos defeitos dos produtos em questão. Pelo

22. No nosso artigo "A proteção ao consumidor como instrumento de aperfeiçoamento da integração econômica no Mercosul – Com especial relevo para seu relacionamento com o direito das marcas e da concorrência desleal", pp. 112-126, analisamos os conflitos e correlações existentes entre o aprofundamento do processo integrativo no Mercosul e a regulamentação da tutela do consumidor, tais como: as novas oportunidades de negócios e a dinâmica de formação de novas empresas e *joint-ventures* resultam no renivelamento dos padrões de qualidade e segurança dos produtos; a diversidade normativa pode dificultar a livre circulação; as diferentes culturas de consumo e de exigência dos consumidores nos quatro Estados-membros têm reflexos sobre as importações. Por outro lado, informamos o estágio atual da legislação interna dos países membros do Mercosul sobre a proteção ao consumidor, denotando desnível entre os regimes legais: no Brasil, vigora a Lei 8.078, de 11.3.91 (CDC); na Argentina, a Lei 2.420/93, Lei de Defesa do Consumidor; o Uruguai não tem lei específica, mas há certo amparo aos consumidores na legislação sobre concorrência desleal; finalmente, no Paraguai, existe previsão constitucional e um projeto de lei. A proteção do consumidor é uma das prioridades do Conselho do Mercosul em matéria de harmonização legislativa. O programa "MERCOSUL 2000" prevê um "Regulamento Comum de Defesa do Consumidor".

mesmo raciocínio, opinamos que o licenciado brasileiro pode recusar-se a prestar a aludida assistência técnica.

Em casos de importações paralelas, por vezes são invocáveis também ilícitos de ordem tributária (contrabando, subfaturamento etc.), ou atos predatórios da concorrência, como *dumping*.

3.1.1.3 O significado do consentimento, elemento regulador do princípio da exaustão – Como vimos, no sistema brasileiro, a condição essencial para a caracterização da ilicitude da importação paralela é a ausência de consentimento da venda dos produtos no Brasil *por parte do titular* da patente, desenho industrial ou marca. O consentimento já estava presente na fase de criação do princípio da exaustão pela jurisprudência européia (v. capítulo 4.1.1).[23]

O significado da expressão "consentimento" é rico em efeitos legais. Originária, etimologicamente, do latim *consentire*, ela tem a acepção de *permitir*, *admitir*, *concordar com*, *estar de acordo*, *anuir*. Elemento prévio é o *conhecimento*: quem consente deve estar ciente do ato que está sendo ou será praticado, ou pelo menos, da possibilidade de que venha a ser realizado. Obviamente, só há falar-se em "consentimento" com relação a um ato praticado por outrem, não quanto a um ato praticado por si mesmo. Exemplificando esta ponderação com uma hipótese que tenha o Mercosul como cenário, caso a primeira venda dos produtos fabricados no Brasil pela própria titular do direito de propriedade industrial, empresa brasileira, ou pela subsidiária local de uma empresa estrangeira titular, seja feita à Argentina, mediante exportação, parece evidente que o titular consentiu com essa exportação, já que foi feita por ele próprio ou por sua controlada.

As questões que surgem são muito delicadas. Haveria consentimento tácito, pelo simples fato de que o titular sabia que vendeu o produto a alguém que iria revendê-lo? O fato de o produto ter sido colocado no mercado pela primeira vez por uma licenciada do titular significa que este consentiu, já que a licenciada está com ele relacionada, sobretudo se for uma subsidiária?

Cabe-nos esclarecer, inicialmente, que há duas espécies de consentimento:[24] o *expresso* (que pode ser escrito ou verbal), e o *tácito*. O primeiro tipo, consistindo numa manifestação volitiva inequívoca, concordante com a prática de determinado ato (ex.: conceder uma autorização ou, simplesmente, emitir aprovação), dispensa maiores comentários. Missão hermenêutica difícil, de incumbência dos nossos tribunais, será delimitar a abrangência da autorização tácita. Quando há mais de um elo entre o titular e o revendedor ou importador, sua definição fica ainda mais difícil. O consentimento tácito é presumido em razão de atos ou fatos que demonstram uma vontade no sentido de aquiescer. Assim, é revelado pelas circunstâncias, pela evidência decorrente dos fatos. O consentimento tácito por omissão, subespécie, dá-se quando alguém,

23. Sobre o consentimento nas licenças compulsórias relativas a patentes na União Européia, v. nota 62 *infra*.

24. Com pertinência ao *agente emissor* do consentimento, observando que os atos mercantis são realizados por intermédio de pessoas físicas investidas no poder de agir em nome do *dominus negotii*, analisamos, no nosso artigo "A representação na conclusão dos contratos mercantis", pp. 16-30, diversos aspectos concernentes ao grau de poderes representativos que podem assumir, na expressão do consentimento, representantes como os sócios-gerentes das sociedades por quotas e os diretores das sociedades anônimas (considerados representantes orgânicos); os prepostos comerciais; o mandatário *ad negotia* etc. Quanto ao representante aparente, notamos que, no terreno dos atos mercantis, a aplicação da teoria da aparência justifica-se tanto mais que, nele, o elemento formal é dos menos exigentes. Como ponderação geral sobre as declarações volitivas emitidas nos atos de comércio, concluímos que, em função dos princípios da representação e da responsabilidade civil, os riscos não apenas econômicos, mas sobretudo jurídicos, da operação mercantil, ainda que executada por intermediário, competem em regra ao *dominus negotii*, cabendo ao representante apenas uma obrigação de meios.

sabendo que determinado ato seria praticado, a ele não se opõe (segundo o provérbio popular "quem cala consente").

Quando a empresa titular possui uma licenciada, somos levados a perquirir, como apontado no início deste capítulo, se o simples fato de a primeira ter concedido uma licença voluntária para fabricação em país estrangeiro significa ter ela consentido com a importação paralela. Respondemos negativamente a essa indagação, se, pelo menos, o território da licença é delimitado, e com mais razão ainda se, cumulativamente, a licença outorga exclusividade (geralmente, ambas as condições são simultâneas), por três razões:

a) em primeiro lugar, parece-nos contraditório que o titular conceda, com limitação territorial, uma licença ou contrato de distribuição, vindo depois a "consentir" que os produtos sob licença saiam desse mesmo território, sendo exportados para outro, diverso daquele ao qual se destinavam. Se o titular quisesse consentir com redes paralelas, não teria demarcado o território nem concedido exclusividade, o que seria incongruente, inconsistente, ilógico. Interpretamos o consentimento como a autorização ou concordância com a entrada do produto no mercado *interno* (ou seja, com a chegada da mercadoria *ao Brasil*), não com o seu ingresso em *qualquer país*;

b) como segundo argumento, corolário do primeiro, assinalamos que o titular estaria praticando uma "roleta russa" ao permitir que seus licenciados se tornem seus próprios concorrentes nos mercados em que opera diretamente, ou concorrentes de seu licenciado local, de forma que o titular acabaria vendendo menos no mercado importador, no primeiro caso, ou recebendo menos *royalties* do licenciado específico, no segundo;

c) por fim, defendemos que, no caso das marcas, se o simples fato de conceder uma licença equivalesse a um consentimento, teria sido suficiente para o legislador usar as expressões "direta ou indiretamente", ou "por si ou por outrem" (cf. art. 132, III da LPI), sem necessidade de acrescentar a expressão "com o seu consentimento".

Em resumo, na nossa opinião, o consentimento é dado para as vendas dentro do território do país importador; em outras palavras, o consentimento é a concordância com as vendas no mercado em que estão sendo feitas as importações paralelas. Para comercializar nele, não podemos simplesmente "supor" que, em razão da existência de licenciados, o titular tenha dado o seu consentimento, a não ser que essa concordância esteja expressa (no contrato de licença, por exemplo). É evidente que o titular consente que seus licenciados fabriquem e vendam os produtos associados ao direito de propriedade industrial no território que lhes foi demarcado contratualmente, o que não significa, a nosso ver, que ele tenha consentido com a exportação para fora desse mesmo território, ou com a importação de fontes externas ao mesmo. O consentimento não decorre da circunstância de que os produtos tenham sido colocados no mercado através de um licenciado ou distribuidor autorizado estrangeiro. A nosso ver, tal interpretação seria errônea; o consentimento (quer tácito, quer expresso) não pode ser presumido pelo simples fato de que os produtos se originaram de um licenciado ou distribuidor do titular no estrangeiro.

Recapitulando, o raciocínio exposto partiu da seguinte indagação: se o titular não tiver inserido no contrato de licença, de forma expressa, que desautoriza as vendas para fora do território objeto do mesmo, teria ele dado o seu consentimento tácito com tais vendas? Em outras palavras, equivaleria tal omissão a um consentimento tácito? Claro que o ideal seria, para o titular, pactuar expressa e claramente a sua não autorização das importações paralelas, mas se ele deixou de fazê-lo, entendemos que a delimitação territorial e a concessão de exclusividade ao licenciado ou distribuidor produzem os mesmos efeitos que uma *proibição contratual tácita*, não a uma autorização tácita, das atividades do licenciado ou distribuidor que resultem em importações paralelas. Somente se o titular não concedeu contratualmente qualquer proteção territorial (não reservou territorialmente os seus direitos ou os de outros licenciados), ou se não concedeu exclusividade, ou ainda, se não tomou qualquer providência no sentido de proibir ao seu licenciado em país estrangeiro a exportação (restrições como essa sujeitam-se às normas de livre concorrência, como mencionamos no capítulo 6.2 *infra*), ou de fazer constar dos produtos fabricados pelo licenciado estrangeiro a proibição de venda nos demais territórios em geral ou em território especificado, nem de fiscalizar tais atividades do licenciado, poderemos falar em "consentimento tácito".

Com mais razão ainda, se o próprio importador paralelo foi informado, pelo titular, da exclusividade da licença ou distribuição, pode este proibir as importações paralelas. O ônus da prova do conhecimento (seja pelos licenciados, seja pelos importadores) pertence ao titular, autor da ação judicial relativa às importações paralelas. Recordemos que o art. 140, *caput* da LPI estabelece que o contrato de licença será averbado no INPI para que produza efeitos com relação a terceiros, entre estes, o conhecimento dos mesmos, mas, se o contrato de licença for celebrado com um fabricante estrangeiro, as partes não o averbarão no INPI brasileiro, de forma que suas cláusulas não serão necessariamente conhecidas pelo importador local. O importador paralelo de boa-fé deve ser poupado, sempre que possível, sendo sua posição semelhante à do evicto.

Pelos motivos expostos, somente em circunstâncias muito específicas deve-se admitir a existência de um consentimento tácito por parte do titular. Se este ou seu licenciado vendeu os produtos no território delimitado no contrato de licença, o seu direito exaure; se os venderam fora do território licenciado, não se esgota. A título de exemplo, caso o titular tenha vendido seus produtos a um comerciante cuja intenção de exportá-los ao Brasil – no qual o primeiro não possui licenciado ou distribuidor exclusivo – era de seu conhecimento necessário ou presumido, diante das circunstâncias, estaremos diante de um caso de consentimento tácito da exportação. A venda, pelo titular, de um lote diretamente a um lojista brasileiro demonstra o seu consentimento expresso. Já a comercialização, pelo titular, de um lote a um lojista estrangeiro, para venda direta por este aos consumidores finais, não destinada, portanto, à revenda pelo lojista a comerciantes de outros países, desqualifica a participação volitiva do titular, isto é, não produz o efeito de indicar que o mesmo tenha concordado com (ou consentido) a subseqüente exportação.

Por outro lado, o consentimento do titular não pode ser depreendido do fato de não ter anteriormente acionado judicialmente os importadores paralelos.

Concluindo, o consentimento, a nosso ver, significa que o titular autorizou, de forma expressa ou razoavelmente deduzida das circunstâncias, a exportação "paralela" ao Brasil. Em outras palavras, só pode ser concluído que o titular "consentiu" com a importação paralela se circunstâncias relevantes conduzirem à presunção de que autorizou a comercialização dos produtos no Brasil.

A Comissão Européia já entendeu (e aparentemente persiste nessa interpretação) que a simples concessão de uma licença de patente em qualquer país da União Européia equivale a uma exaustão de todos os direitos patentários correspondentes em qualquer local da União Européia, sobre os produtos licenciados.[25] Mas, na verdade,

25. Jeremy Brown, "Parallel imports, exhaustion of rights in EU", in *Les Nouvelles*, p. 52.

segundo Jeremy Brown, na União Européia esta questão está em aberto.[26]

Por último, acrescentamos que o consentimento, na nossa opinião, deve ser interpretado da mesma forma quer se trate de exaustão nacional, regional ou internacional.[27]

3.1.1.4 Direito Processual brasileiro – Como vimos, na LPI brasileira, a importação paralela não consentida configura, nas circunstâncias já descritas, um ilícito civil, não penal. Os remédios processuais de que dispõe o titular para agir em juízo no sentido de impedir a importação, a colocação à venda, a manutenção em depósito e/ou a própria venda, são, portanto, cíveis: as ações cautelares genéricas regulamentadas pelo Código de Processo Civil,[28] o pedido de liminar *sui generis* previsto no art. 209 § 1º, da LPI, requerido na própria ação principal, e as ações cíveis ordinárias com pedido cominatório e/ou indenizatório (quanto a este, aplicam-se o art. 159 do CC e os arts. 208 a 210 da LPI, como já vimos). A prescrição é de cinco anos para a ação reparatória do dano (art. 225 da LPI) e a comum ou vintenária para fazer cessar a prática do ilícito.

A apreensão alfandegária prevista no art. 198 da LPI não é cabível, eis que este claramente visa reprimir o ingresso dos produtos "assinalados com marcas falsificadas, alteradas ou imitadas ou que apresentem falsa indicação de procedência".

Segundo a LPI, a legitimidade ativa é do titular da patente, desenho industrial ou marca[29] (cujo direito de exclusividade decorre da lei), podendo o licenciado ser seu litisconsorte (por exclusividade de origem contratual, ou mesmo aquele sem direito de exclusividade). Isoladamente, o licenciado não pode agir, exceto se previsto contratualmente, ou com a autorização expressa do titular, posterior à concessão da licença. Não obstante, sendo o contrato de licença omisso a respeito da possibilidade de o licenciado agir isoladamente, pode-se sustentar sua legitimidade ativa individual com base no entendimento de que, como o locatário de um bem, tem o direito de defender a sua posse. O distribuidor, exclusivo ou não, pode agir na qualidade de assistente do titular, dado o seu interesse jurídico na causa.

Legitimados passivamente são o importador e os comerciantes que vendam, coloquem à venda ou tenham em depósito os produtos objeto de importação paralela (arts. 42, 109 e 132, III da LPI).

3.1.2 Direito argentino[30]

Na Argentina, encontram-se em vigor o Decreto 260/96, que aprovou o texto organizado da Lei de Patentes de Invenção e Modelos de Utilidade 24.481/95, com as correções da Lei 24.572/95, a Lei sobre as Marcas e Indicações de Origem 22.362, de 26.12.80, e o Decreto 558/81, que a regulamenta e, ainda, quanto aos modelos e desenhos industriais, a Lei 16.478 (Decreto-lei 6.673/63). O país incorporou o TRIPs pela Lei 24.425/95, publicada em 5.1.95, que ratificou o Ato Final da Rodada Uruguai.

Segundo o Decreto 260/96, o titular de uma patente argentina tem o direito de

26. Idem, p. 50.

27. Quanto ao consentimento no Protocolo de Harmonização de Marcas do Mercosul, v. capítulo 3.2 *infra*.

28. V. art. 798 do Código de Processo Civil brasileiro, segundo o qual além dos procedimentos cautelares específicos nele regulados, o juiz poderá determinar as medidas provisórias que julgar adequadas, quando houver fundado receio de que uma parte, antes do julgamento da lide, cause ao direito da outra lesão grave e de difícil reparação.

29. Os arts. 42, 109 e 132, III da LPI, respectivamente, conferem ao titular a possibilidade de impedir as importações paralelas.

30. Com relação ao direito argentino, uruguaio e paraguaio, as eventuais falhas devem ser atribuídas unicamente à autora do presente artigo. Nosso reconhecimento à dra. Iris Quadrios, pelos dados fornecidos sobre a legislação vigente na Argentina.

impedir que terceiros, sem o seu consentimento, fabriquem, usem, ofereçam à venda ou importem o produto objeto da patente, desde que o mesmo não tenha sido colocado licitamente no comércio de qualquer país. Considera-se lícita a colocação dos produtos no comércio quando o licenciado abone que foi feita pelo titular da patente no país de aquisição ou por um terceiro autorizado a comercializá-los. Pela legislação patentária argentina, a patente pode ser explorada por fabricação local ou por importação.

Os tribunais argentinos já julgaram uma série de casos sobre importações paralelas.[31] A jurisprudência, reiteradamente, tem considerado lícita a importação paralela, sobretudo em razão do caráter genuíno do produto.

3.1.3 Direito uruguaio[32]

No Uruguai, vigoram, quanto às patentes de invenção, a Lei 10.089, de 12.12.41; quanto às marcas, a Lei 9.956, de 4.10.40[33] e, quanto às patentes de modelos de utilidade e modelos ou desenhos industriais, a Lei 14.549, de 29.7.76. Foi aprovada, em 1993, nova legislação destinada a impedir ou, ao menos, a desencorajar as violações às marcas, pelo Decreto 51/93 e pelo Ato 16.320.[34] Por outro lado, através da Lei 16.671, o Uruguai ratificou os acordos do GATT, fazendo com que as disposições do TRIPs entrassem em vigor em 1.1.95 no país. As importações paralelas não encontram menção nas leis de patentes, marcas e direitos autorais vigentes, não podendo ser impedidas. É aplicado o princípio do esgotamento do direito do titular por uma regra jurisprudencial.

O Projeto de Lei de Marcas atualmente em trâmite criará a possibilidade de averbar os contratos de representação e conduzirá, provavelmente, à adoção do princípio da exaustão de direitos no plano legislativo, pelo menos quanto às marcas.

3.1.4 Direito paraguaio[35]

No Paraguai, as patentes são regidas pela Lei 773/25; as marcas pela Lei 751/79, que entrou em vigor em outubro de 1979, modificada parcialmente pela Lei 1.258/87 em outubro de 1987 e alterada novamente em 1995; e os desenhos e modelos industriais pela Lei 868/81. Os modelos de utilidade não foram incluídos na legislação.[36] O país implementou recentemente uma campanha para melhorar o nível de proteção dos direitos de propriedade intelectual e evitar contrafação e outros atos de pirataria.[37] Pela Lei 444, que entrou em vigor em 10.11.94, o país ratificou os acordos do GATT, incluindo o TRIPs. As leis paraguaias nada dispõem acerca da exaustão de direitos.

Através da Lei 912, de 1.8.96, o Paraguai foi o primeiro país a aprovar o Protocolo de Harmonização em Matéria de Marcas do Mercosul, ao qual já nos referimos no capítulo introdutório, e que será objeto da próxima seção.

Houve julgados (casos *Toyota*, *Philips*) em que se concedeu apreensão alfan-

31. V. Luiz Henrique Oliveira do Amaral, *Gray Market...*, cit., p. 5.

32. A autora expressa o seu agradecimento ao dr. Gonzalo Fernández Secco pelas informações e textos legais fornecidos, utilizados nesta palestra.

33. V. Juan A. Pittaluga, "Normas marcarias uruguayas y su aplicación al Mercosur", in *Revista da ABPI* 8/29-31.

34. Ver nossas informações na coluna "Informe da propriedade intelectual no mundo", in *Revista da ABPI* 15/49.

35. O dr. Wilfrido Fernandez Jr. tem o reconhecimento da autora pelo gentil fornecimento das informações a respeito do direito paraguaio. Como material de consulta sobre o direito marcário na América Latina, v. o artigo do mesmo, "Recent trademark developments: Central and South America", in INTA-International Trademark Association, pp. 67-100.

36. V. Elba Britez de Ortiz, *Propiedad Industrial – Paraguay*. A autora não aborda a exaustão, mas expõe as principais regras sobre propriedade industrial no Paraguai e apresenta sugestões sobre como harmonizar as leis no Mercosul.

37. V. Hugo Berkemeyer T., in *INTA BULLETIN*, 15.9.97.

degária de produtos objeto de importação paralela mas, no mérito, a Suprema Corte paraguaia considerou a importação lícita, concluindo que só caberia ação entre o licenciado e o titular, por infração contratual. Atualmente, a jurisprudência admite medidas cautelares, não com fundamento nos aspectos atinentes às importações paralelas, mas com base nas normas de proteção contra a concorrência desleal (no caso *L'Oréal*, por exemplo), contidas na Lei de Marcas e na Lei do Comerciante, ou por desobediência às normas sanitárias, visando a defesa do consumidor, mas tão-somente na esfera civil (o ato somente poderia ser tipificado como crime de concorrência desleal se houvesse falsificação).

O Projeto de Lei de Marcas em trâmite na Câmara dos Deputados introduz o princípio do esgotamento em dois artigos, de forma bastante ampla. Segundo o projeto, em determinadas circunstâncias as importações paralelas serão consideradas ilícito civil e ensejarão as ações cautelares previstas no CC. O Projeto de Lei de Patentes também adota a regra da exaustão.

3.2 *Direito comunitário: o Protocolo de Harmonização de Marcas no Mercosul*

Enxergou bem Maurício C. de Almeida Prado que as normas sobre proteção da propriedade industrial enquadram-se naquelas que precisam ser profundamente harmonizadas, porém não uniformizadas, pois as experiências anteriores demonstraram a frustração deste mecanismo na prática. A harmonização consiste na admissão de regras diferenciadas, mas que produzam a uniformização dos efeitos, vale dizer, que resultem em direitos e garantias iguais, passando a existir um regime único no âmbito do Mercosul.[38] O legislador brasileiro demonstrou seu desejo de contribuir com o processo de harmonização dessa matéria no âmbito regional, ao determinar, no art. 242 da LPI, que o Executivo submeterá ao Congresso projeto de lei destinado a promover, sempre que necessário, a harmonização da nova lei com a política sobre propriedade industrial adotada pelos demais países do Mercosul.

O Subgrupo 7, um dos grupos de trabalho especializados criados pelo Grupo Mercado Comum, conforme o anexo V do Tratado de Assunção e a competência que lhe atribui o art. 14, V do Protocolo de Ouro Preto, tem como área de atuação a política industrial e tecnológica (harmonização das políticas de promoção, qualidade e produtividade e políticas para as micro, pequenas e médias empresas). Em 1992, foi constituída, por iniciativa brasileira, uma comissão *ad hoc* sobre propriedade industrial,[39] dentro do subgrupo em questão, com agenda própria. O primeiro grande tema sobre o qual essa comissão se debruçou foi o das marcas, e entre os dezesseis pontos a respeito dos quais elaborou uma análise comparativa, encontrava-se a importação paralela.

Como fruto desse trabalho, em 5.8.95, os quatro Estados-membros assinaram o *Protocolo de Harmonização de Normas sobre Propriedade Intelectual no Mercosul em Matéria de Marcas, Indicações de Procedência e Denominações de Origem*, tratado aprovado pela Decisão 8/95 do GMC, por ocasião da XVIII Reunião do Grupo Mercado Comum, realizada em Assunção. Segundo o art. 26 do Protocolo, o mesmo é parte integrante do Tratado de Assunção.[40] Paraguai é o depositário dos instru-

38. "A implementação do Mercosul e a propriedade industrial", in *Mercosul – A Estratégia Legal dos Negócios*, p. 115.

39. Para um histórico das diversas reuniões sobre a matéria realizadas no âmbito do Mercosul e, particularmente, sobre a Comissão de Propriedade Industrial (cuja criação foi decidida pela Resolução Mercosul/GMC 25/92), v. Marta M. Laudares de Almeida, "Propriedade intelectual no Mercosul", in *Revista da ABPI* 8, pp. 76 e ss.

40. O Tratado de Assunção foi assinado em 26.3.91, tendo como complemento o Protocolo de

mentos de ratificação. Até o mês em curso (setembro de 1997), o Protocolo somente foi ratificado pelo Paraguai, pela Lei 912, de 1.8.96, como já mencionado.

Segundo o Protocolo, as regras e princípios que sirvam para orientar a ação administrativa, legislativa e judicial dos Estados-partes no reconhecimento e na aplicação dos direitos em matéria de marcas devem estar conformes com os tratados multilaterais, particularmente a Convenção de Paris para a Proteção de Propriedade Industrial (Ata de Estocolmo de 1967) e o TRIPs.[41]

Tendo por finalidade "reduzir as distorções e os obstáculos ao comércio e à circulação de bens e serviços" no território do Mercosul (segundo o preâmbulo e o art. 23), o Protocolo propõe-se reunir força suficiente para cobrir dois vértices: proteger os direitos dos titulares mas, ao mesmo tempo, garantir que o exercício dos mesmos não represente em si mesmo uma barreira ao comércio legítimo.[42] Característica notável é que o Protocolo, ao invés de arvorar-se em "lei-tipo" ou "lei-uniforme", estabelece regras de proteção mínima, podendo o país aderente que assim desejar concedê-la maior (art. 1º), em sistema similar ao do TRIPs.

Primeiro tratado assinado no âmbito do Mercosul em matéria de propriedade industrial,[43] o Protocolo tem por objeto a proteção das marcas, indicações de procedência (nomes geográficos de países, cidades, regiões etc., conhecidos como centros de produção de determinado produto ou serviço) e denominações de origem (nomes como os anteriores, que além da localidade, indiquem determinada qualidade que lhes seja característica).

Uma das principais inovações contidas no Protocolo é a regulamentação das importações paralelas, ainda que apenas no plano das marcas, através do art. 13, assentando o princípio da exaustão *regional* dos direitos como segue: "o registro de marca não poderá impedir a livre circulação dos produtos marcados, introduzidos legitimamente no comércio pelo titular ou com a autorização do mesmo. Os Estados-partes comprometem-se a prever em suas legislações medidas que estabeleçam a exaustão do direito conferido pelo registro".

Dadas as discussões travadas no seio da Comissão de Propriedade Industrial já referida, a redação final foi fruto de negociação, pois o Paraguai desejava a exaustão só nacional. A intenção era introduzir no Protocolo o esgotamento regional, mas esta palavra foi retirada, deixando margem à dúvida de saber se o escopo do princípio seria internacional. Por isso, a primeira questão que surge deste artigo diz respeito ao âmbito de aplicação do princípio do esgotamento nele previsto que, a nosso ver, qualifica-se como *regional*, e não nacional nem internacional. Baseamo-nos, para afirmar que a extensão prevista corresponde à região geográfica do Mercosul, independentemente do grau de institucionalização implementado por este bloco regional do comércio, num fundamento encontrado, ainda que de forma implícita, no próprio Protocolo de Harmonização de Marcas. Embora o texto do art. 13 do mesmo não especifique a abrangência territorial da *introdução no comércio* dos produtos marcados, é óbvio que a *livre circulação* defendida pelo dispositivo tem por escopo a zona integrada (pois o preâmbulo do Tratado de Assunção consigna que a "ampliação das atuais dimensões dos mercados nacionais dos Estados-partes, através da integração", constitui condição fundamental

Ouro Preto, de 17.12.94, aprovado pelo Decreto 1.901, publicado no *DOU* de 10.5.96.

41. Ao qual já nos referimos no capítulo 3.1.2 *supra*, melhor comentado no capítulo 3.3 *infra*.

42. Ver Protocolo, preâmbulo. Este último objetivo passou a integrar as metas do sistema particularmente em função dos processos de regionalização e de globalização.

43. Há também o Acordo de Cooperação Técnica entre os Escritórios de Propriedade Industrial dos Estados-membros do Mercosul, convênio quadripartite, assinado pelos quatro Escritórios em 2.4.97.

para acelerar seus processos de desenvolvimento econômico com justiça social).

O segundo desafio que nos colocamos, diante do texto do Protocolo, é questionar se as expressões "*colocado no mercado interno*" e "*colocado no mercado*" contidas nos arts. 43, IV, 132, III e 68, §§ 3º e 4º da nova Lei da Propriedade Industrial brasileira, versados no capítulo 3.1.1.2 *supra*, devem ser reinterpretadas no sentido de abrangerem o território do Mercosul. Em outras palavras, mesmo que não se encontre ainda em vigor o Protocolo de Harmonização, estaria o Brasil aplicando desde já a exaustão regional? Em tese, diante da existência indiscutível do bloco econômico regional, funcionando como união alfandegária, entre a Argentina, o Brasil, o Paraguai e o Uruguai (citados em ordem alfabética), vigorando o Tratado de Assunção,[44] poder-se-ia falar num "*mercado interno ampliado*", no sentido de que o território ao qual a nossa lei se aplicaria seria não apenas o brasileiro, mas o de todo o Mercosul. Contudo, não podemos deixar de vincular o entendimento da adoção pelo Brasil da exaustão regional quanto às marcas, à entrada em vigor do Protocolo de Harmonização de Marcas.

Desta forma, entendemos que ainda não opera no Brasil a exaustão regional; da interpretação contrária adviriam discrepâncias: a lei brasileira já aplicaria a exaustão regional, enquanto as leis dos três outros países sequer mencionam ainda a exaustão. No nosso entender, a LPI criou um princípio do esgotamento nacional, que ainda não podemos interpretar como tendo extensão regional para o Mercosul. Conseqüentemente, para efeito de aplicação da nossa lei, somente se a primeira comercialização ocorreu *no Brasil, não em um dos países do mercado comum*,[45] é que se aplica a exaustão, nos casos previstos.

Em síntese, somente após a entrada em vigor do Protocolo e Harmonização de Marcas,[46] a primeira comercialização da mercadoria em qualquer país pertencente ao Mercosul, pelo titular ou com sua "autorização", produzirá o efeito de esgotar o direito do primeiro de impedir as vendas em qualquer dos países-membros. Poderemos então dizer que, se o titular, direta ou indiretamente, colocou a mercadoria em qualquer país do Mercosul, terá que respeitar a livre circulação e não poderá mais impedir as vendas subseqüentes.

Atribuímos ao termo "autorização", empregado pelo art. 13 do Protocolo, neste contexto particular, o mesmo sentido que à expressão "consentimento", contido na nossa LPI, já acima analisado, embora a palavra "autorização", no sentido comum, transmita mais a idéia de ser necessariamente expressa e menos a de poder ser tácita.

O Protocolo, possuindo a natureza de tratado internacional, prevalece sobre a norma interna, causando-nos estranheza que seu art. 13 tenha atribuído aos Estados-membros a tarefa de estabelecer a exaustão dos direitos em suas legislações nacionais, quando em matéria de direito comunitário ou direito do Mercosul, o próprio sentido desta regra é a proteção do livre comércio intra-bloco, como ocorre na União

44. Segundo o art. 1º do Tratado de Assunção, o Mercado Comum implica na livre circulação de bens e serviços, através, entre outros, da eliminação das restrições não tarifárias à circulação de mercado e de qualquer outra medida de efeito equivalente.

45. Recorde-se que o certificado de origem dos produtos possibilita identificar quais vêm de fora ou de dentro do Mercosul. Somente os produtos fabricados dentro do território de um dos países-membros beneficiam-se das vantagens tarifárias, o que é atestado através do certificado de origem do produto. O regime geral de origem está disciplinado no Anexo II do Tratado de Assunção, explicando que produtos são considerados originários dos Estados-partes e produzidos no território de um Estado-parte.

46. Segundo seu art. 26, o mesmo entrará em vigor, revogando as leis internas dele discrepantes, para os dois primeiros países que o ratificarem, trinta dias após o depósito do segundo instrumento de ratificação, e, para os demais, trinta dias após o depósito dos respectivos instrumentos de ratificação.

Européia.[47] Concluímos, portanto, que a norma do art. 13 do Protocolo deve ser entendida como permitindo aos legisladores dos Estados-membros adotar leis nacionais diferenciadas, mas cujos efeitos se uniformizem e respeitem o esgotamento regional.[48]

Por fim, como vimos, as importações paralelas produzem certas conseqüências para os consumidores. Não existe ainda um regime intra-Mercosul para a defesa dos mesmos,[49] de forma que prevalece, quanto à proteção destes, a lei do país de destino do produto.

3.3 *Tratados internacionais assinados pelos Estados-membros do Mercosul*

Nos quatro Estados-membros, encontra-se em vigor a Convenção da União de Paris, de 1883, segundo sua Revisão de Estocolmo, de 1967, como exige o preâmbulo do Protocolo de Harmonização de Marcas no Mercosul, exceto na Argentina, onde o texto vigente ainda é o da Ata de Lisboa, de 1958. Já assinalamos que a Convenção da União de Paris nada dispôs sobre a exaustão de direitos. A única referência nele contida que influi sobre esta matéria é tangencial: segundo seu art. 5, A, 1, a introdução, pelo titular da patente, no país em que esta foi concedida, de objetos fabricados em qualquer dos países da União, não acarreta a caducidade da patente. Por sua vez, o art. 27, 1 do TRIPs convenciona que, sem prejuízo de outras regras nele estabelecidas, as patentes serão disponíveis e os direitos patentários serão usufruíveis sem discriminação quanto ao fato de os bens serem importados ou produzidos localmente.

Outrossim, já reportamos também, no relato individualizado por país acima apresentado, que os quatro Estados-membros do Mercosul assinaram o TRIPs, cujo preâmbulo exprime o desejo dos países signatários de reduzir as distorções e impedimentos ao comércio internacional, bem como o de assegurar que as medidas destinadas a tornar os direitos de propriedade intelectual exeqüíveis não se transformem em barreiras ao comércio.[50] O art. 6º do TRIPs estabelece que "para os propósitos de solução de controvérsias no marco deste Acordo, e sem prejuízo do disposto nos arts. 3º e 4º,[51] nada neste Acordo será utilizado para tratar da questão da exaustão dos direitos de propriedade intelectual". Assim, embora as importações paralelas sejam uma das questões que apresentam maiores implicações comerciais no âmbito da propriedade industrial,[52] a sua regulamentação, segundo o TRIPs, cabe aos acordos regionais (há quem os chame "mini-laterais", para diferenciá-los dos "multilaterais") e às leis nacionais.

O art. 6º do TRIPs pode ser interpretado no sentido de excluir para os países aderentes a possibilidade de invocarem a exaustão para efeito de solução de controvérsias no regime previsto no acordo, podendo os membros somente adotar ações à margem desse sistema.[53] Isto significaria

47. Consagra o art. 7º da Diretiva de Marcas da UE: "1. A marca não conferirá ao titular o direito de proibir o seu uso com relação a produtos que tenham sido colocados no mercado na Comunidade com tal marca pelo titular ou com o seu consentimento; 2. O § 1º não se aplicará quando o titular tenha razões legítimas para opor-se à comercialização subseqüente dos produtos, especialmente quando a condição dos produtos seja alterada ou colocada em risco depois de terem sido colocados no mercado".

48. A respeito dos níveis de esgotamento, v. o capítulo 2 *supra*.

49. V. a nota 22 *supra*.

50. V. nosso resumo "O acordo sobre TRIPs", in *Revista da ABPI* 11, seção *Informe da Propriedade Intelectual no Mundo*, p. 22, contendo uma tradução condensada dos principais artigos do TRIPs.

51. Não podem ser desrespeitados, pelas legislações sobre o esgotamento de direitos dos diferentes países, os princípios do *tratamento nacional* e da *nação mais favorecida*, contidos nesses artigos, respectivamente.

52. Alberto Casado Cervino e Begoña Cerro Prada, *GATT y Propiedad Industrial*, p. 87.

53. Alberto Casado Cervino e Begoña Cerro Prada, *Gatt...*, cit., nota 19, *apud* Peter Crockford, em

que os Estados signatários têm liberdade para instituir em suas legislações internas o nível de esgotamento que desejarem, nacional, regional ou internacional, e que quaisquer atos por eles praticados com relação às importações paralelas, independentemente do rumo que seguirem, não são sancionáveis sob o regime da OMC. Ainda assim, pelas regras dos arts. 3º e 4º do TRIPs, acima aludidas, deverão estender o mesmo tratamento aos nacionais dos demais países aderentes ao TRIPs.

Nota-se que ainda não há uma posição clara entre os países sobre o real impacto da exaustão internacional no comércio internacional.[54]

4. *Direito comparado – Regras sobre a matéria aplicadas em outros espaços econômicos integrados*

Como vimos, a proibição ou aceitação das importações paralelas necessita regulamentação nos planos doméstico, regional e internacional. Embora o campo de aplicação regional, que proporcionou o desenvolvimento do princípio da exaustão, tenha deixado de ser o único, o estudo do mesmo continua fortemente impregnado de um enfoque de direito comunitário, pois é principalmente a livre circulação interzonal, num mercado regional, que ele visa garantir. A título comparativo, observaremos, ainda que em linhas gerais, o tratamento jurídico dado às importações paralelas na União Européia, nos países do Pacto Andino, e no NAFTA.

4.1 A experiência da União Européia

4.1.1 A origem comunitária do princípio do esgotamento

De extrema valia nos parece examinarmos a situação das normas sobre exaustão na União Européia, que adquiriu experiência nesta matéria desde o Tratado de Roma, ou Tratado CEE, o qual criou a Comunidade Econômica Européia e prevalece sobre as leis internas dos países-membros. Como notou o relatório da LIDC-Liga Internacional do Direito da Concorrência, ao qual já nos referimos no capítulo 2 *supra*, o direito comunitário faz parte integrante da ordem jurídica nacional dos Estados-membros da Comunidade (agora União) Européia, a tal ponto que pode haver uma incidência direta não somente sobre a substância dos direitos contratuais ou de propriedade industrial regidos pelas legislações nacionais, mas também sobre o funcionamento processual de tais direitos ou mesmo sobre a competência do juiz nacional.[55]

Dois tipos de dispositivos comunitários, de um lado as regras de livre concorrência, contidas nos arts. 85 e 86[56] e, de outro lado, as normas em matéria de livre circulação de mercadorias, estabelecidas no art. 30 (todos do Tratado de Roma) são aplicáveis: a) a incidência das regras de concorrência sobre o fenômeno das importações paralelas é condicionada por uma dupla preocupação: salvaguarda da concorrência *intrabrand* (entre marcas) e proibição de todo acordo ou prática resultante no enclausuramento dos mercados nacionais; todo comportamento visado pelos arts. 85 e 86 que tivesse por objeto ou por efeito impedir ou tornar mais difíceis, de maneira sensível, as importações, tanto diretas, quanto paralelas, é ilícito; b) por outro lado, a

"GATT Considerations, in Trademark World", pp. 87-89.

54. Alberto Casado Cervino e Begoña Cerro Prada, *Gatt...*, cit., p. 90.

55. *Revue Internationale de la Ligue* 168, cit., p. 27. Nas pp. 22 e ss., o relator apresenta um estudo comparativo dos mecanismos legais concernentes às importações paralelas adotados pelos seguintes países: França, Itália, Alemanha, Suíça, Canadá, Finlândia, Estados Unidos, Bélgica e Holanda.

56. O art. 85 estabelece a regra da proibição e nulidade das práticas abusivas, atentatórias à livre concorrência no mercado comum, citando um rol exemplificativo e as exceções. O art. 86 reforça o anterior, elencando exemplos de atos que configuram exploração abusiva de uma posição dominante.

incidência das regras de livre circulação das mercadorias é diferente. O acórdão no caso *Dassonville* confirma a proibição de medidas de efeitos equivalentes às restrições quantitativas contidas no art. 30, o qual constitui a fixação da proibição de obstáculos às importações comunitárias com um alcance muito amplo, pois visa todo obstáculo direto ou indireto, atual ou potencial.[57]

Christopher Bellamy e Graham Child, em minucioso estudo das importações paralelas, no tratado que escreveram sobre o Direito da Concorrência no Mercado Comum (hoje União Européia), já citado, esclarecem que, para resolver o problema causado pelos direitos nacionais de propriedade industrial e intelectual à circulação de mercadorias, o Tribunal Europeu não se baseia exclusivamente, nem sequer principalmente, nos arts. 85 e 86, mas sim nos princípios gerais do Tratado de Roma, resultantes dos arts. 30 a 36.[58] O art. 30 do Tratado, que tem efeito direto, proíbe as restrições quantitativas e as medidas que tenham um efeito equivalente sobre as importações e exportações entre Estados-membros. Em relação às ações por infração de tais direitos, o Tribunal estabeleceu uma distinção entre a *existência* e o *exercício* de direitos de propriedade industrial e intelectual. Segundo a Corte, a existência desses direitos está protegida pelo art. 36, mas o exercício dos mesmos fica limitado às regras do Tratado. O Tribunal também sustentou que o exercício de direitos de propriedade industrial e intelectual só é *justificado* pelo art. 36 se tal exercício for para salvaguardar os direitos que constituem *o objeto específico* do direito de propriedade industrial e intelectual de que se trate. O que é o *objeto específico* a ser protegido está em definitivo regulado pelo direito comunitário, e varia dependendo da natureza do direito em questão.[59]

Assinalam ainda Bellamy e Child que, levando o princípio do *objeto específico* um passo adiante, o Tribunal de Justiça Europeu desenvolveu outro princípio importante, conhecido como o de *esgotamento de direitos*. Segundo tal princípio, os arts. 30 a 36 do Tratado permitem uma exceção peremptória a uma ação de infração se for demonstrado que os produtos em questão foram previamente comercializados em outro Estado-membro pelo proprietário do direito ou com o seu consentimento. Em outras palavras, a comercialização prévia esgota a possibilidade para o titular do direito de impedir a subseqüente livre circulação dos produtos de que se trate através de toda a Comunidade. Contudo, o *esgotamento* não é o único princípio relevante que pode limitar o exercício de direitos de propriedade industrial e intelectual. No caso de marcas registradas, o Tribunal estabeleceu o princípio da *common origin* (origem comum), pelo qual o titular de uma marca em um Estado-membro não pode exercer os direitos derivados da mesma para impedir a importação desde outro Estado-membro de bens que levem a mesma marca, se as marcas em questão tiverem a mesma origem (significando, em resumo, que o fato de que, num primeiro momento, as marcas tinham uma mesma ori-

57. *Revue Internationale de la Ligue* 168, cit., p. 28.

58. Relativos à eliminação das restrições quantitativas entre Estados-membros. O art. 36 consigna que essa eliminação é aplicável sem prejuízo das proibições ou restrições à importação ou exportação justificadas por razões de proteção da propriedade industrial, sendo que tais proibições ou restrições "não devem constituir nem um meio de discriminação arbitrária nem qualquer restrição dissimulada ao comércio entre os Estados-membros". A teor do art. 222, "o presente Tratado em nada prejudica o regime da propriedade nos Estados-membros".

59. In *Direito...*, cit., pp. 411 e 412. Sobre a teoria do "objeto específico da propriedade industrial", desenvolvida pelo Tribunal Europeu, v. Eugênio da Costa e Silva, "A livre circulação de bens e mercadorias e o direito sobre as Patentes: a experiência da CEE", in *Boletim de Integração Latino Americana* do MRE/SGIE/NAT 11, pp. 123 e ss.

gem implicava em que não se poderia bloquear a comercialização no segundo país em diante), mas já recusou de forma expressa este princípio, em diversos pleitos. O direito comunitário também regula as licenças de direitos de propriedade industrial e intelectual.[60]

4.1.2 Algumas regras de exaustão aplicáveis a cada categoria de direitos no âmbito comunitário europeu

Sob o prisma do direito comunitário europeu, passaremos brevemente em revista quatro espécies de direitos objeto de "esgotamento" após a primeira venda efetuada pelo titular.

4.1.2.1 Patentes – No caso *Centrafarm vs. Sterling Drug*, de 1974, no qual foi proferido o primeiro julgado aplicando o princípio do esgotamento dos direitos às patentes, o Tribunal de Justiça Europeu manteve que o titular da patente e seus licenciados têm direito a fabricar um produto, e a comercializá-lo pela primeira vez; mas, uma vez isto efetuado em qualquer lugar do Mercado Comum, assinala-se que o direito foi *esgotado*, isto é, não pode exercer-se ação alguma sobre a patente ou sobre alguma patente paralela para impedir a subseqüente livre circulação dos bens através da Comunidade.[61]

O art. 25 da Convenção da Patente Comunitária (Convenção de Luxemburgo, de 15.9.75), estipula que o privilégio comunitário confere ao seu titular o direito de proibir a qualquer terceiro não autorizado a fabricação, introdução no mercado, importação etc. do produto objeto da patente. Contudo, o art. 28 da mesma Convenção consagra, como exceção a essa regra, o princípio do esgotamento dos direitos conferidos pela patente comunitária: tais direitos não se estenderão aos acordos relativos aos produtos cobertos por patente comunitária realizados em território dos Estados contratantes, depois que estes produtos tenham sido comercializados em um destes Estados pelo titular da patente ou com o seu consentimento expresso, a menos que existam motivos que justifiquem, segundo as normas jurídicas da Comunidade, a extensão dos direitos conferidos pela patente comunitária a tais atos.

A mesma Convenção exclui, expressamente, as licenças compulsórias da aplicação do princípio da exaustão dos direitos (art. 45).[62]

4.1.2.2 Marcas: normas gerais vigentes e a questão específica da reembalagem pelo importador – Em 21.12.88, o Conselho Europeu adotou a Diretiva 89/104, para a Harmonização do Direito de Marcas, primeira diretiva destinada a aproximar as leis dos Estados-membros relativamente às marcas. Entre outros extremos, a Diretiva assinala os pressupostos segundo os quais pode ser indeferido ou invalidado um registro, os direitos e limites conferidos por uma marca, e, em particular, a doutrina do esgotamento de direitos e a concessão de licenças.[63] A Diretiva 89/104 exigiu que as leis nacionais incluíssem a regra da exaustão de direitos. Atualmente, embora em al-

60. Christopher Bellamy e Graham Child, *Direito...*, cit., pp. 412-413. Nas pp. 414 a 419, os autores apresentam, em seqüência cronológica, as principais decisões do Tribunal Europeu.

61. Christopher Bellamy e Graham Child detalham os fundamentos da decisão na sua obra *Direito...*, cit., pp. 421 e ss.

62. Segundo Eugênio da Costa e Silva, *A Livre...*, cit., p. 126, esta convenção (OJL 17, de 26.1.76), ainda não se encontra em vigor, mas o Tribunal de Justiça vem utilizando os princípios nela contidos em diversos julgados. No caso *Pharmon*, o Tribunal concluiu que nenhum consentimento existe na hipótese de concessão de uma licença compulsória sobre patente (idem, p. 126, e nota 31, p. 128).

63. Christopher Bellamy e Graham Child, *Direito...*, cit., p. 436. Os autores examinam uma série de questões específicas. Assim, por ex., na p. 430: a medida em que um importador paralelo pode "reembalar" um produto sem infringir a marca registrada é uma questão de fato e de grau dependente das circunstâncias. V., a este respeito, a jurisprudência citada neste capítulo.

guns países vigore a exaustão internacional, na União Européia, ela tem aplicação regional.

Destarte, o princípio do esgotamento de direitos aplica-se também às marcas registradas. Contudo, enquanto as leis sobre patentes, desenhos e modelos e direitos de autor obedecem ao princípio da territorialidade, sob reserva da primazia do direito comunitário, o princípio da territorialidade não pode aplicar-se de forma tão rigorosa no campo das marcas, tendo em vista a diferença fundamental no plano dos critérios estipulados, entre os quais o do engano do público quanto à origem do produto original e do produto importado.[64]

No direito comunitário europeu, existe abundante jurisprudência sobre importação paralela em matéria de marcas.[65] Desde a clássica tese *Cassis de Dijon*, da Corte Européia de Justiça, o produto colocado licitamente no mercado de um Estado-membro deve poder circular livremente dentro de todo o território europeu, sujeito somente a exceções justificáveis.[66]

Uma questão relativamente nova, mas já bastante debatida na Europa, que também já surge ou poderá surgir no Mercosul, é a seguinte: já que os direitos do titular se exauriram, pode o importador reembalar o conteúdo, para que convenha melhor ao mercado local, a fim de que os produtos sejam mais facilmente vendidos? Pode ele ou o revendedor atacadista ou varejista colocar nova marca no produto – no caso, a marca do país de importação?[67]

Uma decisão fundamental nesta matéria foi proferida pelo Tribunal de Justiça Europeu na ação *Bristol - Myers Squibb/Boehringer Ingelheim KG/Bayer AG vs. Paranova A/S,* no dia 11.7.96, reconhecendo e reconfirmando o princípio básico em matéria de propriedade intelectual, segundo o qual colocar um marca permanece prerrogativa do titular da mesma, e o direito marcário é violado quando um produto é reembalado ou uma marca é reafixada, exceto sob condições específicas bem definidas. Particularmente, o direito do titular de impugnar os atos de reembalagem que possam afetar a sua própria reputação ou de sua marca foi expressamente reconhecido.[68] Sobre a reembalagem na União Européia,[69] a corte entendeu que a função essencial da marca é garantir a identificação da origem do produto. A reembalagem pode afetar as condições do produto, portanto, o titular tem *prima facie* o direito de impedi-la, bem como a fixação de outra marca, sem sua autorização. Contudo, o exercício desse direito pelo titular não pode constituir uma restrição disfarçada ao comércio entre os Estados-membros. O entendimento de que o proprietário não pode contribuir com uma divisão, repartição artificial do mercado, a qual constituiria uma restrição disfarçada, provavelmente será adotado também no Mercosul.

Outro aspecto importante, lembrado por Jeremy Brown, é que, na União Européia, a proteção territorial completa ou absoluta (contra outros licenciados) deve ter a sua duração limitada ao período máximo

64. *Revue Internationale de la Ligue* 168, cit., p. 23, onde esta regra é mais detalhada.

65. Sobre os casos *Café Hag I*, *Consten Grundig* etc., v. Jorge Otamendi, "Mercosur y propiedad industrial", in *Revista da ABPI* 8, pp. 26 e ss. Os casos mais freqüentes sobre importações paralelas envolvendo marcas, na União Européia, dizem respeito à área farmacêutica (dadas as diferenças de regulamentação de preços entre os países).

66. Jeremy Brown, *Parallel Imports...*, cit., p. 49.

67. Sobre este assunto, v. nota 62 *supra*. O problema surge porque, sem dúvida, a marca exerce um determinado *appeal* em cada país, razão pela qual, um fabricante pode usar, para o mesmo produto, marcas diferentes, nos diversos países.

68. V. nosso artigo "A propriedade intelectual no quadro das reformas institucionais da União Européia pós-Maastricht", in *Revista da ABPI* 24, p. 54, do qual esta parte foi baseada no artigo de Nancy Dwyer Chapman, "BMS et al vs. Paranova – Parallel importation in light of the European Court of Justice decision", in *Trademark World*, pp. 14-23.

69. V. Jeremy Brown, *Parallel Imports...*, cit., pp. 51 e ss.

de 5 (cinco) anos, contados a partir da data de primeira venda do produto na União Européia pelo licenciado. Depois desse período qüinqüenal, a proteção territorial passa a ser relativa. Como alerta o autor, as conseqüências para os titulares/licenciados são consideráveis: "o titular se veria impossibilitado de controlar que seu licenciado competisse com ele próprio em qualquer país da União Européia, exceto se previsse cláusulas contratuais restritivas".[70]

4.1.2.3 Concorrência desleal – As regras de livre circulação de mercadorias não impedem uma ação de concorrência desleal exercida para impedir a importação de produtos fruto de imitação, comercializados por terceiros que não tenham conexão com os demandantes.[71]

4.1.2.4 Direitos autorais – A decisão no caso *Deutsche Grammophon*, de 1971, foi a primeira a aplicar o princípio do esgotamento aos direitos autorais sobre as gravações sonoras.[72] Posteriormente, muitas decisões foram prolatadas a respeito da exaustão, envolvendo importação de obras protegidas por direitos autorais de várias categorias (literárias, fonográficas, cinematográficas etc.).[73]

4.1.3 A compatibilização do direito interno com o direito comunitário: o caso da Alemanha

Como exemplo para analisarmos a repercussão das regras da Diretiva 89/104, para a Harmonização do Direito de Marcas, de 1988, (Diretiva 89/104, à qual já nos referimos no item 4.1.2.2 *supra*) sobre a legislação interna dos países-membros, escolhemos a Alemanha, cuja Lei de Marcas reformada entrou em vigor em 1.1.95, alterando a anterior em muitos aspectos, inclusive no que concerne as importações paralelas. Sobretudo, a Alemanha precisou modificar seu sistema de exaustão, de internacional para comunitária, atendendo à Diretiva em questão.

No dizer de Karin Grau-Kuntz, sob o título *exaustão,* dispõe o art. 24, subseção 1, da lei em questão, que o titular de uma marca de produto ou de um símbolo empresarial não poderá proibir um terceiro de usar a marca ou o símbolo empresarial para aqueles produtos os quais ele mesmo colocou, ou deixou que colocassem com sua autorização, no mercado da Alemanha, em um dos Estados-membros da União Européia. Ao restringir, no texto legal, os limites territoriais da exaustão, na Alemanha, deixa de existir a exaustão internacional, como conseqüência da orientação protecionista disposta na Diretiva. A exaustão agora dá-se a nível comunitário, ou seja, o titular da marca está legitimado a proibir a reintrodução do produto assinalado com a sua marca na União Européia que, sem sua autorização, foi comercializado para fora desta área. A subseção 2 do mesmo art. 24 – continua a autora – exclui a aplicação da subseção anterior quando o titular da marca ou do símbolo empresarial tiver razões legítimas para se opor contra o uso desta marca ou símbolo empresarial em comercializações ulteriores, especialmente se, após o momento em que foram colocadas no comércio, as condições do produto se modificaram ou se deterioraram. Pelo disposto na subseção 2, entende-se que a exaustão só poderá ser aplicada para a comercialização de produtos originais.[74]

70. In *Parallel Imports*..., cit., p. 52.

71. Christopher Bellamy e Graham Child, *Direito*..., cit., p. 437.

72. Segundo o Tribunal de Justiça, em decisão de 1971, "a proibição de comercialização pelo titular (...), ao consagrar o *ailhamento* dos mercados nacionais, é contrária ao objetivo essencial do Tratado de Roma, que tende à fusão dos mercados nacionais num mercado único", cit. por Christopher Bellamy e Graham Child, *Direito*..., cit., p. 440.

73. Para maiores detalhes, v. Christopher Bellamy e Graham Child, *Direito*..., cit., pp. 439 e ss.

74. In "Comentários à Lei de Marcas alemã de 1995", in *Revista da ABPI* 18, pp. 29-30. V. tb. Albert Florian e Christopher Heath, *Dyed but not Exhausted – Parallel Imports and Trade Marks in Germany*, in IIC 28, pp. 24 e ss.

4.2 A exaustão nos países do Pacto Andino

As importações paralelas são expressamente permitidas com relação às marcas e patentes pela Decisão 344 da Comissão do Acordo de Cartagena, vigente desde 1.1.94 (arts. 106 e 35, respectivamente), a qual adota a exaustão internacional (por colocação "*no comércio nacional de qualquer país*"). Elas já eram admitidas nos países-membros, Bolívia, Colômbia, Equador, Peru e Venezuela, por força da Decisão 311, que entrara em vigor em 31.12.91, caso os produtos procedessem da mesma fonte dentro do Pacto Andino.

4.3 O sistema prevalecente no NAFTA

O NAFTA é uma zona livre comercial, não é ainda um mercado comum. O capítulo 17 do Tratado NAFTA lida com a propriedade intelectual e estabelece que a proteção jurídica da mesma não pode constituir barreiras ao comércio legítimo, mas não contém dispositivos específicos sobre importações paralelas, de forma que a matéria é regulada pelas leis internas dos países-membros. Os Estados Unidos[75] e o Canadá desejavam que a exaustão não fosse aplicável, ao contrário do México.[76] No NAFTA, acabou prevalecendo a seguinte regra: deve-se respeitar o princípio da livre circulação de mercadorias, ou seja, não cabe exercer os direitos de propriedade industrial de modo a barrá-la. As importações paralelas são permitidas, se a mercadoria importada contiver um percentual mínimo de componentes de origem norte-americana. Caso contrário, algumas alternativas para fazer cessar a importação de bens da zona cinzenta são a infração contratual, fraude civil, fraude criminal, *Rico claim* e as ações previstas na seção 377.[77]

5. *Análise crítica: limites aos quais deve ser submetido o princípio do esgotamento de direitos*

5.1 A difícil questão do grau de permissividade a ser adotado quanto às importações paralelas, diante da globalização

Tema dos mais polêmicos, as importações paralelas têm merecido defensores de sua liberação e de sua proibição.

Para os que desejam sua liberação, proibir as importações paralelas *per se* equivaleria a criar um entrave ao comércio mundial. Esta linha de pensamento só admite a ilicitude do mercado cinza quando estiverem presentes outros atos que habitualmente o acompanham, tais como a concorrência desleal (por desvio de clientela, porque o importador paralelo não atendeu aos mesmos padrões qualitativos exigidos pelo titular no mercado local, nem incorreu no mesmo nível de gastos quanto às lojas, não montou uma rede de assistência técnica etc.) e o desrespeito a determinados direitos dos consumidores. A este entendimento filiam-se os órgãos defensores da livre concorrência, opinando que esta seria afetada pela proibição das importações paralelas (a preocupação antitruste reflete-se principalmente nas importações paralelas em áreas monopolizadas ou com forte domínio de mercado). Ressaltam os partidários desta corrente a vantagem trazida aos consumidores pelas importações, proporcionando-lhes preços mais baixos e maior variedade de escolha.

75. Sobre as importações paralelas nos Estados Unidos, v. Brian D. Coggio e Adriane M. Antler, "The utilization of United States Patents to prevent the importation and sale of gray goods", in *TMR-The Trademark Reporter* 83, pp. 481-494 e Paulo Macedo de Souza Filho, *The Role of Trade Mark Laws in the Regulation of Parallel Imports within the United States of America* (dissertação).

76. Perla M. Kuhn, *Acordo Nafta: Aspectos de Propriedade Intelectual e Importações Paralelas*, in *Revista da ABPI* 12, p. 35.

77. Perla M. Kuhn, *Acordo*..., cit., p. 34. A autora relata diversos casos de jurisprudência, às pp. 28 e ss.

A segunda escola, capitaneada pela AIPPI[78] e pela LIDC, defende os interesses da rede oficial, ou seja, do titular e seus licenciados e distribuidores exclusivos. Alguns argumentos oferecidos em prol desta corrente, são os benefícios trazidos ao país pelos investimentos estrangeiros, através da instalação de subsidiárias ou da contratação de licenciadas locais, introduzindo no país novas empresas concorrentes entre si, favorecendo também a competitividade dos preços, independentemente da existência ou não de "importadores paralelos". Por outro lado, os consumidores passam a ter maior proteção quanto à assistência técnica, quando proporcionada por uma rede oficial, e maior garantia de uniformidade qualitativa (compatível com a dos produtos fabricados pelo titular), que os importadores paralelos nem sempre oferecem. Por estas razões, acreditamos que a exaustão dos direitos dos titulares não deva ser adotada de modo absoluto, cabendo, sim, estipular condições e limites à sua aplicação, dos quais passamos a tratar.

5.2 Limites quanto ao objeto

Adotar a segunda posição não implica em postular uma defesa ilimitada dos direitos dos titulares, os quais devem sujeitar-se a limites como:

a) o titular não pode controlar a exportação de um produto fabricado num país onde não foi concedida patente;

b) deve ser evitada a execução dos direitos de propriedade industrial que resulte na formação de monopólios ou oligopólios;[79]

c) a exigência do consentimento já impõe um limite por si só. Christopher Bellamy e Graham Child salientam que um obstáculo à livre circulação de mercadorias pode justificar-se por causa da proteção da propriedade industrial, quando tal proteção se invoca frente a um produto proveniente de um Estado-membro no qual não seja patenteável e tenha sido fabricado por terceiros sem o consentimento do titular da patente e em casos nos quais, existindo patentes, os proprietários originais das mesmas são independentes legal e economicamente; contudo, não se justifica uma derrogação do princípio da livre circulação de mercadorias quando o produto tenha sido legitimamente comercializado pelo próprio titular, ou com seu consentimento, no Estado-membro do qual foi importado, em particular no caso de um titular de patentes paralelas. De fato, se o titular de uma patente pudesse impedir a importação de pro-

78. Associação Internacional para a Proteção da Propriedade Industrial. Na reunião do Comitê Executivo de set./out. 1990, realizada em Barcelona, a AIPPI adotou uma resolução, sobre a "questão 101 - Importação Paralela de Produtos Patenteados", no sentido de que "a possibilidade de invocar a patente contra a importação paralela de produtos patenteados é uma conseqüência lógica do princípio fundamental da territorialidade dos direitos patentários", in *AIPPI Yearbook* 1991/I, p. 298.

79. No que concerne a repressão ao abuso do poder econômico, observamos que, no âmbito do Mercosul, está sendo analisado pela Comissão de Comércio o Projeto de Protocolo de Defesa de Concorrência no Mercosul, cujo texto baseia-se na Decisão 21/94 do GMC. Os tópicos abordados são os seguintes: a) proibição de acordos e práticas acertadas entre agentes econômicos, que tenham por objetivo direto ou indireto impedir, restringir ou distorcer a concorrência e o livre acesso ao mercado nas diversas fases, desde a produção até a comercialização de produtos e serviços, parcialmente ou na totalidade, dentro do Mercosul; b) proibição do uso monopolista, oligopolista ou cartelizado por um ou mais agentes econômicos; e c) controle pelos países-membros das operações de qualquer natureza entre empresas ou grupos de empresas, independentemente de tamanho ou porte, que impliquem em concentração econômica igual ou superior a 20% do mercado relevante e que produzam efeitos anticoncorrenciais em todo ou em parte do mercado regional. Conforme estabelecido na referida decisão, até que se aprove o protocolo, aplicar-se-á a legislação nacional, sempre que necessário, com consultas prévias à Comissão de Comércio do Mercosul. Cf. ADEBIM–Associação de Empresas Brasileiras para a Integração no Mercosul, Circular 0510995, sobre a reunião de 13.11.95, mantida em São Paulo, p. 3.

dutos comercializados por ele mesmo ou com seu consentimento em outro Estado-membro, poderia compartimentar os mercados nacionais e com isso restringir o comércio entre Estados-membros, em uma situação em que tal restrição não seria necessária para garantir a essência dos direitos exclusivos resultantes das patentes paralelas.[80]

A doutrina do esgotamento de direitos não é aplicável, não obstante, se os bens foram originalmente comercializados sem o consentimento do titular da patente, por exemplo se foram fabricados por terceiros, sem intervenção do titular, em um Estado-membro onde não houvesse proteção de patente. Há quem entenda que o consentimento necessário resulta quando o titular por si mesmo comercializa os bens ou o faz através de uma subsidiária; e é suficiente que o titular e a empresa que efetua a primeira comercialização estejam sob um controle comum. Para essa corrente, parece que a concessão voluntária de uma licença, e provavelmente uma cessão, podem ser um consentimento suficiente,[81] ao contrário da opinião que manifestamos no capítulo 3.1.1.3 *supra*.

Entre nós, e visando especificamente os benefícios para o Brasil, José Roberto Gusmão enfatiza que, embora a instituição da exaustão internacional de direitos sobre patente seja condição *sine qua non* para o bom funcionamento da zona de livre comércio (Mercosul), não se pode esquecer que ela deve vir acompanhada de previsão específica de exceção ao princípio da exigência de fabricação local para patentes e ser, sempre, reciprocamente outorgada. Em suas palavras, "a exigência de fabricação local, como requisito de manutenção do direito patentário, não convive com a instituição da exaustão internacional; são lógica e conceitualmente excludentes (...) Não se compreende a lógica da proposta de adoção da exaustão internacional, genericamente considerada, conflitante em tudo com o pretendido estímulo à fabricação local, tão ardorosamente defendido (...)". Antes mesmo da entrada em vigor da LPI, o autor advogava veementemente a limitação da exaustão ao plano nacional, excluindo seu caráter amplo, genérico e irrestrito.[82]

5.3 *Limites territoriais*

A limitação territorial é obtida através da escolha do sistema de exaustão regional ou nacional, ao invés do internacional. Como observamos, essa foi a linha seguida pela União Européia, na qual os arts. 30 e 36 do Tratado de Roma podem ser invocados unicamente no que diz respeito à livre circulação de mercadorias entre os Estados-membros. Ainda que não haja precedentes diretos em casos de patentes, deduz-se das decisões do Tribunal de Justiça em relação às marcas que o princípio do esgotamento de direitos não se aplica nos casos em que os produtos se originaram de Estados terceiros, inclusive se houver um acordo de livre comércio entre a Comunidade (hoje União) e o país terceiro de que se trate.[83]

No Mercosul, parece-nos imprescindível que a exaustão seja regional, e que todos os países-membros a adotem.

6. *Conclusão*

6.1 *Breve síntese*

A lei brasileira introduziu o princípio da exaustão de forma bastante assistemática (não somente pela localização esparsa dos dispositivos pertinentes, mas também pela diversidade de âmbitos de aplicação,

80. In *Direito da...*, cit., pp. 422-423.

81. Assim entendem Christopher Bellamy e Graham Child, idem, pp. 425-426.

82. "Importação paralela pode ser desastrosa para o País", in *Panorama da Tecnologia* 13, pp. 6-7.

83. Christopher Bellamy e Graham Child, *Direito...*, cit., pp. 427-428.

interna em algumas circunstâncias e internacional em outras). Os artigos da LPI exigem intenso trabalho hermenêutico, suscitando questões delicadas. Subsistem ainda muitas interrogações; procuramos dar a nossa opinião sobre algumas delas. Vimos que a tendência é considerar como lícitas as importações paralelas quando consentidas pelo titular e examinamos em que consiste esse consentimento, elemento chave do regime legal. Concluímos que o princípio da exaustão adotado pela lei brasileira é mitigado, sendo em regra limitado ao mercado interno, tanto para as marcas, quanto para as patentes e desenhos industriais. O esgotamento internacional seguido em alguns casos específicos (analisados no capítulo 3.1.1.2) vulnera excepcionalmente essa regra.

Assinalamos que os três outros países do Mercosul não têm ainda dispositivos legais sobre as importações paralelas.

Mundialmente, está ainda em aberto a polêmica sobre as conseqüências da exaustão internacional. Há quem entenda ser obrigatória pelo GATT a adoção do esgotamento internacional, para todos os países aderentes aos tratados da Rodada Uruguai.

Observamos que a matéria apresenta facetas diferentes em países pertencentes a um bloco regional ou independentes e envolve aspectos não só jurídicos, mas também econômicos, ligados principalmente à política de preços e de estímulo à fabricação local.

6.2 Cautelas contratuais

Diversas decisões e atitudes importantes dependem das partes envolvidas, refletindo-se sobre a licitude das importações paralelas. Entre as muitas alternativas contratuais, comentaremos a seguir algumas delas.

Assim, por exemplo, em tese caberia ao titular, no contrato de licença, reservar expressamente seus direitos nos demais territórios (externos à licença), inserindo cláusulas restritivas à concorrência pelos licenciados; contudo, é necessário, para tanto, verificar se a legislação antitruste o permite. Nessa mesma linha, seria recomendável, para o titular, evitar dar consentimento expresso às atividades alheias ao contrato de licença, ou melhor, expressar sua proibição contratual, pactuando que o licenciado ou distribuidor exclusivo está proibido de exportar aos países não cobertos pela licença ou seja, expressar o seu "não consentimento", ou ainda, o titular compromete-se a não vender diretamente a terceiros sediados no Brasil ou que possam vir a exportar para o Brasil, sujeitando-se tais restrições, contudo, às normas de livre concorrência. No caso brasileiro, estas precauções têm validade particularmente questionável agora que os contratos de licença podem sujeitar-se ao crivo do CADE,[84] cujos parâmetros na matéria ainda não são conhecidos.

Por vezes, as empresas estrangeiras constituem uma subsidiária integral, ou uma empresa *off-shore*, tornando-a titular das marcas, tendo, portanto, a mesma legitimidade ativa para ingressar em juízo isoladamente contra os importadores paralelos. Esta prática, contudo, apresenta uma série de desvantagens.

Ao distribuidor, convém verificar em que países há licenciados e obter a negativa expressa do titular dar o seu consentimento aos importadores avulsos, assim como ao terceiro importador interessa obter o consentimento expresso do titular ou importar diretamente do mesmo.

6.3 A situação na União Européia

A União Européia alcançou um grau de institucionalização bem mais avançado que o Mercosul. Em palavras de Roberto

84. Em função do Convênio de Cooperação Técnica celebrado em maio de 1997 entre o CADE e o INPI.

Liesegang e Jürgen Dittberner, "comparando a União Européia com o Mercosul, observamos que a UE aderiu à alternativa reguladora (caracterizada principalmente pela criação de uma estrutura institucional completa, independente e autônoma), enquanto o Mercosul optou pela alternativa liberal (tendo como objetivo principal a abertura de mercado visando primordialmente uma integração comercial plena, estabelecendo-se somente o corpo institucional necessário para a realização dessa finalidade)".[85] A criação de um Tribunal de Justiça do Mercosul é considerada imperiosa por muitos autores, como pelos dois citados, para coordenar de forma imparcial e dinâmica o processo de integração mais profundo no futuro, e também porque a interpretação e a execução das leis e tratados deverão ser harmônicos nos Estados-membros.

Em matéria de propriedade intelectual, a União Européia instituiu um sistema adiantado de normatização, vigorando um conjunto de diretivas especializadas e o sistema da marca comunitária.[86]

Como já salientamos, na União Européia, o princípio do esgotamento só tem aplicação intra-comunitária. Caso o país exportador não pertença à União, a importação paralela não será admitida. A Comissão Européia é contrária à exaustão internacional.

A Corte Européia de Justiça fez um alerta aos titulares, no acórdão prolatado no caso *Merck vs. Stephar* (em 1981): cabe ao proprietário da patente decidir, à luz das circunstâncias, sob quais condições comercializará seu produto. Uma vez feita a escolha, ele deve aceitar as conseqüências de sua opção, no que diz respeito à livre movimentação do produto dentro do Mercado Comum.[87]

85. *Evolução Institucional para Consolidação do Mercosul*, s/d.

86. V. nosso "A propriedade intelectual...", cit.

87. V. Jeremy Brown, *Parallel Imports*..., cit., p. 50.

Entre as questões mais recentes e difíceis que têm surgido, vimos prevalecer na jurisprudência européia o entendimento de que marcar e embalar o produto são prerrogativas do titular e do seu licenciado, não dos terceiros importadores. Se estes o fizerem, estarão violando a marca.

Contudo, na Europa, muitas indagações não foram plenamente respondidas ainda; a própria Comissão Européia entende estarem pendentes de interpretação.

6.4 *Perspectivas para solução do principal dilema*

Entre muitas outras preocupações, as importações paralelas colocam-nos diante de um dilema fundamental: deveria a livre circulação ser uma exceção às regras de propriedade industrial (dobrar-se diante dela) ou deveria a propriedade industrial curvar-se diante dos princípios do livre intercâmbio comercial? Defrontam-se aqui os interesses particulares diante dos interesses públicos comunitários. As soluções apontadas são variadas.

Alguns autores, por exemplo, sugerem adotar o princípio da exaustão, de forma a proibir as importações paralelas dos países onde o titular opera, ainda que não tenha obtido uma patente.

Parâmetros objetivos constam da resolução adotada pela Liga Internacional do Direito da Concorrência, com a finalidade expressa de proteger as redes de distribuição, baseada nas seguintes conclusões: a) os legisladores e também as partes contratantes deveriam tomar medidas eficazes tanto de direito material quanto processual, para opor-se às importações paralelas que se beneficiem indevidamente dos esforços do distribuidor ou que prejudiquem, com conhecimento de causa, uma rede de distribuição internacional constituída licitamente; b) para os países ligados por tratados de união econômica, que os terceiros sejam obrigados a respeitar as redes de distribuição; c) que, nos países ligados por tratados de união econômica, sejam considerados como "desleais", "parasitários", "indevidos", ou "acarretando a responsabilidade contratual", diversos tipos de atividades listados na resolução.[88] A Liga concluiu ser recomendável proteger melhor os interesses e investimentos do titular e do distribuidor, mantendo ao mesmo tempo a proteção do consumidor, ao adotar medidas uniformes, tanto no plano dos dispositivos legislativos, quanto no do procedimento perante os Tribunais, para melhor controlar as importações paralelas e definir suas condições ou critérios de admissibilidade. A Liga também entendeu que, relativamente à qualificação de certas importações paralelas como uma forma de concorrência desleal, é desejável recomendar que as mesmas condições e qualificações sejam harmonizadas e se apliquem igualmente de maneira uniforme em todos os Estados-membros de uma região integrada.[89]

6.5 A disciplina das importações paralelas no Mercosul

Cabe-nos lembrar, inicialmente, a significativa repercussão exercida pela legislação sobre propriedade industrial sobre a política industrial e de desenvolvimento, tanto no plano nacional, como regional. De fato, a proteção das marcas, patentes, desenhos industriais, *know-how* etc., deve ser vista como fator de atração de capital estrangeiro,[90] elevação do padrão de qualidade da indústria e dos serviços[91] e, conseqüentemente, da competitividade, ampliação da oferta de bens e serviços e modernização das economias (estas duas últimas constituindo metas do Mercosul, segundo o preâmbulo do Tratado de Assunção), sendo uma das principais questões para determinar os caminhos tanto do Mercosul, quanto da ALCA.

Por isso, muitos (como os empresários brasileiros que participaram das reuniões do III Fórum Empresarial das Américas, em maio de 1997) entendem ser imprescindível consolidar a infra-estrutura institucional do Mercosul, antes de harmonizar as legislações nacionais existentes sobre propriedade intelectual.

Embora haja quem considere que o problema das importações paralelas pode ser melhor resolvido através do exame das funções das marcas,[92] alinhamo-nos entre os que entendem existir ele muito mais em conseqüência do livre comércio de produtos do que propriamente em razão da natureza da marca.[93] Considerando que o objetivo de um mercado comum é *reproduzir as condições de um mercado nacional em escala comunitária*,[94] a importância da questão para o processo de integração re-

88. Tais como: vendas de um produto efetuadas por um distribuidor autorizado, violando o contrato, fora da rede conhecida; incitação por um terceiro no sentido de que um distribuidor autorizado viole o contrato; vendas efetuadas por um terceiro que se posiciona à margem do sistema, tendo conhecimento da infração cometida por seu fornecedor direto ou acima deste; as importações paralelas efetuadas no curso de um período razoável de lançamento num território, a fim de permitir aos fornecedores e distribuidores o amortecimento dos investimentos; toda circunstância outra que importação, caracterizando uma atitude fraudulenta ou desleal. V. *Revue Internationale de la Ligue Internationale du Droit de la Concurrence* 169, cit., p. 12.

89. *Revue Internationale de la Ligue*..., cit., p. 34.

90. A teor do que dispõe o Protocolo sobre Promoção e Proteção de Investimentos no Mercosul, firmado em Buenos Aires, em agosto 94, "investimento" é todo tipo de ativo, inclusive marcas, patentes, *know-how*, etc. (art. 2.A.d).

91. As marcas, por ex., segundo as teorias modernas, além de indicarem a origem das mercadorias ou serviços a que estão apostas (sua principal função), têm a utilidade de identificar determinada qualidade. A proteção das marcas também possibilita a celebração de contratos de *franchising*, viabilizando aquisição e intercâmbio de experiências comerciais, administrativas, industriais e tecnológicas.

92. Kaoro Takamatsu, *Treatment of*..., cit., pp. 5-6.

93. Como Karin Grau-Kuntz, *Comentários*..., cit., p. 29, nota 19.

94. Christopher Bellamy e Graham, *Direito*..., cit., p. 410.

gional é inegável, sobretudo porque os obstáculos criados pela ausência ou pela insuficiência de regulamentação podem ser considerados como *restrições não tarifárias* à circulação de mercadorias, cuja eliminação é um dos propósitos do Mercosul, segundo o art. 1º do Tratado de Assunção. Recorde-se também que a facilitação do livre intercâmbio na região é um dos pré-requisitos da união aduaneira, que o Mercosul já é, embora não se tenha tornado ainda, um mercado comum.

Podemos afirmar que o Protocolo de Harmonização de Marcas no âmbito do Mercosul, ainda não ratificado pelo Brasil mas já alvo de discussões, trouxe um importante avanço no tema aqui analisado, ao introduzir no nosso processo integrativo o princípio da exaustão de direitos de escopo regional. Assim, para o próprio sucesso do Mercosul, fez prevalecer a livre circulação intra-comunitária. Contudo, no plano regional, ainda há muito trabalho a realizar para alcançar os resultados esperados da implementação do princípio da exaustão de direitos num quadro de intercâmbio econômico crescente. Algumas sugestões serão expostas a seguir.

Caberá aos Tribunais nacionais dos países-membros do Mercosul e à corte supranacional que venha a ser criada no futuro cuidar que os limites ao princípio da exaustão dos direitos – abordados sucintamente nesta palestra – não sejam ultrapassados, procurando-se o equilíbrio justo entre os diversos interesses envolvidos, muitas vezes antagônicos: a) a abertura do mercado; b) os direitos do titular; c) as prerrogativas do distribuidor ou licenciado exclusivo, geralmente partes mais prejudicadas pela importação paralela; d) política do Estado (assuntos tributários, p. ex.); e) desejo do mercado local de ser abastecido pelo importador paralelo; f) ponto de vista da livre concorrência, que alguns entendem lesada (p. ex., pelo art. 43 da LPI)l;[95] g) anseio dos consumidores pelo direito a um preço melhor ou à completa assistência técnica.

Os titulares deverão decidir se obterão patente ou registro em todos os países do Mercosul (o que implica em maiores gastos) e em que circunstâncias venderão seus produtos, por si ou com o seu consentimento.

O Protocolo de Brasília poderá ser aplicado para a solução de controvérsias, como por exemplo, aquelas que surgirem sobre medidas que representem barreiras não tarifárias, não se aplicando entre particulares, devendo ser uma das partes litigantes um Estado-membro do Mercosul.[96] As partes privadas podem levar desde já os seus conflitos nacionais ou estrangeiros de natureza patrimonial (características nas quais os litígios sobre importação de produtos certamente se enquadram) ao Tribunal Arbitral sediado em Assunção ou ao Instituto de Arbitragem Arbitra-Sul, criado pelas Câmaras de Comércio e Indústria do Brasil, Bolívia, Uruguai, Venezuela e Paraguai, funcionando desde outubro de 1997, sobretudo para os países da América Latina.[97] Os particulares poderão também aplicar o Protocolo de Medidas Cautelares,[98]

95. Como vimos, o comércio exterior em geral e as importações paralelas estão intimamente ligadas à repressão de abuso de poder econômico, e há falta de clareza na regulamentação da livre concorrência, que os investidores reclamam.

96. V. Luiz Olavo Baptista, "Solução de divergências no Mercosul", in *Mercosul: seus Efeitos Jurídicos, Econômicos e Políticos nos Estados-membros*, pp. 157-186. Caso as negociações entre os Estados-membros envolvidos não alcancem solução, cabe às seções nacionais do GMC mover o processo.

97. Sua criação tornou-se possível graças à ratificação, pelo Brasil, da Convenção Interamericana sobre Arbitragem Comercial Internacional, assinada em 1975, através do Decreto Legislativo 90/1995, ao qual o Paraguai e o Uruguai igualmente aderiram, mas não a Argentina, e ao advento da Lei de Arbitragem brasileira (Lei 9.307/96).

98. O Protocolo de Medidas Cautelares para o Mercosul (GMC/Decisão 27/97), firmado em Ouro Preto, em 16.12.94, ainda não ratificado pelo Brasil, traz a possibilidade de requerer a medida cautelar em qualquer momento. Quem julga são os juízes do Estado requerente. "A parte ajuíza o processo cautelar

para impedir dano com relação não só às pessoas, mas também aos bens, em torno das limitações à circulação de bens em razão de direitos de propriedade industrial, como seria a proibição das importações paralelas, visando a eliminação das barreiras não-alfandegárias à abertura do mercado regional.

A redação do art. 13 do Protocolo de Harmonização deve ser refeita ou regulamentada, ficando claro que se trata de uma exaustão regional. No que diz respeito ao princípio do esgotamento de direitos, comparando o art. 13 do Protocolo de Harmonização de Marcas do Mercosul com o art. 7º da Diretiva Européia de Marcas (Diretiva 89/104), percebem-se as seguintes diferenças:[99] a) esta estabelece uma regra comunitária (não remetendo a solução às leis internas, como fez o Protocolo), e b) ela especifica o território abrangido, através da expressão "no mercado da comunidade".

O Tratado de Assunção contém a obrigação de harmonização[100] em seu art. 1º. As leis nacionais dos países-membros deverão ser alteradas no sentido de serem conciliadas com os tratados que vierem a regular a matéria no Mercosul. Para o adequado funcionamento serão necessárias, evidentemente, a compatibilização e certas concessões das Nações, em prol dos interesses regionais. Nesses esforços, desempenharão um papel importante as comissões quadripartites e as entidades especializadas em propriedade industrial e intelectual. Caberá aos países aproveitar seus paralelismos e assegurar que a exaustão seja normatizada e aplicada de maneira recíproca para os países do bloco. Se os níveis de exaustão forem diferentes, haverá discrepância para os empresários dos Estados-membros, prejudicial na medida em que cresce a interdependência da política econômica dos quatro parceiros. Lembremos que, segundo o art. 4º do TRIPs, qualquer tratamento deverá ser incondicionalmente estendido aos demais membros desse acordo.

Muitas reformas legislativas internas e ajustes serão imperiosos nos países aderentes, como por exemplo:

a) com relação às marcas, a nova lei brasileira não está harmonizada com o Protocolo de Marcas, por não prever ainda a exaustão regional;

b) a matéria está ligada aos requisitos de exploração de patente através de importação e/ou fabricação legal. As leis de patentes argentina e brasileira são ainda bastante diferentes; por exemplo, a exploração da patente através da importação é permitida pela nova lei argentina. Caberá à Argentina aderir à Revisão de Estocolmo da Convenção da União de Paris. A reforma harmonizante será importante também para a política de ciência e tecnologia do Mercosul, a qual não será eficaz se as leis continuarem assimétricas;

c) haverá um aprendizado com as falhas das leis uns dos outros (com as da lei brasileira, p. ex.) e deverão ser evitadas, nas reformas legislativas, expressões ambíguas, que conduzem à dúvida e dificultam as decisões comerciais dos agentes econômicos. É indispensável termos transparência e segurança na legislação e na política sobre operações comerciais e atração de investimentos, pois os titulares, os licenciados, os distribuidores e os importadores que desejam fazer uma escolha consciente precisam saber sob que circunstâncias podem operar licitamente. É claro que as rei-

em seu país segundo o direito material e processual local", esclarece Adriano Kalfelz Martins, "Medidas cautelares no Mercosul", in *Mercosul: seus Efeitos Jurídicos, Econômicos e Políticos nos Estados-membros*, p. 534. O autor elucida ainda que deferida a medida, será exarada uma carta rogatória e que a vantagem será a agilização do cumprimento das ordens cautelares, na medida em que não se lhes aplicará a exigência da homologação da ordem pelo tribunal do Estado-parte rogado (idem, p. 534).

99. Sobre o art. 7º da Diretiva, v. nota 45 *supra*.

100. Para Eugênio da Costa e Silva, "harmonizar significa colocar em equilíbrio". In *A Livre*..., cit., p. 126.

vindicações dos empresários estrangeiros e os interesses econômicos da indústria local, em matéria de importações paralelas, não são da competência exclusiva das leis sobre propriedade industrial;.

d) o Protocolo de Harmonização de Marcas firma, no art. 24, o compromisso dos países-membros de celebrarem acordos também sobre patentes de invenção, modelos de utilidade, desenhos industriais (o qual está sendo elaborado) direitos autorais etc., no âmbito dos quais as importações paralelas também deverão ser regulamentadas.

Como já apontamos, os mecanismos de solução de disputas do TRIPs não poderão ser acionados com relação às importações paralelas.

Bibliografia

ADEBIM-Associação de Empresas Brasileiras para a Integração no Mercosul, Circular 0510995, sobre a reunião de 13.11.95, realizada em São Paulo.

AIPPI-Association Internationale pour la Protection de la Propriété Industrielle, *AIPPI Yearbook 1991/I, About Question 101, Parallel Imports of Patented Products.*

ALBERT, Florian e HEATH, Christopher, *Dyed but not Exhausted – Parallel Imports and Trade Marks in Germany*. In: IIC 28, Munique, fev. 1997, pp. 24-33.

ALMEIDA, Marta M. Laudares de, "Propriedade intelectual no Mercosul". In: *Revista da ABPI* 8/76-77, São Paulo, 1993.

AMARAL, Luiz Henrique Oliveira do, *Gray Market Goods in South America: the Status in some Jurisdictions*, palestra proferida no Congresso Internacional da INTA-International Trademark Association, Naples, Flórida, nov. 1993.

________, *Exhaustion of Rights and Parallel Imports: The Status in Brazil*, palestra proferida no Congresso Internacional da LES-Licensing Executive Society, Buenos Aires, 1995.

________, *A Exaustão dos Direitos de Propriedade Industrial e a Importação Paralela*, palestra promovida pela Associação Paulista da Propriedade Industrial-ASPI em conjunto com a ABPI-Associação Brasileira da Propriedade Intelectual, São Paulo, 25.7.96, gravada em fita de vídeo.

BAPTISTA, Luiz Olavo, Apresentação, como coordenador, da obra coletiva *Mercosul: A Estratégia Legal dos Negócios*, 2ª ed., São Paulo, Maltese, 1994, pp. 11-12.

________, "Solução de divergências no Mercosul". In: *Mercosul: seus Efeitos Jurídicos, Econômicos e Políticos nos Estados-membros*, org. Maristela Basso, 2ª ed., Porto Alegre, Livraria do Advogado, 1997, pp. 157-186.

BARBOSA, Cláudio Roberto, "A proteção internacional da propriedade intelectual e aspectos incidentes no Mercosul". In: *Mercosul: seus Efeitos Jurídicos, Econômicos e Políticos nos Estados-membros*, org. Maristela Basso, 2ª ed., Porto Alegre, Livraria do Advogado, 1997, pp. 287-316.

BELLAMY, Christopher e CHILD, Graham, *Direito da Concorrência no Mercado Comum*, trad. espanhola de Enric Picañol, Madri, Editorial Civitas, 1992.

BERKEMEYER, Hugo T., notícia in *INTA BULLETIN*, v. 52, n. 16, 15.9.97.

BROWN, Jeremy, "Parallel imports, exhaustion of rights in EU". In: *Les Nouvelles (Journal of the Licensing Executives Society)*, v. 32, n. 2, jun. 1997, pp. 49-53.

CARVALHO, Joaquim Antônio D'Ângelo de, "Comentário sobre acórdão", in RDM 6/88-89, São Paulo.

CERVINO, Alberto Casado e PRADA, Begoña Cerro, *GATT y Propiedad Industrial*, Madri, Ed. Tecnos, 1994.

COGGIO, Brian D. e ANTLER, Adriane M., "The utilization of United States patents to prevent the importation and sale of gray goods". In: *TMR-The Trademark Reporter*, v. 83, n. 4, jul./ago. 1993, pp. 481-494.

FEKETE, Elisabeth Kasznar, "O acordo sobre TRIPs - Informe da propriedade intelectual no mundo". In: *Revista da ABPI* 11/22-25, São Paulo, mar./jun. 1994, e "Informe", na Revista 15/22-25, mar./abr. 1995.

________, "A propriedade intelectual no quadro das reformas institucionais da União Européia *pós-Maastricht*". In: *Revista da ABPI* 24/49-54, São Paulo, set./out. 1996.

________, "A proteção ao consumidor como instrumento de aperfeiçoamento da integração econômica no Mercosul – Com especial relevo para seu relacionamento com o direito das marcas e da concorrência desleal". In: *Revista de Direito do Consumidor* 20/112-126, São Paulo, out./dez. 1996.

________, "A representação na conclusão dos contratos mercantis". In: *RDM* 86/16-30, São Paulo, abr./jun. 1992.

FERNÁNDEZ Jr., Wilfrido, *Recent Trademark Develpments: Central and South America*. In: INTA-

International Trademark Association, Seattle, 116th Annual Meeting, maio 7-11, 1994, pp. 67-100.

GRAU-KUNTZ, Karin, "Comentários à Lei de Marcas alemã de 1995". In: *Revista da ABPI* 18, São Paulo, set./out. 1995.

GUSMÃO, José Roberto, "Importação paralela pode ser desastrosa para o País". In: *Panorama da Tecnologia* 13, fev. 1995.

HEATH, Christopher, *From "Parker" to "BBS" – The Treatment of Parallel Imports in Japan*. In: IIC, v. 24, Munique, fev. 1993, pp. 179-189.

KUHN, Perla M., "Acordo Nafta: aspectos de propriedade intelectual e importações paralelas", trad. de Tomaz Henrique Leonardos. In: *Revista da ABPI* 12/12-35, São Paulo, jul./out. 1994.

LIESEGANG, Roberto e Dittberner, Jürgen, *Evolução Institucional para Consolidação do Mercosul*. Inédito.

LIGUE INTERNATIONALE DU DROIT DE LA CONCURRENCE, *Revue Internationale de la*, n. 168, mar. 1992, e n. 169, abr. 1992.

MARTINS, Adriano Kalfelz, "Medidas cautelares no Mercosul". In: *Mercosul: seus Efeitos Jurídicos, Econômicos e Políticos nos Estados-membros*, org. Maristela Basso, 2ª ed., Porto Alegre, Livraria do Advogado, 1997, pp. 520-534.

OTAMENDI, Jorge, "Mercosur y propiedad industrial". In: *Revista da ABPI* 8/26-28, São Paulo, 1993.

PIERPAOLI, Elba Britez de Ortizm, *Propiedad Industrial – Paraguay*. Inédito. Assunção, set. 1992.

PITTALUGA, Juan A., "Normas marcarias uruguayas y su aplicación al Mercosur". In: *Revista da ABPI* 8/29-31, São Paulo, 1993.

PRADO, Maurício C. de A., "A implementação do Mercosul e a propriedade industrial". In: *Mercosul – A Estratégia Legal dos Negócios*, coord. Luiz Olavo Baptista, 2ª ed., São Paulo, Ed. Maltese, 1994.

SILVA, Eugênio da Costa e, "A livre circulação de bens e mercadorias e o direito sobre as patentes: a experiência da CEE". In: *Boletim de Integração Latino Americana* do MRE/SGIE/NAT n. 11, Brasília, out./dez. 1993, pp. 121-128.

SOUZA FILHO, Paulo Macedo de, *The Role of Trade Mark Laws in the Regulation of Parallel Imports within the United States of America*. Essay, jan. 1995.

TAKAMATSU, Kaoro, "Treatment of parallel importation in Japan". In: *AIPPI Journal*, Tóquio, jan. 1991, pp. 3-7, trad. para o português ("A importação paralela no Japão") in: *Revista da ABPI* 2/7-8, São Paulo, abr. 1992.

Jurisprudência Comentada

DISSOLUÇÃO E LIQUIDAÇÃO DE ASSOCIAÇÃO CIVIL, A REQUERIMENTO DO MINISTÉRIO PÚBLICO – TORCIDA "MANCHA VERDE"*

Comentários de
Nelcina Conceição de Oliveira Tropardi
ao acórdão do Tribunal de Justiça de São Paulo
na apelação cível 27.381-4/0

Dissolução de Associação – Torcedores que integram a chamada Mancha Verde – Sentença de procedência – Violência e atos agressivos não negados pela ré – Elementos de prova que autorizam a conclusão de que a requerida, pela sua diretoria, contribuiu para tal violência, desviando-se de suas finalidades estatutárias – Recurso improvido (TJSP, 10ª Câmara de Direito Privado, ap. 27.381-4/0–São Paulo, rel. Des. Ruy Camilo, j. 17.3.98, v.u.).

ACÓRDÃO

Vistos, relatados e discutidos estes autos de apelação cível 27.381-4/0, da Comarca de São Paulo, em que é apelante ..., sendo apelado Ministério Público:

Acordam, em 10ª Câmara de Direito Privado do Tribunal de Justiça do Estado de São Paulo, por votação unânime, negar provimento ao recurso, de conformidade com o relatório e voto do Relator, que ficam fazendo parte do acórdão.

O julgamento teve a participação dos Desembargadores Marcondes Machado (Presidente) e G. Pinheiro Franco.

São Paulo, 17 de março de 1998. Ruy Camilo, Relator.

VOTO

A r. sentença de fls. 931, relatório adotado, julgou procedente ação de dissolução de sociedade civil ajuizada pelo Ministério Público do Estado de São Paulo em face do ..., para o fim de decretar a dissolução da associação requerida, com o conseqüente cancelamento do registro de seus atos constitutivos e respectivas alterações no cartório competente, subsistente a liminar concedida, relegando para execução a liquidação de seu patrimônio.

Outrossim, condenou a ré ao pagamento das custas processuais, isenta da verba honorária, por ser a ação patrocinada pelo MP.

Apelou a vencida onde, a par de reiterar matéria preliminar já suscitada nas ra-

* Trabalho apresentado ao Curso de Pós-Graduação da FADUSP, 2º semestre de 1998, na Disciplina Interesses Públicos e Privados na Extinção das Sociedades Mercantis em Direito Comparado II, ministrada pelo Prof. Mauro Rodrigues Penteado.

zões de defesa, colima a inversão do resultado. Sustenta seu inconformismo na alegação de que a r. sentença cometeu crasso equívoco, confundindo a atuação de alguns associados da ora apelante com sua finalidade. Aduziu que a r. sentença recorrida estribou-se em fatos individuais para estabelecer um eventual desvirtuamento dos objetivos estatutários da ora apelante. Acrescentou que nos autos inexistem provas de atos ilícitos cometidos pela apelante ou por qualquer de seus diretores no exercício de suas funções institucionais, reportando-se aos fundamentos da decisão de primeiro grau, relacionados a fatos similares atribuídos à torcida organizada denominada ..., que pretende façam parte integrante do recurso.

Recurso respondido, opinando a Douta Procuradoria-Geral da Justiça, em parecer da lavra do Dr. Carlos Renato de Oliveira, pelo improvimento.

É o relatório.

Inicialmente, cumpre observar que a matéria suscitada à guisa de preliminar já foi enfrentada por esta Câmara no julgamento do agravo de instrumento 5.998.4/4, e não se tendo notícia de eventual interposição de recurso especial, constituiu matéria superada, coberta pela preclusão. Ali ficou assentado, entre outros fundamentos, que "na inicial, o autor da ação ainda que aludindo a dispositivos constitucionais e à Lei 7.347/85, também invocou o disposto no art. 670 do Código de Processo Civil revogado, que ainda está em vigor, por força do disposto no art. 1.218 do atual diploma processual. Reza o mencionado artigo: 'a sociedade civil com personalidade jurídica que promover atividade ilícita ou imoral, será dissolvida por ação direta do povo ou do órgão do Ministério Público'. Ora, na inicial, não obstante alguns equívocos conceituais no que diz respeito à fundamentação jurídica da pretensão inicial, alude-se a uma série de fatos que teriam conduzido à difusão da violência dentro e fora dos estádios, o que na ótica do agravado, implica nítido descompasso entre a previsão estatutária e a prática cotidiana da ora agravante, o que estaria a autorizar a pretendida dissolução da sociedade recorrente, por realizar atividades incompatíveis com os seus objetivos sociais, visando à medida judicial, à tutela da segurança da sociedade, em razão da atividade desenvolvida pelas chamadas torcidas organizadas. Assim, sob tal enfoque, tem-se que está o Ministério Público legitimado para a presente ação, que se qualifica com ação civil pública, unicamente porque o MP atua como parte".

Superada tal questão, o recurso não comporta provimento, merecendo subsistir a bem lançada sentença recorrida por seus próprios e jurídicos fundamentos que, aliás, muito honram sua ilustre prolatora.

Com efeito, como bem salientado na r. sentença recorrida, a violência dos fatos apurados no inquérito civil é fato de pleno conhecimento, de molde que o que importa para o deslinde da causa é verificar se a requerida contribuiu para tal violência, desviando-se, assim, de suas finalidades estatutárias.

Nesse passo, ao contrário do afirmado pela ora apelante, que vislumbrou na série de ocorrências que os autos do inquérito civil em apenso evidenciam, apenas ações isoladas de alguns integrantes de seu quadro associativo, emerge do conjunto probatório a participação efetiva da diretoria da entidade apelante, quer pela coordenação das ações da torcida organizada, quer pelo espírito que procuravam incutir na massa de associados, quer pela ação efetiva de dirigentes, em particular do seu presidente, em episódios lamentáveis como o da agressão a funcionários do Metrô de São Paulo, e também no lamentável episódio, na manhã do dia 20 de agosto de 1995, na final de torneio de juniores. As fotos de fls. 903 e ss. são elucidativas e mostram o presidente da entidade armado com um bastão, participando ativamente da briga generalizada, seguido logo atrás pelo vice-presidente ..., tudo a demonstrar, como bem ressaltou o MP em suas contra-razões ao recurso, que a cúpula diretiva da associação ré não era apenas conivente, mas estimulava e participava ativamente de atos de violência desmedida, quando o normal seria o de entrar em campo para apaziguar os ânimos e socorrer eventualmente os feridos.

Nesse passo, aliás, de suma valia o depoimento do Major ..., da Polícia Militar do Estado, que além de ter atuado no policiamento de estádios de futebol, é estudioso da matéria que envolve a atuação das chamadas torcidas organizadas, que qualifica a ... como *gang urbana*; relata ele vários confrontos com a participação da ... e na qual tentou, sem sucesso, retirar o presidente da entidade da confusão, recebendo como resposta a seguinte frase: "hoje nós vamos dar porrada".

Também significativo o fato relacionado à agressão sofrida por dois ingênuos torcedores do São Paulo que foram adquirir ingressos na subsede da torcida em Santo André; foi apurado que um deles vestia uma camisa de seu clube de preferência, por baixo do agasalho que trajava; foram submetidos a uma série de violências, inclusive de natureza sexual, por parte dos membros da ré, chamados nas proximidades, o que indica que a violência e a agressividade são institucionalizadas no âmbito daquela associação.

Não se pode, outrossim, deixar sem registro que num levantamento de antecedentes criminais apurou-se que cerca de 1/3 do quadro de associados da entidade ré registra passagens por distritos policiais como autores de roubo, furto, e tráfico de entorpecentes, sendo assim lícito presumir que parcela expressiva de procedimentos violentos e agressivos pode ser atribuída a essa marginalidade que se infiltrou nas chamadas torcidas organizadas, sem exceção. Nesse passo, o próprio presidente da entidade ré ..., não é exceção à regra. Além de condenação criminal por agressão a funcionário do Metrô de São Paulo, teve participação efetiva no episódio do Pacaembu, do qual, ao que parece, resultou seu indiciamento em inquérito policial.

Tal perfil de associados não podia ser ignorado pela direção da entidade que, ao que consta dos autos, jamais cuidou de selecionar seus integrantes. Ao contrário, os gritos de guerra que os autos noticiam, mostram que a ordem era estimular tal agressividade inerente ao grupo, colhendo-se da prova testemunhal que os interessados em se associar eram submetidos a uma espécie de trote, sendo espancados, só sendo integrados ao grupo aqueles que resistiam bem a tal espancamento.

Não se pode ignorar também que em tais episódios a Polícia Militar, inúmeras vezes, apreendeu bombas de grande potencial ofensivo, armas de todo o tipo que autorizam a ilação de que tais ocorrências estavam a indicar não ações isoladas, mas procedimentos coordenados como se cuidasse de procedimentos estratégicos.

Assim, a sentença bem resiste às críticas que lhe foram endereçadas, merecendo subsistir por seus próprios e jurídicos fundamentos.

Daí o improvimento do recurso. Ruy Camilo, Relator.

Comentários de Nelcina Conceição de Oliveira Tropardi

I – Considerações preliminares

O presente trabalho tem por finalidade tecer breves comentários acerca de alguns aspectos extraídos do acórdão proferido pela 10ª Câmara de Direito Privado do Tribunal de Justiça do Estado de São Paulo, nos autos da apelação cível 27.381-4/0 interposta nos autos de ação civil pública, cujo pedido cinge-se à dissolução de associação civil, requerida pelo Ministério Público do Estado de São Paulo, por haver desvio de suas finalidades estatutárias.

Também pretende-se tecer alguns comentários ao acórdão proferido nos autos do agravo de instrumento 5.998-4/4, interposto nos autos da ação civil pública retro mencionada, que discutiu a legitimidade do Ministério Público para propor ação de dissolução de sociedade.

A matéria ganhou relevância nos últimos anos dada a atuação do Ministério Público, cujas funções estão previstas na Constituição Federal de 1988. Nesse sentido, o art. 129 da Carta Magna estabelece as funções institucionais do *Parquet*, sendo que, tendo em vista o escopo do presente trabalho, merece destaque o inc. III do mencionado artigo que prevê, dentre as referidas funções institucionais, a de "promover o inquérito civil e a ação civil pública, para a proteção do patrimônio público e social, do meio ambiente e de outros interesses difusos e coletivos".

A Lei 8.625, de 12.2.93, que instituiu a Lei Orgânica do Ministério Público, dispondo sobre as normas gerais para a organização do Ministério Público dos Estados, ampliou o leque das funções do *Parquet*, incluindo, ao lado dos "interesses difusos e coletivos" os "individuais indisponíveis e homogêneos". É o que se lê no art. 25, inc. IV, alínea *a*, do citado diploma legal, a saber: "(...) incumbe, ainda, ao Ministério Público: (...) IV – promover o inquérito civil e a ação civil pública, na forma da lei: a) para a proteção, prevenção e reparação dos danos causados ao meio ambiente, ao consumidor, aos bens e direitos de valor artístico, estético, histórico, turístico e paisagístico, e a outros interesses difusos, coletivos *e individuais indisponíveis e homogêneos*; (...)" (grifos nossos).

Conclui-se, portanto, que é perfeitamente possível que o Ministério Público, uma vez que se verifiquem danos provocados ao "meio ambiente, ao consumidor, aos bens e direitos de valor artístico, estético, turístico e paisagístico", bem como o desrespeito a algum interesse difuso, coletivo ou individual indisponível e homogêneo, ingresse com uma ação civil pública, pleiteando a dissolução de sociedades, pouco importando se se trata de sociedade civil, associação civil ou sociedade mercantil.

Ora, tal conclusão deve ser pormenorizadamente analisada, posto que a dissolução de uma sociedade é medida por demais drástica, cuja aplicação deve ser muito bem ponderada antes de ser efetivada, visto que suas conseqüências podem atingir grande parcela do meio econômico e social em que se insere uma sociedade, seja ela de qual espécie for.

Modernamente, pode-se dizer que essa preocupação está consubstanciada no chamado "princípio da conservação da empresa", bastante invocado no Direito Falimentar, na medida em que preconiza que o instituto da falência não mais deve preocupar-se em apenas disciplinar a correta liquidação de uma empresa, mas deve também canalizar esforços no sentido de viabilizar a permanência da mesma.

Dessa forma, tendo em vista este breve intróito, a proposta do presente trabalho, partindo da análise do acórdão proferido pela 10ª Câmara de Direito Privado do TJSP, ou seja, partindo da análise de uma decisão que determinou a dissolução de uma associação civil, por iniciativa do MP, é justamente tecer algumas considerações sobre até que ponto é razoável, tendo em vista os diversos interesses envolvidos em demandas deste tipo, pleitear-se a dissolução de uma sociedade, sobretudo quando se pode adotar outras medidas, destinadas a solucionar os desvios eventualmente verificados. O que se quer dizer com isso é que a dissolução de uma sociedade é a última medida a que se deve recorrer.

Antes de mais nada, cumpre ressaltar que o meio ambiente, os direitos dos consumidores, enfim, todos os valores consubstanciados na retro mencionada alínea *a*, devem e precisam ser protegidos. Mas até que ponto a proteção destes valores justifica a dissolução de um sociedade?

Assim sendo, em primeiro lugar, pretendemos discorrer sobre as figuras da associação e da sociedade civis, bem como traçar um paralelo em relação às sociedades mercantis ou comerciais. Em seguida, iremos traçar algumas considerações sobre a dissolução das sociedades, com especial atenção às sociedades e associações civis, especialmente tendo em vista o disposto no art. 670 do antigo Código de Processo Civil, em vigor por força do disposto no art. 1.280 do atual Código de Processo Civil. Por fim, analisaremos a legitimidade do MP para propositura deste tipo de ação judicial, no tocante às sociedades mercantis, especialmente tendo em vista os conceitos de direitos difusos, coletivos e individuais indisponíveis e homogêneos.

II – Da distinção entre sociedades e associações civis

O Código Civil brasileiro, em sua Parte Geral, no Livro I, traz vários artigos acerca das pessoas jurídicas, o que é reflexo da importância que o fenômeno societário alcançou já no século passado. Clóvis Beviláqua,[1] analisando o conceito de pessoa jurídica, afirma que foi assentado na doutrina "o princípio de que devem ser considerados como pessôas jurídicas *todos os agrupamentos de homens, que, reunidos para um fim cuja realização procuram, mostram ter vida própria, distincta da dos individuos que os compõem, e necessitando, para a segurança dessa vida, de uma proteção particular do direito*".

Daí a situação legislativa atual, em que temos vários tipos societários disciplinos, quer na legislação comercial, quer na legislação civil. O Código Civil de 1916 prevê que "as pessoas jurídicas são de direito público, interno, ou externo, e de direito privado" (art. 13, Código Civil).

Dentre as pessoas jurídicas de direito privado temos, de um lado, as associações, isto é, os agrupamentos de indivíduos sem finalidade lucrativa, como os clubes esportivos, os centros culturais etc., as sociedades civis, isto é, os agrupamentos individuais em que há uma finalidade lucrativa, e, de outro lado, as sociedades mercantis, cuja finalidade é a obtenção de lucros, mediante a pratica de atos de comércio.

Todavia, cumpre salientar que não existe em nosso ordenamento jurídico uma nitida diferenciação entre sociedade e associação civil, uma vez que o art. 16, I, do CC, as trata de forma genérica, sem estabelecer as peculiaridades de cada uma. Dessa forma, em virtude dessa lacuna do texto legal, grande parte da doutrina e da jurisprudência não se preocupou em conceituá-las, daí a ausência da nítida diferenciação, a estabelecer os limites entre tais formas societárias.

O prof. Caio Mário da Silva Pereira[2] chega a afirmar que "em pura doutrina há distinção nas designações *sociedade* e *associação*, que servem para denominar, de um lado, as pessoas jurídicas formadas por um grupo reduzido de pessoas, visando a uma finalidade econômica (*sociedades*), e, de outro lado (*associações*), as constituídas de um número mais avantajado de indivíduos, tendo em vista fins morais, pios, literários, artísticos, em suma, objetivos não econômicos, ou ideais. O Código Civil, porém, deixou de se ater à distinção, e, se mais adequado é utilizar-se a designação *associações* para as pessoas jurídicas de fins não-econômicos, nenhuma obrigatoriedade existe nesse sentido, admitidas as expressões como sinônimas".

Prossegue mais adiante o mesmo autor, ressaltando que não se deve confundir o fim não econômico da associação com a natureza patrimonial da entidade, posto que o CC, em seu art. 22, disciplina o destino de seus bens em caso de dissolução.

1. In *Theoria Geral do Direito Civil*, 6ª ed., Rio de Janeiro, Livraria Francisco Alves, 1953, p. 158.

2. In *Instituições de Direito Civil*, v. I, 5ª ed., Rio de Janeiro, Forense, 1976, p. 293.

De qualquer forma, conforme já dito linhas acima, o atual Código Civil brasileiro optou por não estabelecer os conceitos de sociedade e associação civil, o que resultou na incerteza doutrinária acerca do tema. Outra foi a solução encontrada pelo Direito alemão, que define a associação de fins ideais "mediante recurso a um critério puramente negativo: associação ideal é aquela que se não propõe qualquer exploração de caráter econômico".[3]

A mesma doutrina brasileira que não se preocupou em delimitar os conceitos de sociedade e associação civil, no entanto, traz alguns critérios diferenciadores, na tentativa de delinear as fronteiras entre sociedade e associação. A profa. Maria Helena Diniz[4] afirma que os critérios determinantes dessa diferenciação são, de um lado, o da "finalidade de divisão do lucro decorrente do exercício em comum de uma atividade" e, de outro lado, "o da troca de membros".

Assim sendo, segundo o primeiro critério proposto, temos que na associação não há um fim lucrativo ou intenção de dividir o lucro auferido da atividade desenvolvida em conjunto, muito embora exista um patrimônio, formado a partir da contribuição de seus membros, de doações, que é utilizado para obtenção de objetivos culturais, beneficentes, religiosos, esportivos etc. A natureza da associação não será desvirtuada se houver a realização de atos negociais para manter ou aumentar o patrimônio, desde que não sejam proporcionados lucros aos associados.

Já na sociedade civil, o lucro obtido a partir do exercício de certas profissões ou pela prestação de serviços técnicos será repartido entre os sócios. Ainda que a sociedade civil pratique, ocasionalmente, certos atos de comércio, sua natureza civil não será descaracterizada, posto que a sua atividade principal é o elemento que importa na identificação da natureza de uma sociedade.

Com relação ao critério da troca de membros, há que se ressaltar que na associação pode-se ter a troca permanente de seus membros, sem que isso afete a sua estrutura. Já na sociedade civil isto não ocorre, posto que nesta tem grande relevância a *affectio societatis*, que "é o elemento psicológico considerado decisivo para a caracterização do contrato, elemento que possibilita distingui-lo de figuras afins, como a parceria, a edição, certos contratos de trabalho e, de modo geral, os *negócios parciários*, nos quais, conforme noção pacífica, promete alguém determinadas prestações em troca de participação nos que outrem venha a obter. Não é fácil fixar em fórmula precisa e clara o elemento subjetivo do contrato de sociedade. Não basta defini-lo com o propósito de cooperar. É mais alguma coisa, 'o sentimento de que o trabalho de um, dentro da sociedade, reverterá em proveito de todos'".[5]

Observa-se, portanto, que a *affectio societatis* é requisito fundamental num contrato de sociedade, de tal sorte que quase todos eles disciplinam, rigorosamente, o mecanismo de substituição dos sócios, sendo que a saída de um sócio poderá, em determinadas situações, ensejar a dissolução parcial da sociedade ou sua continuação sob outra forma. O mesmo não ocorre nas associações, uma vez que faz parte da essência das mesmas o número ilimitado de membros.

Assim sendo, os critérios acima descritos, de construção doutrinária, não tendo sido extraídos do corpo da lei, podem ser utilizados para diferenciação das sociedades e associações civis, sendo, contudo, na prática, bastante comuns as confusões

3. Cf. Caio Mário da Silva Pereira, ob. cit., p. 294.

4. In *Sociedade e Associação. Contratos Inominados Doutrina e Jurisprudência*, coord. Yussef Said Cahali, São Paulo, Saraiva, 1995, pp. 364 e 365.

5. Orlando Gomes, *Contratos*, 12ª ed., Rio de Janeiro, Forense, 1993, p. 444.

existentes entre estes dois contratos, sendo que os termos são, muitas vezes, utilizados como sinônimos.

Com base nos critérios acima traçados, pode-se concluir que o acórdão objeto da presente análise trata da dissolução de uma associação civil, que tem, entre seus objetivos estatutários, o de arregimentar, aglutinar e organizar aficionados da Sociedade Esportiva Palmeiras, tendo se qualificado como entidade cultural e benemerente, sem fins lucrativos. Em outras palavras, significa dizer que a referida associação, muito embora tenha um patrimônio, não tem, dentre suas finalidades estatutárias, a de obtenção de lucros, nem tampouco são proporcionados ganhos aos seus associados.

No tocante à sociedades mercantis, estas se caracterizam por terem finalidade lucrativa. No entanto, esta finalidade lucrativa, diferentemente do que ocorre com as sociedades civis, é desenvolvida mediante a prática de atos de comércio, conforme preceitua o art. 19 do Código Comercial, estando sujeita à falência. A prática de atos de comércio é, portanto, o que diferencia a sociedade mercantil da comercial.

A sociedade civil poderá, segundo o art. 1.364, 1ª parte, do CC, revestir qualquer forma estabelecida nas leis comerciais, hipótese em que se regerá pelos preceitos mercantis. Não poderá, contudo, revestir a forma de sociedade anônima, segundo o disposto na Lei 6.404/76, art. 2º, § 1º, pois qualquer que seja o seu objeto, a sociedade anônima será sempre mercantil e reger-se-á pelas leis e usos do comércio. Se não assumir nenhuma daquelas formas mercantis, a sociedade civil será regida pelas disposições do CC (art. 1.365).

Por fim, é preciso mencionar que o Projeto de Código Civil 634-B, de 1975, alterou completamente a sistemática atinente às sociedades, não mais cuidando do chamado contrato de sociedade, conforme faz o atual CC. Assim sendo, o Projeto de 1975 traz, em livro próprio, denominado "Do Direito de Empresa", as normas relativas às sociedades.

Após traçar disposições gerais, divide as sociedades em "não personificadas" e "personificadas". Como espécies de sociedades "não personificadas", temos a "sociedade comum" (arts. 989 a 993) e a "sociedade em conta de participação" (arts. 994 a 999). Como sociedades "personificadas" temos a "sociedade simples" (arts. 1.000 a 1.041), a "sociedade em nome coletivo" (arts. 1.042 a 1.047), a "sociedade em comandita simples" (arts. 1.048 a 1.054), a "sociedade limitada" (arts. 1.055 a 1.087), a "sociedade anônima" (arts. 1.088 e 1.089), a "sociedade em comandita por ações" (arts. 1.090 a 1.092) e a "sociedade cooperativa" (arts. 1.093 a 1.096).

A atual sociedade civil é, no Projeto de 1975, a chamada "sociedade simples", extensamente regulada, havendo previsão de toda a estrutura e funcionamento desse tipo societário. A redação do art. 1.001 do Projeto é que nos permite concluir que se trata da atual sociedade civil, na medida em que estabelece que "nos quinze dias subseqüentes à sua constituição, deve a sociedade requerer a inscrição do contrato social no Registro Civil das Pessoas Jurídicas do local de sua sede (art. 1.150)".

Como se vê, o projeto realizou a unificação do Direito Privado, regulando, assim, sociedades civis e comerciais sob a mesma base legal, destacando, apenas, em razão das peculiaridades dos tipos societários, os pontos característicos de cada um deles. Preocupou-se em estabelecer disciplina própria à sociedade de fato ("sociedade comum"), prescrevendo, depois, um sistema de regras básicas para as diferentes formas societárias, civil e comerciais.

O Projeto, na verdade, em relação à matéria, faz outra distinção, entre sociedades empresariais e simples, presente no art. 985, que prescreve que "salvo as exceções expressas, considera-se empresária a sociedade que tem por objeto o exercício de atividade própria de empresário sujeito a registro (art. 970); e, simples, as demais". Prossegue a distinção no parágrafo único, afirmando que "independentemente de seu objeto, considera-se empresária a sociedade por ações; e, simples, a cooperativa".

Com relação às sociedades empresárias, o Projeto admite que as mesmas possam revestir uma das formas reguladas nos arts. 1.042 a 1.092. Quanto à sociedade simples ou sociedade civil, esta poderá constituir-se de conformidade com um dos referidos tipos; se não o fizer, subordina-se às normas gerais próprias.

Com relação às associações civis, estas estão, no Projeto de 1975, previstas na Parte Geral, Livro I, no Título II, denominado "Das Pessoas Jurídicas". O art. 44 estabelece que "são pessoas jurídicas de direito privado: I – As associações. II – As sociedades. III – As fundações". Mais adiante, nos arts. 53 a 61, traz a disciplina legal das associações.

Neste aspecto, há uma grande diferença em relação ao atual CC, posto que o Projeto de 1975 preocupou-se em definir as associações. Dessa forma, o art. 53 assim define as associações: "constituem-se associações pela união de pessoas que se organizem *para fins não econômicos*" (grifos nossos).

Dessa forma, o conceito agora vem de dispositivo legal, sendo que o elemento caracterizador da associação civil, qual seja, a finalidade não econômica, está expresso no Projeto de 1975, desaparecendo aquela ausência de delimitação conceitual. Note-se que o Projeto fala em fins não econômicos, não aludindo aos intuitos lucrativos, também invocados na definição de uma associação civil.

Nesse sentido, pode-se afirmar que se trata de uma imprecisão terminológica, posto que o conceito de associação expresso no Projeto de 1975 deveria, necessariamente, fazer menção aos intuitos lucrativos, visto que se trata de aspecto comumente salientado pela doutrina brasileira. A associação pode até ter um fim econômico; não poderá, contudo, proporcionar lucros aos seus associados (intuito lucrativo).

A profa. Maria Helena Diniz, ao definir a associação, assevera que "associação (*Verein*) é um contrato pelo qual certo número de pessoas, ao se congregar, coloca, em comum, serviços, atividades, conhecimentos, em prol de um mesmo ideal, objetivando a consecução de determinado fim não-econômico (*Idealverein*) ou econômico (*wirtschaftliche Verein*), com ou sem capital, e sem *intuitos lucrativos*"[6] (grifos nossos).

De qualquer forma, acreditamos que o Projeto de 1975 representou um grande avanço, uma vez que, além de regular pormenorizadamente os vários tipos societários, define e diferencia as sociedades e associações civis, de tal sorte que, se convertido em lei, haverá um embasamento legal para a delimitação das fronteiras existentes entre tais figuras jurídicas.

III – Das hipóteses de dissolução das sociedades e associações civis

Na sistemática atual do CC, no tocante às sociedades civis, em não havendo disposição contratual, específica, tem-se que a dissolução da mesma será regida pela lei referente ao tipo societário escolhido para revestir a sociedade civil. Isso porque o art. 1.364 estabelece que "quando as sociedades civis revestirem as formas estabelecidas nas leis comerciais, entre as quais se inclui a das sociedades anônimas, obedecerão aos respectivos preceitos, no em que não contrariem os deste Código; mas serão inscritas no Registro Civil, e será civil o seu foro".[7]

6. Ob. cit., p. 360.

7. Cf. Mauro Rodrigues Penteado, *Dissolução e Liquidação de Sociedades*, Brasília, Livraria e Editora Brasília Jurídica, 1995, p. 94.

Com relação à dissolução da sociedade, esta depende de várias causas, podendo, em linhas gerais, dar-se automaticamente, ou mediante ato declaratório, judicial ou administrativo, conforme a situação. As várias causas de dissolução de uma sociedade estão previstas nos incisos do art. 1.399 do CC, podendo serem agrupadas em quatro segmentos.[8]

Assim sendo, temos a dissolução provocada pelo advento de hipótese prevista no contrato social, denominada dissolução de "pleno direito", verificada "pelo implemento da condição, a que foi subordinada a sua durabilidade, ou pelo vencimento do prazo estabelecido no contrato" (art. 1.399, inc. I), ou pela consecução do fim social (art. 1.399, inc. III, 1ª parte).

Temos também a dissolução *ex rebus*, verificada quando ocorre a extinção do capital social ou pelo desfalque do mesmo (art. 1.399, inc. II) e pela inexeqüibilidade do fim social (art. 1.399, inc. III, 2ª parte). Fala-se, igualmente, na "dissolução *ex personis* e *ex voluntate*", que compreende a falência, incapacidade e morte de um dos sócios (art. 1.399, inc. IV), a renúncia (art. 1.399, inc. V) e o distrato (art. 1.399, inc. VI)".[9]

Por fim, há que se falar na dissolução provocada por razões de ordem pública, verificadas quando ocorre a cassação de autorização para funcionar (art. 21, inc. III), pela prática de atos contrários aos seus fins sociais, hipótese em que cabe o pedido de dissolução judicial formulado pelo MP (art. 21, inc. III c/c Decreto-lei 9.085, de 1946, e art. 6º do Decreto-lei 8, de 1966) e pelo exercício de atividade ilícita, exatamente a hipótese verificada no acórdão ora em comento.

Vale ressaltar, ainda, que as causas de dissolução previstas nos incs. II, IV e V do art. 1.399, do CC, não se aplicam às sociedades de fins não econômicos, segundo preceitua o parágrafo único daquele artigo.

IV – Da dissolução de sociedades por iniciativa do MP

No tocante às sociedades e associações civis, o Decreto-lei 9.085, de 1946, com a redação dada pelo Decreto-lei 8, de 1966, "prevê a suspensão de suas atividades pelo Governo Federal, quando o objeto social ou circunstância relevante indiquem destino, ou atividade ilícita, contrária, nociva ou perigosa ao bem público, à segurança do Estado e da coletividade, à ordem pública ou social, à moral e aos bons costumes; nesse caso, compete aos representantes judiciais da União requerer a dissolução da sociedade, com base no art. 674 do Código de Processo Civil de 1939, ainda em vigor".[10]

Como se disse linhas acima, é essa a hipótese de dissolução invocada pelos eméritos julgadores nos autos que determinaram a extinção da Mancha Verde, visto que esta estava praticando uma atividade ilícita, nociva ao bem comum e em desacordo com suas finalidades sociais. O relator, Des. Ruy Camilo, em seu voto, afirma que "com efeito, como bem salientado na r. sentença recorrida, a violência dos fatos apurados no inquérito civil é fato de pleno conhecimento, de molde que o que importa para o deslinde da causa é verificar se a requerida contribuiu para tal violência, desviando-se, assim, de suas finalidades estatutárias". Daí o pedido de dissolução judicial da referida associação, formulado pelo MP, com base, entre outros fundamentos, no art. 670, do CPC, de 1939, ainda em vigor, por força do art. 1.218, do atual diploma processual.

Interessante notar que houve, nos presentes autos, a interposição de agravo de

8. Cf. Mauro Rodrigues Penteado, ob. cit., pp. 96 e 97.

9. Cf. Mauro Rodrigues Penteado, ob. cit., p. 96.

10. Cf. Mauro Rodrigues Penteado, ob. cit., p. 99.

instrumento, visando discutir a legitimidade ativa do MP, tendo prevalecido o entendimento segundo o qual "(...) o exercício da ação civil pública é subordinado à existência de previsão legal, tanto no próprio CPC como em outros diplomas ou leis extravagantes, e entre as hipóteses elencadas à guisa de exemplos está o da ação de dissolução de sociedades civis por atividades ilícitas, imorais ou nocivas ao bem público (CPC de 1939, art. 670, mas ainda em vigor *ex vi* do art. 1.218, VII, do atual)".

Como a dicção do art. 670 do antigo CPC é clara, indicando a hipótese de dissolução de *sociedade civil* por iniciativa do MP, resta saber se a mesma legitimidade subsiste em relação às sociedades mercantis.

No tocante às sociedades anônimas, vale ressaltar que no Decreto-lei 2.627, de 1940, havia dispositivo prevendo a hipótese de dissolução de sociedade em virtude de objeto ou atividade ilícita, por iniciativa do MP. Com efeito, o art. 167 daquele diploma legal dispunha que "será judicialmente dissolvida, a requerimento do órgão do Ministério Público, a sociedade anônima ou companhia, ou a sociedade em comandita, por ações, que tiver objeto ou fim ilícito, ou desenvolver atividade ilícita ou proibida por lei".

Referido dispositivo, contudo, não foi reproduzido na Lei 6.404, de 1976. No tocante à companhia com objeto ilícito, ressalte-se que é hipótese difícil de se verificar, posto que a mesma não conseguirá nem registrar seus atos no Registro de Comércio. A única hipótese de companhia com objeto ilícito que se pode verificar na prática é aquela em que o objeto da empresa, após a constituição da mesma, veio a tornar-se ilícito. O mesmo não ocorre com a companhia com atividade ilícita, visto que, muito embora uma companhia possa ter objeto lícito, pode a mesma estar desenvolvendo atividades ilícitas, incompatíveis, inclusive, com seu objeto social.

De qualquer forma, resta saber como é que fica, com relação às sociedades mercantis de um modo geral, a hipótese de dissolução por iniciativa do MP, em virtude do desenvolvimento de atividades ilícitas, nocivas ao bem comum.

Acreditamos que o MP tem legitimidade para pleitear a dissolução judicial de uma sociedade mercantil que esteja desenvolvendo atividades ilícitas, contrárias à ordem pública, pois, se assim estiverem procedendo, estarão violando direitos difusos, coletivos e individuais homogêneos e indisponíveis.

Conforme salientado nas considerações preliminares deste trabalho, o art. 25, inc. IV, alínea *a*, da Lei 8.625, de 1993, estabelece, entre as funções do MP, a de "promover o inquérito civil e a ação civil pública, na forma da lei, para proteção, prevenção e reparação dos danos causados ao meio ambiente, ao consumidor, aos bens e direitos de valor artístico, estético, histórico, turístico e paisagístico, e a outros interesses difusos, coletivos e individuais indisponíveis e homogêneos".

Mesmo que não se tenha um interesse difuso, coletivo ou individual indisponível e homogêneo em jogo, ainda assim subsiste a legitimidade atividade do MP para pleitear a dissolução de sociedade mercantil que esteja desenvolvendo atividade ilícita ou contrária à ordem pública. Isto porque, em primeiro lugar, o disposto no art. 21, inc. III, do CC, destina-se às pessoas jurídicas de um modo geral; portanto, referido dispositivo legal abrange as associações civis, as sociedades civis e as sociedades mercantis.

Em segundo lugar, porque "a interpretação conjugada do art. 21, inc. III, do Código Civil, do art. 35, inc. I, da Lei 8.934/94 e do art. 206, inc. III, da Lei 6.404 autoriza o pedido judicial de dissolução de sociedades mercantis, no caso de exercício de atividade contrária à ordem pública e aos bons costumes, mediante ação (inclusive ação civil pública, nos termos do art. 1º, inc. IV, da Lei 7.347, de 1985) que inclua no seu objeto o cancelamento do arquivamento dos atos societários, no Registro do Comércio (ou, como diz a Lei 8.934/94, Registro Público de Empresas Mercantis e Atividades Afins)".[11]

Também pode ser invocado o § 5º do art. 173, da CF, que estabelece que "a lei, sem prejuízo da responsabilidade individual dos dirigentes da pessoa jurídica, estabelecerá a responsabilidade desta, sujeitando-se às punições compatíveis com sua natureza nos atos praticados contra a ordem econômica e financeira e contra a economia popular". Dentre as punições aplicáveis à pessoa jurídica está a sua dissolução, motivo pelo qual referido dispositivo constitucional também pode ser invocado na dissolução de sociedade mercantil por desenvolvimento de atividade ilícita.

Na verdade, toda essa base normativa, suscitada para justificar o pedido de dissolução de sociedade por iniciativa do MP, conjuga-se perfeitamente à tese esboçada nos autos do agravo de instrumento, segundo a qual o exercício da ação civil pública estaria subordinado à existência de previsão legal, seja no CPC, seja em outros diplomas legais. Daí porque conclui-se que o MP poderá valer-se da ação civil pública para promover a dissolução de uma sociedade mercantil, por desenvolvimento de atividade ilícita, contrária à ordem pública, sendo que há vários dispositivos legais a ensejar a legitimidade ativa do *Parquet* neste tipo de demanda.

V – Conclusões

Como restou demonstrado, o MP, em se tratando de sociedades mercantis, tem legitimidade para propor ação de dissolução de sociedade, mormente quando se trata de desenvolvimento de atividade ilícita, imoral, contrária à ordem pública e aos bons costumes.

Essa foi exatamente a hipótese verificada nos autos do acórdão em análise, posto que restou demonstrado que a associação civil em questão estava desenvolvendo atividade ilícita, contrária a ordem pública, em desacordo com suas finalidades estatutárias, motivo pelo qual consideramos correta a iniciativa do MP, em perfeita harmonia, inclusive, com suas funções institucionais.

Assim sendo, parece-nos que a dissolução ensejada pelo desenvolvimento de atividade ilícita, contrária à ordem pública, não apresenta grandes dificuldades, posto que a aplicação da penalidade de dissolução a uma sociedade que esteja praticando atividade ilícita é medida razoável, para não dizer necessária.

Todavia, merece certa atenção o fato de que, de acordo com os dispositivos legais citados, em especial o art. 25, inc. III, alínea *a*, da Lei 8.625, de 1993, o MP tem legitimidade para propor ação civil pública em caso de proteção aos consumidores, meio ambiente, bens e direitos de valor artístico, histórico, estético, turístico e paisagístico, aos direitos difusos, coletivos e individuais indisponíveis e homogêneos, sendo que nada obsta que referida ação tenha por objeto a dissolução de uma sociedade mercantil.

Cumpre ressaltar, antes de mais nada, que muitas vezes uma empresa pode estar desrespeitando referidos valores sem, contudo, estar desenvolvendo atividade ilícita, contrária à ordem pública. Nesta hipótese, até que ponto é necessário, ou razoável, requerer a dissolução da sociedade em questão?

É certo que os direitos difusos, coletivos e individuais indisponíveis e homogêneos devem ser resguardados, cabendo ao MP zelar pela proteção dos mesmos. Contudo, é preciso que essa proteção seja per-

11. Cf. Mauro Rodrigues Penteado, ob. cit., pp. 100 e 101.

meada por mecanismos racionais, pois o ato de fazer justiça passa necessariamente pela avaliação de todas as faces do problema, seja ele qual for, pouco importando as partes contrapostas.

Essas ponderações harmonizam-se à moderna tendência da jurisprudência pátria, segundo a qual vem-se decretando a dissolução parcial das sociedades, ainda que o sócio tenha requerido sua dissolução total, tendo em vista a aplicação dos princípios da conservação da empresa e da função social que a mesma cumpre exercer, princípios estes responsáveis pela construção doutrinária atinente à permanência da empresa.[12] Ou seja, antes de dissolver uma sociedade, é preciso canalizar esforços no sentido de viabilizar a sua permanência.

Com efeito, o princípio da função social da empresa, entre nós, há muito tempo é preconizado pelo prof. Fábio Konder Comparato, que, ao escrever sobre o tema, assevera que: "A Lei de Sociedades por Ações, de 1976, como se sabe, atribuiu às companhias uma função social. Em seu art. 116, parágrafo único, declarou que 'o acionista controlador deve usar o poder com o fim de fazer a companhia realizar o seu objeto e cumprir sua função social, e tem deveres e responsabilidades para com os demais acionistas da empresa, os que nela trabalham e para com a comunidade em que atua, cujos direitos e interesses deve lealmente respeitar e atender'. No art. 177, § 1º, *a*, caracterizou como modalidade de abuso do poder de controle do fato de o controlador 'orientar a companhia para fim (...) lesivo ao interesse nacional, ou levá-la a favorecer outra sociedade, brasileira ou estrangeira, em prejuízo (...) da economia nacional'".[13]

Também o princípio da conservação da empresa encontra-se difundido em nossa doutrina, principalmente no campo do Direito Falimentar. O prof. Rubens Requião, ao escrever sobre o moderno instituto da falência, assevera que "na verdade, os institutos da falência e da concordata se revelaram estreitos para atender os vultosos interesses, privados e públicos, envolvidos nas grandes empresas modernas, que manipulam poderosos valores econômicos e sociais. *O conceito moderno de empresa, como atividade do empresário destinada à produção ou circulação de bens ou serviços, fatalmente acarretaria a tomada de outras posições do Direito Falimentar. Vivemos, assim, em pleno terceiro estágio, no qual a falência passa a se preocupar com a permanência da empresa e não apenas com sua liquidação judicial*".[14]

Nunca é demais lembrar que os órgãos da Administração Pública, no desempenho de suas funções que, muitas vezes, passa pela proteção dos consumidores, do meio ambiente etc., devem observar o princípio da razoabilidade. A prof. Maria Sylvia Zanella Di Pietro, ao escrever sobre referido princípio, assevera que "na realidade, o princípio da razoabilidade exige *proporcionalidade* entre os meios de que se utilize a Administração e os fins que ela tem que alcançar. E essa proporcionalidade deve ser medida não pelos critérios pessoais do administrador, mas segundo padrões comuns na sociedade em que vive; e não pode ser medida diante dos termos frios da lei mas diante do caso concreto".[15]

De qualquer forma, neste campo, os conceitos são bastante genéricos, daí a especial atenção dispensada à hipótese de requerimento de dissolução de uma sociedade, por iniciativa do MP, com base nas suas amplas funções institucionais.

É certo que os consumidores, o meio ambiente, os interesses difusos, coletivos e

12. Cf. Mauro Rodrigues Penteado, ob. cit., pp. 97 e 98.

13. In "Função social da propriedade dos bens de produção", artigo publicado na *RDM* 63/77.

14. In *Curso de Direito Falimentar*, 1º v., 14ª ed., São Paulo, Saraiva, 1991, p. 11.

15. In *Direito Administrativo*, 9ª ed., São Paulo, Atlas, 1998, pp. 72 e 73.

individuais indisponíveis e homogêneos devem e precisam ser protegidos, sendo que esta tarefa cabe, inclusive, ao MP.

No entanto, é preciso evitar as atitudes extremadas, posto que a dissolução de uma sociedade é medida que somente deverá ser aplicada em último caso, esgotadas todas as tentativas de solucionar as irregularidades eventualmente verificadas na sua atividade. Daí os conceitos de razoabilidade e proporcionalidade.

Assim sendo, o equilíbrio deve ser permanentemente procurado, de tal sorte que a proteção aos consumidores, ao meio ambiente, "aos bens e direitos de valor artístico, estético, histórico, turístico e paisagístico, e a outros interesses difusos, coletivos e individuais indisponíveis e homogêneos" deve ser conjuminada à permanência da empresa.

Jurisprudência Comentada

DIREITOS DO ACIONISTA DIANTE DA MOROSIDADE DO PROCEDIMENTO DE LIQUIDAÇÃO ORDINÁRIA OU FACULTATIVA DE S/A*

Comentários de
SANDRA DE MEDEIROS NERY
ao acórdão do Tribunal de Justiça de São Paulo
na apelação cível 275.021

Sociedade por ações – Dissolução facultativa – Deliberação por assembléia – Liquidação – Conversão em dissolução judicial.

Dissolução, por deliberação da assembléia-geral, seguindo-se a fase de liquidação. Pretensão posterior, de dissolução judicial. Fundamento jurídico inexistente, porque não se dissolve o que já está dissolvido. Alteração posterior, do objetivo da ação. Impossibilidade, por não obtida a adesão dos réus e porque a apuração dos haveres é conseqüência do processo facultativo, já realizado o ativo e pago o passivo. Recurso não provido (TJSP, 6ª Câmara Civil, ap. cível 275.021–São Paulo, apte.: espólio de Mário Rovida, representado por sua inventariante; apdos.: Marmindústria São Paulo S/A, em liquidação, e outros; Rel. Desembargador César de Moraes, j. 28.9.78).

* Trabalho apresentado ao Curso de Pós-Graduação da FADUSP, 2º semestre de 1998, na disciplina Interesses Públicos e Privados na Extinção das Sociedades Mercantis em Direito Comparado II, ministrada pelo prof. Mauro Rodrigues Penteado.

ACÓRDÃO

Acordam, em 6ª Câmara Civil do Tribunal de Justiça de São Paulo, por votação unânime, adotado o relatório de fls., negar provimento à apelação.

Após analisar a funda controvérsia que se estabeleceu, na doutrina brasileira, sobre aspectos conceituais, a propósito da dissolução e liquidação das sociedades anota Waldirio Bulgarelli que a Lei 6.404, de 1976 "superou esses problemas, aceitando a linha da doutrina mais moderna, e caracterizando o processo como de dissolução, liquidação e extinção, esta ocorrendo quando terminada a liquidação, (...) portanto, a dissolução é apenas uma fase, que irá passando pela liquidação, chega à extinção, que é o verdadeiro final do processo, e quando de fato a sociedade deixa de existir (...)" (*Comentários à Lei das Sociedades Anônimas*, Saraiva, v. IV/91).

Decretada a dissolução facultativa, por deliberação da assembléia-geral, a sociedade entrou em fase de liquidação, com a nomeação de três liquidantes, na forma estatutária (art. 27 do Estatuto – cf. fl. 20).

A pretensão à dissolução, deduzida na presente demanda, é balda, assim, de fomento jurídico, pois não se dissolve o que já está dissolvido.

É verdade que, no curso da lide, o autor pretendeu alterar o objetivo da ação (fls. 144), manifestando o propósito de converter a dissolução facultativa em judicial e de compelir os liquidantes a promoverem medidas úteis para a extinção da sociedade.

Mas alteração desse teor encontra óbice na lei processual, já que não contou com a adesão dos réus (art. 264 do Código de Processo Civil).

Na apelação, o autor pretende converter a ação, a fim de ser encarada como pretensão à apuração de haveres; nem mesmo aqui pode ser atendido: em primeiro lugar porque o pedido maior, da dissolução da sociedade, se mostra inviável, por obstáculo lógico intransponível e, nessas condições, não poderia valer utilmente para amparar o pedido menor, de apuração de haveres; depois porque, estando a sociedade em dissolução, a apuração é consectário inafastável do processo instaurado facultativamente, após realizado o ativo e pago o passivo.

A inicial não pode, mesmo, ser aproveitada. Para confirmar a respeitável sentença, negam provimento à apelação. Custas pelo apelante.

São Paulo, 28 de setembro de 1978. Ítalo Galli, Presidente. César de Moraes, Relator. Geraldo Roberto. Villa da Costa.

Comentário de Sandra de Medeiros Nery

Introdução

1. O v. acórdão traz à tona importantes questões relevantes, inclusive de ordem terminológica, relacionadas à dissolução de companhias, em especial, quanto ao pedido de dissolução judicial de companhia já dissolvida por deliberação da assembléia-geral, à responsabilidade do acionista controlador e do liquidante pelo bom andamento do procedimento de liquidação e à possibilidade de substituição, pelo juiz, do liquidante nomeado em razão de dissolução voluntária.

Dos fatos

2. Da leitura do acórdão, verifica-se que a assembléia-geral da empresa Marmindústria São Paulo S/A deliberara a dissolução dessa sociedade, que teria entrado em procedimento de liquidação "com a nomeação de três liquidantes, na forma estatutária". Todavia, o espólio de um dos acionistas, representado por seu inventariante, pleiteou em juízo a dissolução da sociedade, no que não foi atendido, "pois não se dissolve o que já está dissolvido". Posteriormente, no curso da lide, o autor teria pretendido alterar o objetivo da ação, para "converter a dissolução facultativa em judicial e compelir os liquidantes a promoverem medidas úteis para a extinção da sociedade". Na apelação, o autor teria pretendido "converter a ação, a fim de ser encarada como pretensão à apuração de haveres".

Embora lacônico, o texto do acórdão permite entrever que a real pretensão do autor versa sobre o prosseguimento do procedimento de liquidação da companhia dissolvida, até o seu termo final, ou seja, a extinção da companhia após a partilha do ativo remanescente entre os sócios, visto que, tendo a assembléia-geral deliberado sobre a dissolução da companhia e tendo sido nomeados os liquidantes, não foi dada continuidade ao referido procedimento.

Do conceito de dissolução

3. Segundo o *Novo Dicionário da Língua Portuguesa*, de Aurélio Buarque de Holanda Ferreira, *dissolução* é "o ato ou efeito de dissolver", ou seja, de desfazer, evaporar, extinguir, fazer desaparecer. O referido *Dicionário* ainda define *dissolução* como "o rompimento ou extinção de um contrato, de uma sociedade, de uma entidade ou de um órgão coletivo". Para Waldirio Bulgarelli, a palavra *dissolução* pode ser tomada em dois sentidos: um sentido amplo, usado para designar as causas de dissolução, o estado e o procedimento de liquidação e a extinção da companhia, e um sentido estrito, resultante, tão-somente, "da presença eficaz de uma causa legal ou estatutária de dissolução".[1]

Mauro Rodrigues Penteado relata ser "freqüente encontrar-se na doutrina e em decisões jurisprudenciais menções a que a sociedade se encontra 'em dissolução' (o que equivale, em termos estritos, a 'em estado de liquidação', ou, se já iniciado o procedimento respectivo, 'em liquidação' – art. 212 (da Lei das Sociedades por Ações, acrescentamos); ou ainda, que a sociedade 'foi dissolvida' (em sentido estrito: 'extinta')".[2]

Assim, em sentido lato, a dissolução abrange o procedimento de parar a atividade de uma companhia e de proceder à apuração do patrimônio líquido para pagar o passivo e partilhar o ativo remanescente entre os sócios. Por vezes, a palavra *dissolução* é utilizada com o mesmo significado de cada fase intermediária do procedimento que leva à extinção da companhia. Todavia, em matéria societária, o sentido técnico de *dissolução* é seu sentido estrito, adotado pela Lei 6.404/76, em que corresponde não a um procedimento, mas a "um evento pontual, que modifica o *status* da companhia por colocá-la em situação jurídica típica de liquidação",[3] constituindo-se em um ato declaratório formal, necessário e suficiente para a abertura do processo de liquidação, ou seja, é "um ato declaratório decorrente de causas supervenientes à constituição da companhia (...) que tem como efeito a cessação das atividades voltadas à consecução do objeto social, que são substituídas por aqueles procedimentos tendentes à liquidação do patrimônio social, gerido por liquidante".[4]

A Lei 6.404/76, nos incisos de seu art. 206, classifica as causas de dissolução em três espécies: de pleno direito (inc. I), por decisão judicial (inc. II) e por decisão de autoridade administrativa competente, nos casos e na forma previstos em lei especial (inc. III). Tal classificação tem recebido diversas críticas por parte da doutrina, em especial pelo uso infeliz da expressão "de pleno direito",[5] para agrupar todas as causas de dissolução que não têm origem em decisão judicial ou em determinação de uma autoridade administrativa. Segundo Waldirio Bulgarelli, "inseriu-se a causa de dissolução, por deliberação da assembléia-geral (art. 136, VII) como de pleno direito e que é, obviamente, facultativa. (...) Na verdade, a distinção apontada, que se verificava na doutrina clássica, era despida de maior interesse prático, e a inserção feita no art. 206, da Lei 6.404, não implica maiores problemas, pelo contrário, torna plena e instantânea a deliberação da assembléia-geral no sentido da dissolução da sociedade".[6]

4. Segundo relata Trajano de Miranda Valverde, a doutrina da primeira metade do século 19 considerava que a dissolução acarretava a extinção da sociedade. Toda-

1. Modesto Carvalhosa, *Comentários à Lei das Sociedades Anônimas*, p. 87.

2. Mauro Rodrigues Penteado, *Dissolução e Liquidação de Sociedades*, p. 29.

3. *Dissolução e Liquidação de Sociedades*, cit., p. 66.

4. *Comentários à Lei das Sociedades Anônimas*, p. 18.

5. Segundo De Plácido e Silva, citado por Modesto Carvalhosa, a expressão "pleno direito" ou *pleno iure* significa "o resultado jurídico que surge automaticamente, pelo evento do fato jurídico ou motivo indicado em lei, sem que se torne necessária a intervenção da parte ou da autoridade judiciária".

6. Waldirio Bulgarelli, *Comentários à Lei das Sociedades Anônimas*, p. 92.

via, segundo os usos e costumes comerciais, as sociedades dissolvidas continuavam a existir para se liquidar, o que veio a ser incorporado pelo Código Comercial de 1850 (art. 335), e pelo Decreto 434 (art. 156). Conforme ensinou Carvalho de Mendonça, citado por Valverde, "incorre em censura o sistema legal, declarando *dissolvida* a sociedade *antes da liquidação*. A verdadeira dissolução somente se acentua *depois da liquidação*".[7]

O Decreto-lei 2.627, de 1940, segundo Trajano de Miranda Valverde, "repeliu, por impróprio e inútil, o conceito de dissolução, que foi (...) transportado para a parte penal (art. 167). É uma pena imposta à sociedade, nos casos previstos em lei. (...) O termo *liquidação*, portanto, no sentido único que aqui pode ter, (...) abrange, pois, o período que vai da data em que a sociedade cessa a exploração normal de seu objeto até a partilha, exclusive".[8] Assim, a declaração de encerramento da liquidação era equivalente ao que, a partir da edição da Lei 6.404/76, passou a ser denominado *extinção*.

Conforme já relatado, pode-se deduzir que a pretensão inicial do autor da ação era o encerramento do procedimento de liquidação, com a conseqüente partilha do ativo remanescente entre os sócios e a extinção da companhia. Todavia, a terminologia por ele utilizada não contemplou o rigor técnico, então recentemente introduzido na legislação brasileira pela Lei 6.404, de 15.12.76, fato que pode ser atenuado em razão das controvérsias até então existentes a respeito do significado do vocábulo *dissolução*.

Da dissolução voluntária

5. Segundo o que dispõe o art. 206, I, *c*, da Lei 6.404/76, a dissolução voluntária da companhia, ou seja, por deliberação da assembléia-geral, também denominada dissolução antecipada, facultativa ou convencional, consiste no ato declaratório da vontade dos acionistas de não mais prosseguirem em suas relações societárias originadas do contrato plurilateral de constituição. Tem por objetivo a desativação operacional da companhia, concomitantemente à apuração dos ativos e passivos sociais, com o conseqüente pagamento do passivo e partilha do eventual patrimônio remanescente entre os acionistas.

A dissolução voluntária constitui-se, portanto, num ato declaratório que gera os seguintes efeitos para a companhia:

a) mudança do *status* da companhia, para o *estado de liquidação*;

b) cessação de novas atividades negociais, o que não implica, porém, a paralisação de todas as atividades da companhia; e,

c) instauração do procedimento de liquidação, por meio da nomeação do liquidante que irá substituir, na gestão social, os diretores da companhia. O liquidante deve exercer com diligência as atividades que visem ao cumprimento e à conclusão dos negócios gerados pelos contratos anteriormente firmados, bem como à realização do estoque de bens e de serviços.

A dissolução antecipada decidida pelos sócios é causa de dissolução na França (art. 1844-7, CC), Itália (art. 2.448, CC), Espanha (art. 150 da Lei Societária), Portugal (art. 141 do DL 262, de 1986 – Código das Sociedades Comerciais), Alemanha (arts. 262 e ss. da Lei Societária de 1965) e Inglaterra.

Na Espanha, conforme o art. 151 da Lei de Sociedades por Ações, o governo, por solicitação de acionistas que representem um quinto do capital social ou por instância dos funcionários da empresa, pode decretar a continuidade da companhia, indenizando os acionistas e estabelecendo os procedimentos e os meios que assegurem a sua sobrevivência.

7. Trajano de Miranda Valverde, *Sociedade por Ações*, pp. 8-11.

8. *Sociedade por Ações*, pp. 13-14.

Segundo Ballantine e Lattin, citados por Modesto Carvalhosa,[9] a legislação de quase todos os Estados norte-americanos traz dispositivos prevendo a dissolução voluntária das companhias, desde que autorizada por uma determinada maioria. Porém, visando evitar ou impedir abusos da maioria em detrimento da minoria, existem limites, em especial a exigência de um *quorum* de 2/3 para a dissolução consensual. O *Model Business Corporation Act* cuida do assunto em seu § 84, denominado *Voluntary Dissolution by Act of Corporation.*

Da dissolução judicial

6. A dissolução judicial, por sua vez, está prevista no inc. II do art. 206 da Lei das Sociedades por Ações, podendo se dar:

a) por iniciativa de qualquer acionista, em razão de vício de constituição da companhia;

b) por iniciativa de acionistas detentores de, pelo menos, cinco por cento do capital social, quando ficar provado que a companhia não pode preencher o seu fim;

c) em razão de falência, na forma prevista na lei respectiva.

Existem, também, hipóteses de dissolução judicial constantes de outros diplomas legais, tais como:

a) dissolução de sociedade civil nos termos do art. 670 do Código de Processo Civil de 1939, em vigor;

b) cassação da autorização para funcionamento de sociedade anônima estrangeira, nos termos dos arts. 70 e 73 do Decreto-lei 2.627, de 1940;

c) dissolução por abuso do poder econômico e ofensa à livre concorrência, hipótese vislumbrada por meio de uma interpretação construtiva da Lei 8.884;

d) dissolução por ofensa aos direitos do consumidor, nos termos do art. 56, X, da Lei 8.078/90 (Código de Defesa do Consumidor).

Nota-se, portanto, que no acórdão sob análise, nenhuma menção foi feita à ocorrência de alguma das causas de dissolução judicial supra-relacionadas. Assim, em princípio, não há que se falar na conversão de dissolução facultativa em dissolução judicial.

Da dissolução judicial imprópria

7. Segundo ensina Fran Martins,[10] além das causas de dissolução judicial supra-arroladas, "qualquer acionista poderá pedir a *dissolução judicial* da sociedade se os administradores ou a maioria de acionistas deixarem de promover a liquidação, ou a ela se opuserem, quando ocorrer alguma das causas mencionadas no n. I do art. 206" da Lei das Sociedades por Ações. Assim, a possibilidade de dissolução judicial diante da omissão dos órgãos societários em proceder à liquidação societária, leva ao que se pode denominar *dissolução judicial imprópria*.[11]

O inc. II confere prerrogativa semelhante ao Ministério Público, desde que receba comunicação da autoridade competente relatando que, tendo sido extinta a autorização para a companhia funcionar, esta última, nos 30 dias subseqüentes à dissolução, não iniciou a liquidação ou, após iniciá-la, interrompeu-a por mais de quinze dias.

O pressuposto para a aplicação do disposto no art. 209 da Lei 6.404/76 é a ocorrência de uma das causas de dissolução previstas no inc. I do art. 206 do mesmo diploma legal. Dessa forma, embora o

9. *Comentários à Lei das Sociedades Anônimas*, p. 44.

10. Fran Martins, *Comentários à Lei das Sociedades Anônimas*, pp. 25-26.

11. Mauro Rodrigues Penteado, no livro *Dissolução e Liquidação de Sociedades*, cuida deste assunto no item 73, denominado "Dissolução judicial diante da omissão dos órgãos societários em proceder à liquidação ordinária".

referido art. 209 esteja situado, na lei, na seção que diz respeito à "liquidação", trata-se, na realidade, de uma *dissolução imprópria*, pois a decretação da liquidação judicial requer, previamente, que sejam efetuados:

a) a verificação prévia da real ocorrência da causa de dissolução nos termos do art. 206, I, da Lei das Sociedades por Ações;

b) a ocorrência dos eventos condicionantes dispostos nos incisos do art. 209; e,

c) a declaração de dissolução da companhia por parte do juiz.

Portanto, o direito do acionista requerer a liquidação judicial da companhia cuja dissolução fora deliberada por assembléia-geral, nos termos do inc. I do art. 209 da Lei das Sociedades por Ações, está condicionado:

a) ao fato de que os administradores ou a maioria de acionistas tenham deixado de promover a liquidação, ou

b) ao fato de que os administradores tenham se oposto à liquidação.

A hipótese mencionada no item "a" supra, não é cabível à lide que foi objeto do referido acórdão, visto que, com a nomeação dos liquidantes, a sociedade entrará em fase de liquidação.

Cumpre analisar, então, o significado da oposição, à liquidação, por parte dos os administradores. Os ativos e passivos integrantes de sociedades dissolvidas por serem improdutivas, inativas, sem perspectivas de rentabilidade, ou em razão dos sócios não mais terem interesse em sua continuidade, estão fora do sistema produtivo. Assim, existe um interesse público em que a liquidação de uma sociedade ocorra de forma rápida, econômica e racional, para que, o quanto antes, aqueles valores que se encontravam estagnados retornem ao sistema econômico, seja por meio da participação em outras sociedades ou mediante investimentos no mercado financeiro, "cuja destinação, ao menos teórica, é o repasse, pelos intermediários financeiros, a atividades econômicas".[12]

A eliminação formal de sociedades empresariais infecundas ou inativas também é de interesse público em função da necessidade de certeza e de segurança das relações negociais, bem como da extrema utilidade em se manterem atualizados os dados do Registro do Comércio para fins de planejamento governamental.

Na fase de liquidação, o objeto da sociedade mantém-se inalterado, modificando-se, apenas, o fim, que é a liquidação do passivo e realização do ativo. O acionista controlador deve, portanto, utilizar seu poder para alcançar esse fim, de forma econômica, rápida e racional. Conclui-se, portanto, que os administradores ou os acionistas que representem a maioria de votos opõem-se à liquidação quando, por ação ou omissão, a procrastinam, contrariando o interesse público existente em que a liquidação de companhias dissolvidas se realize da forma mais célere possível.

Dessa forma, no tocante à lide objeto do acórdão em análise, embora soe estranho, seria perfeitamente cabível a pretensão à dissolução de "uma sociedade já dissolvida", no sentido de pretensão à dissolução judicial imprópria – ou seja, à liquidação judicial nos termos do art. 209, I, da Lei das Sociedades por Ações – de uma companhia cuja dissolução havia sido deliberada pela assembléia-geral, mas cuja liquidação vinha recebendo entraves por parte de administradores ou acionistas representando a maioria dos votos.

Do mesmo modo, a pretensa conversão de dissolução facultativa em dissolução judicial não significaria uma mudança essencial no objetivo da ação, pois também buscaria a dissolução imprópria da sociedade, ou seja, sua liquidação judicial nos

12. *Dissolução e Liquidação de Sociedades*, cit., pp. 18-19.

termos do art. 209, I, da Lei das Sociedades por Ações.

Da substituição do liquidante por via judicial

8. Um tema relacionado ao prosseguimento da liquidação de companhia dissolvida refere-se à possibilidade de o acionista minoritário obter em juízo a substituição do liquidante da companhia.

Enquanto a dissolução é um ato declaratório, a liquidação é um conjunto de atos sucessivos de atos determinados, a que fica vinculado o liquidante, no exercício de suas funções legalmente estabelecidas, e que visa à ultimação dos negócios sociais, à realização do ativo, ao pagamento do passivo e à distribuição do saldo remanescente entre os acionistas.

O liquidante é o órgão de representação da companhia dissolvida, com as atribuições do art. 211 da Lei das Sociedades por Ações, cabendo-lhe inteira responsabilidade de gestão e os deveres previstos no art. 153.

As leis francesa (art. 407) e italiana (CC, art. 2.450) admitem a nomeação judicial do liquidante nos casos de dissolução voluntária, quando solicitado por acionistas. A lei espanhola, em seu art. 171, também admite a nomeação judicial do liquidante em determinados casos. A lei alemã (art. 265) e a lei argentina (art. 102) admitem que, a pedido de minoria acionária, o juiz destitua o liquidante se houver justa causa.[13]

Nos termos da legislação brasileira, o liquidante é demissível *ad nutum* pelo órgão que o nomeou (juiz, conselho de administração ou assembléia-geral), sem necessidade de declaração da causa, aplicando-se os arts. 122, II e 142, II, da Lei das Sociedades por Ações. Segundo Fran Martins, se o liquidante tiver sido previamente nomeado pelo estatuto, poderá ser demitido, somente, por via judicial e, "sendo o liquidante equiparado, em relação às responsabilidades, ao administrador (art. 217), a destituição do mesmo deve ter por fundamento o disposto no art. 158 (responsabilidade dos administradores), promovida a ação nos termos do art. 159".[14]

Em princípio, a lei brasileira não admite a nomeação judicial de liquidante no caso de dissolução voluntária, bem como nos demais casos relacionados no inc. I do art. 206 da Lei das Sociedades por Ações.[15]

Segundo Modesto Carvalhosa, porém, "em caso de grave dissídio dos acionistas manifestado nas assembléias ou diretamente em juízo, poderá qualquer um deles solicitar a substituição do liquidante nomeado conforme o estatuto ou pela assembléia-geral por outro nomeado pelo juiz. A tese é perfeitamente aceitável, tendo em vista que o liquidante, no exercício de suas funções de gestão e representação da companhia dissolvida, não visa à consecução do objeto social, mas à apuração dos haveres, no interesse não só dos acionistas mas, sobretudo, do interesse público, dos credores em geral e daqueles que mantêm relação de emprego com a companhia. A legitimidade para a substituição judicial do liquidante também cabe à Fazenda Pública e aos credores que já tenham seus créditos reconhecidos pelo próprio liquidante ou judicialmente".[16]

Isto posto, ao acionista descontente com a atuação do liquidante, cabe propor

13. *Comentários à Lei das Sociedades Anônimas*, p. 97.

14. *Comentários à Lei das Sociedades Anônimas*, pp. 25-26.

15. Às fls. 227 de *Dissolução e Liquidação de Sociedades*, Mauro Rodrigues Penteado, apoiando-se em acórdão de 6.5.80, do Supremo Tribunal Federal, entende que "o acionista minoritário não pode insurgir-se contra a decisão assemblear majoritária, nesse sentido, cabendo-lhe, quanto à dissidência ou prejuízos, as ações previstas nos arts. 215, § 2º, 216, § 2º, e 287, II, *b*, n. 3".

16. *Comentários à Lei de Sociedades Anônimas*, p. 97.

ação judicial solicitando sua substituição, provado que, no exercício de suas funções de gestão e representação da companhia dissolvida, não esteja agindo no interesse público, dos credores, dos empregados e dos acionistas, com vistas à efetiva extinção da sociedade.

Da responsabilidade do acionista controlador

9. A partir do momento em que a sociedade ingressa na fase de liquidação, todas as ações passam a gozar de igual direito de voto. Essa nova maioria, que, inclusive, modificar a estrutura do poder de controle vigente antes do ingresso no estado de liquidação, em função da estrutura acionária da empresa comportar ou não grande número de ações preferenciais sem direito a voto, possui funções, deveres e responsabilidades, que devem ser examinados sob a ótica da nova finalidade da companhia, que é a liquidação. Todavia, nessa fase, o objeto da sociedade permanece inalterado.

Conforme já mencionado no item 7 *supra*, existe um interesse público em que a liquidação de uma sociedade dissolvida ocorra de forma rápida, econômica e racional, para que, o quanto antes, os valores que se encontravam estagnados na companhia retornem ao sistema econômico. Assim, nos termos do art. 116, na fase de liquidação, o controlador deve usar seu poder "para que tal mister seja alcançado com lisura e de forma econômica, racional e célere",[17] continuando, nos termos desse artigo, "a ter deveres e responsabilidades para com os demais acionistas da empresa, os que nela trabalham e para com a comunidade em que atua, cujos direitos e interesses deve lealmente respeitar e atender".

Na fase de liquidação, o controlador também responde pelos danos causados por atos praticados com abuso de poder. Segundo Mauro Rodrigues Penteado, constituiriam modalidades de abuso de poder do controlador na liquidação:[18]

a) orientar a liquidação para favorecer outra sociedade nacional ou estrangeira, em detrimento dos demais acionistas ou da economia nacional;

b) eleger liquidante, membros do conselho de administração ou do conselho fiscal que o controlador saiba serem inaptos moral ou tecnicamente;

c) induzir ou tentar induzir o liquidante, membros do conselho de administração ou do conselho fiscal a praticar ato ilegal ou descumprir a lei ou o estatuto;

d) contratar com a companhia em liquidação em condições de favorecimento ou não eqüitativas;

e) aprovar contas irregulares do liquidante.

Dessa forma, provado que houve procrastinação da liquidação por parte do controlador, caberia ao prejudicado pleitear indenização, nos termos do art. 287, II, *b*, da Lei de Sociedades por Ações, fundamentada no descumprimento dos deveres impostos pelo art. 116 e, se for o caso, na ocorrência de abuso de poder.

Do motivo pelo qual o liquidante deve promover as "medidas úteis" para a extinção da sociedade

10. Tendo em vista que o liquidante é "o *órgão* administrativo, incumbido dos atos de liquidação, a serem executados na fase de desmontagem da estrutura societária",[19] a Lei das Sociedades por Ações, por meio do art. 217, lhe atribui as mesmas responsabilidades que têm os administradores

17. *Dissolução e Liquidação de Sociedades*, cit., p. 117.

18. *Dissolução e Liquidação de Sociedades*, cit., pp. 216-217.

19. *Dissolução e Liquidação de Sociedades*, cit., p. 229.

de uma companhia que não se encontra em liquidação.

Da mesma forma que o controlador, o liquidante deve exercer as atribuições que lhe foram conferidas para promover a liquidação da companhia com lisura e de forma econômica, racional e célere, respeitados os interesses, tendo deveres e responsabilidades para com os demais acionistas da empresa, os que nela trabalham e para com a comunidade em que atua a companhia. Assim, tem o liquidante os deveres e responsabilidades relacionados nos arts. 153 a 159 da Lei das Sociedades por Ações e, como ensina Mauro Rodrigues Penteado, cabe-lhe "suportar, igualmente, demandas eventualmente propostas pelo 'acionista dissidente' ou por 'credor não satisfeito', nos termos do art. 216, § 2º, combinado com o art. 287, II, *b* e 218" da referida lei.[20]

Conclusão

11. Em que pesem as negativas constantes das decisões judiciais relativas às pretensões do autor deduzidas na ação em face da empresa Marmindústria São Paulo S/A, em liquidação, e outros, o estudo da matéria atinente permite concluir que:

• O emprego da palavra *dissolução*, na doutrina e em decisões jurisprudenciais, ora em sentido lato, ora em sentido estrito, pode suscitar dúvidas terminológicas que, se não forem bem esclarecidas, podem prejudicar as partes de uma ação judicial que tenha por objeto assuntos a ela atinentes.

• Nos termos do disposto no art. 209, I, da Lei das Sociedades por Ações, é possível pedir a dissolução judicial de companhia já dissolvida por decisão da assembléia-geral, caso os administradores ajam de forma a retardar o andamento do processo de liquidação.

• Provado que houve procrastinação da liquidação por parte do controlador, caberia ao prejudicado pleitear indenização, nos termos do art. 287, II, *b*, da Lei de Sociedades por Ações, fundamentada no descumprimento dos deveres impostos pelo art. 116 e, se for o caso, na ocorrência de abuso de poder.

• Nos termos do art. 217 da Lei das Sociedades por Ações, tendo o liquidante os mesmos deveres e responsabilidades dos administradores de companhia que não esteja em liquidação, cabe ao "acionista dissidente" ou ao "credor não satisfeito", propor ação de indenização.

• Embora haja controvérsias a respeito, se o liquidante, no exercício de suas funções de gestão e representação da companhia dissolvida, não estiver agindo no interesse público, dos credores, dos empregados e dos acionistas, com vistas à efetiva extinção da sociedade, é possível ao acionista descontente com a atuação do liquidante, propor ação judicial solicitando sua substituição.

Bibliografia

BULGARELLI, Waldirio, *Comentários à Lei das Sociedades Anônimas*, v. 4, São Paulo, Saraiva, 1978, p. 92.

CARVALHOSA, Modesto, *Comentários à Lei das Sociedades Anônimas*, v. 4, t. I, São Paulo, Saraiva, 1998.

MARTINS, Fran, *Comentários à Lei das Sociedades Anônimas*, v. 3, Rio de Janeiro, Forense, 1978.

PENTEADO, Mauro Rodrigues, *Dissolução e Liquidação de Sociedades*, Brasília, Brasília Jurídica, 1995.

VALVERDE, Trajano de Miranda, *Sociedade por Ações*, 3ª ed., v. 3, Rio de Janeiro, Forense, 1959.

20. *Dissolução e Liquidação de Sociedades*, cit., p. 229.

Jurisprudência Comentada

ACIONISTA CONTROLADOR – ALIENAÇÃO DO CONTROLE E INCORPORAÇÃO DE SOCIEDADES – RESPONSABILIDADE NAS OPERAÇÕES EM DESACORDO COM AS NORMAS DO CONTRATO E DA LEI*

Comentários de
Sílvia Maria do Prado Maida
ao acórdão do Tribunal de Justiça do Rio de Janeiro
na apelação cível 5.740/92

Ação de perdas e danos – Abuso de poder – Lei 6.404/76 – Ausência de provas do prejuízo – Improcedência confirmada – Votos vencidos: 1. Majoração de verba honorária. 2. Procedência em razão da ausência de distribuição de recursos entre os sócios da empresa incorporada.

Ação de perdas e danos. Alienação de poder de controle e incorporação de sociedades em desacordo com as normas do contrato e da lei. Indemonstrado o prejuízo que teria experimentado o autor, em decorrência da transação realizada não há como acolher-se a pretensão ressarcitória. Apelação desprovida.

Vistos, relatados e discutidos estes autos de apelação cível 5.740/92, em que são apelantes: 1. Theóphilo de Azeredo Santos; 2. Raul Pedroza Aguinaga (recurso adesivo); 3. Cia. de Investimentos Nossa Senhora de Lourdes (recurso adesivo) e apelados os mesmos.

Acordam os Desembargadores da 2ª Câmara Cível do Tribunal de Justiça do Estado do Rio de Janeiro, por unanimidade, em rejeitar a preliminar de ilegitimidade ativa, e, no mérito, por maioria, em negar provimento ao primeiro apelo, vencido o Des. Fabião que o provia, para julgar procedente o pedido, condenados os vencidos a pagar-lhe o valor relativo à venda do Banco, a ser apurado em liquidação por arbitramento, invertidos os ônus da sucumbência; ainda por maioria, contra o voto do revisor, que os provia para elevar a honorária a 20%.

Inicialmente repele-se a preliminar de ilegitimidade *ad causam* ativa e passiva, sustentada no agravo retido de fls. 282. Com efeito, a legitimidade do autor decorre da sua condição de sócio da sociedade incorporada e da alegada alienação, sem atendimento da cláusula IV do contrato social da UNA, relativamente à administração da sociedade. Evidentemente que ante

* Trabalho apresentado ao curso de Pós-Graduação da Faculdade de Direito da Universidade de São Paulo, 2º semestre de 1998, na disciplina Interesses Públicos e Privados na Extinção das Sociedades Mercantis em Direito Comparado II, ministrada pelo prof. Mauro Rodrigues Penteado.

a existência de prejuízo, por força de negócio jurídico pelas sociedades, a recorrente responderia pelo dano sofrido pelo autor, juntamente com a primeira apelada, face à sua participação na ilicitude praticada. Note-se que o segundo apelante, Raul Pedroza Aguinaga dispõe do controle indireto da segunda apelante Cia. de Investimentos Nossa Senhora de Lourdes e Una Administração e Participações Ltda., o que seria suficiente para por à mostra a legitimidade ativa e passiva, questionada no agravo retido. Bem andou, portanto, o eminente Juiz *a quo* em rejeitar a aludida preliminar.

Meritoriamente, não há como acolher-se a pretensão ressarcitória, ausentes que se acham os pressupostos legais da ação ajuizada.

Em se tratando de ação de perdas e danos, cabia ao autor provar que sofreu um prejuízo em razão do alegado abuso de poder que os réus teriam praticado, ao teor do art. 117 da Lei 6.404/76.

Ocorre que nos autos não há um só elemento que indique tenha havido diminuição no patrimônio do autor, em razão da incorporação da sociedade por Cia. Nossa Senhora de Lourdes.

Igualmente não restou comprovado o abuso de poder praticado por Raul Pedroza Aguinaga. Ora, tal abuso de poder segundo a Lei 6.404/76 só se verifica quando o diretor ou acionista controlador excede os limites das necessidades do exercício da sua atividade ou pratica atos com desvio de sua finalidade para prejudicar a sociedade, sócios ou terceiros.

Não se vislumbra, de outro lado, o conflito de interesses de Raul Pedroza com os das sociedades em que participa da administração, relativamente aos atos que importaram na alienação e incorporação das aludidas sociedades.

O laudo pericial, elaborado por *expert* de reconhecida capacidade técnica na matéria, não apontou o alegado direito a um aumento patrimonial das quotas do autor, pelo lucro gerado na Ceres, pela venda das ações do Banco Agrimisa S/A. Pelo contrário, deixou positivadas as vantagens auferidas pelos sócios da sociedade incorporada, UNA Administração e Participações Ltda., da qual o autor é sócio, e de outro lado que os réus não se beneficiaram economicamente com a incorporação. Além disso, ficou demonstrado que, em decorrência da incorporação, verificou-se redução substancial da incidência do imposto de renda no resultado da venda do poder de controle do Banco Agrimisa S/A.

Em fase de apelação, o autor, primeiro apelante, juntou documentos novos, com respaldo nos quais afirma que o ingresso de incorporação de Ceres Ltda. se deu em 17.7.86 e, não como declarado no laudo em 27.3.86, sendo certo que a sua extinção ocorreu em 27.2.86. Ainda que se pudesse admitir a inovação da lide, e discutir a questão à luz de novos documentos, melhor destino aguardaria o autor. Se os atos impugnados desatenderam às normas legais, cabia ao autor demandar a sua invalidade através dos meios jurídicos próprios que a legislação do país confere aos sócios minoritários. Igualmente não se há de olvidar o direito que tem o sócio de ingressar com ação de prestação de contas, quando se julgue prejudicado pela gestão daqueles que se acham à testa da sociedade.

O que se afigura inviável é pretender perdas e danos sem demonstrar prejuízo de ordem patrimonial.

Quanto ao inconformismo dos segundo e terceiro apelantes, igualmente não há como agasalhar a sua pretensão de elevar a verba honorária para 20%. Com efeito, o julgador se norteou rigorosamente pelos princípios consagrados no art. 20 e seus parágrafos do CPC, quando condenou o autor a pagar honorários advocatícios de 15% sobre o valor atribuído à causa.

Mantém-se por isso a sentença, prolatada que foi de acordo com a lei e a prova dos autos, ficando os seus fundamentos nestes integrados.

Rio de Janeiro, 18 de maio de 1993. Des. Maria Stella Rodrigues, Presidente. Des. Lindberg Montenegro, Relator.

Participaram, também, deste julgamento os Desembargadores: Murillo Fábregas, Revisor. Paulo Sérgio Fabião, Vogal.

VOTO VENCIDO

Votei vencido tão-somente para acolher os recursos adesivos e majorar a verba honorária para 20% (vinte por cento) do valor dado à causa. Trata-se de processo iniciado no ano de 1988, cuidando de matéria complexa e debatida por advogados do melhor saber jurídico. O valor da causa, por outro lado e ainda que aplicada a correção monetária, não importa em verba honorária excessiva a não justificar a aplicação do percentual máximo previsto no CPC.

Rio de Janeiro, 18 de maio de 1993. Des. Murillo Fábregas, Revisor.

VOTO VENCIDO

Data venia da douta maioria, votei vencido por entender que por ocasião da venda do controle acionário do Banco Agrimisa S/A por Ceres Ltda., os recursos obtidos não foram distribuídos entre os sócios de Ceres Ltda. e UNA Ltda., que também é um dos sócios de Ceres.

2. Está comprovado nos autos que a empresa Ceres foi incorporada por sua controladora Cia. Nossa Senhora de Lourdes, que já vinha tendo prejuízos com as atividades que desenvolvia.

3. Não se pode conceber que os sócios da UNA sofram prejuízos resultantes de tal incorporação. O produto da alienação foi absorvido pela Cia. Nossa Senhora de Lourdes, sendo evidente que ocorreu, na espécie, participação recíproca, vedada pelo art. 244, § 6º, da Lei das Sociedades por Ações, tendo ocorrido irregularidades no que concerne a tal incorporação, pois descumprindo a própria norma já referida (art. 244, § 6º), não foi realizada a demonstração financeira de ambas as empresas no período de uma ano, fato admitido no depoimento do réu quando da audiência (cf. fls. 573).

4. UNA e seus cotistas sofreram prejuízos com a incorporação.

5. Não houve qualquer ganho patrimonial de UNA e de seus sócios, isto porque a incorporação resultou de participação recíproca de UNA Ltda. e Cia. Nossa Senhora de Lourdes, sendo evidente que o patrimônio das duas é fictício.

6. Manifesto o entendimento que UNA deveria ter recebido não ações da Cia. Nossa Senhora de Lourdes, mas sim o produto da alienação do Banco Agrimisa S/A, sendo certo que o dinheiro resultante da venda não apareceu no acervo patrimonial do autor (sócio da UNA Ltda.).

7. Há erro não somente na conclusão do laudo pericial como também da própria sentença, isto porque a incorporação de Ceres não se deu antes da venda do Banco Agrimisa S/A, como afirmado, quando então estaria desobrigada de distribuir o lucro apurado entre os sócios, mas depois da venda do Banco Agrimisa S/A, pois conforme bem assinala o primeiro apelante (cf. fls. 1.633), os atos de incorporação de sociedade devem ser levados a registro até 30 dias de sua lavratura, e desrespeitado este prazo, o arquivamento só terá eficácia a partir do despacho que o conceder (cf. art. 39, parágrafo único da Lei 4.726/65).

8. Pelo documento constante de fls. 172, o despacho que concedeu o arquivamento foi de 10 de dezembro de 1986.

9. Conclui-se, portanto, que a incorporação ocorreu em fevereiro de 1986; a venda do Banco Agrimisa em outubro e o arquivamento da JUCERJA em dezembro de 1986.

10. Está, também, comprovado nos autos, que o ato de incorporação somente

deu entrada na JUCERJA aos 17 de junho de 1986 (cf. fls. 637), daí não ter retroagido o efeito da incorporação a fevereiro de 1986, pois não observado o prazo de 30 (trinta) dias exigido.

11. Ceres Ltda. existia como pessoa jurídica no momento da incorporação, e se existia, deveria distribuir o lucro apurado entre os seus sócios (dentre os quais UNA e seus sócios) e, dentre eles o próprio autor – um dos sócios de UNA Ltda. Assim é que votei vencido para o fim de dar provimento ao primeiro apelo.

Rio de Janeiro, 18 de maio de 1993. Jd. Subst. Des. Paulo Sérgio Fabião, Vogal, vencido.

Comentários de Sílvia Maria do Prado Maida

Pretende-se, despretensiosamente, comentar o acórdão, proferido nos autos de ação de perdas e danos, em virtude da alienação de poder de controle e incorporação de sociedades em desacordo com as normas do contrato e da lei que cuida dos pedidos formulados por sócios de empresa incorporada.

O referido acórdão, entretanto, não esclarece suficientemente os dados fáticos da incorporação. Aparentemente houve a incorporação de UNA Admistração e Participação Ltda. pela Cia. de Investimentos Nossa Senhora de Lourdes, que gerou participação recíproca entre ambas (conforme voto vencido). Aparecem, também, duas outras empresas (Ceres e Banco Agrimisa), supostamente controladas pela UNA ou pela Cia. de Investimentos.

Primeiramente, procurar-se-á enfocar os temas centrais à luz do sistema adotado pela nossa legislação, análise que cinge-se:

a) à responsabilidade do acionista controlador na operação de incorporação;

b) vedação de participação recíproca, após a incorporação.

Posteriormente teceremos conclusões a respeito.

A. Responsabilidade do acionista controlador

A nova Lei de Sociedades por Ações, instituiu, na figura do acionista controlador, tal qual nova instância societária encarregado de "dirigir as atividades sociais e orientar o funcionamento dos órgãos da companhia" (art. 116).

Abandona-se, assim, a supremacia do sistema majoritário, pelo qual os acionistas assumiam maior risco de capitais investidos na companhia, quebrando-se, conseqüentemente, a proporção entre capital e poder societário. Estabelece-se, então, uma diretriz nítida dos grupos acionários: controladores, rendeiros e especuladores consoante a estrutura estabelecida na Lei 6.404/76.

Aos acionistas rendeiros, preferencialistas ou não, cabem o encargo de suprir a companhia do capital; aos especuladores ou investidores, proporcionar a liquidez negocial às ações, nas companhias abertas; e aos controladores, a função precípua de exercer o poder, independentemente da proporção entre o capital por ele possuído e o capital da sociedade, abolindo-se, assim, o critério quantitativo.

Segundo essa ótica, o legislador quis consignar que "o controlador é titular de uma função legal determinada, conforme a estrutura institucionalizada da sociedade por ações. Função em direito, é um poder atribuído pela ordem jurídica para a realização de interesses alheios ao seu titular", como agudamente observou a respeito o mestre Fábio Konder Comparato.[1]

Tem-se, assim, a legitimidade do poder societário e o seu efetivo exercício, com alguma inspiração na teoria institucionalista da *empresa em si* (de Rathenau),

1. Fábio Konder Comparato, *Direito Empresarial – Estudos e Pareceres*, São Paulo, Saraiva, 1990, p. 92.

que consagra a consecução do objeto empresarial, que constitui o seu conteúdo, não prevalecendo apenas a maximização de lucros, porquanto estariam direcionados aos interesses dos próprios acionistas, mas, sim, ao atendimento de uma harmonização dos interesses internos e externos à empresa.

Neste sentido, Modesto Carvalhosa enfatiza que: "o comportamento do acionista controlador é o de que o exercício do poder de controle só é legítimo para fazer a companhia realizar o seu objeto e cumprir sua função social e, enquanto respeita e atende lealmente aos direitos e interesses de todos aqueles vinculados à empresa, os que nela trabalham, os acionistas minoritários, os investidores do mercado e os membros da comunidade em que atua".[2]

A prevalecer esta interpretação, estritamente legal, depreende-se que, além da ênfase empresarial e não societária da figura do controlador, exsurgem e definem-se, deveres e responsabilidades deste em relação aos acionistas, expressamente elencados no parágrafo único do art. 116, e suas modalidades abusivas, exemplificativamente no art. 117, § 1º da Lei 6.404/76.

Nesse plano é excogitável sua responsabilidade para com os demais acionistas, o domínio sobre a companhia, a responsabilidade, também, total, quanto à realização dos objetivos empresariais, respondendo perante ao Estado, à comunidade de acionistas, empregados e coletividade em geral.

Incontestável e evidente a utilização da figura do controlador numa estrutura societária democrática, não fosse ela eivada pelo cerceamento do voto aos preferencialistas (art. 111), bem como a quebra da relação entre risco de capital e hegemonia societária.

Doravante, é a assembléia-geral tida como instrumento do capitalismo democrático, onde se expressa formalmente o controle interno.

A Lei 6.404, de 1976, ao conceituar o acionista controlador, impõe certos requisitos ligados à propriedade de ações, excluindo o controle gerencial e externo; a titularidade de modo permanente da maioria de votos nas deliberações da assembléia-geral e o poder de eleger a maioria dos administradores, embora, estes dois últimos atributos possam ser entendidos como não cumulativos. Coalescendo a estes requisitos têm-se a efetividade na condução dos negócios empresariais e, conseqüentemente, no funcionamento dos órgãos da companhia.

Assenta-se, pois, que a Lei 6.404/76 não prevê qualquer responsabilidade do controlador externo. Em conseqüência, reputar-se-ão aos controladores internos, diretos ou indiretos, essa responsabilidade. Faz, também, desaparecer o princípio democrático da idêntica responsabilidade de todos os acionistas e incluem-na sob duas esferas: a dos acionistas em geral, inclusive a dos minoritários pelo uso abusivo do exercício (art. 115), e a dos acionistas controladores (art. 116), pelo uso abusivo do exercício do poder ou domínio da sociedade.

O art. 117 da referida Lei, apresenta um rol de responsabilidades, uma enunciação exemplificativa, não exaustivo, que não há demasia em reproduzir:

"Art. 117: O acionista controlador responde pelos danos causados por atos praticados com abuso de poder.

"§ 1º. São modalidades de exercício abusivo de poder:

"a) orientar a companhia para fim estranho ao objeto social ou lesivo ao interesse nacional, ou levá-la a favorecer outra sociedade, brasileira ou estrangeira, em prejuízo da participação dos acionistas minoritários nos lucros ou no acervo da companhia, ou da economia nacional;

"b) promover a liquidação de companhia próspera, ou a transformação, incor-

2. Modesto Carvalhosa, *Comentários à Lei das Sociedades Anônimas*, v. 4, São Paulo, Saraiva, 1977, p. 425.

poração, fusão ou cisão da companhia, com o fim de obter, para si ou para outrem, vantagem indefinida, em prejuízo dos demais acionistas, dos que trabalham na empresa ou dos investidores em valores mobiliários emitidos pela companhia;

"c) promover alteração estatutária, emissão de valores mobiliários ou adoção de políticas ou decisões que não tenham por fim o interesse da companhia e visem a causar prejuízo a acionistas minoritários, aos que trabalham na empresa ou aos investidores em valores mobiliários emitidos pela companhia;

"d) eleger administrador ou fiscal que sabe inapto, moral ou tecnicamente;

"e) induzir, ou tentar induzir, administrador ou fiscal a praticar ato ilegal, ou, descumprindo seus deveres definidos nesta lei e no estatuto, promover contra o interesse da companhia, sua ratificação pela assembléia-geral;

"f) contratar com a companhia, diretamente ou através de outrem, ou de sociedade na qual tenha interesse, em condições de favorecimento ou não equitativas;

"g) aprovar ou fazer aprovar contas irregulares de administradores, por favorecimento pessoal, ou deixar de apurar denúncia que saiba ou devesse saber procedente, ou que justifique fundada suspeita de irregularidade;

"h) subscrever, para fins do disposto no art. 170, com a realização em bens estranhos ao objeto social da companhia.

"§ 2º. No caso da alínea e do § 1º, o administrador ou fiscal que praticar o ato ilegal responde solidariamente com o acionista controlador.

"§ 3º. O acionista controlador que exerce cargo de administrador ou fiscal tem também os deveres e responsabilidades do cargo."

Portanto, quanto ao cerne dos objetivos da lei, que são de proteger os interesses internos e externos da companhia contra a conduta lesiva do controlador, legitima-se a não exaustividade e caracterizam-se os requisitos epítetos, referentes às responsabilidades do controlador.

Desta maneira, elencam-se:

a) conduta efetiva do controlador nas negociações empresarias;

b) a prova do dano patrimonialmente ressarcível, advinda da lesão atual, concreta, possível, jamais ficta ou eventual e futura;

c) a concretude do abuso de poder, matéria a ser declarada pelo Poder Judiciário e a Comissão de Valores Mobiliários, em conformidade com a lei, que caracterizará a ação lesiva do agente com o objetivo de causar danos aos interesses de terceiros, quer lhe cerceando o exercício de direitos, quer visando o enriquecimento ilícito, ou mesmo auferindo vantagens sem justa causa.

Afigura-se, conseqüentemente, que o controle é desviado de suas finalidades precípuas, que são: assegurar o patrimônio social e a propriedade da empresa, não se consubstanciando a necessidade da prova da intenção, mas a análise da referida conduta, ato ilícito, por não corresponder às finalidades dos poderes de mando.

A Lei 9.457/97 acrescentou, ao elenco das modalidades abusivas do controlador, a alínea *h* ao § 1º do art. 117, que consiste em: "subscrever, para fins do disposto no art. 170, com a realização em bens estranhos ao objeto social da companhia".

Quanto a esta alteração, são inteiramente pertinentes as observações de Waldirio Bulgarelli: "Trata-se de inovação vazia de conteúdo, por pelo menos três motivos: primeiro, porque o elenco de modalidades de exercício abusivo de poder constante do art. 117, § 1º são exemplificativos, consoante entendimento indiscrepante da doutrina e da jurisprudência; segundo, porque essa hipótese já estava contemplada no dispositivo em duas alineas (*a* e *c*); terceiro, porque a conferência de bens estranhos ao objeto social, para a integralização do capital social, desatende não só o disposto no art. 2º como no art. 115 (este último prevendo que "o acionista deve exercer o direito de voto no interesse da companhia", e considerando "abusivo o voto exercido com o fim de causar dano à companhia ou a outros acionistas, ou de obter, para si ou para outrem, vantagem a que não faz jus e de que resulte, ou possa resultar, prejuízo para a companhia ou para outros acionistas").[3]

Contudo, embora se assentem todos argumentos de peso referendados, a coalescência traz excogitável medida saneada que tem por pretensão escusar a diluição do capital dos minoritários e o distanciamento acionário entre o controlador e os minoritários.

A norma introduzida, evidentemente, só se aplica ao aumento do capital mediante subscrição de ações.

Impende reconhecer a grande valia dessa aplicabilidade, como destaca Mauro Rodrigues Penteado, ressaltando que "a lei estabelece mecanismos para a aferição da compatibilidade entre a operação alvitrada e o interesse social e, também, os interesses comunitários e nacionais: a deliberação correspondente deverá ser precedida de regular proposta justificativa, que por sua vez deverá receber parecer do conselho fiscal se em funcionamento. Portanto, a operação deverá ser motivada (...) que evidencie a utilidade para a companhia".[4]

O pressuposto geral da antijuridicidade é de que não pode haver aumento de capital sem causalidade, que seja incompatível ao atendimento das necessidades da companhia.

"Mas o interesse social não é redutível a qualquer interesse dos sócios, e sim, unicamente ao seu interesse comum, de realização do escopo social",[5] como bem assinala Fábio Konder Comparato.

Cumpre advertir que esse interesse social não se confunde com a totalidade dos interesses dos sócios *uti singuli*, pois podemos decompô-lo em dois elementos: o objetivo final, que visa a produção de lucros, e o modo de sua realização, alcançado pelo exercício da atividade empresarial, delimitada, efetivada, no contrato ou nos estatutos, como objeto social.

A partir da noção de interesse da companhia, são estruturados os deveres intrínsecos à função do acionista controlador.

Conclusivamente, então, temos que o critério de julgamento para configurar a juridicidade ou a antijuridicidade da conferência de bens ou subscrição de ações é, pois, o interesse social.

Ser-nos-á, portanto, lícito asseverar que são três os elementos caracterizadores da conduta abusiva do controlador cominadas na lei:

a) exercício do poder de controle;

b) antijuridicidade desse exercício; e,

c) o prejuízo decorrente desse exercício para os acionistas.

Há de ater-se que, embora, o elemento intencional, ou fato, seja imputado ao controlador é inegável o elemento material, consistente no plano efetivo percebido pelas pessoas e instituições relacionadas com a companhia.

Desta forma, é inelutável reconhecer que o acionista sempre corre o risco de sofrer efeitos de uma condução errônea da

3. Waldirio Bulgarelli (coord.) e outros, *Reforma da Lei das Sociedades por Ações*, São Paulo, Pioneira, 1998, p. 62.

4. Mauro Rodrigues Penteado, *Aumento de Capital das Sociedades Anônimas*, São Paulo, Saraiva, 1988, p. 254. Cabe assinalar que a Lei 9.457/97 acolheu em parte a opinião do autor, ao acrescentar o § 7º do art. 170, estabelecendo que "a proposta de aumento de capital deverá esclarecer qual o critério adotado, nos termos do § 1º, deste artigo, justificando pormenorizadamente os aspectos econômicos que determinaram a sua escolha".

5. Fábio Konder Comparato, *O Poder de Controle na Sociedade Anônima*, 3ª ed., Rio de Janeiro, Forense, 1983, p. 303.

sociedade e de uma defeituosa política empresarial por parte do controlador, que deverá provar sua intencionalidade em fazê-la. Conseqüentemente, caberá aos interessados a prova desse prejuízo, a atualidade do dano e o desvio do poder de controle.

Ter-se-ão como medidas cabíveis para essa separação: a) ação de anulação das decisões, atos e negócios realizados contrariamente à lei e aos interesses de terceiros (art. 286); b) as de indenização por perdas e danos sofridas por essas pessoas (art. 287).

Ao controlador soma-se, além da responsabilidade civil, com alcance patrimonial, a responsabilidade administrativa, sujeitando o mesmo ao Poder Público, perante a Secretaria de Direito Econômico–SDE, e o Conselho Administrativo de Defesa Econômica–CADE, conforme a Lei 8.884, de 11.6.94, que trata sobre os abusos de poder econômico e sua repressão.

A Lei 6.385/76, em seu art. 9º, §§ 1º e 2º, estabelece que a apuração da ilegalidade ou irregularidade será realizada mediante inquérito administrativo para os acionistas de companhias abertas, e depois de declarada caberá à Comissão de Valores Mobiliários impor ao controlador as penalidades administrativas capituladas na referida lei (art. 11). Concluído o inquérito administrativo e verificada a ocorrência do crime de ação pública, será oficiado ao Ministério Público para propositura de ação penal contra ele (art. 12).

B. Participação recíproca

Entende-se por participação recíproca quando uma sociedade participa de forma direta do capital da outra; ou indiretamente quando vier a constituir uma espécie de cadeia, um círculo de participação, na qual a primeira participa do capital da segunda, esta da terceira e, por fim, esta última do capital da primeira, implicando, conseqüentemente, na inferência de ser uma sociedade sócia de si mesma.

Em vista disso, exsurgem inúmeros problemas advindos das participações recíprocas, de natureza patrimonial e mesmo política.

Quanto aos primeiros, por ser o capital social das sociedades envolvidas distorcido pela reciprocidade de participações. Neste sentido, frise-se as palavras de Fran Martins "verifica-se que as garantias dos credores diminuem, pois, para os fins de garantia, as participações recíprocas se anulam, reduzindo-se o valor real do capital de ambas as sociedades",[6] ou, como prefere Francesco Galgano, "o capital social da primeira sociedade é integralizado como quantias partidas dela mesma".[7]

Quanto aos problemas de natureza política, dizem respeito ao exercício direto de voto, havendo anulação de influências de uma sociedade sobre a outra.

Segundo a ótica ora proposta, as leis em geral, mais recentes, adotam normas especiais sobre as participações recíprocas.

No Direito estrangeiro encontramos várias legislações que, taxativa ou explicitamente, proíbem a participação recíproca.

Assim, na França, o art. 8º da Lei de 4.3.1943 determinou que "toda sociedade cuja fração de capital superior pertença a outra empresa, não pode possuir ações desta última companhia", apontando três inconvenientes básicos: "a irrealidade do capital social, a inflação do crédito e a técnica de garantir, pelas participações cruzadas, a manutenção das diretorias no poder", segundo ensinamentos de A. Percerou, em sua tese *Lois Actuelles et Projects Récents en Matiére de Sociétés Anonymes*.

Mais recentemente, os arts. 358 e 359 da Lei francesa, de 24.7.66, sobre sociedades comerciais, reiteram a vedação anteriormente estabelecida.

6. Fran Martins, *Comentários à Lei das Sociedades Anônimas*, v. 3, Rio de Janeiro, Forense, 1978, p. 261.

7. Francesco Galgano, *Diretto Privato*, Padova, CEDAM, 1981, p. 690.

Na Alemanha, a Lei de 1937 estabeleceu em seu art. 51 "uma empresa dependente não pode, na qualidade de fundador ou subscritor, ou no exercício do direito de preferência, subscrever ações da sociedade dominante".

"Art. 65: Uma empresa dependente não pode adquirir ou receber em penhor ações da sociedade dominante a não ser de acordo com as normas fixadas para a compra ou o recebimento em penhor das próprias ações (pela sociedade emitente)", critérios perfilhados pela lei em vigor, de 1965, com temperamentos.

Na Itália, a regulamentação da matéria é explícita nos arts. 2.359 e 2.360 do Codice Civile, este último introduzido pela Lei 216, de 1974, vedando a subscrição ou qualquer outra forma de aquisição de ações da empresa controladora pela empresa controladora e proibindo expressamente as participações recíprocas sob a forma de subscrição.

Arnoldo Wald ressalta que "a doutrina admite hoje a divisão dos países em relação à posição por eles admitida quanto à compra de ações pela principal sociedade em três grupos: a) o primeiro, proibindo a auto-aquisição (Argentina, Bélgica, Chile, Inglaterra e Itália); b) o segundo, admitindo excepcionalmente a outra aquisição (Alemanha, França, Espanha, Grécia e Suíça); c) o terceiro, admitindo livremente (Portugal e Uruguai)".[8]

A situação do Brasil, que outrora mantinha pertinencialidade com o primeiro grupo, hoje parece-nos se enquadrar no segundo, encontrando-se a vedação excepcionalizada às participações societárias recíprocas, constante no art. 244 e §§ da Lei 6.404/76.

O preceito legal, vem, expressamente, vedar a participação recíproca entre a companhia e suas coligadas e controladas, objetivando, preservar, na sua conformidade, a integridade do capital na sua função de garantia dos credores.

Segunda Nelson Eizirik, essas normas "visam, assim, evitar o aguamento do capital social".[9]

Tais normas, dada sua feição repressiva, estabelecem, ainda, os limites da aplicabilidade desta vedação, as condições que a excepcionalizam, bem como, os efeitos decorrentes de seu descumprimento.

C. O caso em foco no acórdão

O presente caso, abordado no acórdão em questão, como já o dissemos inicialmente, não denota esclarecimentos suficientes para a caracterização dos dados fácticos em estudo.

Na sua inteireza, sem que se o escrutine sob outro prisma, impende a demonstração incontestável do dano, ou seja, haver o autor experimentado prejuízos na referida operação de aumento de capital, em razão de alegado abuso de poder que os réus teriam praticado pela venda do Banco Agrimisa S/A e oportunamente pela Ceres Ltda.

Não nos pareceu claro que os acionistas controladores tivessem confundido suas posições jurídicas com a de donos ou proprietários, agindo abusivamente em matéria de controle societário.

Mas é indubitável que o paradigma a ser obedecido, na hipótese, é o apontado por Fábio Konder Comparato: "o voto exercido pelo controlador em assembléias-gerais não é a manifestação de uma prerrogativa atribuída pela lei no interesse do próprio votante (como no caso dos não controladores), mas um autêntico poder-dever".[10]

8. Arnoldo Wald, "Das participações recíprocas de sociedades comerciais no Direito brasileiro", in *RDM* 4/11 e ss., Ano X, Nova Série, 1971, Ed. RT.

9. Nelson Eizirik, "Inexistência de participação recíproca indireta entre sociedades coligadas", in *RDM* 99/83-86, Ano XXXIV, Nova Série, 1995, Ed. RT.

10. Fábio Konder Comparato, *Direito Empresarial, Estudos e Pareceres*, São Paulo, Saraiva, 1990, pp. 92 e 93.

Ora, em momento algum nos autos restou comprovado o abuso de poder praticado por Raul Pedroza Aguinaga, agindo este em desconformidade com a Lei 6.404/76, excedendo, pois, os limites das necessidades do exercício de sua atividade, desviando as atribuições que lhe foram conferidas com o intuito de lesar a sociedades, os sócios ou terceiros.

Nota-se, ainda, que no exercício dos poderes de direção das atividades sociais e orientação do funcionamento dos órgãos da companhia, todas as hipóteses contempladas no § 1º do art. 117 são comissivas.

No entanto, a fórmula genérica do art. 116, parágrafo único, comporta, evidentemente, um dever ativo dos controladores, e é este princípio que deve prevalecer não se podendo interpretar isoladamente esses dispositivos legais.

O problema suscitado pelo tema nesse plano põe em relevo que as modalidades abusivas descritas no § 1º do art. 117 são dolosas, sendo que algumas delas (alíneas *b* e *c*) exigem do agente dolo específico: "o intento fraudulento, ou predatório do controlador é, pois, facilmente dessumível do fator em certos casos; contudo, em outras hipóteses porém, a prova do elemento subjetivo revela-se diabólica, a não ser recorrendo a presunções *hominis*, fundadas em indícios e circunstâncias" como sublinha Konder Comparato.[11]

O eminente Desembargador relator vislumbrou, a fim de, também, descaracterizar a responsabilidade dos controladores, o conflito de interesses de Raul Pedroza com o das sociedades, em sua participação da administração, relativamente aos atos que importam na alienação e incorporação das aludidas sociedades.

Segundo nossa despretensiosa opinião, o inconformismo dos autores, ajuizando ação de perdas e danos cumulada com abuso de poder, contudo, os acionistas controladores realmente poderiam prosperar, por alguns argumentos que se antagonizam com o entendimento do preclaro Desembargador Paulo Sérgio Fabião (voto vencido), pelos motivos ora aduzidos:

1. O laudo pericial, elaborado por *expert* de reconhecida capacidade técnica na matéria, alega que o ato de incorporação da Ceres Ltda. deu entrada na JUCERJA aos 27.3.86, sendo certo que sua extinção ocorreu em 27.2.86; porquanto, impossível sua existência em 17.7.86, momento aprazado conforme documentos oferecidos em fase de apelação, que afirmam o ingresso da incorporação da Ceres Ltda. pela sua controladora Coia. Nossa Senhora de Lourdes.

Ora, consoante o art. 219 da Lei 6.404/76, "a companhia se extingue (inc. I) pelo encerramento da liquidação e (inc. II) *pela incorporação ou fusão, e pela cisão com versão de todo o patrimônio em outras sociedades*". Portanto, incontestável e evidente a demonstração dessa asserção, quanto à extinção de Ceres Ltda., ocorrida em 27.3.86, com a devida publicação.

De acordo com os votos vencedores proferidos pelos preclaros Desembargadores, se os atos impugnados tivessem desatendidos as normas legais, caberia ao autor demandar a sua invalidade através dos meios jurídicos próprios. Igualmente, não se olvidando o direito que tem o sócio de ingressar com a ação de prestação de contas, quando julgue prejudicado pela gestão daqueles, e que não ocorreu por parte dos autos.

Meritoriamente, inviável a pretensão ressarcitória, ausentes que se acham os pressupostos legais da ação ajuizada, nos quais se incluem o prejuízo de ordem material.

É lícito asseverar que o laudo pericial serviu de prova contundente na emissão, por parte dos eminentes Desembargadores, de suas decisões.

11. Fábio Konder Comparato, *O Poder do Controle na S/A*, 3ª ed., Rio de Janeiro, Forense, 1983, p. 309.

Nesse momento, insta lembrar que laudo pericial é a designação dada a peça escrita pelo perito, na qual faz relatório de suas conclusões, pareceres, segundo quesitos a ele formulados.

Irrefutável, pois, tê-lo como instrumento consultivo, informativo ou demonstrativo, emitindo pareceres de ordem técnica. Tudo dependerá, entretanto, da natureza ou espécie de perícia ou exame, constituindo peça de relevância no processo judicial.

É certo que o juiz não fica adstrito às conclusões periciais, desde que tenha razões para o julgar longe da verdade ou incongruente em face de outras provas.

"Mas, quando se trate de questões técnicas, e não possua o julgador outros elementos probatórios do fato ou dos fatos constantes do laudo e nele evidenciados, não deve o juiz desprezá-lo ou se afastar de suas conclusões",[12] como é de conhecimento cediço.

Embora, em fase de apelação o autor juntasse novos documentos, com respaldo nos quais afirma que o ingresso da incorporação de Ceres Ltda. se deu em fevereiro de 96, a venda do Banco Agrimisa S/A em outubro de 86 e o arquivamento na JUCEJA em dezembro de 86, o acórdão não esclarece quais documentos probatórios foram utilizados, bem como, sua legitimidade e validade, portanto.

Imotivada, portanto, a alegação de participação recíproca, vedada pelo art. 244, § 6º da Lei das Sociedades por Ações, pela aceitabilidade da comprovação do laudo pericial. Desta forma, Ceres não existia como pessoa jurídica no momento da incorporação pela Cia. Nossa Senhora de Lourdes.

Por tudo isso acreditamos ter sido acertado o entendimento expressado pela 2ª Câmara Cível do Tribunal de Justiça do Estado do Rio de Janeiro, em sede de apelação cível, em conformidade com a manifestação prolatada pelo eminente relator Des. Lindberg Montenegro.

2. Segundo a ótica ora proposta, com a devida *vênia*, mais uma vez, equivocou-se o eminente Des. Paulo Sérgio Fabião, na medida em que considerou errônea a conclusão do laudo pericial, como também da própria sentença, isto porque, a incorporação da Ceres Ltda. não se deu antes da venda do Banco Agrimisa S/A, quando então, estaria descompromissada pela distribuição dos lucros apurados entre os sócios, dentre os quais UNA e seus sócios e, dentre deles o próprio autor – um dos sócios de UNA Ltda. –, desconfigurando-se a participação recíproca.

3. Cabe, também, perquirir, que exsurge do laudo pericial parecer inelutável de que o alegado direito a um aumento patrimonial das cotas do autor pelo lucro gerado na Ceres, pela venda das ações do Banco Agrimisa S/A, não é procedente, pois, segundo as próprias palavras do proficiente Des. Paulo Sérgio Fabião, esta já vinha tendo prejuízos com as atividades que desenvolvia; haveria, portanto, a necessidade de uma postura ativa por parte dos controladores.

4. O fato de alegar perdas e danos pela não participação dos lucros e de distribuição de dividendos precisariam ser concretamente demonstrados, pois a mera presunção favorece a ré.

As críticas relativas à má administração caíram no vazio. O laudo pericial, na verdade, não faz restrições à política administrativa da empresa que, ao contrário do alegado, deixou positivadas as vantagens auferidas pelos sócios da sociedade incorporada UNA Administração e Participações Ltda., da qual o autor é sócio, e de outro lado, que os réus não se beneficiaram economicamente com a incorporação.

5. Legitimando o exposto, o laudo é categórico ao afirmar que, em decorrência da incorporação, verificou-se redução substancial da incidência do imposto de renda

12. Plácido e Silva, *Vocabulário Jurídico*, v. III, Rio de Janeiro, Forense, 1982, p. 51.

no resultado da venda do poder de controle do Banco Agrimisa S/A.

Conclusão

Não há dúvida quanto à legitimidade, ativa e passiva, que decorre da simples condição do autor ser sócio da sociedade incorporada e da alegada alienação. Inconteste, pois, que diante da existência de prejuízo, por força do negócio jurídico firmado pelas sociedades, recorra pelo dano sofrido.

Espaço Discente

DISSOLUÇÃO DE S/A PELA IMPOSSIBILIDADE DE PREENCHER O SEU FIM*

RICARDO DOS SANTOS FREITAS

Introdução. 1. A norma legal vigente. 2. Evolução legislativa. 3. A exegese da norma vigente. 4. Jurisprudência. 5. Direito Comparado. 6. Legitimidade para a propositura da ação.

Introdução

Poucos temas dentro do Direito Societário, no Brasil, encontram-se relegados a um esquecimento doutrinário tão forte quanto o da dissolução judicial de sociedades.

Não por falta de interesse prático, pois a atividade mercantil, quando contaminada pelo vírus do desentendimento interno entre os sócios, apresenta, por vezes, quadro clínico que conduz o operador do Direito a prescrever a dissolução judicial da empresa como remédio extremo para a proteção dos minoritários.

A dissolução judicial de uma sociedade anônima fundamentada na alegação de impossibilidade de se atingir seu fim é paradoxalmente um dos medicamentos menos utilizados com esse intuito e talvez um dos que apresente maior potencial de resultado eficaz fora do Brasil.

Certamente deve o operador do Direito avaliar criteriosamente a adequação do remédio à necessidade específica do cliente no caso concreto, através de percuciente anamnese, bem como de cuidadosa radiografia jurisprudencial, posto que o remédio ministrado no cliente é metabolizado em organismo externo – o Poder Judiciário – de assimilação lenta e incerta.

Mas as decisões judiciais brasileiras acerca dessa questão têm-se mostrado tíbias. Em grande parte tal defeito pode ser atribuído à deficiência de nosso ordenamento jurídico, conforme tentaremos demonstrar em breves notas sobre a evolução legislativa no Brasil e o tratamento da matéria no exterior.

1. A norma legal vigente

A localização do preceito no Direito brasileiro está no art. 206 da Lei 6.404/76, que disciplina as hipóteses de dissolução das sociedades anônimas. A norma legal divide a ocorrência da dissolução em três grupos:

I – de pleno direito;

II – por decisão judicial;

III – por decisão de autoridade administrativa.

* Trabalho apresentado ao curso de Pós-Graduação da Faculdade de Direito da Universidade de São Paulo, 2º semestre de 1998, na disciplina Interesses Públicos e Privados na Extinção das Sociedades Mercantis em Direito Comparado II, ministrada pelo prof. Mauro Rodrigues Penteado.

A dissolução por decisão judicial, por seu turno, pode ocorrer em três hipóteses (art. 206, II):

a) quando anulada a sua constituição, em ação proposta por qualquer acionista;

b) quando provado que a sociedade não pode preencher o seu fim, em ação proposta por acionistas que representem 5% ou mais do capital social;

c) em caso de falência, na forma prevista em lei.

Antes de analisarmos o significado do preceito legal, devemos ver a evolução legislativa da matéria, no Brasil, ao longo do tempo.

2. Evolução legislativa

A primeira sociedade anônima brasileira foi o Banco do Brasil,[1] criado em 1808 por D. João no ano de sua chegada ao Brasil. A sociedade tinha prazo determinado de duração de 20 anos e foi constituída por subscrição de particulares (foram colocadas ao público 1.200 ações). Mas em 1820 D. João retorna à Portugal com sua Corte, levando praticamente todo o dinheiro do Banco com ele. Com isso o Banco ficou praticamente inativo e a sociedade foi dissolvida, em 1828, pelo término do prazo de duração, só voltando a existir em 1851, por obra do Barão de Mauá.

Em 1851 já havia entrado em vigor o Código Comercial de 1850, inserido no contexto de uma sociedade liberal e individualista, era de plena revolução industrial na Europa, com a exploração do trabalhado assalariado e, no Brasil, época de cicios agrícolas com exploração do trabalho escravo. A sociedade anônima era, então, um privilégio concedido pelo Governo a uns poucos particulares, através de um regime de autorizações. Nessa época havia apenas cerca de 12 (doze) sociedades anônimas no Brasil.[2]

1. Alfredo Lamy Filho e José Luiz Bulhões Pedreira, in *A Lei das S/A*, Ed. Renovar, 1992, pp. 111 e ss.

2. Waldemar Ferreira, in *Tratado de Direito Comercial*, Saraiva, 1966, p. 52.

E o que dispunha o Código Comercial quanto à dissolução das sociedades anônimas? Todo o capítulo destinado às sociedades anônimas era tratado em apenas 5 (cinco) artigos – do 295 ao 299. O art. 295 dizia: "As companhias só podem ser dissolvidas: 1º) expirando o prazo de sua duração; 2º) por quebra; 3º) mostrando-se que a companhia não pode preencher o intuito e fim social".

O texto é muito parecido com o da lei atual, que conduz à seguinte conclusão: ou nós já éramos extremamente avançados e próximos da perfeição desde aquela época, ou estamos há muito tempo sem uma evolução nesse campo.

Em 1860 houve uma modificação substancial na Lei das Sociedades Anônimas, mas apenas para aumentar o rigor das medidas de fiscalização. O objetivo era aumentar o poder de fiscalização sobre os bancos em virtude da crise financeira mundial decorrente da eclosão da Guerra Civil Americana. Mas nada se mexeu no texto legal no que diz respeito à dissolução.

Uma nova modificação substancial na Lei das S/A veio em 1882, com a Lei 3.150, que finalmente estabeleceu o fim do regime de autorizações para a constituição de uma sociedade anônima, e que trouxe uma regulamentação completamente nova, com 168 artigos. No que diz respeito à dissolução, o texto ficou extremamente detalhado, prevendo várias hipóteses de dissolução amigável e acrescentando a possibilidade de dissolução judicial caso o capital social fosse diminuído em mais de 3/4, podendo a ação ser proposta por qualquer acionista.

Com a Proclamação da República, a Lei das S/A teve de ser revista para sofrer as adaptações decorrentes da nova ordem institucional. Assim, veio o Decreto 434, de 4.7.1891, que em matéria de dissolução nada acrescentou.

Para dar uma referência da mudança de contexto econômico decorrente do fim do regime de autorizações, só entre 1889 e 1891 foram constituídas 1.150 sociedades anônimas. A grande maioria dessas S/A teve vida curta, o que explica o fota de ter ocorrido uma alteração no Decreto 434, no ano de 1893, exatamente no art. 155, que tratava das hipóteses de dissolução das sociedades anônimas.

A verdade é que não havia nessa época, em termos mundiais, qualquer atenção para a necessidade de preservação da empresa em decorrência de sua função social. A teoria da preservação da empresa nasce no início do séc. XX, com a obra de Cesare Vivante, *Tratado de Direito Comercial* (1912), ao dar nova interpretação para o art. 186 do então Código de Comércio italiano, concluindo que o fim daquela norma legal era proteger a empresa que cumpre uma função social contra as causas internas e externas de dissolução.

Essa evolução de pensamento, que representa uma passagem da visão contratual da empresa para uma visão institucional, acabou não se refletindo na subseqüente alteração da Lei das S/A brasileira, que foi o Decreto-lei 2.627, de 1940, que em matéria de dissolução criou uma confusão terminológica tremenda ao adotar o termo liquidação com sentido de dissolução, reservando o termo dissolução apenas para o campo penal, mas quanto às causas da dissolução não inovou, apenas reiterando as regras do ordenamento anterior.

A alteração posterior, através da Lei 6.404/76, que encontra-se atualmente em vigor, contemplou expressamente o princípio da preservação da empresa em seus arts. 116 e 117. É, pois, dentro desse contexto que devemos analisar o instituto da dissolução judicial.

3. A exegese da norma vigente

Após a leitura das normas em vigor, algumas questões vitais se colocam: o que representa a expressão "impossibilidade de preenchimento de seu fim"? Como seria possível estabelecer uma prova dessa impossibilidade? Há alguma diferença entre o conteúdo dessa redação e o conteúdo da redação das normas anteriores?

A palavra "fim", no contexto da lei, é empregada no sentido de finalidade. Numa pessoa jurídica os sócios reúnem-se com a finalidade da realização de um objetivo comum. Parte da doutrina entende que o objetivo comum de uma sociedade compõem-se de dois elementos:[3] o objetivo final e o modo de sua realização.

O modo de realização desse objetivo final é o exercício da atividade empresarial, especificamente prevista no estatuto social, denominado "objeto social", e esse objetivo final consiste na produção de lucros e sua repartição entre os sócios. Será essa afirmação correta?

Há longa discussão doutrinária sobre a vinculação do fim social nos conceitos de lucro e dividendo. Assim, em contraposição à tese acima, Mauro Brandão Lopes defendia que apenas o conceito de lucro refere-se ao fim social da empresa e que o conceito de dividendo diz respeito diretamente aos sócios.[4]

Para Brandão Lopes, essa distinção desmascara a costumeira confusão entre produção do lucro e sua distribuição. Essa confusão leva muitos a afirmar, erroneamente, que a sociedade não preenche seu fim, que é o lucro, quando não o distribui.

Não obstante a lucidez de raciocínio dessa última escola, parece-nos razoável incluir essa hipótese no quadro das situações em que entendemos incidir a regra do art. 206, II, *b*, da Lei das S/A:

a) empresa com contínua realização de prejuízos;

b) empresa com contínua realização de lucros sem distribuição de dividendos;

3. Fábio Konder Comparato, in *O Poder de Controle nas Sociedades Anônimas*, São Paulo, 1975, p. 305.

4. Mauro Rodrigues Penteado, in *Dissolução e Liquidação de Sociedades*, Ed. Brasília Jurídica, 1995, p. 187.

c) empresa em contínua inatividade;

d) empresa com inexistência de capital suficiente para a realização de seu objeto social;

e) empresa com objeto social materialmente impossível de ser exercitado.

4. Jurisprudência

Como se manifesta a jurisprudência no que diz respeito a essas situações?

Quanto à tese de que a empresa que não alcança lucros objetivamente não cumpre seu fim, temos como caso pioneiro[5] uma decisão do Supremo Tribunal Federal, datada de 28.4.52, proferida pela 1ª Turma, relator o Ministro Nelson Hungria, cuja ementa consigna que o fim lucrativo é essencial à sociedade anônima, tendo a decisão deferido a dissolução da companhia pelo fato de que esta, durante 25 anos de existência, só deu lucro nos anos de 1927, 1931, 1942, 1946 e 1948. Esse caso pioneiro é realmente incrível quando analisado dentro do contexto de que esses 25 anos de existência envolveram um período entre guerras e parte do próprio período da 2ª Guerra Mundial.

Não encontramos nenhuma outra decisão judicial que tratasse especificamente da questão da inexistência de lucros, mas vale aqui, também, a discussão a respeito da mera dificuldade em se atingir o fim social e a efetiva comprovação da impossibilidade de alcançá-lo, questão essa debatida por diversos doutrinadores. Quantos anos são necessários para que se considere que exista uma efetiva comprovação dessa impossibilidade?

A jurisprudência do STF, apontada acima, deve ser filtrada com muita cautela, em função da absoluta diferença do contexto econômico brasileiro e mundial daquela época e a atual dinâmica da economia veloz e globalizada.

Não nos parece razoável, todavia, que uma empresa que tenha conseguido apresentar lucro em alguns exercícios financeiros dentro do período tomado como referência possa ser caracterizada como tecnicamente impossibilitada de atingir seu fim.

Quanto à segunda hipótese, de contínua não distribuição de dividendos, o caso pioneiro[6] foi enfrentado pelo Tribunal de Justiça do Paraná, em decisão de 1962, e por decisões paulistas (*RT* 265/454 e *RT* 368/129), tendo o Tribunal de Justiça de São Paulo decidido que há remédio próprio para a não distribuição de dividendos.

Diversos casos judiciais apresentaram-se na década de 60, questionando a não distribuição de dividendos, enriquecendo o debate doutrinário, que começava a apontar como solução a fixação de um dividendo mínimo obrigatório.

No simpósio sobre a reforma da Lei das S/A, realizado em São Paulo, em 1970, com o patrocínio do Instituto Túlio Ascarelli, surgiram duas soluções para acabar com grande parte dos litígios judiciais:

1ª) direito de recesso, caso não se distribuísse o dividendo mínimo de 6% por 3 anos consecutivos;

2ª) a previsão da obrigação de dividendos fixas de no mínimo 6% para as ações preferenciais, vedando-se a assembléia o destaque de qualquer parcela do lucro líquido aparado em balanço para a constituição de fundos de reserva, exceto a legal, antes da distribuição desse dividendo fixo aos titulares das ações preferenciais.

Ao aprovar a Lei 6.404/76, o legislador, não obstante, optou por deixar que o estatuto social definisse qual seria o dividendo mínimo obrigatório, advertindo que, caso o mesmo fosse omisso, o dividendo mínimo seria de 50%.

5. Mauro Rodrigues Penteado, in ob. cit., p. 186.

6. Alfredo Lamy Filho e José Luiz B. Pedreira, in ob. cit., p. 628.

Embora tivesse sido melhor, em nosso entendimento, que a lei tivesse imposto um dividendo mínimo (para evitar a fixação, pelo estatuto social, de dividendos irrisórios), parece-nos claro que a violação da obrigação legal de distribuição encontra-se protegida por remédio específico, não havendo justificativa para que mesmo a contínua não distribuição de dividendos em empresa lucrativa seja erigida em situação legitimadora da dissolução da empresa, ainda que parcial.

Quanto à terceira hipótese, devemos analisar se a inatividade representa impossibilidade de atingir o fim social. Para o desenvolvimento desse raciocínio, algumas questões devem ser consideradas.

Em primeiro lugar está a causa da inatividade, que pode ocorrer por vontade dos controladores da empresa ou por fatores externos, que escapem ao controle destes.

Parece-nos que em qualquer das situações o acionista tem o direito de solicitar a dissolução da companhia, pois é o fato objetivo da inatividade que conduz à impossibilidade de se atingir o seu fim, pouco importando ao acionista descontente a motivação, ou o elemento subjetivo que conduziu a empresa à inatividade.

Um segundo ponto importante reside em saber se, para caracterizar a impossibilidade de atingimento do fim da empresa, a inatividade deve ser total ou seria suficiente uma inatividade parcial. Entramos aqui em terreno cujas divisas apresentam-se muito tênues, mas acreditamos que a inatividade deva estar relacionada com o objeto social da companhia.

Resta, por fim, a dúvida maior: quantos anos de inatividade serão necessários para caracterizar a efetiva impossibilidade?

O Tribunal de Alçada Cível do Rio de Janeiro foi um dos pioneiros a tratar do tema, em decisão proferida em 2.9.75, ocasião em que decretou a liquidação de uma imobiliária organizada sob a forma de uma sociedade anônima, que em dez anos não fez sequer uma corretagem imobiliária.[7]

A quarta hipótese que levantamos seria a inexistência de capital suficiente para o atingimento do fim social. Não encontramos, em extensa pesquisa jurisprudencial, decisão que fundamentasse a dissolução judicial de uma companhia apenas nesse argumento. Veremos, mais adiante, que diversos países dão tratamento mais rigoroso a essa questão, exigindo capital mínimo para a abertura da empresa, enquanto no Brasil abrem-se sociedades anônimas com capital irrisório.[8]

A quinta e última hipótese que indicamos consiste na caracterização de objeto social materialmente impossível, isto é, na existência de um objeto social que por si só seja impossível de ser concretizado. A primeira vista poder-se-ia pensar tratar-se de hipótese cerebrina, meramente acadêmica, que nunca chegasse a ocorrer em um caso real. Todavia, acreditamos que não seja nada difícil de acontecer um caso desses. Basta imaginar uma sociedade cujo objeto social seja a administração de recursos de terceiros (o crescimento da indústria de fundos de investimento fez surgir centenas dessas empresas nos últimos cinco anos), que tenha sido punida em processo administrativo na Comissão de Valores Mobiliários com a pena de descredenciamento de sua habilitação para o exercício das funções de administração de recursos.

Como se vê, essa hipótese pode facilmente ocorrer na vida real. Todavia, também aqui não localizamos qualquer jurisprudência nesse sentido.

7. Acórdão 40.371, 4ª Câmara Cível, decisão unânime, de onde extraímos o seguinte excerto, do voto do relator, Juiz Renato Lombo: "Se querer é poder, não querer é mais que não poder na hipótese dos autos. Se a diretoria não quer realizar o fim social da empresa, como admite a sentença recorrida, é certo que impossibilita, de modo claro e absoluto, esse objetivo".

8. Fábio Comparato, in ob. cit., pp. 186 e ss., discorre sobre a nocividade do *funding* sobre débito, e não sobre capital, em uma companhia.

Embora não a tenhamos relacionado, faz-se necessário registrar a hipótese do desentendimento entre os sócios que acarrete dificuldade extrema de administração da companhia. Poder-se-ia admitir ser esta também uma situação de impossibilidade de se atingir o fim da sociedade?

Algumas decisões de nossos tribunais tem determinado a dissolução em situações como essa, mas em sociedades anônimas com características de sociedades de pessoas, e sob o fundamento de que a elas deve ser aplicada a legislação das sociedades por cotas de responsabilidade limitada, fugindo, portanto, do cerne da discussão.

Na Itália, no entanto, recentes decisões têm sido proferidas aceitando essa argumentação.[9]

Examinadas essas hipóteses, verificamos que a expressão "impossibilidade de atingir o fim social" e a necessidade de prova dessa impossibilidade deixam a norma com excessiva abertura de modo a permitir interpretações absolutamente díspares pelos tribunais,[10] resultando em grande casuísmo nas decisões, o que é insatisfatório num sistema legal de família romano-germânica, uma vez que quase que saltamos do campo da interpretação da norma, objetivamente posta, para o campo da criação, absolutamente entregue ao juiz, na busca do estabelecimento de uma justiça para o caso concreto.

Entendemos, portanto, ser imperativo uma alteração na norma legal em vigor, que lhe confira maior precisão, estabelecendo critérios mais exatos na conceituação da impossibilidade de atingimento do fim da sociedade anônima. Tal alteração apenas colocaria o Brasil em sintonia com o ordenamento encontrado no Direito Comparado, o qual trataremos a seguir em breves notas.

5. *Direito Comparado*

Praticamente todos os sistemas legais possuem normas específicas sobre dissolução e liquidação de companhias, resultado da constatação óbvia de que as regras da dissolução dos contratos em geral não se aplicam às organizações societárias. Cada sistema elenca uma relação de eventos legitimadores da dissolução, com ligeiras diferenças.[11]

9. Stefano Cappiello, "Scioglimento, liquidazione ed estinzione di società di capitali", in *Giurisprudenza Commerciale*, mar./abr. 1998, p. 261-I, onde o autor refere decisão do Tribunal de Trieste, proferida em 11.3.94, notificada por De Fazio, em *Società*, 1994, p. 813, segunda a qual "configura hipótese de impossibilidade superveniente de atingimento do objeto social o caso no qual se verifica o desaparecimento do segundo sócio administrador, e a conseqüente falta de sua participação no exercício da empresa, com a conseqüente paralisação de suas atividades".

10. Conforme demonstra com detalhada pesquisa jurisprudencial Mauro Rodrigues Penteado, in ob. cit., concluindo: "Como se vê, não há, na doutrina e jurisprudência, padrões claros e seguros que possam encaminhar a solução de pedidos judiciais de dissolução da companhia, sob o fundamento de que não preenche ela os seus fins. O problema, sem dúvida, deve ser enfrentado e resolvido caso a caso, levando-se em conta as circunstâncias que cercam a atividade empresarial e, sobretudo, a viabilidade de seu prosseguimento, porque a sociedade tem função social, dela dependendo seus empregados e colaboradores; trata-se de pólo produtivo e gerador de riquezas, muitas vezes expressivo e de grande significado na comunidade onde atua, contribuindo, ademais, para os cofres públicos com o pagamento de tributos. O rigorismo pretoriano, ao recusar-se a fazer desaparecer a empresa, encontra, sob esse aspecto, boa justificativa. Mas do ponto de vista individual do acionista não-controlador poderão ocorrer situações marcadamente injustas, que o dispositivo comentado não resolve, já que sua aplicação conduz à dissolução e extinção da empresa. Daí a excogitação sobre a aplicação, à espécie, da construção doutrinária e jurisprudencial acerca da dissolução parcial".

E ainda, à p. 193: "*De lege ferenda*, além do que já foi até aqui exposto, neste estudo, caberia cogitar-se sobre a explicitação em lei de padrão que conferisse o mínimo de certeza e segurança jurídica às decisões de nossos pretórios, quanto ao direito aplicável".

11. Mauro Rodrigues Penteado, in ob. cit., p. 45, nota 66, informa sobre um estudo de Direito Comparado, coordenado por Mário Rotondi, onde foi pesquisada a legislação de 28 países, e Renzo Costi constatou a existência de 15 causas de dissolução básicas.

A União Européia não possui Diretiva regulando a questão da dissolução e liquidação de sociedades.[12] Há, todavia, a Diretiva 91/76, que é a segunda Diretiva em Matéria de Legislação Societária Européia, que estabelece regras de capital social de *Public Limites Company*, sendo o capital mínimo para uma *PLC* de ECU 425,000.00 (ou 1.600 = 0,70 libras esterlinas).

Quanto à idéia de uma chamada "sociedade européia", existem estudos para sua criação desde 1970, com uma proposta de texto básico em análise há anos. Esse projeto está mais perto de acontecer, pois já existe a união alfandegária e agora a união monetária estará vigorando a partir de janeiro próximo (com o Euro como moeda oficial em 11 países).

Todavia, o projeto incorpora diversos pontos das Diretivas sobre Lei Societária, mas prevê que pontos não tratados (como dissolução e liquidação) serão regulados pela lei do país do principal lugar de atividade da empresa.

Assim, vejamos a legislação de alguns países:

ITÁLIA – o art. 2.448, do Código Civil de 1942, elenca como causas de dissolução de uma sociedade:

a) a consecução do objeto social ou a superveniente impossibilidade de alcançá-lo;

b) impossibilidade de funcionamento ou a continuada inatividade da assembléia;

c) redução do capital abaixo do mínimo legal.

FRANÇA – Lei 66.537, de 24.7.66, com alterações sofridas pelas Leis 69-12, de 1969, e 81–1.162, de 1981.

A lei diz que uma assembléia-geral extraordinária deve ser convocada para deliberar a dissolução quando verificado qualquer dos eventos previstos na lei, e que a falta da convocação autoriza o requerimento judicial da dissolução por qualquer sócio. Entre outras causas elenca a redução do capital social para menos da metade.

PORTUGAL – O Código português de Sociedades Comerciais, de 1986, manda aplicar para as sociedades anônimas as mesmas regras de dissolução das sociedades comerciais em geral (a única regra própria é que o número de acionistas não pode ser inferior a cinco).

Nos arts. 141 e 142 do Código português de Sociedades Comerciais, vemos que a sociedade pode ser dissolvida se:

a) ocorrer ilicitude superveniente do objeto social;

b) o número de sócios for inferior ao mínimo previsto em lei;

c) a atividade que constitui o objeto social se torne de fato impossível;

d) a sociedade não tenha exercido qualquer atividade por 5 anos consecutivos;

e) a sociedade exerça de fato uma atividade não prevista no objeto social.

NORUEGA – "Companies Act", de 1985.

Apresenta regras muito interessantes. A sociedade anônima só pode ser dissolvida por decisão unanime da assembléia geral. Mas um sócio pode pedir a dissolução imediata se seus direitos como sócio foram violados e a exclusão do cuidado não se mostra conveniente ante as circunstâncias, ou caso haja outros argumentos fortes a favor da dissolução.

Caso a assembléia se recuse a dissolver a companhia, o sócio pode levar o caso ao tribunal. O tribunal resolve, sempre que possível, pela dissolução parcial.[13]

ROMÊNIA – Código Comercial da Romênia, de 1990.

12. Julian Maitland-Walker, in *Guide to European Company Laws*, Ed. Sweet Maxwell, 1997, p. 576.

13. Julian Maitland-Walker, in ob. cit., p. 415.

Apresenta regra muito parecida com a nossa, determinando a dissolução quando ocorrer impossibilidade de atingir o fim da empresa. Mas também tem regra de que dissolve-se a companhia, caso o capital seja reduzido para menos da metade, ou que o número de acionistas seja menos de 5, por mais de 6 meses.

6. *Legitimidade para a propositura da ação*

O pedido de dissolução com base no art. 206, II, *b*, da Lei das S/A só pode ser feito por quem detenha pelo menos 5% do capital social da companhia (e não do capital votante). Esse percentual era de 20% no Decreto-lei 2.627/40.

Trata-se de limitação objetiva. Todavia, em casos de aumento de capital social injustificado, objetivando mera diminuição de percentual de participação de minoritário, há sempre possibilidade de ação judicial pedindo declaração de ineficácia ou anulação dessa deliberação por desvio de poder.

De toda maneira, entendemos que esse tema está umbilicalmente relacionado com o fato da dissolução prevista em lei ser total e não parcial. Pretendeu o legislador evitar que qualquer acionista, mesmo com participação social irrisória, tivesse poderes de pedir a dissolução judicial da companhia.

Parece-nos, no entanto, que seria simples e justo permitir que todo e qualquer acionista pudesse pedir a dissolução total sob o fundamento da impossibilidade de atingir seu fim, desde que fosse tal pedido automaticamente convertido em dissolução parcial caso os demais sócios manifestassem intenção de permanecer na empresa.

Alguns levantarão um suposto paradoxo: como admitir a preservação de uma empresa que o Poder Judiciário reconheceu como estando impossibilitada de exercer o seu fim ao permitir a dissolução parcial com a retirada do sócio que formulou pedido expresso com esse fundamento?

A polêmica decorre do uso da expressão "impossibilidade", que nos leva a questionar a diferença entre querer e poder. Impossibilidade (que significa não poder) tem, como vimos, recebido interpretação extensiva, ganhando contornos que incluem a situação do não querer por parte do acionista controlador. Mas esse mesmo acionista controlador pode, demandado em juízo, manifestar intenção de continuar com a empresa, posição que entendemos deva ser respeitada face ao princípio da preservação da empresa.

Assim, proposta ação pedindo a dissolução da companhia com base no artigo 206, II, *b*, e manifestada em contestação pelo réu a intenção de manutenção da companhia, poderia o juiz decidir pela dissolução parcial?

Diversas decisões recentes em Tribunais Estaduais têm ora afirmado ora negado a possibilidade da dissolução parcial nas sociedades anônimas, tendo o STJ, em sua primeira manifestação sobre o assunto, em decisão de 1.4.93, declarado expressamente essa impossibilidade.[14]

14. Conforme noticia Mauro Rodrigues Penteado, in ob. cit., p. 189, nota 403.

Espaço Discente

DISSOLUÇÃO DE "HOLDING" S/A E APURAÇÃO DE HAVERES*

ROBERTA NIOAC PRADO

1. Pedido judicial de dissolução de "holding" S/A. 2. Apuração de haveres em ações da controlada.

O escopo inicial deste trabalho é avaliar a possibilidade de sócio minoritário de *holding*, constituída sob a forma de sociedade por ações, pedir a sua dissolução. Feita essa análise passaremos a estudar a possibilidade da apuração de haveres ser feita em ações e/ou quotas da(s) controlada(s).

1. Pedido judicial de dissolução de "holding" S/A

Nos termos do art. 206, II, *b* da Lei 6.404, de 1976, atual Lei Societária, a sociedade constituída sob a forma de sociedade por ações pode dissolver-se por decisão judicial, sempre que restar provado não poder a mesma preencher seu fim: "Art. 206. Dissolve-se a companhia: (...) II – por decisão judicial: (...) b) quando provado que não pode preencher o seu fim, em ação proposta por acionistas que representem cinco por cento ou mais do capital social".[1]

A finalidade do supra transcrito dispositivo, claramente de proteção do minoritário,[2] é a de possibilitar ao juiz a análise discricionária, caso a caso, do cabimento do pedido de dissolução.

Dessa forma, qualquer que seja o fundamento do pedido, desde que provado que a sociedade não pode preencher o seu fim, justifica-se a dissolução. E, segundo doutrina mais recente,[3] está incluída nesse rol a alegação da falta de *affectio societatis*, se, é claro, tratar-se de sociedade de

* Trabalho apresentado ao Curso de Pós-Graduação da Faculdade de Direito da FADUSP, 2º semestre de 1988, na disciplina de Interesses Públicos e Privados na Extinção das Sociedades Mercantis em Direito Comparado II, ministrada pelo prof. Mauro Rodrigues Penteado.

1. Na vigência da legislação societária anterior, Decreto 2.627, de 1940, o dispositivo em tela encontrava-se assim redigido: "Art. 138. A sociedade entrará em liquidação judicial: (...) b. por decisão definitiva e irrecorrível, proferida em ação proposta por acionistas que representem mais de um quinto do capital social e provem não poder ela preencher o seu fim".

2. Neste sentido já se manifestou a doutrina: "tal faculdade, deferida aos acionistas, é da maior importância para a proteção dos interesses dos minoritários quando, impossibilitada a companhia de alcançar os objetivos que seus fundadores desejavam fosse perseguido, os detentores da maioria do capital votante se recusam a admitir seja deliberada, em assembléia, aquela dissolução" (Luiz Leonardo Cantidiano, in "Do cabimento de pedido de Dissolução Judicial de S/A Holding", *Direito Societário e Mercado de Capitais*, Renovar, 1996, pp. 75 e ss., cit. p. 76).

3. Luiz Leonardo Cantidiano, ob. cit., pp. 76-77.

cunho personalista – *intuito personae*. Ou seja, de sociedade de caráter contratual, regida por normas derivadas da autonomia da vontade, na qual prevalecem os interesses individuais dos sócios.

E esse tipo societário, *intuito personae*, tanto pode ser constituído sob a forma de sociedade por quotas de responsabilidade limitada, como sob a forma de companhia fechada.[4] Nestas últimas, não existem investidores de capital, mas sim colaboradores na realização do interesse comum que justificou a sua constituição, tal qual ocorre nas sociedades por quotas de responsabilidade limitada.

A constituição de sociedade *holding*, seja sob a forma de sociedade limitada, seja sob a forma de S/A fechada, tem primordialmente como causa o exercício conjunto de controle de uma terceira sociedade, podendo mesmo se dizer que é esta a sua função econômico-social, o seu objetivo ou fim social, o fundamento fático da sua própria continuidade.

Assim, se houver desinteligência entre os sócios de tal monta que o exercício da atividade para a qual foi constituída, no caso o controle de determinada sociedade, fique inviabilizado, a sua dissolução pode ser pleiteada em juízo, com base no dispositivo societário mencionado (art. 206, II, *b*, da Lei 6.404/76).

É nesse sentido que preponderantemente tem manifestado-se a doutrina, ao tratar do sentido e valor da pessoa jurídica em sentido amplo: "O verdadeiro critério no assunto, como frisamos, é o referente aos próprios pressupostos da separação patrimonial, enquanto causa da constituição das sociedades: de tipo formal, como por exemplo, o respeito a espécie societária; ou *o pressuposto substancial da permanência do objeto e do objetivo social, como escopo inconfundível com o interesse ou a atividade individual dos sócios. A falta de qualquer desses pressupostos torna ineficaz a separação de patrimônios, estabelecida em regra*"[5] (grifos nossos).

Assim, estando a pessoa jurídica impossibilitada de cumprir o seu objeto e objetivo social, não mais se justifica a sua permanência no mundo jurídico.

Dessa maneira, provado em juízo o rompimento definitivo da *affectio societatis*, elemento que caracteriza a vontade de colaboração entre os sócios na consecução do objeto social, deve o juiz determinar a sua dissolução, total ou parcial,[6] ainda que seja a *holding* constituída sob a forma de sociedade por ações.

Lembre-se que a dissolução parcial é uma solução substitutiva da dissolução total, conforme vêm se manifestando os nossos Tribunais: "De fato, o autor deixou bem claro na petição inicial que pretende a dissolução total da sociedade comercial, ou a dissolução parcial, com apuração real de seus haveres. A dissolução parcial postulada em forma alternativa, não se confunde com a retirada unilateral do sócio dissidente, mas é, isto sim, uma solução substitutiva da dissolução total, de tal modo que, não sendo possível esta, seja aquela adotada a fim de proporcionar aos sócios que deixam a sociedade, realização mais real e justa de seus haveres".[7]

4. Cf. Modesto Carvalhosa: "Sempre tendo em vista a causa eficiente e a causa final da dissolução judicial no caso da impossibilidade de a companhia preencher o seu fim, anota-se a construção pretoriana de assimilação às sociedades anônimas de origem familiar, e, portanto, fechadas, da figura da *affectio societatis*", in *Comentários à Lei de Sociedades Anônimas*, v. 4, t. I, Saraiva, 1998, p. 65.

5. Fábio Konder Comparato, *O Poder de Controle na Sociedade Anônima*, 2ª ed., Forense, Rio de Janeiro, 1977, p. 275.

6. A dissolução parcial tem seu fundamento no interesse público da preservação da empresa e no interesse privado da maioria acionária que deseja prosseguir com a exploração da atividade empresarial em oposição à minoria dissidente. Sobre o assunto, vide Modesto Carvalhosa, ob. e v. cits., pp. 19 e ss.

7. Ap. cível 94.057-2, in *RJTJSP* 96/247.

Nesse mesmo sentido, também o seguinte acórdão do Supremo Tribunal Federal: "Comercial. Dissolução de sociedade limitada. Pedida a dissolução total por um sócio, e a dissolução parcial pelos dois outros, o interesse social da conservação do empreendimento econômico, viável ou próspero, indica a adoção da segunda fórmula. Nesse caso, dar-se-á apuração de haveres do sócio dissidente de maneira que a aproxime do resultado que poderia ele com a dissolução total, isto é, de forma ampla, com plena verificação, física e contábil, dos valores do ativo, e atualizados os ditos haveres, em seu valor monetário, até a data do pagamento".[8]

Por outro lado, a quebra da *affectio societatis* na sociedade anônima já vem sendo há muito admitida pelos nossos Tribunais como causa de dissolução da mesma.[9] Neste sentido o agravo 3.825, de 8.4.71: "Liquidação judicial de sociedade por ações. Sociedade anônima do tipo fechado, familiar, em que não há possibilidade de ingresso de estranhos, as ações não tem cotação em bolsa, ninguém as compra senão para formar maioria. Em caso de desentendimento só resta, à minoria, pedir a dissolução".[10]

Também acórdão do Tribunal de Justiça do Rio de Janeiro, de 19.11.76: "(...) falta de *affectio societatis* e reduzida atividade social. A sociedade não preencheu o seu fim (...) não há sociedade sem que a vontade livre dos contratantes, de cooperação interessada na obra comum, com a clara comunhão de capitais e trabalho honrado, para alcançar a sua finalidade avençada e lucrativa".[11]

Ainda, acórdão em apelação interposta perante o Tribunal de Justiça de São Paulo. Em 21.5.81: "A discórdia entre acionistas em sociedade anônima constituída por elementos da mesma família e, ainda, a impossibilidade de atingir seus objetivos e os prejuízos justificam sua dissolução (...). Se, de um lado, como sociedade comercial, não é lucrativa e, como sociedade familiar, não mais atende ao grupo minoritário, em termo de uso, gozo e fruição, frustrado está, a essa altura, o motivo da sua constituição e há de concluir-se que, se os acionistas majoritários não acordaram em uma dissolução parcial da sociedade, com a saída dos minoritários, há que chegar-se à dissolução total, para que o patrimônio imobiliário valioso seja liquidado ou partilhado como de direito, tendo-se

8. Recurso extraordinário 91.044, de 7.8.79, STF, 2ª T., rel. Décio Miranda, in *RTJ* 91/351, JUIS–Jurisprudência Saraiva Informatizada.

9. Em contrário, na jurisprudência, vide acórdão da 2ª Câmara do Tribunal de Justiça de São Paulo na ap. 2818.4/2, j. 14.10.97, rel. Des. Linneu Carvalho, in *RT* 749/258, com a seguinte ementa: "Sociedade anônima – Retirada de acionista – Pretensão à dissolução parcial – Inadmissibilidade por tratar-se de pedido juridicamente impossível – Espécie societária que possui procedimento próprio, consistente no direito de recesso do sócio – Inteligência da Lei 6.404/76". Também julgado do STJ, 3ª T., AgRg no ag. 34.120-9-SP, rel. Min. Dias Trindade, j. 26.4.93, *DJU* 15.6.93, p. 11.785, com a seguinte ementa: "Comercial – Sociedade anônima – Dissolução parcial – Impossibilidade jurídica do pedido – Nas sociedades anônimas, o direito de retirada do acionista é restrito às hipóteses da Lei 6.404/76, apresentando-se impossível o pedido de dissolução parcial da sociedade, próprio das empresas organizadas por quotas de responsabilidade limitada, sem relevo a qualificação de coligada da empresa acionista, cuja condição poderá ser desfeita mediante alienação das ações de modo a reduzir a menos de dez por cento do capital da sociedade anônima". Na doutrina, vide Mauro Brandão Lopes, para quem as sociedades anônimas mantém a sua característica básica de serem constituídas *intuito pecuniae*, e portanto, contam com dois mecanismos paralelos de saída do acionista: a alienação de sua participação e o exercício do direito de recesso. "Tipicidade e dissolução da sociedade anônima", in *Sociedade por Ações*, estudo n. 18, coord. Geraldo de Camargo Vidigal e Ives Gandra da Silva Martins, Resenha Universitária, São Paulo, 1979, pp. 1.189 e ss.

10. Nelson Laks Eizirik e Aurélio Wander Bastos, *O Poder Judiciário e a Jurisprudência sobre Sociedades Anônimas e Instituições Financeiras*, IBMEC, 1980, p. 141.

11. Darcy de Arruda Miranda Júnior, *Dicionário Jurisprudencial das Sociedades por Ações*, 1ª ed., Saraiva, São Paulo, 1990, p. 403, *apud* Mauro Rodrigues Penteado, *Dissolução e Liquidação de Sociedades*, Ed. Brasília Jurídica, 1995, p. 188.

como irreversível a quebra da *affectio societatis*. É que, sob qualquer dos prismas, não está podendo a apelada preencher os objetivos sociais expressos, comerciais e implícitos, familiares, separada ou conjuntamente. A espécie, pois, é daquelas em que 'a discórdia entre os sócios pode tornar-se causa determinante da inexequibilidade do fim social, justificando a dissolução da sociedade".[12]

Na doutrina o entendimento não é diferente, conforme observamos no estudo de Luiz Leonardo Cantidiano: "Os princípios acima indicados (tratando da *affectio societatis*), aplicáveis no exame de situação que envolva qualquer desentendimento intransponível entre os sócios da companhia, com muito mais razão devem ser considerados quando a inafastável incompatibilidade entre os grupos de acionistas existe na sociedade *holding*".[13]

E, mais adiante, conclui o autor: "o fundador de importante grupo empresarial, porque preocupado com a sua própria sucessão, decide aglutinar em sociedade *holding*, os interesses familiares (...) com o propósito determinado de estabilizar a participação familiar nas empresas operativas. (...) No entanto, instaurada, entre os herdeiros do fundador, insuperável divergência, é de todo impossível possa a sociedade *holding* continuar cumprindo a finalidade com que foi criada".[14]

Tratando-se de sociedade *holding* pura, não concordando os majoritários com a dissolução parcial, nada obsta a concessão judicial de dissolução total. Isto porque na *holding* pura, diferentemente da *holding* operacional ou mista, que além das participações em outras sociedades exerce atividade produtiva, a primeira não exerce diretamente nenhuma atividade produtiva, sendo seu único objetivo a administração conjunta das sociedades controladas.[15]

Ou seja, na *holding* pura não se vislumbra a função social, princípio aplicável à todos os casos de dissolução das sociedades,[16] constante não apenas no art. 116, parágrafo único da Lei Societária,[17] como também na atual Constituição Federal, de 1988, em seu art. 170.

Assim sendo, sua existência justifica-se, essencialmente, pelo exercício conjunto e estável da administração de suas controladas, não havendo nenhum outro interesse relevante, seja público, seja privado

12. 5ª C., ap. 3.345-1, j. 21.5.81, v.u., in *RT* 554/74.

13. Luís Leonardo Cantidiano, ob. cit., p. 78.

14. Ob. cit., p. 79.

15. A *holding* pura é admitida na Lei Societária nos termos do art. 2º, § 3º, que declara expressamente que: "a companhia pode ter como objeto participar de outras sociedades". Assim, uma *holding* poderá ter como objeto exclusivo, por exemplo "a aplicação de recursos e capitais em outras empresas das quais será permanente ou temporariamente sócia, acionista ou participante", sendo seu único ativo ações, quotas ou participações em outras sociedades.

16. Cf. Modesto Carvalhosa: "À dissolução judicial aplicam-se inteiramente os princípios da preservação da empresa (art. 117) e da função social da companhia (art. 116). Não há, portanto, diferença alguma, nesse particular, entre a dissolução particular e a de pleno direito, ou ainda a dissolução administrativa", ob. e v. cits., p. 57. No mesmo sentido, Trajano de Miranda Valverde: "O juiz ou Tribunal nunca deverá perder de vista, na apreciação e julgamento de uma ação dessa natureza, que os interesses coletivos legítimos primam sobre os interesses judiciais. A extinção ou a desorganização de uma empresa repercute sempre na vida dos que nela trabalham, e, não raro, com maior ou menor intensidade, na economia nacional" (*Sociedades por Ações*, Rio de Janeiro, Forense, 1953, v. 3, p. 25).

17. Entenda-se aqui, como função social, a qualidade das sociedades de exercer atividades produtivas, de gerar empregos, pagar tributos etc. É claro que a sociedade *holding* tem função no sentido estrito da palavra. Dentre as quais podemos citar: melhor organizar a administração das sociedades que controla, determinar a política de investimento do grupo, equilibrar e dar estabilidade às suas controladas. Trata-se, em última instância, de técnica institucional de consolidação de controle, na qual os membros do grupo controlador transferem o conjunto das ações votantes que lhes assegura o controle de determinada companhia, para a nova sociedade. Neste sentido, vide estudo de Luíza Rangel de Moraes Rego Monteiro, in *Revista da CVM*, v. 1, n. 1, p. 33, *apud* Luiz Leonardo Cantidiano, ob. cit., p. 78.

de terceiros não acionistas, que possa justificar a sua permanência.

Ademais, conforme a doutrina mais autorizada, sustentada por Vivante, juridicamente a *holding* nada mais é do que a duplicação do patrimônio de suas controladas, sendo, tratando-se, portanto, de uma sociedade fictícia.[18]

Conforme oportunamente já manifestou-se a doutrina, o pedido de dissolução deve ser analisado caso a caso, levando-se em conta a função social da sociedade em questão:

"Como se vê, não há na doutrina e jurisprudência, padrões claros e seguros que possam encaminhar a solução de pedidos judiciais de dissolução da companhia, sob o fundamento de que não preenche ela os seus fins. O problema, sem dúvida deve ser enfrentado e resolvido caso a caso, levando-se em conta as circunstâncias que cercam a atividade empresarial e, sobretudo, a viabilidade de seu prosseguimento, porque a sociedade tem função social, dela dependendo seus empregados e colaboradores; trata-se de pólo produtivo e gerador de riquezas, muitas vezes expressivo e de grande significado na comunidade onde atua, contribuindo, ademais, para os cofres públicos, com o pagamento de tributos. O rigorismo pretoriano, ao recusar-se a fazer desaparecer a empresa, encontra, sob esse aspecto, boa justificativa".[19]

Como dito anteriormente, a não decretação da dissolução da sociedade fundada em interesses sócio-econômicos relevantes não se justifica em sociedades *holdings* cujo único objeto é a administração conjunta de sua(s) controlada(s) – *holding* pura.

Ressalte-se que, em situações nas quais a dissidência repercute nas decisões e nos negócios das controladas, essas sim sociedades que exercem atividade produtiva, o resultado pode ser desastroso, vindo mesmo a ameaçar a estabilidade da sociedade de relevante função na comunidade.[20]

Assim, nos casos em que a permanência da *holding* prejudique o bom funcionamento da(s) sua(s) controlada(s), a decretação da sua dissolução justifica-se inclusive em razão de interesses sociais e econômicos.

Um exemplo de grave impasse na sociedade operativa causado pela sua *holding* é o de empate em uma deliberação que seja relevante para a consecução do seu objetivo social. Isto pode ocorrer sempre que a *holding* detiver apenas 50% do capital votante da sua controlada, e os demais acionistas votantes, detentores dos outros 50%, manifestarem a sua vontade em sentido oposto.[21]

Ademais, lembre-se que com a promulgação da Lei 9.457, de 1997, uma série de restrições foram impostas aos acionistas não controladores, notadamente no que se refere ao exercício do direito de recesso – que teve suas hipóteses substancialmente

18. Citado em Fábio Konder Comparato, que em seguida conclui ser a *holding* um "negócio jurídico indireto", ob. cit., pp. 122 e ss.

19. Mauro Rodrigues Penteado, *Dissolução e Liquidação de Sociedades*, cit., p. 188.

20. Nesse sentido, vide Luiz Leonardo Cantidiano, ob. cit., p. 80: "Dos inúmeros casos concretos já ocorridos, em que surge sério e inafastável desentendimento familiar de comando, que a impede de atuar explorando os objetivos que, desde a sua constituição, são perseguidos, corre-se o risco de inviabilizar as importantes sociedades operativas, que ela controla, de prosseguir no processo de desenvolvimento em que se encontram". A seguir, o autor cita Claude Champaud: "qualquer que seja a técnica de que se utilize, o exercício do controle deve caracterizar-se por uma relativa estabilidade, de modo a permitir a direção econômica da empresa" (*Le Pouvoir de Concentration de la Société par Actions*, Sirey, 1960, p. 131).

21. Vide Luiz Leonardo Cantidiano, ob. cit., pp. 82 e ss. Ademais, lembra o autor que em determinados casos, excluída a posição dos controladores da *holding* o impasse restará resolvido pela maioria absoluta do capital das empresas operativas, no caso por exemplo em que 40% do capital da *holding*, que por sua vez possui 50% do capital votante de sua controlada, estiver livre para votar junto com os outros 50% do capital votante da controlada.

reduzidas bem como dificultada a definição do valor de reembolso[22] – além da supressão da oferta pública de aquisição de controle.[23] Tais restrições tendem a acentuar a tendência do Judiciário de reconhecer a possibilidade da dissolução parcial das sociedades anônimas de caráter familiar – *intuito personae* – como mecanismo alternativo de saída dos minoritários.[24]

Isto posto, concluímos que havendo a quebra da *affectio societatis* na sociedade *holding* pura, caberá a decretação de sua dissolução judicial, total ou parcial – no caso da segunda se os sócios remanescentes interessarem-se em permanecer na sociedade – com fulcro no art. 206, II, *b* da Lei Societária.[25]

2. Apuração de haveres em ações da controlada

Uma vez decretada a dissolução da sociedade deverá ter início a fase de avaliação do seu ativo (patrimônio líquido) para o fim de apurar-se os haveres do sócio retirante – no caso de dissolução parcial –, ou de todos os sócios após o pagamento do passivo – no caso de dissolução total.[26]

Na *holding* cujo capital é formado exclusivamente por ações ou quotas de sua(s) controlada(s) a forma jurídica e econômica mais simples e equânime será, sem dúvida, o pagamento dos haveres em ações ou quotas daquela(s) sociedade(s).

Economicamente não haverá forma mais eficiente de apurar-se o valor da quota-parte de cada acionista, tanto na dissolução total, quanto na parcial e, juridicamente, não há norma societária atualmente em vigor que impeça a partilha do acervo social, aos sócios, *in natura.*

Na vigência do diploma societário anterior – Decreto 2.627, de 1940 – havia a necessidade de reduzir-se todo o ativo a dinheiro para pagamento do passivo e posterior partilha do remanescente. Assim dispunha seu art. 140, V: "Art. 140. São deveres do liquidante: (...) V. Reduzir a dinheiro todo o ativo social para o pagamento do passivo e partilha do remanescente entre os acionistas."

Já na redação atual da norma, admite-se a liquidação da sociedade com o pagamento *in natura* aos credores e aos sócios, conforme se depreende da leitura do art. 210, IV combinado com o art. 215, § 1º, ambos da Lei Societária vigente: "Art. 210. São deveres do liquidante: (...) IV – ultimar os negócios da companhia, realizar o ativo, pagar o passivo, e partilhar o remanescentes entre os acionistas"; "Art. 215. (...) § 1º. É facultado à assembléia-geral aprovar, pelo voto de acionistas que representem noventa por cento, no mínimo, das ações, depois de pagos ou garantidos os credores, condições especiais para a partilha do ativo remanescente, *com a atribui-*

22. Sobre o novo regime do exercício do direito de recesso na vigência da Lei 9.457/97, vide Mauro Rodrigues Penteado, "A Lei 9.457/97 e a tutela dos direitos dos acionistas minoritários", in *Reforma da Lei das Sociedades por Ações*, Pioneira, 1998, pp. 23 e ss.

23. Sobre o regime da oferta pública de aquisição de controle antes da promulgação da Lei 9.457/97, vide nosso "Da obrigatoriedade por parte do adquirente do controle de sociedade por ações de capital aberto de fazer simultânea oferta pública, em iguais condições, aos acionistas minoritários – Art. 254 da Lei 6.404/76 e Resolução CMN 401/76 – É efetivo mecanismo de proteção aos minoritários?", in *RDM* 106/83, abr./jun. 1997.

24. Neste sentido, Mauro Rodrigues Penteado, "A Lei 9.457/97 e as companhias fechadas", in *Revista do Advogado* 52/26, fev. 1998.

25. Para soluções processuais enquanto estiver pendente a ação de dissolução, tais como desconsiderar a personalidade jurídica da *holding*, pleitear o seqüestro das ações/quotas de emissão das empresas operativas e requerer liminarmente que se proíba os administradores da *holding* de, até o final do julgamento da ação de dissolução, alienar qualquer das referidas ações de emissão das companhias operacionais (vide Luiz Leonardo Cantidiano, ob. cit., pp. 82-86).

26. Sobre padrões de avaliação na dissolução parcial de sociedades operativas e de *holdings* puras, vide João Luiz Coelho da Rocha, "A dissolução parcial de sociedade *holding*", in *RDM* 109/100-101, jan./mar. 1998.

ção de bens aos sócios, pelo valor contábil ou outro por ela fixado" (grifamos).

Desta forma, estando suprimida a exigência de redução de todo o ativo social a dinheiro, não está excluída a possibilidade de avaliação dos bens para dação em pagamento aos credores e distribuição do remanescente *in natura* para os sócios.

Neste sentido já manifestou-se a doutrina: "Não há mais a obrigação de o liquidante vender todos os bens do ativo, de forma a pagar os credores ou distribuir o saldo remanescente aos acionistas em moeda corrente, embora na grande maioria dos casos seja esse procedimento adotado, por ser mais prático e confortável para uns e para outros. O que revela notar é a maleabilidade da solução legal vigente, apta a atender a situações em que a liquidação melhor se realize com a dação de bens em pagamento aos credores sociais, ou com a distribuição *in natura* do resíduo patrimonial aos acionistas".[27]

Concluindo, na dissolução de sociedade *holding*, tanto a apuração de haveres no caso de dissolução parcial, quanto a partilha do ativo remanescente no caso de dissolução total, é de toda a conveniência que se dê *in natura*, *ou* seja, em ações ou quotas da(s) sociedade(s) controlada(s).[28]

27. Mauro Rodrigues Penteado, *Dissolução e Liquidação de Sociedades*, cit., p. 237.

28. Neste sentido, João Luiz Coelho da Rocha, ob. cit. p. 101: "entendemos nós, por certo, garantindo àquele sócio (acionista) da *holding* pura, insatisfeito, confrontado com a má condução da atuação daquela controladora por seus majoritários, receber, na dissolução parcial, a sua quota-parte, a sua fração do patrimônio líquido, não em dinheiro, mas em ações/quotas correspondentes da sociedade controlada, cuja existência – e, portanto, cuja participação no seu capital – é a única razão de ser da *holding* e de cada um dos sócios desta enquanto tais". No mesmo sentido, Luiz Leonardo Cantidiano, ob. cit., p. 84.

Temas em Debate

AUTONOMIA DO BANCO CENTRAL DO BRASIL E DESPOLITIZAÇÃO DA MOEDA

RICARDO FERREIRA DE MACEDO

1. Introdução. A análise da técnica econômica pela ciência jurídica. Necessário discernimento entre meios e fins. 2. A influência do fluxo dos meios de pagamento e de outros fatores monetários sobre o contexto macroeconômico. Necessidade e fundamentos técnico-econômicos de um sistema de direção monetária. 3. A função de equacionalização da aplicação dos instrumentos de direção monetária (política monetária) e as demais funções dos Bancos Centrais. 4. Autonomia do Banco Central – Razões que a justificam. 5. Breve exame da questão da autonomia dos Bancos Centrais no Direito Comparado. 6. Conclusões aplicáveis à experiência brasileira. 7. Proposta de regulamentação do SFN. Bibliografia.

1. Introdução. A análise da técnica econômica pela ciência jurídica. Necessário discernimento entre meios e fins

Não é lícito ao jurista, ao analisar, do ponto de vista de sua ciência, qualquer fenômeno social, ignorar ou não conhecer plenamente todos os aspectos técnicos e culturais que governam sua lógica. Trata-se, como dizia-nos Vivante, de questão de indispensável honestidade científica.

A disciplina normativa e o estudo jurídico dos fenômenos relacionados ao sistema bancário e aos fatores monetários, especialmente pela complexidade técnica que os caracteriza, não podem fugir a essas considerações. Impõe-se, portanto, como análise prejudicial à uma análise jurídica destes fenômenos, o estudo da lógica econômica e cultural que os rege.

Contudo, incorre em equívoco ainda maior o jurista ao deixar que sua análise se perca num emaranhado de considerações técnicas, reduzindo-a a uma análise econômica, provavelmente mal feita ou feita com muito menos rigor que aquelas produzidas pelos economistas.

Não deve, pois, ser objeto central, mas apenas incidental ou instrumental, das preocupações do jurista a dinâmica das forças endógenas que atuam sobre determinado fenômeno. Sua preocupação deve centrar-se nas necessidades e possibilidades de modificação destas forças mediante ação exógena planejada direcionada a determinados fins.

Assim, a vênia para análises de cunho técnico-econômico é concedida ao jurista apenas na medida em que estas constituam instrumento de compreensão dos fatores extrajurídicos que regem determinada realidade a fim de que se possa confrontar os ramos que esta tende a tomar com os fins estabelecidos pela ordem constitucional e, se necessário, corrigir aqueles rumos em função destes fins.

A isto deve visar também a normatização de tais fenômenos: não a um mero *ricalco della tecnica degli affari*, mas a uma correção dos rumos impostos por esta técnica em função do bem comum, consubstanciado nos valores consagrados pela Constituição. A normatização deve visar, pois, a uma vetorização valorativa dos fenômenos econômico-negociais.

A uma análise da estrutura do sistema financeiro nacional não podem escapar estas convicções, uma vez que as disciplinas monetária e bancária não dizem respeito exclusivamente (sequer predominantemente, diria um olhar atento ao *caput* do art. 192 da CF) ao interesse de instituições financeiras e grandes investidores. Ao contrário, a estrutura e funcionamento do sistema financeiro dizem respeito ao interesse e à felicidade de todo o povo, na medida em que o fluxo dos meios de pagamento e todos os fatores a ele conexos (taxas de juros, câmbio etc.) são elementos aptos a influenciar diretamente o nível de produção (e, portanto, de emprego) e a eficiência de toda a economia.

Desta forma, uma análise jurídica do sistema financeiro e uma proposta de normatização para o mesmo exigem, em primeiro lugar, uma reflexão, ainda que breve, sobre a influência do funcionamento dos fenômenos monetários e conexos sobre o contexto econômico geral. Assim, a partir de patologias (potenciais ou efetivas) aferidas nesta análise (de cunho estritamente sócio-econômico), pode-se extrair conclusões sobre as condições normativas e estruturais de eficiência deste sistema, bem como sobre as características institucionais do órgão de direção do mesmo, que constituem o objeto deste trabalho.

2. A influência do fluxo dos meios de pagamento e de outros fatores monetários sobre o contexto macroeconômico. Necessidade e fundamentos técnico-econômicos de um sistema de direção monetária

2.1 Meio circulante. Contração, expansão e necessidade de controle visando à preservação do poder aquisitivo da moeda

Não se pode afirmar, à maneira de Mill, que a moeda exerça, de forma neutra, a função de instrumento de troca, sem influir sobre a formação de preços, sobre o equilíbrio entre oferta e procura, enfim, sobre o nível da atividade econômica.

Com efeito, a contração ou expansão dos meios de pagamento,[1] ocasionadas por fatores ligados ao comportamento econômico da população num determinado momento ou a repercussões, no âmbito monetário, de dados fiscais e orçamentários, podem desencadear processos inflacionários ou de depressão (influindo, dessa forma, na formação de preços), bem como podem, estrategicamente manipulados pela autoridade de direção monetária, conforme se verá a seguir, através não só do controle de emissão de moeda, mas também de operações de *open market* e de certas medidas de regulação da atividade bancária (notadamente, as que concernem ao chamado *depósito compulsório*), servir como mecanismos de correção destas patologias.

A explicação desse fenômeno, intentada por Ricardo (em sua teoria quantitativa da moeda) e aperfeiçoada por von Wieser, está ligada, em uma grosseira simplificação, à lei da oferta e da procura, à qual se submete também a moeda, enquanto instrumento de troca. A quantidade de moeda disponível (excesso ou insuficiência de

1. Entendidos como tais não só o papel-moeda, mas também a chamada moeda escritural, criada pela integração dos mecanismos de depósito bancário e concessão de crédito.

oferta) influirá diretamente em seu valor e, portanto, na quantidade de moeda necessária na aquisição de determinado bem, vale dizer, no *preço de mercado* deste bem.

O controle do *meio circulante* (conjunto dos meios de pagamento) constitui, pela influência direta e comprovada que exerce sobre os níveis de preço e, portanto, de emprego e de atividade em uma economia, fator essencial a ser observado em qualquer política de direção monetária.

Este controle não se restringe, por óbvio, ao mero controle da emissão monetária (cujo monopólio é naturalmente entregue ao órgão de direção monetária), mas deve ter em conta a existência e a relevância da chamada moeda escritural, parcela principal do conjunto dos meios de pagamento, criada pela integração dos mecanismos de concessão de crédito bancário e de depósito à vista.[2]

O controle da moeda escritural, que se dá através de medidas tendentes a graduar a existência de recursos em poder dos bancos (como o aumento ou redução do montante exigido como depósito compulsório ou com a indução de aumento da taxa de juros[3] como forma de desestímulo à procura de financiamentos), torna-se, portanto, tão ou mais importante que o controle da emissão de papel-moeda.

2.1.1 Instrumentos de direção monetária para o controle do meio circulante

É pacífica, hoje, em todas as economias, a necessidade de proteção da moeda (que implica, em última análise, a proteção ao poder aquisitivo da população, principalmente das parcelas desta que não têm acesso a aplicações financeiras e sujeitam-se, portanto, ao assim chamado imposto inflacionário) contra os efeitos corrosivos que a própria dinâmica da economia (notadamente quando se fala em capitalismo financeiro) pode lhe impor. Torna-se imprescindível, neste sentido, a existência de uma autoridade de direção monetária, autônoma ou não (essa é uma discussão posterior), armada de instrumentos técnicos para o alcance deste fim.

Tanto é assim que, já em 1920, a Conferência Internacional de Bruxelas recomendava que se criasse um Banco Central em cada país com o fim de restaurar e manter a estabilidade monetária e bancária.

Oitenta e cinco anos após a criação do primeiro Banco Central, o *Federal Reserve System* norte-americano (que constitui, na verdade, um sistema de bancos centrais, como se verá adiante), parece cada vez maior a sofisticação dos instrumentos a serviço da atividade de direção monetária, instrumentos cuja eficiente aplicação, contudo, dependerá de fatores políticos caso não se preserve, em grau desejável, a autonomia do órgão de direção, como será discutido em itens posteriores.

2.1.1.1 Operações de "open market", seus efeitos sobre a moeda e sobre as flutuações econômicas – As operações ditas de *open market* constituem o instrumento de direção monetária mais trivial utilizado pelos Bancos Centrais.

Estas operações consistem na atuação direta do órgão de direção monetária no

2. Por esta conjunção de mecanismos, um *Banco A*, que receba R$ 1.000,00 em depósitos, disponibilizará, por hipótese, R$ 800,00 para financiamentos, dividindo-se os R$ 200,00 restantes entre as reservas do banco e o depósito compulsório exigido pela autoridade de direção monetária. O montante destinado a financiamentos permanecerá no ativo deste banco, apenas saindo da conta-caixa para a conta-empréstimos e passará a compor, ao mesmo tempo e sem emissão monetária, o ativo de um *Banco B*, que recebeu, em depósito realizado pelo tomador do empréstimo do *Banco A*, este mesmo montante. O *Banco B*, por sua vez, destinará deste total de R$ 800,00, por hipótese, R$ 640,00 para empréstimos e R$ 160,00 para a provisão de reservas e depósito compulsório. Estes R$ 640,00 darão origem a novos depósitos que, por sua vez, lastrearão novos empréstimos, dando continuidade ao mecanismo multiplicador desta chamada *moeda escritural*.

3. Esta indução pode dar-se, por exemplo, com o aumento da remuneração dos títulos emitidos pelo Banco Central.

mercado, negociando com títulos de sua própria emissão, ora tornando-os atraentes à compra, aumentando sua remuneração ou reduzindo sua cotação por simples aumento no volume de lançamento destes títulos (reduzindo, assim, o volume e a pressão do meio circulante), ora tornando-os atraentes à venda, elevando seu preço pela compra massiva destes títulos ou reduzindo suas taxas de remuneração (aumentando, assim, o volume do meio circulante).

Os títulos atualmente emitidos pelo Banco Central do Brasil são os Bônus do Banco Central–BBC, criados pela Resolução CMN 1.780/90, as Letras do Banco Central–LBC, regulamentadas pelas Resolução CMN 1.693/90, 2.020/93, 2.077/94 e 2.081/94 e as Notas do Banco Central–NBC, criadas pela Resolução CMN 1.841/91.

Todos estes títulos, definidos, inclusive nas Resoluções que os criaram, como instrumentos de política monetária, são negociados no chamado Sistema Especial de Liquidação e Custódia de Títulos Federais–SELIC, sistema no qual são também negociados os títulos da dívida pública federal.[4]

Contudo, a atuação dos braços operacionais da autoridade monetária no *open market* não se restringe apenas à redução ou aumento de liquidez do meio circulante, prestando-se, também, a influir diretamente sobre outros fatores da economia. Constitui exemplo suficientemente ilustrativo a atuação dos Bancos Centrais nas Bolsas de Valores em momentos de crise de confiança.

As Bolsas são, como se sabe, um dos centros nervosos mais importantes de uma economia. Quando submetida uma economia a uma crise de confiabilidade, o contágio psicológico atinge de pronto o mercado de Bolsa e propaga-se rapidamente ao resto da coletividade.

Face a semelhante situação, o único remédio imediato para a manutenção da liquidez no mercado de capitais, permitindo que os investimentos a longo prazo convertam-se em recursos líquidos e evitando a ocorrência de baixas que não provêm do jogo normal dos fatores econômicos, é a compra de títulos, via *open market*, pelo Banco Central.[5]

Podem também ser induzidas por operações de mercado aberto realizadas pela autoridade monetária as taxas de juros e câmbio, conforme será analisado nos itens 2.1.2.1 e 2.1.2.2, *infra*.

2.1.1.2 Manipulação das taxas de desconto – Outro mecanismo trivial para controle do meio circulante pela autoridade monetária é a manipulação das chamadas taxas de desconto.

Quando os bancos comerciais assistem a uma redução contingencial em suas reservas, é-lhes permitido tomar empréstimos do Banco Central (razão pela qual esta instituição é, por vezes, denominada "banco dos bancos").

A *taxa de desconto* é precisamente a taxa de juros a ser cobrada nestes empréstimos e a manipulação da mesma pode, por óbvio, aumentar ou reduzir a procura por eles, aumentando ou reduzindo, por conseguinte, a disponibilidade de crédito no

4. Aliás, a taxa de remuneração dos BBC compõe, ao lado da taxa de remuneração das LTN (Letras do Tesouro Nacional), a base de cálculo da chamada Taxa Referencial SELIC, utilizada como juros de mora aplicados sobre débitos tributários federais. Este fato deveria estar chamando a atenção dos tributaristas, uma vez que a remuneração do BBC nada tem a ver com o custo de captação de recursos no mercado pelo governo (custo este que estaria sendo indenizado pela aplicação dos juros moratórios), visto que estes títulos constituem instrumentos de política monetária, não sendo admissível, pois, que componham a base de cálculo de uma taxa que deveria refletir exclusivamente o custo de captação de dinheiro pelo governo federal.

5. V., a respeito, trecho de elucidativo relatório do Banco Central argentino transcrito em Octávio Gouvêa Bulhões, *O Banco Central no Brasil*, Rio de Janeiro, 1946, pp. 10 e ss.

mercado e a própria liquidez da economia.

2.1.1.3 Reservas legais e depósitos compulsórios – A legislação financeira confere, em muitos ordenamentos, à autoridade monetária a discricionariedade de determinar a porcentagem do total de depósitos de um banco comercial que deverá ser mantida em conta de reserva ou em conta no próprio Banco Central, a título de depósito compulsório.

Tais medidas, de um lado, visam a assegurar a própria solvência dos bancos e, de outro, visam a conferir à autoridade monetária mais um instrumento de contenção de liquidez de crédito e moeda. Aumentando as exigências de reservas e depósitos compulsórios, restringe-se o meio circulante; diminuindo-as, aumenta-se a liquidez deste meio.

2.1.2 Outros fatores monetários e sua relevância na estrutura 0e eficiência da economia

2.1.2.1 Taxas de juros – Manipular a liquidez do meio circulante significa, automaticamente, influir, na mesma razão, na disponibilidade de crédito bancário. Restringido o meio circulante e, portanto, a disponibilidade de crédito, aumenta-se o *preço* dos financiamentos, isto é, a *taxa de juros* praticada no mercado.

Todos os instrumentos de manipulação do meio circulante são, pois, instrumentos de controle de juros; uns, mais abruptos (como o controle das reservas legais bancárias e do depósito compulsório); outros, menos (como as operações de *open market).*

Desnecessário discorrer sobre a importância do controle das taxas de juros, uma vez que estas influem diretamente na procura por financiamentos e, portanto, na quantidade de investimentos em atividades produtivas, quantidade naturalmente restringida em épocas de juros elevados, principalmente na hipótese de esta elevação não corresponder ao jogo de oferta e procura por financiamentos, mas a artifícios de manutenção de capitais financeiros no país.

2.1.2.2 Taxas de câmbio – Conforme afirmam Samuelson e Nordhaus, num sistema de taxas não controladas, o equilíbrio da oferta e da procura para troca é o que determina a taxa de câmbio de uma moeda.

Assim, o Banco Central, em operação típica de *open market*, pode injetar dólares no mercado, forçando para baixo a cotação ou, ao contrário, comprar dólares, induzindo a elevação da taxa de câmbio.

O controle estratégico da taxa de câmbio pode induzir o comportamento da balança comercial conforme as necessidades circunstanciais da economia nacional.

Tais medidas, contudo, produzem impacto direto sobre as reservas cambiais do país, devendo, portanto, estas operações de *open market* ser usadas apenas circunstancialmente.

Constituiria um erro grosseiro tentar manter artificialmente a paridade da moeda nacional com qualquer moeda forte via indução das taxas de câmbio, uma vez que tal conduta ignora uma realidade há muito apontada pelos economistas, qual seja, a dos ciclos a que se submete o sistema capitalista.

Nas fases de expansão do movimento cíclico, há uma tendência de os países centrais expelirem divisas, seja na forma de financiamentos, seja na de importações, seja, ainda, na forma de investimentos. A estas fases correspondem uma aceleração da economia interna dos países periféricos.

Todavia, nas fases de contração do ciclo (ou mesmo em momentos em que há crises de confiança nos países periféricos, por exemplo, pelo fato de um deles apresentar dificuldades contingentes), há uma tendência inversa de fluxo de divisas.

Estes os inconvenientes de uma política monetária fundada exclusivamente na política cambial, expediente que acaba exigindo, em épocas de inversão de fluxo de divisas, medidas emergenciais e extremamente lesivas ao patrimônio nacional (como mal pensadas privatizações e excessivos aumentos nas taxas de juros para manutenção do capital especulativo estrangeiro no país).

3. *A função de equacionalização da aplicação dos instrumentos de direção monetária (política monetária) e as demais funções dos Bancos Centrais*

3.1 *Política monetária – Primeiras constatações acerca da conveniência da autonomia do órgão de direção monetária*

Aqui rudimentarmente apresentados, os instrumentos e mecanismos apontados no item anterior, bem como outros mais sofisticados, são, há muito, de domínio corrente entre os técnicos econômicos, notadamente entre aqueles que prestam serviços ao Estado.

Contudo, as últimas linhas do item precedente acenaram para o problema que, no fundo, constitui o eixo central de uma discussão sobre a estrutura institucional do órgão de direção monetária de um país: a autonomia deste para definição de políticas monetárias, principalmente de longo prazo, e para aplicação das mesmas independentemente das flutuações do jogo político que cercam a sucessão das cadeiras do Poder Executivo.

O problema central da discussão não se encontra, pois, nos instrumentos (estes, já suficientemente desenvolvidos pela técnica macroeconômica), mas no essencial momento decisório de sua aplicação coerente com um planejamento de longo prazo.

Com efeito, uma política monetária deve ter em vista não só variáveis sobre as quais os instrumentos *supra* mencionados podem influir diretamente (inflação, taxa de câmbio, juros e balança comercial), mas também variáveis fora de seu alcance (política fiscal e orçamentária, por exemplo).

Todas estas variáveis, contudo, não devem ser equacionadas de forma contingencial, de forma a responder necessidades políticas imediatas, de forma a criar soluções a curto prazo e de duração previsivelmente limitada. Devem, sim, ser equacionadas com vistas a prognósticos e planejamentos de longo prazo, que visem à preservação da moeda e das condições de pleno emprego da economia que a estabilidade monetária pode trazer.

Medidas bruscas visando a resultados de estabilidade a curto prazo não tomam em consideração, como se disse, a problemática do fluxo e refluxo de capitais financeiros, o que conduz à necessidade subseqüente de medidas emergenciais para contenção de hemorragias de divisas, medidas que passam, necessariamente, pela elevação dos juros, que tem como conseqüência inevitável a redução de investimentos produtivos e, conseqüentemente, do nível de emprego, agravando a miséria e a crise.

A crise de decisões monetárias que vivemos não é mais do que o ressentimento da ausência de uma *política monetária autônoma*, desligada dos interesses ligados ao jogo político em torno das cadeiras do Executivo.

As conseqüências da redução da moeda a panfleto político, pela vinculação da política monetária à manutenção do quadro político atual, são cada vez mais sensíveis e evidentes. Esta vinculação conduz a aplicações dos instrumentos de política monetária com base em um planejamento que está longe de ser monetário, reduzindo-se o Banco Central a uma espécie de direção-geral ou braço operacional do Ministério da Fazenda.

Uma reflexão sobre a estrutura institucional do órgão de direção monetária no Brasil, principalmente à luz do quadro político atual, passa, portanto, necessariamente, por uma reflexão sobre a exigência de autonomia deste órgão, pressuposto para que haja autonomia da política monetária, que não deve prescindir, como já se disse, de dados orçamentários, fiscais e outros dados contingenciais, mas a eles não deve vincular a fixação de suas diretrizes.

Este quadro de subordinação do Banco Central, enquanto órgão de direção monetária, ao Executivo e, portanto, de subordinação da política monetária (e da aplicação dos diversos instrumentos *supra* analisados) a objetivos políticos contingentes conduzem à discussão de fundo deste trabalho: a conveniência ou não (e em que grau) de institucionalização da autonomia do Banco Central em relação ao Poder Executivo.

3.2 Demais funções do órgão de direção monetária

Todas as funções classicamente atribuídas aos Bancos Centrais remetem à sua função primeira, qual seja, a de planejador e executor da política monetária.

Assim, quando se fala, apenas para citar um exemplo e para não alongar um tópico de importância secundária (vez que constitui mera explicitação do item anterior), nos Bancos Centrais como "prestamistas de última instância", expressão que parece agradar a todos os autores que trataram do tema, fala-se na função deste órgão de emprestar dinheiro às instituições do sistema financeiro por ele dirigido em momentos de menor liquidez, como visto no item 2.1.1.2 *supra*. Quando se fala na autoridade dos Bancos Centrais para conceder ou denegar pedidos de funcionamento de instituições financeiras, fala-se simplesmente em uma das muitas prerrogativas que assistem aos Bancos Centrais para, à testa do sistema financeiro, regular sua higidez e credibilidade, como pressupostos de seu adequado funcionamento. E, como se viu, deste adequado funcionamento depende a adequada oferta de moeda escritural no mercado, requisito essencial (tão essencial quanto o controle da moeda cunhada) para a estabilidade dos preços, o que justifica também, de outra parte, o controle do Banco Central sobre a sistemática geral da concessão de crédito e financiamentos pelas instituições financeiras.

Desta forma, o que se pretende sustentar é que todas as prerrogativas da autoridade do Banco Central convergem (ou deveriam convergir) para sua função primeira, qual seja, a de idealizador e gestor da política monetária de um país.

4. Autonomia do Banco Central – Razões que a justificam

Delimitada, no item anterior, a discussão acerca da função dos Bancos Centrais enquanto gestores da política monetária (e, como tais, aplicadores dos instrumentos de direção monetária analisados no item 2), faz-se necessário, neste passo, sistematizar os argumentos geralmente anotados em sentido favorável e em sentido contrário à autonomia dos Bancos Centrais no sentido da implementação de tais políticas, para, após um breve exame de exemplos significativos no Direito Comparado, centralizar a discussão no caso brasileiro.

4.1 Argumentos favoráveis. A chamada "despolitização" da moeda

O primeiro argumento que, em geral, é levantado a favor da autonomia dos Bancos Centrais diz respeito às considerações preliminarmente ventiladas nos itens anteriores, isto é, à necessária desvinculação da aplicação dos instrumentos de direção monetária (vale dizer, da fixação de diretrizes de política monetária) em relação às pressões políticas contigenciais que atuem sobre o governo, pressões não raramente ditadas por interesses partidários ou de grupos restritos.

Com efeito, segundo essa linha de argumentação, apenas tendo reconhecida e institucionalizada sua autonomia, poderá um Banco Central "resistir às naturais inclinações de quem está mais pressionado pela conjuntura e pela política".[6]

O argumento foi também esposado por autores europeus, por ocasião dos debates acerca das disposições do Tratado de Maastrich sobre o *European System of Central Banks* (ESCB):

"Painful experience with the manipulation of monetary policy for short-term political ends, such as hyperinflation in Germany during the Weimar Republic or the recent problem of Argentina, suggests that monetary stability is common ground which should be accepted by different political forces. Money should be an element of the constitutional framework of democracy rather than an object of political struggle".[7]

Outro problema ocasionado pela ausência de autonomia é a redução do Banco Central a uma fonte de financiamento (aliás, o pior de todos os seus tipos: o financiamento monetário) a projetos, obras e *deficits* orçamentários do governo.[8]

Assim, vinculando-se o órgão de direção monetária, titular do monopólio da emissão, ao Executivo, confere-se a este um caminho aberto para obtenção de inesgotáveis financiamentos sem a necessidade de recurso ao mercado, isto é, pela simples emissão monetária (ou pelo simples "tocar da guitarra", no horrível jargão econômico).

O preço da emissão vinculada a políticas de financiamento de obras e *deficits*, e não à política monetária, é bastante conhecido por nós brasileiros, que convivemos com o fenômeno da *inflação* durante várias décadas.

Esta potencial patologia na sistemática dos financiamentos públicos não foi olvidada quando da discussão havida acerca da autonomia do Banco Central Europeu:

"One of the most common arguments in favor of central bank independence is that governments and parliaments are tempted to use the printing press to meet their financial needs, thus neglecting the risks and detriments of inflation. The underlying idea is that those responsible for paying the government's bills should not also be responsible for printing the country's money".[9]

4.2 Argumentos em sentido contrário

Em sentido contrário à autonomia dos Bancos Centrais, aduz-se ser inadmissível que um pequeno grupo de técnicos alheios ao processo político-democrático possa tomar decisões que afetem toda uma economia (e, portanto, ao interesse de milhares de pessoas). Deveriam tais decisões, concernentes à política monetária, segundo essa linha de pensamento, ser confiadas a órgãos democraticamente legitimados e politicamente responsáveis por seus atos.

Com efeito, sendo os parlamentos e governos os órgãos de representação política do país (legitimados eleitoralmente), não se justifica que tais órgãos sejam privados do controle de instrumentos políticos da importância dos instrumentos de direção monetária, uma vez que, sem o controle da política monetária, tais órgãos ver-se-iam impossibilitados de definir as diretrizes globais de gestão da coisa pública.

6. Trecho do discurso de Vitor Constâncio ao tomar posse na diretoria do Banco de Portugal, em 1985.

7. Rosa Maria Lastra, "The independence of the European System of Central Banis", in *Harvard International Law Journal*, v. 33, p. 476, 1992.

8. Embora a criação de vários Bancos Centrais remeta exatamente à necessidade de financiamento dos respectivos governos, conferir a tais órgãos semelhante finalidade parece ser uma convicção superada na maioria dos ordenamentos jurídicos em vista das duras experiências inflacionárias suportadas por diversos países como conseqüência do financiamento irresponsável do *deficit* público pelo mecanismo da emissão monetária (v. item 5, *infra*).

9. Rosa Maria Lastra, ob. cit., p. 476.

Defender a autonomia do Banco Central, segundo as correntes a ela adversas, seria o mesmo que sustentar que toda a política de defesa externa devesse ser traçada por uma elite militar; que toda a política fiscal e orçamentária devesse ser definida por técnicos em economia e administração; enfim, que todas as decisões de políticas públicas devessem ser tomadas por tecnocratas.[10]

Estes, em apertada síntese, são os argumentos mais usualmente levantados acerca do tema. Resta analisar, ainda que em breves linhas, a transposição das linhas de raciocínio aqui ventiladas para o pano de fundo da experiência histórica internacional para, em seguida, concluir sobre sua aplicabilidade na experiência brasileira.

5. *Breve exame da questão da autonomia dos Bancos Centrais no Direito Comparado*

5.1 *O atual modelo europeu. Situação dos Bancos Centrais europeus após os Tratados de Roma e Maastricht e a adoção do modelo de autonomia do "Bundesbank"*

A análise da situação institucional de cada um dos Bancos Centrais europeus perdeu muito de sua relevância (a não ser, é claro, em uma perspectiva histórica) em virtude da unificação de políticas monetárias pretendida pelos Tratados de Roma e Maastrich, que trazem disposições vinculantes, inclusive sobre a questão da autonomia, não só acerca dos órgãos de direção monetária comunitários, como também acerca dos órgãos de cada um dos Estados-membros da Comunidade.

Embora ainda incipiente, o modelo unificado europeu consagra princípios que se consolidaram historicamente na experiência européia, sobretudo na alemã. Daí a riqueza e imprescindibilidade da análise deste modelo.

Com efeito, o Tratado da União Européia aponta para a criação de um Sistema Europeu de Bancos Centrais (ESCB) e de um Banco Central Europeu (ECB) e cuida, juntamente com o "Protocolo Relativo aos Estatutos do Sistema Europeu de Bancos Centrais e do Banco Central Europeu", da questão da autonomia destes organismos.

O ECB será, nos termos deste Protocolo, gerido por uma *Comissão Executiva* de seis membros que, durante seu mandato, não terão de prestar contas a qualquer instância política quer da Comunidade, quer de qualquer um de seus Estados-membros.

Além da Comissão Executiva, é prevista a existência de um *Conselho do ECB*, constituído pelos seis membros da Comissão e pelos Presidentes dos Bancos Centrais de cada um dos países membros da comunidade.

O art. 104 do Tratado de Roma consagra a *autonomia da política monetária perante a política orçamentária* na medida em que veda ao ECB e aos Bancos Centrais dos Estados-membros a concessão de créditos em benefício de instituições ou organismos da Comunidade, dos governos centrais, autoridades regionais ou locais, de empresas públicas dos Estados-membros, bem como a compra direta de títulos da dívida pública dessas entidades. Essa medida restritiva, muito criticada por alguns economistas europeus, justifica-se na medida em que o financiamento monetário por um dos Bancos Centrais ao *deficit* de um Estado-membro poderia comprometer a estabilidade de todo o ESCB.

Adotou-se, portanto, no caso da Comunidade Européia, grau de autonomia bastante semelhante àquele que rege o *Bundesbank* (Banco Central alemão), considerado, ao lado do Banco Central suíço, exem-

10. V. Antônio José Avelãs Nunes, "Nota sobre a independência dos Bancos Centrais", in *RDM* 103/59 e ss.

plar em sua independência, situação plenamente explicável pelas duros quadros inflacionários que a Alemanha experimentou ao longo de sua história, agravados, em grande parte, pela vinculação do extinto *Reichsbank* aos governos autoritaristas alemães, notadamente em épocas de guerras, quando os gastos com o financiamento das mesmas excediam, em muito, aquilo que o Estado alemão podia suportar.[11]

Estabelece o artigo seguinte do Tratado de Roma que o *objetivo primordial do ESCB é a manutenção da estabilidade dos preços. Só* poderão, portanto, o ECB ou qualquer Banco Central de Estado-membro da Comunidade Européia apoiar as políticas econômicas gerais da Comunidade ou de seus membros se esse apoio não importar "prejuízo do objetivo da estabilidade de preços".

O art. 107 deste mesmo Tratado dispõe, por sua vez, que "o ECB e os Bancos Centrais nacionais (...) não podem solicitar ou receber instruções das instituições ou organismos comunitários, dos governos dos Estados-membros ou de qualquer outra entidade". Estabelece, ainda, que as instituições e organismos comunitários e os governos dos Estados-membros comprometem-se a respeitar este princípio e a não procurar influenciar os membros dos órgãos de decisão do ECB ou dos Bancos Centrais nacionais no exercício de suas funções.

Adotou, portanto, o legislador comunitário europeu a tese da ampla autonomia dos Bancos Centrais de cada Estado-membro em relação aos respectivos governos, autonomia que sofre, contudo, uma contrapartida no que tange à vinculação de cada uma destas autoridades monetárias à política imposta pelo ECB, à luz dos Tratados que estruturam a União Européia.

Todavia, esta vinculação verticalizada entre cada um dos Bancos Centrais e o ECB, constituindo verdadeiro Sistema de Bancos Centrais, encontra perfeita consonância com os amplos objetivos da Comunidade, que, como se sabe, implicaram na limitação da competência legislativa, administrativa e judiciária de cada um dos Estados soberanos que a compõem em relação a certas matérias elencadas nos Tratados, sendo a política monetária apenas uma destas matérias.

Natural, pois, esta "subordinação" (que melhor se traduziria em uma "coordenação") de políticas monetárias até pelo objetivo de adoção de uma moeda comum para os membros da Comunidade Européia.

Mas, note-se, na perspectiva macroscópica da Comunidade, a autonomia deste Sistema de Bancos Centrais em relação tanto às políticas fiscais e orçamentárias comunitárias, como às de cada um dos Estados-membros, é preservada em sua integralidade.

5.2 *O paradigmático modelo norte-americano do Federal Reserve System (Fed)*

O modelo norte-americano instituído pelo *Federal Reserve Act*, de 23 de dezembro de 1913, não centraliza a autoridade monetária e suas prerrogativas em um único órgão diretivo, mas em um sistema de doze bancos federais, o *Federal Reserve System.* Cada um dos bancos deste sistema exerce sua autoridade em uma circunscrição territorial pré-delimitada e sua atividade é coordenada por um o órgão diretor, com sede em Washington, denominado *Federal Reserve Board.*

11. Como explica Jaime Saddi, até 1923, o Poder Executivo alemão "teve livre acesso ao crédito do *Reichsbank*, especialmente em período de guerra. (...) O Presidente do *Reichsbank* era o Chanceler e apenas deixaria de sê-lo em 1922". Este princípio de autonomia voltou a ser, contudo, suprimido por ocasião da II Guerra, quando o *Führer* assumiu a direção do Banco Central alemão, e só viria a ser restabelecido, então com maior plenitude, após o conflito (Jaime Saddi, *O Poder e o Cofre*, p. 113).

A *ratio* desta divisão territorial da autoridade monetária norte-americana prende-se ao justo receio, predominante à época de sua institucionalização, de que todo o sistema financeiro viesse a ser dominado exclusivamente pelo centro nova-iorquino. Trata-se, pois, de uma transposição para o âmbito financeiro da realidade política federativa que caracteriza a tradição democrática norte-americana.

Cada um dos bancos federais regionais foi concebido como prestamista de última instância[12] e "banco dos bancos" de sua região (na medida em que os bancos privados depositavam no banco federal parcelas consideráveis de suas reservas).

Assim, os *Federal Reserve Banks* funcionavam como verdadeiras associações de bancos privados (que eram subscritores do capital destes bancos federais, sendo, inclusive, aquinhoados na distribuição de dividendos dos mesmos) enquanto o *Federal Reserve Board* funcionava como órgão diretor de todo o sistema financeiro e da política monetária, que ganhava, dessa forma, uniformidade e consistência em todo o território norte-americano.

Todavia, a autonomia e autoridade do *Board* eram limitadas, quer em relação aos *Federal Banks* (alguns dos quais, notadamente o da região de Nova Iorque, chegaram a adquirir maior prestígio e peso que o próprio *Board*), quer em relação ao próprio Poder Executivo e às diretrizes por ele impostas, uma vez que o Secretário do Tesouro participava da composição do *Board*.

Os problemas decorrentes da consagração desta, por assim dizer, autonomia meramente formal afloraram na época do *crash* de 1929, que teve, segundo costuma-se apontar, suas conseqüências intensamente aprofundadas pela passividade das autoridades monetárias norte-americanas, que se viram amarradas por uma política equivocada imposta pelo Executivo.

Superada a crise e assimilados seus resultados, um estudo analítico de suas causas por parte das autoridades políticas norte-americanas levou, em 1935, à reforma do *Federal Reserve System*, atribuindo-se maior autonomia ao *Federal Reserve Board* (dentre outras medidas, pela retirada do Secretário do Tesouro do quadro de sua composição), e à criação do *Federal Open Market Commitee*, novo centro autônomo de deliberações sobre operações de *open market*, que constitui, ainda hoje, um dos principais órgãos norte-americanos de definição e aplicação de políticas monetárias.

Todavia, a definitiva consagração da autonomia dos órgãos de direção monetária norte-americanos só viria em 1951, com a celebração do *Treasury Fed Accord*, por força do qual o *Fed* desvinculou-se da obrigação de financiamento dos títulos do Tesouro americano aos preços por este estabelecidos como forma de financiamento do *deficit* público.

A compra das *treasures bills* passou a ser, portanto, uma faculdade da qual poderia valer-se o *Fed* no exercício de regulação da oferta da moeda e não mais uma "função natural" de financiamento do *deficit* orçamentário estatal.

Nota-se, portanto (e essa conclusão é de extrema valia para a experiência brasileira, que será analisada em itens subseqüentes), que a autonomia do *Federal Reserve Board* foi, apenas após um processo histórico de entraves e diálogos com o Poder Executivo e com todo o sistema bancário, consagrada legislativamente.

A eficácia atual desta autonomia deriva, pois, não só de sua formalização em diploma legal, mas da constatação prática, compreendida às duras penas da crise de 1929, de sua imprescindibilidade.

12. V. item 3.2, *supra*.

5.3 Conclusões parciais. Necessidade de fixação de objetivos para a política monetária: questão naturalmente anterior à discussão sobre a autonomia do órgão de direção desta política

O primeiro e principal ponto a ser destacado desta breve e superficial análise dos modelos europeu e norte-americano e da análise dos argumentos em prol e contrários à autonomia dos Bancos Centrais consiste na necessidade de fixação de objetivos aos órgãos de direção monetária, vale dizer, necessidade de fixação de vetores direcionais à política monetária. Esta necessidade antecede, mesmo em termos lógicos, a fixação de qualquer política de equacionalização de variáveis e instrumentos de direção monetária (que, no fundo, consiste na instrumentalização dos objetivos fixados) e a garantia de autonomia e outras prerrogativas para sua consecução (enquanto pressupostos desta consecução ou, simplesmente, situações que a favorecem).

Como se viu, a evolução histórica tanto do modelo norte-americano quanto do modelo europeu (baseado no modelo alemão) foi marcada por diversos percalços que culminaram, em determinados momentos, em graves crises econômicas (dentre as quais o citado *crash* de 1929 e as crises hiperinflacionárias alemãs nos períodos das duas grandes guerras, eventos que devem ser rememorados não apenas do ponto de vista frio dos economistas, mas como períodos de profunda agonia para pessoas que viram economias de suas vidas sendo esvaziadas).

Esta experiência histórica levou a um amadurecimento institucional e à conseguinte estruturação de dois sistemas de direção monetária sólidos e autônomos: o *Fed* e o *ESCB* (este, como se disse, ainda incipiente, mas forjado nos moldes do respeitado *Bundesbank* alemão).

A análise destas experiências mostra que a fixação de objetivos à ação de um órgão de direção monetária precede a discussão acerca de sua autonomia. Afinal, quais os valores a serem perseguidos pela aplicação de instrumentos de direção monetária? Esses valores pressupõem a autonomia do órgão aplicador? E, mais, justificam tais valores a consagração dessa autonomia?

Neste sentido, coincidem as convicções do legislador americano, do legislador comum europeu e da maioria dos ordenamentos jurídicos atuais: o art. 105 do Tratado de Roma dispõe que "o objetivo primordial do ESCB é a manutenção da estabilidade dos preços", enquanto a *House Joint Resolution 409,* aprovada em 1989 pelo Congresso norte-americano, dirigia e obrigava *o Fed* a fazer da estabilidade da moeda seu objetivo primordial. A consagração legislativa do objetivo de preservação da estabilidade monetária corresponde, pois, como já se disse, à superação, pela experiência histórica, da atribuição aos Bancos Centrais da função de financiadores de governos.

Torna-se, à vista do objetivo da estabilidade monetária e de preços, necessária e justificável a autonomia do órgão implementador de política monetária, haja visto o rol de argumentos elencados nos itens 4 e 5 (*supra*), que demonstram que, não só à luz do raciocínio lógico, como também da própria experiência histórica, é impossível trilhar os necessários caminhos da estabilidade da moeda sem libertar a política monetária e os órgão por ela responsáveis das pressões exercidas pelas políticas fiscais e orçamentárias, submetidas a contingências político-eleitorais.

No entanto, falar-se na autonomia do órgão de política monetária não significa, em absoluto (e este esclarecimento será imprescindível para a compreensão da posição aqui defendida), sustentar um isolamento por assim dizer "teleológico" desta política, mas de um isolamento meramente "funcional".

A política monetária não pode, com efeito, estabelecer fins que não sejam compatíveis com os fins estabelecidos pela política governamental, sendo esta última, cunhada pela discussão democrática e submetida ao crivo eleitoral, a responsável pela condução dos destinos da economia da nação.

O necessário isolamento da política monetária diz respeito não propriamente às políticas governamentais, mas às variáveis conjunturais que as pressionam. Assim, estas instâncias de decisão política devem caminhar juntas e harmonicamente, preservada, e este é o ponto, a autonomia do condutor da política monetária de reagir a circunstâncias conjunturais da forma tecnicamente mais adequada e não da forma politicamente menos onerosa, como tendem a agir as autoridades governamentais.

Fala-se, pois, em uma independência *dentro do governo* e não em uma independência *do governo*.[13]

Deve, assim, a autoridade monetária autônoma erigir os fins da política monetária mas deve também anunciar como as metas estabelecidas em função destes fins são compatíveis com os objetivos macroeconômicos traçados pelo governo[14] e deve, mais ainda, orientar o governo no sentido desta adequação. Eis o real sentido da independência da política monetária e dos seus órgãos diretivos.

Neste sentido, nada justifica a concessão de autonomia à política monetária irresponsavelmente desligada dos fins amplos de alcance do desenvolvimento da nação. E esta consideração parece valiosa, como aduz Avelãs Nunes,[15] especialmente para os países emergentes (para usar o eufemismo corrente), nos quais "parece desejável que o banco central, enquanto autoridade monetária, não possa alhear-se da situação econômica e social do País, erigindo a *estabilidade monetária* em *objetivo primordial* de sua ação, ao qual deverão sacrificar-se friamente os outros objetivos da política econômica", em especial "o crescimento econômico, a modernização da estrutura produtiva, a modificação da estrutura de comércio externo, os investimentos estratégicos na educação e na saúde etc."

É, portanto, técnica e valorativamente inaceitável a priorização pura e simples da estabilidade monetária em detrimento dos fins de desenvolvimento.

E esta indevida priorização pode-se dar não só pelo isolamento arrogante da autoridade monetária autônoma (justo temor daqueles que refletem sobre o tema da autonomia do Banco Central), como também pela causa oposta, qual seja, a falta de autonomia do Banco Central em relação ao Executivo, que pode, conjunturalmente, sobrepor o fim da estabilidade monetária a todos os demais, utilizando, para isso, o Banco Central e os instrumentos de direção monetária a ele conferidos como sua *longa manus*.

Parece-nos esta última consideração perfeitamente transponível para o caso brasileiro.

6. Conclusões aplicáveis à experiência brasileira

6.1 A atual conjuntura política

Com efeito, a priorização pura e simples do objetivo da estabilidade monetária e a vinculação de toda atuação do Banco Central em vista deste objetivo constitui um axioma cuja validade depende de cuidadosa observação do contexto político-econômico analisado.

Isolar a variável "política monetária" das demais variáveis políticas de um governo, como expediente tendente a res-

13. Vitor Constâncio, em seu discurso de posse na diretoria do Banco de Portugal, em 1985.

14. O que justifica a tese, a ser esposada na conclusão deste trabalho, da necessidade de elaboração de planos plurianuais pelos órgãos autônomos de direção monetária.

15. Ob. cit.

guardar a moeda das flutuações da troca de cadeiras do Executivo é, de fato, um fim a ser perseguido. Todavia, precede esse fim o estabelecimento de políticas fiscais e orçamentárias coerentes e sólidas, que garantam outros meios de financiamento, que não o financiamento monetário, das despesas públicas.

Nos últimos quatro anos, o Brasil assistiu a uma priorização da meta política da estabilidade monetária e a uma intensa atuação do Banco Central, via *open market*, para a preservação do valor de nossa moeda e da paridade cambial com o dólar.

Contudo (e ressalte-se a subversão de valores que isso representa), essa priorização deu-se não em virtude de decisão autônoma do Banco Central, procurando resguardar a moeda em meio às turbulências pelas quais passa a economia mundial, mas em virtude de decisão do Poder Executivo, que priorizou a estabilidade monetária como plataforma política, utilizando, para tanto, a moeda como panfleto e o Banco Central como um cabo eleitoral armado com instrumentos de *open market* lastreados por milhões de dólares em reservas, despudoradamente dilapidadas.

Assim, ignorou-se em face de uma plataforma político-partidária a necessidade, tão importante quanto a estabilidade monetária, de estabelecimento de políticas fiscais e orçamentárias minimamente sóli

onados todos os esforços do governo e do Banco Central no sentido da obtenção de uma estabilidade de preços absolutamente ilusória, baseada em artifícios de *open market*, e que fatalmente não sobreviveria a um refluxo de divisas ao exterior, como foi acenado no item 2, *supra*.

No atual cenário brasileiro, o isolamento da política monetária não se deu, portanto, como forma de protegê-la de variáveis conjunturais da política do governo, mas representou claramente uma forma de conduzi-la precisamente em função destas variáveis conjunturais.

A priorização da estabilidade monetária deu-se, portanto, não em virtude da autonomia do Banco Central, mas, ao invés, exatamente em virtude de sua estreita vinculação ao Executivo.

Pior que utilizar o Banco Central como fonte de financiamento é utilizá-lo (e a todos os seus instrumentos) como cabo eleitoral, sem ponderar as conseqüências macroeconômicas desta manipulação. E esta manipulação não se restringe ao Banco Central, estendendo-se a outros órgãos que deveriam ser regidos de maneira autônoma, como o BNDES.

6.2 Análise da estrutura normativa vigente

A Lei 4.595/64, que atualmente regula o Sistema Financeiro Nacional, confere ao órgão denominado Conselho Monetário Nacional a competência para a dispor sobre a política monetária e creditícia, "objetivando o progresso econômico e social do País" (art. 2º), fixando, ademais, no artigo seguinte, as diretrizes básicas desta política (*v.g.*, "adaptar o volume dos meios de pagamento às reais necessidades da economia nacional; regular o valor interno da moeda, para tanto prevenindo ou corrigindo surtos inflacionários ou deflacionários").

Todavia, no art. 4º, aos dispor sobre os instrumentos de que pode valer-se o CMN para a consecução de seus fins, a Lei 4.595/64 sujeita a atuação do Conselho às "diretrizes estabelecidas pelo Presidente da República", afastando, assim, expressamente, a autonomia daquele órgão.

Aliás, a dicção do art. 4º apenas reforça uma realidade que permeia todo o texto da Lei 4.595/64, qual seja, a subordinação da direção monetária ao Poder Executivo, subordinação aferível a partir da simples leitura do art. 6º daquele diploma, que trata da composição do Conselho Monetário Nacional, que tem, hoje, suas cadeiras ocupadas pelo Ministro da Fazenda, na qualidade de Presidente do Conselho, pelo Ministro do Planejamento e Orçamento e pelo Presidente do Banco Central, ao contrário da tendência, acentuada em outros ordenamentos (notadamente nos que se inspiraram no sistema norte-americano), segundo a qual a presença de membros da cúpula do Executivo na composição do órgão de direção monetária vem sendo reiteradamente repudiada.

Some-se a isso o fato de a composição do CMN ter sido alterada dezenas de vezes desde a sua criação[16] (nunca, no entanto, prescindiu-se da presença de um Ministro de Estado à sua testa), o que só veio agravar a instabilidade política que sempre governou aquele que deveria ser o órgão de cúpula do sistema financeiro brasileiro.

Inegável, em vista do exposto, a total ausência de previsão normativa, em nosso ordenamento, de qualquer autonomia ao Banco Central do Brasil, pois o quadro legislativo subordina este órgão à política do Conselho Monetário Nacional (do qual o BCB constitui mero braço operacional), órgão presidido por um Ministro de Estado que, por sua vez, encontra-se subordinado ao Presidente da República.

Ademais, agravando o desenhado quadro subordinativo, abre o inc. I do art. 4º da Lei 4.595, a possibilidade de financiamento monetário direto das operações do Tesouro pelo Banco Central, possibilidade que, como visto, foi afastada em diversas legislações, eis que constitui indício considerável de uma redução do Banco Central a mero caixa financiador de *deficits* do setor público e de políticas desenvolvimentistas irresponsáveis que contam com a máquina emissora como principal fonte de recursos, sem dar atenção ao processo inflacionário que essa atitude acarreta.

16. Tanto que a edição da Lei 4.595, consultada para a confecção deste texto, trazia nada menos que vinte e sete notas de rodapé referidas ao indigitado art. 6º.

Em suma, o quadro legislativo ordinário brasileiro no que tange ao sistema financeiro e à atribuição da competência de direção monetária, pelo que se vê, oferece plenas condições ao cômodo assentamento do quadro político atual, caracterizado pela concentração, de forma centrípeta, de todo o poder político nas mãos do Executivo Federal e, mais especificamente, do Presidente da República.

6.3 Perspectiva de regulamentação do Sistema Financeiro Nacional à luz da Constituição de 1988

É politicamente injustificável que o Sistema Financeiro Nacional, decorridos mais de dez anos desde o início da redemocratização do País,[17] continue sendo regulamentado por um diploma forjado em época das mais obscuras de nossa história política. Mas a acentuada tendência de concentração de poder político (pela submissão da autoridade política monetária ao Poder Executivo) consagrada na atual Lei Bancária só faz refletir, infelizmente, o atual quadro político-institucional brasileiro.

É de fácil percepção, contudo, que a Constituição de 1988 traça diretrizes diametralmente opostas a essa tendência centrípeta que o Poder Executivo tenta imprimir ao país e, sobretudo, ao Sistema Financeiro Nacional. Veja-se, por exemplo, o teor do art. 164 da Lei Maior, que dispõe que "a competência da União para emitir moeda será exercida exclusivamente pelo Banco Central", sendo a este vedado conceder, "direta ou indiretamente, empréstimos ao Tesouro Nacional e a qualquer órgão ou entidade que não seja instituição financeira". Esta disposição revoga, sem dúvida, o já citado art. 4º, I, da Lei 4.595/64,

17. E esta situação de verdadeira "mora do legislador" parece estar sendo assimilada e, infelizmente, tida como natural por nosso meio jurídico, como demonstram recentes decisões de nossa mais alta Corte sobre o instituto do mandado de injunção.

amenizando a posição de refém do Poder Executivo imposta ao Banco Central.

Todavia, o dispositivo constitucional que dispõe diretamente sobre o Sistema Financeiro Nacional, o art. 192, foi omisso em relação à questão da autonomia da política monetária e de seu órgão de direção, diferindo o tratamento do problema à Lei Complementar prevista em seu *caput*.

Existem, pelo menos, doze projetos de lei complementar apresentados no Congresso Nacional para regulamentar o art. 192. Mas, como apenas os projetos de lei apresentados pelo Executivo parecem fugir ao atual processo de paralisia legislativa (afirmação que, longe de ser um crítica infundada, encontra respaldo em qualquer documento estatístico das Casas legislativas federais), nenhum dos projetos que se propõem a regulamentar o SFN foi colocado, até hoje, em votação.

De qualquer forma, o diploma que, superado o impasse político que engessa o atual Congresso Nacional, vier a regulamentar o Sistema Financeiro Nacional deverá, em atendimento ao inc. IV do art. 192 da Constituição, dispor sobre a "organização, o funcionamento e as atribuições do Banco Central", dispondo, inclusive, sobre sua autonomia.

Não poderá, portanto, prescindir o legislador da análise dos pontos elencados nos itens anteriores e de outros que se impõem como verdadeiras condições institucionais para o assentamento do novo quadro legislativo que venha a regulamentar a matéria, sobre os quais discorreremos a seguir.

6.3.1 Condições institucionais para o assentamento de um quadro legislativo que venha a consagrar a autonomia do Banco Central

6.3.1.1 Destino do Conselho Monetário Nacional e necessárias adaptações na estrutura organizacional do Banco Central – Face à conveniência, aqui sustentada por todos os motivos acima elencados, de se conferir autonomia ao Banco Central do Brasil, torna-se sem sentido a subsistência do Conselho Monetário Nacional em nossa estrutura político-institucional, uma vez que, se se pretende desvincular o BCB das pressões do Poder Executivo, o primeiro passo para tanto é o corte do cordão que umbilicalmente os une. As atribuições do CMN seriam, então, transferidas ao BCB, que, nesta medida, se tornaria efetivamente a autoridade monetária de nosso país.

Evidentemente, esta medida requereria contrapartidas na estrutura organizacional do próprio Banco Central, uma vez que seria politicamente inadequado transferir-se todas as decisões de política monetária ao seu Presidente. O Banco Central deveria, neste passo, passar a ser dirigido por um *board* que delibere por maioria.[18]

E não é só. A estrutura de um Sistema Financeiro sem o Conselho Monetário Nacional implicaria também no estabelecimento de cuidadosos critérios para a escolha dos dirigentes do Banco Central.

Atualmente, os diretores e o presidente do Banco Central são indicados pelo Presidente da República e submetidos à aprovação do Senado Federal (CF art. 52, III, *d*). Todavia, são demissíveis *ad nutum* pelo Presidente da República, o que esvazia por completo o mecanismo de escolha.

Deve, portanto, a lei que vier a regulamentar o SFN, ainda que mantenha o mecanismo de escolha dos dirigentes do BC (indicação pelo Presidente e aprovação pelo Senado), estabelecer critérios para esta escolha (capacitação técnica, reputação dos indicados).

Deve, ademais, o legislador estabelecer mandatos fixos para os dirigentes do BCB e eliminar a possibilidade de sua de-

18. É, neste sentido, merecedor de elogios o Projeto de Lei apresentado pelo deputado César Maia, que prevê um Conselho Deliberativo de 11 membros, não demissíveis *ad nutam*, como órgão de cúpula do BCB.

missão *ad nutum*, de modo a não comprometer sua independência em relação ao Executivo. Os mandatos devem, pela mesma razão, ser preferencialmente longos e necessariamente sem correspondência com o ciclo eleitoral.

Não é, contudo, apenas em relação ao Executivo que deve ser resguardada a independência do Banco Central. Este órgão, por suas atribuições, é, como se sabe, alvo constante de pressões por parte de instituições financeiras, algumas das quais se valem de expedientes bastante persuasivos para resguardar a observância de seus interesses.

Essa constatação foi objeto da preocupação do constituinte de 1988, que dispôs, no inc. V do art. 192 da Lei Maior, que a lei complementar deverá estabelecer, além dos critérios de escolha da diretoria do Banco Central, os impedimentos posteriores ao exercício do cargo.

Esta disposição da Constituição não pode em absoluto ser olvidada pelo legislador na regulamentação do art. 192, uma vez que diz respeito à moralização de uma situação patológica de um verdadeiro mercado de altos funcionários do Banco Central, disputados pelas instituições financeiras privadas.

É necessário, por fim, que a lei disponha sobre o mecanismo de estruturação do quadro de funcionários do Banco Central, sendo aconselhável que sejam admitidos mediante concurso que afira sua capacitação técnica.

6.3.1.2 Poder normativo autônomo dos órgãos de direção monetária e suas limitações – A regulamentação do SFN deve, também, tratar da questão da competência normativa dos órgãos de direção monetária.

A Lei 4.595/64, em seu art. 4º, atribui competência normativa ao CMN sobre matérias ligadas à atividade das instituições financeiras (incs. IX, XI, XII), notadamente sobre matéria cambial (incs. V, XXXI) e creditícia (incs. VI, X, XVII).

Pelo fato de o CMN ser constituído (e presidido) por membros do Executivo, parecem conflitar as atribuições normativas a ele conferidas pela Lei Bancária com o dispositivo do inc. XI do art. 49 da Constituição, que atribui ao Congresso Nacional competência para "zelar pela preservação de sua competência legislativa em face da atribuição normativa dos outros Poderes".[19]

Todavia, seria impensável legar à morosidade do Congresso a regulação do dia-a-dia do sistema financeiro, uma vez que oscilações repentinas em variáveis determinantes da economia apresentam resultados imediatos e exigem respostas de igual presteza.

Parece, pois, incontornável a necessidade de se atribuir poder normativo à autoridade monetária, poder, todavia, de natureza estritamente regulamentar, subordinado, em seu conteúdo, a disposições normativas preestabelecidas. Um Banco Central, ainda que autônomo, não constitui um "quarto Poder", mas tão-somente um órgão destinado a regular determinado seguimento da vida econômica que, por sua especificidade e peculiar dinâmica, exigem um mecanismo normativo-regulamentar, decisório e punitivo igualmente dinâmico e dotado de capacitação técnica específica, mas, nem por isso, subtraído ao princípio da legalidade.

7. *Proposta de regulamentação do SFN*

Uma breve leitura de algumas das propostas ora em trâmite no Congresso Nacional parece mostrar que muitas das discussões ventiladas neste trabalho e em recentes trabalhos doutrinários acerca do tema não foram objeto de preocupação dos parlamentares.

Cite-se, pela importância que parece ter adquirido no Congresso, o projeto do

19. Veja-se, também, a este respeito, o disposto no art. 25, I, do ADCT.

ilustre deputado César Maia, Presidente da Comissão Especial do Sistema Financeiro Nacional da Câmara dos Deputados, que traz disposições assecuratórias de uma autonomia meramente formal e totalmente inefetiva ao Banco Central.

Basta dizer que o projeto prevê a extinção do CMN, substituindo-o por um órgão colegiado presidido pelo Ministro da Fazenda, em nada solucionando, portanto, a questão da indevida vinculação ao Executivo.

A diferença deste órgão colegiado para o CMN residiria na supressão da competência normativa, supressão esta que é afirmada pelo art. 2º do Projeto e contradita ao longo de todo o restante de seu texto.

O Projeto, ademais, confere ao Presidente da República a competência para a formulação da política monetária (art. 5º), o que, juntamente com o grosso das demais propostas apresentadas, demonstra que o Congresso ainda se mostra reticente em relação à questão da autonomia do Banco Central, que carece ainda de amadurecimento entre os nossos representantes.

Não parece adequado, pois, o rumo que a discussão toma no Legislativo, uma vez que se afigura como essencial a consagração da autonomia do Banco Central não só visando à adoção de uma fisiologia minimamente funcional ao Sistema Financeiro Nacional, como também (e talvez principalmente) visando à correção das patologias que permeiam esse sistema, tal qual ele é hoje configurado.

Assim, uma proposta legislativa que vise a regulamentar o Sistema Financeiro Nacional brasileiro deve, antes de tudo, resguardar a efetiva autonomia do Banco Central em relação ao Poder Executivo, vez que a estrita vinculação da política monetária em relação à chefia deste Poder tem direcionado os rumos de nossa moeda ao sabor de conveniências políticas conjunturais.

O Banco Central é uma instituição naturalmente vocacionada à autonomia uma vez que é responsável pela manutenção de parte essencial do substrato da vida econômica de um país: a moeda, que não pode ser gerida ao sabor de vaidades e de situações políticas circunstanciais. A utilização desta instituição como instrumento de políticas imediatistas produzem soluções aparentes e insubsistentes, que servem mais ao *marketing* político do que aos interesses do país, em uma repulsiva inversão de valores sobre a qual não podem se omitir o Poder Legislativo e a sociedade civil.

Bibliografia

BULHÕES, Octávio Gouvêa, *O Banco Central no Brasil*, Rio de Janeiro, Biblioteca do Ministério da Fazenda, publicação n. 2, 1946.

FERRAZ, Anna Cândida da Cunha, *Conflito entre Poderes*, São Paulo, Ed. RT, 1994.

GRAU, Eros Roberto, *A Ordem Econômica na Constituição de 1988*, São Paulo, Malheiros Editores, 1997.

HUMPAGE, Owen F., "Central Bank Independence", in *Cadernos de Direito Tributário e Finanças Públicas* 7.

LASTRA, Rosa Maria, "The independence of the European System of Central Banks", in *Harvard International Law Journal*, v. 33, n. 2, 1992.

NUNES, Antônio José Avelãs, "Nota sobre a independência dos Bancos Centrais", in *Revista de Direito Mercantil* 103.

SADDI, Jairo, *O Poder e o Cofre*, São Paulo, Textonovo, 1997.

SAMULESON, Paul A. e NORDHAUS, William D., *Economia*, 14ª ed., Lisboa, Mc Graw-Hill.

SCHUARTZ, Luís Fernando, "Banco Central: questões jurídico-políticas na Constituição de 1988", in *Revista de Direito Mercantil* 93.

SMITHS, René, "The European Central Bank Institutional Aspects", in *International and Comparative Law Quarterly*, v. 45, abril de 1996.

VEIGA, Vasco Soares, *Direito Bancário*, Lisboa, Almedina, 1997.

VERÇOSA, Haroldo Malheiros Duclerc, "A regulamentação do art. 192 da Constituição Federal", in *Revista de Direito Mercantil* 94.

VIDIGAL, Gastão Eduardo de Bueno, *Bancos e Finanças – Aspectos da Política Financeira Brasileira*, São Paulo, Raízes Artes Gráficas, 1981.

VIDIGAL, Geraldo de Camargo, *Disciplina dos Órgãos de Direção Monetária*, São Paulo, 1964.

Pareceres

ALIENAÇÃO DE CONTROLE DE COMPANHIA ABERTA SEGUIDA DO FECHAMENTO DE SEU CAPITAL

Luiz Gastão Paes de Barros Leães

1. Exposição e consulta. 2. A Alienação de controle de companhia aberta mediante negócio privado. 3. O fechamento da companhia aberta. 4. A oferta pública para fechamento do capital. 5. Aquisição por companhia aberta de suas próprias ações para efeito de cancelamento do registro. 6. Direito ao dividendo das ações preferenciais no mínimo 10% superiores aos atribuídos às ações ordinárias.

1. Exposição e consulta

1.1 Os ilustres colegas, Drs. Geraldo Roberto Lefosse Jr. e Regina Gasulla Bouza, nos honram, fazendo a consulta a seguir exposta, em nome de sua cliente, a *B*, uma sociedade devidamente constituída de acordo com as leis da Inglaterra, sediada em ..., Inglaterra, acerca do procedimento a ser adotado para a eventual aquisição do controle da *A*, uma sociedade anônima brasileira com sede na cidade de ..., Estado de ..., na Via Anhaguera ..., bem como das ações da *A* em circulação no mercado, visando ao fechamento do capital daquela companhia.

1.2 Conforme nos foi antecipado, a aquisição privada do controle da *A* pela *B* está atualmente em fase de negociação (já noticiada como Fato Relevante), nos termos previstos no Memorando de Entendimentos firmado entre os Grupos *B* e *A* em 22.10.97 (MOU).

1.3 O capital social da *A* está dividido em 1.577.558.400 ações escriturais (Ações), das quais 980.000.000 são ações ordinárias, com direito a voto, representativas de aproximadamente 62,12% do capital social (ONs), e 597.558.400 são ações preferenciais, sem direito a voto, representativas de aproximadamente 37,87% do capital social (PNs).

Como se observa do quadro contendo a composição acionária da *A*, anexo ao MOU, o Grupo *B* atualmente detém participação correspondente a 33,99% do capital votante (ONs) e 21,12% do capital social da *A*, enquanto o Grupo *A* detém participação correspondente a 66,01% do capital votante (ONs) e 41% do capital social da *A*.

1.4 Encontram-se em circulação no mercado exclusivamente ações preferenciais (PNs) da *A*. Atualmente, das 597.558.400 ações preferenciais, 587.707.716 PNs, representando 95,00% das mesmas, estão no mercado, sendo que 29.818.000 PNs, representando 4,99%, são mantidas em tesouraria. O Grupo *A* detém 30.670 PNs e o

Grupo *B* 2.014 PNs, o que, somadas, atingem apenas 0,01% das PNs.

1.5 Em 7.2.86, as empresas do Grupo e as empresas e indivíduos do Grupo *A*, acionistas da *A*, celebraram Acordo de Acionistas (Acordo), a fim de regular os termos e condições aplicáveis à associação existente entre os mesmos na *A*, tendo sido inclusive pactuado regras no que se refere ao direito de preferência dos signatários à aquisição de ações ordinárias da *A*, oferecidas à venda por qualquer uma das partes.

1.6 Eis que agora o Grupo *B* tenciona adquirir o controle da *A* mediante aquisição privada da totalidade das ONs e PNs detidas pelo Grupo (Aquisição), conforme manifestado no MOU, acima referido, estudando a possibilidade de eventual fechamento do capital da companhia.

Ora, tendo em vista que, para a conclusão dessa transação, faz-se mister uma correta avaliação dos procedimentos a serem adotados e das restrições que possam eventualmente existir em relação à referida Aquisição, bem como à compra das PNs em circulação no mercado, para efeito do fechamento do capital da *A*, formulam-se os seguintes quesitos:

(i) Em face do que dispõem a legislação em vigor, o estatuto social da *A* e o Acordo, existe qualquer espécie de restrição (em volume de ações e procedimento a ser adotado) a que a *B*, ou a própria *A*, adquira as PNs em circulação no mercado?

(ii) Há restrições ao fechamento do capital da *A* se esse fechamento se der logo após a Aquisição? Quais? São aplicáveis à espécie as disposições ou os princípios contidos no art. 30 da Instrução da CVM 229/95 (limitações de prazo ou do preço de aquisição)?

(iii) Se a *B* vier a adquirir as PNs em circulação no mercado, anterior ou posteriormente à Aquisição, sem antes ter manifestado sua real intenção de promover o fechamento, ficaria ela sujeita a alguma espécie de penalidade, ou de restrição, que possam comprometer o fechamento do capital da *A*? Quais? Seriam aplicáveis as disposições ou os princípios contidos no art. 30 da Instrução da CVM 229/95 (limitações de prazo ou do preço de aquisição)?

(iv) Qual seria o procedimento a ser adotado (societário e junto às autoridades competentes) para a realização de oferta pública para fechamento do capital da *A*? E qual seria o conteúdo dessa oferta?

(v) Uma vez realizada a oferta pública em apreço, qual seria o procedimento (societário e junto às autoridades competentes) a ser adotado para o fechamento do capital da *A*, com o respectivo cancelamento do registro junto à CVM? Quais seriam os direitos de eventuais acionistas dissidentes? Teriam direito de recesso? E, nesse caso, qual seria o valor de reembolso de suas PNs?

(vi) Seria possível a adoção de alternativa para a Aquisição através da qual as Ações detidas pelo Grupo *A* seriam adquiridas pela própria *A* mediante posterior redução do capital social? Quais seriam as restrições eventualmente impostas? Qual seria o procedimento (societário e junto às autoridades competentes) a ser adotado?

(vii) Gozam as PNs, por força do disposto no art. 17, inc. I, da Lei 6.404/76, cuja redação foi dada pela Lei 9.457/97, de direito a dividendo no mínimo 10% superior ao atribuído às ONs?

1.7 Para responder a essas perguntas, faremos algumas considerações preliminares sobre a disciplina legal da matéria.

2. A alienação de controle de companhia aberta mediante negócio privado

2.1 A Lei 9.457, de 5.5.97, que promoveu a alteração da Lei do Anonimato, revogou o art. 254 da Lei 6.404, de 1976, eliminando, assim, a obrigatoriedade de oferta pública de aquisição das ações dos acionistas minoritários, por ocasião da alienação do controle de companhia aberta.

2.2 Como se recorda, o art. 254 da Lei 6.404/76 – resultante de uma conturbada discussão no Congresso Nacional, e com pouca sintonia com os pressupostos que inspiravam os demais artigos da lei – estabelecia que a alienação do controle da companhia aberta podia operar-se mediante *negociação privada* ou *oferta pública*, dependendo em ambos os casos de "prévia autorização" da Comissão de Valores Mobiliários (CVM).

2.3 Na primeira hipótese, o acionista controlador alienava o bloco de controle a terceiro, ficando o adquirente com a obrigação de realizar simultânea oferta pública para aquisição das ações dos acionistas minoritários, ao mesmo preço unitário, como forma de imprimir "tratamento igualitário" entre todos os acionistas quanto à participação no valor do poder de controle transferido. Na segunda hipótese, a transferência do controle se fazia através de *oferta pública* a todos os acionistas (inclusive controladores ou majoritários), com rateio entre os aceitantes, caso o ofertante estabelecesse limite ao número de ações que pretendia adquirir, como meio também de manter a referida igualdade proporcional entre os acionistas.

2.4 No art. de lei acima citado, ora revogado, eram, portanto, previstas duas espécies de oferta pública *obrigatórias* para aquisição de ações, no caso de alienação de controle de companhia aberta: (i) oferta pública de aquisição de ações, com o objetivo de estender aos acionistas minoritários da sociedade, cujo controle estava sendo transferido, idêntica oportunidade de negócio àquela que teve o acionista controlador; e (ii) oferta pública para aquisição do bloco de ações de controle. No primeiro caso, a oferta de compra de ações ao mesmo preço unitário tinha por destinatários *apenas os acionistas minoritários*, mas não tinha limite máximo de número de ações a ser compradas. No segundo caso, a oferta de compra, também ao mesmo preço unitário, tinha por destinatários *todos os acionistas* (controladores e não controladores), podendo o ofertante limitar o número de ações que estivesse disposto a adquirir.

2.5 Ora, em ambas as hipóteses surgia sempre a mesma pergunta: quem seriam os "acionistas minoritários" a serem beneficiados pelo "tratamento igualitário" imposto pelo art. 254, destinatários das referidas ofertas públicas de aquisição de ações? Todos os acionistas que não participam do controle, ou apenas os titulares de ações representativas do capital votante? A jurisprudência e a maior parte da doutrina se inclinaram no sentido de que a oferta pública relativa à alienação do controle da companhia aberta compreende apenas as ações "*com direito a voto*".[1]

2.6 Essa questão tinha grande relevância, porque as ações preferenciais, emitidas sem direito de voto, constituem, na prática societária brasileira, a maior parte do capital das companhias, e, normalmente, são também a grande, senso a única, parcela ao alcance do público investidor.

2.7 Tendo em vista a competência específica que lhe era atribuída pelo próprio art. 254 citado, para estabelecer normas a serem observadas nas ofertas públicas relativas à alienação do controle de companhia aberta, o Conselho Monetário Nacional (CMN) editou, através do Banco Central do Brasil, poucos dias após a publicação da Lei 6.404, a Resolução 401, de

1. Cf. Fábio Konder Comparato, *O Poder de Controle na Sociedade Anônima*, 3ª ed., Rio, 1983, pp. 242 ss.; Arnoldo Wald, "Do descabimento da oferta pública de compra em relação às ações preferenciais", *RDM* 45/17; Mauro Rodrigues Penteado, "Apontamentos sobre a alienação do controle de companhias abertas", *RDM* 76/15. Quanto à jurisprudência, examinem-se as seguintes decisões: AC 73.910-RJ, ac. do TRF, de 27.10.81, *Revista do TFR* 88/152; AC 23.012, ac. do TJRJ, de 28.12.82, in Nelson Eizirik e Aurélio Wander Bastos, *Mercado de Capitais e S/A – Jurisprudência*; AMS 98.339-RJ, ac. do TFR de 8.9.83, in Darcy Miranda Júnior, *Jurisprudência das S/A*, p. 573; AC 27.554, ac. do TJRJ, de 8.11.83, *RT* 580/197.

22.12.76, que, logo no seu inc. I, veio esclarecer o sentido em que a lei empregava a expressão "acionistas minoritários", no contexto:

"I – A alienação de controle de companhia aberta somente poderá ser contratada *sob condição, suspensiva ou resolutiva*, de que o adquirente se obrigue a fazer, nos termos desta Resolução, oferta pública de aquisição das *ações com direito a voto* de propriedade dos demais acionistas da companhia, de modo a lhes assegurar tratamento igualitário ao do acionista controlador."

2.8 Em suma: a expressão "acionistas minoritários", empregada pelo art. 254, para efeito do tratamento igualitário que impunha, caso ocorresse alienação do controle de companhia aberta, deveria ser entendida como "acionistas votantes". Essa interpretação da expressão, dada pela Resolução 401, foi endossada por Alfredo Lamy Filho, um dos redatores do projeto transformado na Lei do Anonimato em vigor, que teceu a respeito ponderações pertinentes:

"Por outro lado, cumpre ponderar que a determinação legal de que a oferta pública deva assegurar tratamento *igualitário*, supõe, necessariamente, *ações do mesmo tipo e valor econômico*, pois seria clamorosa desigualdade, que violenta o princípio da isonomia legislativa, obrigar pagamento de preço *igual* por coisas desiguais, como seriam ações ordinárias e preferenciais. Em outras palavras, acionista *minoritário*, a que se refere o art. 254, só pode existir em função de *maioria de iguais*, pois não se somam quantidades heterogêneas, vale dizer, ações ordinárias e preferenciais sem voto."[2]

2.9 Por outro lado, a Resolução 401, na alínea I acima reproduzida, subordinava a validade e a eficácia dos negócios jurídicos de alienação do controle de companhia aberta, a que fossem contratados *sob a condição* de ser realizada a oferta pública para a compra de ações dos demais acionistas votantes. Havia aí uma certa confusão conceitual, que foi apontada pelos comentadores.[3]

2.10 Com efeito, a palavra "condição" é utilizada em direito em três sentidos diversos. No sentido tecnicamente apropriado, a expressão traduz a determinação acessória do negócio, que se origina da vontade das partes, de subordinar a eficácia do ato a evento futuro e incerto. Numa segunda acepção, a palavra é tomada como *requisito* de validade do ato, imposto por lei e não pela vontade das partes, e é nesse sentido que aparece em expressões como "condição de validade do negócio". Numa terceira variante, a palavra condição é empregada para significar um *pressuposto* do ato, previsto em lei. É o que se denomina de condição legal (*condicio iuris*), ou "condição imprópria", porque, ainda que aposta ao ato sob forma condicional, apenas repete uma determinação da lei.

2.11 É nesse último sentido que deve ser entendida a imposição legal de o adquirente do controle realizar simultânea oferta pública para aquisição de ações, como constava do revogado § 1º do art. 254 da LSA. Com efeito, no dispositivo em pauta, a eficácia do negócio de alienação não ficava suspensa até o implemento da oferta; nem, ao revés, perdia essa eficácia, em conseqüência da realização dela. A oferta pública não era encarada como um evento futuro e incerto, acertado pela vontade das partes, do qual dependeria a eficácia do ato. Tratava-se de um ônus ou de uma obrigação imposta pela lei, em conseqüência do negócio de alienação de controle, que integrava a própria figura do instituto, e cujo cumprimento não decorria de cláusula modal, nem se impunha como requisito de efi-

2. Alfredo Lamy Filho e José Luiz Bulhões Pedreira, *A Lei das S/A*, Renovar, 18ª ed., 1992, p. 720.

3. Guilherme Döring Cunha Pereira, *Alienação do Poder de Controle Acionário*, Saraiva, 1995, p. 213.

cácia do negócio. Era um *dever jurídico* constante de uma norma cogente.

2.12 Assim sendo, o cumprimento desse dever jurídico, consistente na realização dessa oferta, só poderia ser exigido pela CVM, quando se fizesse necessário "para que (fosse) assegurado tratamento igualitário aos acionistas minoritários", entendendo-se por minoritários os acionistas votantes que não participavam do bloco de acionistas titulares do controle alienado. Ora, não havendo minoritários com direito de voto, obviamente essa prestação não se fazia necessária, valendo a transferência do controle uma vez pactuada, independentemente de qualquer condição.

2.13 No caso em exame, estivesse ainda em vigor os comandos do art. 254 citado, e a aquisição do controle da *A* pela *B* não se faria acompanhar por "simultânea oferta pública para aquisição de ações", visto que não existiriam acionistas minoritários a que se devesse assegurar "tratamento igualitário". Com efeito, o Grupo *A* e o Grupo *B*, alienante e adquirente do controle, detêm a *totalidade das ações votantes* da companhia. Assim, celebrada a compra do controle, o negócio geraria os seus regulares efeitos, independentemente de qualquer oferta. Com a Lei 9.457/97, que eliminou a obrigatoriedade de oferta pública de aquisição das ações dos acionistas minoritários, definitivamente não resta nenhuma obrigação a ser cumprida pelo adquirente do controle, uma vez firmado o negócio de alienação.

2.14 Daí que podemos desde já responder ao primeiro quesito da presente consulta, dizendo que *não existem restrições* de ordem legal, seja no que tange ao volume de ações, seja no que concerne ao procedimento a ser adotado, a que *B*, ou a própria *A*, antes ou após a celebração do negócio de alienação do controle da companhia, procedam à imediata aquisição de PNs da *A* em circulação no mercado.

2.15 Como, porém, estão no mercado 95% das PNs da *A*, a negociação com as mesmas em Bolsa deverá submeter-se aos *procedimentos especiais* estabelecidos pela Instrução CVM 168, de 23.12.91, para as operações que tenham por objeto volume de ações "sensivelmente superior à média diária negociada nos últimos pregões" (art. 1º, I). No caso, a negociação deverá ser feita, não através da apregoação comum, mas através de *leilões* precedidos de avisos, com antecedência mínima, que pode ser de 1 hora a dois dias úteis, conforme a quantidade e as cotações das ações negociadas, segundo uma escala montada na Instrução (art. 8º, § 1º, I e II).

2.16 Segundo a referida Instrução, a negociação dessas grandes quantidades de ações através dos referidos leilões especiais visam apenas "ao oferecimento de condições adequadas à participação eqüitativa dos investidores nas operações realizadas em Bolsas de Valores", mas não criam nenhuma "restrição" a que se procedam tais aquisições. A questão, no entanto, se altera, se a *B* tenciona adquirir o controle da *A*, mediante aquisição privada da totalidade das ONs e PNs detidas pelo Grupo *A*, com o objetivo de, ato contínuo, promover o *fechamento* do capital da *A*. Nesse caso, existem *restrições* de natureza variada à aquisição das PNs existentes no mercado, como a seguir se verá.

2.17 Essa longa referência que aqui fizemos ao regime instituído pelo art. 254 da LSA, e hoje eliminado pela Lei 9.457/97, se justifica na medida em que ele nos explica muito dos atos em vigor que regem o processo de cancelamento do registro de companhia aberta, já que eles foram expedidos quando esse regime ainda estava em vigência, e não só a ele expressamente se reportam, como refletem essa estrutura.

3. O fechamento da companhia aberta

3.1 O fechamento de uma companhia aberta foi uma das primeiras questões a mobilizar a atenção da CVM, logo que essa agência se instalou, dada a importância que se reveste a operação para os investidores, que passam a deter um papel destituído da liquidez do mercado. Daí a edição da Instrução CVM 3, de 17.10.78, revogada e substituída pela Instrução CVM 185, de 27.2.92, e, a seguir, pela Instrução CVM 229, de 16.1.92, ora em vigor.

3.2 De acordo com esses atos, o cancelamento do registro de companhia aberta somente será efetuado pela CVM se (i) for aprovado em AGE da companhia especialmente convocada para esse fim, por deliberação tomada por acionistas, com ou sem direito a voto, representativos de 51% do capital social; e se (ii) os acionistas minoritários, titulares de 67% das ações em circulação no mercado, vierem a aceitar a oferta pública de aquisição (OPA), a ser feita pelo acionista controlador, ou a concordar expressamente com o cancelamento, em resposta à convocação constante do próprio instrumento da oferta para que se manifestem sobre esse tópico (Instrução 229, arts. 1º, I e II, 11 e 12).

3.3 Segundo ainda a Instrução 229, para os efeitos de seus comandos, entende-se por "acionistas minoritários" os titulares de *todas* as ações do capital da companhia, com ou sem direito a voto (ONs e PNs), menos as ações (a) de propriedade do acionista controlador, (b) de diretores e conselheiros e, (c) as em tesouraria. É, portanto, uma definição de acionistas minoritários distinta daquela emprestada pelo antigo art. 254, que só os entendia como acionistas votantes (ONs). Na espécie, esse maior alcance dado à expressão "minoritários" se explica na medida em que o ato administrativo da agência reguladora, na operação de fechamento, procura proteger a todos os investidores em ações, sejam ordinárias ou preferenciais sem voto, que confiaram na liquidez do mercado.

3.4 Nessas condições, são destinatários da OPA, e da convocação para que se manifestem sobre o cancelamento do registro de capital aberto, *todas* as ações em circulação no mercado. No caso do cancelamento da *A*, que tem exclusivamente PNs em circulação no mercado, a oferta pública e o convite compreendem apenas as ações PNs em circulação no mercado, com exclusão das ONs e PNs que são de propriedade do Grupo *A*, controlador alienante, e as do Grupo *B*, adquirente de todas as ações do Grupo *A* (Aquisição), a que se somam ainda as ações pertencentes aos diretores e conselheiros, e aquelas recolhidas à tesouraria. Desse contingente de ações, 67% deverão aceitar a OPA, ou concordar expressamente com o cancelamento, não se computando as ações cujos titulares não se manifestarem, para que se opere o fechamento (art. 1º, II, *in fine*).

3.5 Estabelece ainda a Instrução 229, no seu art. 30, que caso tenha o controlador (a) formulado oferta pública de aquisição das ações votantes, em decorrência da alienação que lhe foi feita do controle acionário, "nos termos do art. 254, § 1º, da Lei 6.404/76", ou (b) formulado oferta de compra ou permuta, parcial ou total, das ações em circulação no mercado, para a aquisição do controle, declarando a intenção de manter a companhia aberta, não poderá efetuar nova oferta pública visando ao fechamento senão após decorrido *dois anos* da liquidação financeira da última oferta efetivada. Caso o titular do controle pretenda promover o cancelamento em prazo inferior, só poderá fazê-lo se o preço ofertado for, no mínimo, igual àquele praticado na oferta decorrente da transferência do controle, atualizado monetariamente.

3.6 Essas disposições não serão, porém, aplicáveis ao caso do fechamento do capital da *A*, subsequente à aquisição do controle pela *B*, já que, na hipótese, não mais existe a obrigação da simultânea oferta pública aos acionistas minoritários para a aquisição de suas ações, pela revogação do art. 254 da LSA, nem os seus controladores promoveram oferta pública de compra ou permuta das ações em circulação.

Assim, respondendo ao segundo quesito da consulta, podemos afirmar que os princípios do art. 30 da Instrução CVM 229/95 não se aplicam ao caso, inexistindo qualquer restrição a que se proceda ao fechamento do capital da *A*, *logo após* a Aquisição, nem qualquer tipo de limitação no que toca ao preço de aquisição a ser ofertado.

3.7 Esse fechamento, no entanto, deverá realizar-se sempre por oferta pública, nos termos da Instrução CVM 229, acima comentados, obedecendo, no que se refere ao preço e às condições de pagamento das PNs em circulação no mercado, a serem propostos na oferta, às determinações constantes dos itens II, V e VI, do art. 10 da referida Instrução, ou seja:

(i) ser o preço das ações, cuja aquisição é almejada, objeto de prévia avaliação procedida pela instituição financeira intermediária, realizadora da oferta, devendo as peças dessa avaliação ficarem à disposição dos acionistas minoritários na sede da companhia, nos escritórios da instituição financeira e na CVM;

(ii) ter o preço ofertado como parâmetro o valor médio de cotação em Bolsas de Valores das ações nos últimos doze meses, se houver, em valores nominais e valores atualizados; e

(iii) ser o preço proposto monetariamente atualizáveis, a contar da data da assembléia que deliberar o cancelamento até a efetiva liquidação financeira da operação.

3.8 Se antes ou após a Aquisição do controle, a *B* ou a própria *A* (a qual de resto está vedada a fazê-lo, pela cláusula 3.6 do MOU) adquirirem as PNs em circulação no mercado, sem manifestarem a sua intenção de cancelar o registro da sociedade como companhia aberta, e, ao depois, promoverem a oferta pública para o fechamento do capital da empresa, nos termos da Instrução 229, comprometendo-se a adquirir as ações que remanescerem no mercado, correm o risco de, por *analogia iuris*, ficarem sujeitos às restrições de prazo (2 anos) e de preço (no mínimo, igual àquele praticado na oferta de corrente da transferência do controle, atualizado monetariamente), previstas no art. 30, supramencionado. Sem falar até na possibilidade de responderem por perdas e danos em relação às compras já efetuadas, por exercício irregular de direitos (Código Civil, art. 160, I, *a contrario sensu*), ou abuso do poder de controle (Lei 6.404, art. 117, *c*).

3.9 Daí que de duas, uma: ou a *B*, adquirente do controle, (a) passa a comprar (desde logo ou pausadamente) as ações preferenciais pelo seu *valor de mercado*, desistindo de promover o cancelamento do registro de companhia aberta, a não ser após decorrido o prazo de 2 (dois) anos da liquidação financeira da última aquisição efetivada (por aplicação analógica do art. 30 da Instrução CVM 229), ou, (b) promove regularmente o fechamento do capital da *A*, através de oferta pública nos termos previstos na referida Instrução 229. Nessa última hipótese, os princípios contidos no art. 30 da referida Instrução, relativos a limitações de prazo e a preço de aquisição, não se aplicam à espécie, pelas razões já deduzidas. No que toca especificamente ao preço ofertado, nenhuma regra determina que deva ele ser igual àquele praticado na alienação do controle, com referência às ações votantes. Nem mesmo a equiparação prevista como penalidade no art. 30 da Instrução 229 poderá ser aplicado ao caso, pois esse dispositivo pressupõe preço de transferência de controle fixado em oferta pública. No caso em exame, cogita-se de alienação de controle "por negociação privada", sem oferta pública. Fica assim respondido o terceiro quesito da consulta.

4. A oferta pública para fechamento do capital

4.1 No quarto e quinto quesitos da consulta, somos indagados a respeito do *procedimento* a ser adotado para a realização da oferta pública para o fechamento do capital da *A*. Ora, esse procedimento está minuciosamente disciplinado pela citada Instrução CVM 229/95, que, aliás, acompanha as regras do sistema de oferta pública de compra de ações criado pelo revogado art. 254 da Lei 6.404, e disciplinado pela Resolução BCB 401, de 1976, que interferia no negócio privado de alienação de controle. Trata-se de um "procedimento vinculado ou formal, de formação sucessiva", que principia pela intervenção de um ato administrativo, o de aprovação da CVM, até a oferta e sua liquidação.

4.2 Inicialmente, no plano societário, faz-se mister convocar uma AGE da companhia para deliberar sobre o cancelamento do registro, à vista de proposta do acionista controlador, que deverá declarar que se encarregará de fazer a oferta pública de compra das ações em circulação, informando o preço e as condições de pagamento, que deverão, obrigatoriamente, constar da ata respectiva (arts. 1º, I e 4º). Dentro de dois dias da realização da assembléia, o acionista controlador deverá publicar no órgão oficial e nos jornais utilizados pela companhia Aviso, informando que submeterá a registro da CVM pedido para a efetivação da oferta (art. 5º). A seguir, no prazo máximo de 30 dias, o pedido deverá ser apresentado àquela agência (art. 6º).

4.3 À semelhança do que dispõe a Resolução 401, alterada pela Resolução 1.120, de 1986, com relação às ofertas para compra de ações de que tratava o art. 254 da LSA, a Instrução 229 determina que a oferta pública para cancelamento do registro de companhia aberta somente poderá ser feita com a intermediação de uma instituição financeira, que ali descrimina, razão pela qual ao ofertante caberá contratar os serviços da entidade, para a prestação desses serviços (art. 7º). Normalmente, a instituição encarregar-se-á de representar o comprador junto à CVM, providenciando a minuta do instrumento da oferta pública, instruída dos documentos listados no art. 6º da Instrução.

4.4 O *conteúdo* do instrumento dessa oferta se desdobra em duas partes. Numa primeira parte, os elementos que devem constar dessa oferta vêm pormenorizadamente especificados no art. 10 da Instrução em tela: número de ações em circulação, preço e condições de pagamento, cláusula modal, forma de manifestar a aceitação e efetivação da transferência, prazo de validade da oferta, valor médio da cotação das ações nos últimos doze meses, peças de avaliação do preço procedida pela instituição financeira intermediária, razões que fundamentam o cancelamento etc. Na segunda parte, o instrumento deverá *convocar* os acionistas minoritários a manifestar sobre o cancelamento do registro (art. 11).

4.5 Presume-se aprovado o instrumento da oferta, se a CVM não deliberar no prazo de 30 dias do pedido (art. 15). O projeto desse instrumento da oferta deverá ser simultaneamente encaminhado à Bolsa de Valores, onde a operação será realizada (art. 14), cabendo ser realizada a oferta dentro do prazo de 10 dias que se seguirem à deliberação da Comissão. É oportuno nesse ponto tratarmos brevemente da Instrução CVM 168, de 23.12.91 (que revogou a Instrução CVM 35, de 23.7.84), que determina que as Bolsas de Valores devem adotar *procedimentos especiais* na negociação de quantidades de ações e direitos sensivelmente superior à média diária negociada nos últimos pregões, ou qualquer bloco substancial, mesmo que a negociação não envolva transferência de controle, como no caso em foco (art. 1º, I).

4.6 Entende-se por procedimento especial aquele que vise ao oferecimento de condições adequadas à participação eqüitativa dos investidores. Na hipótese, o procedimento especial indicado na Instrução consiste na instituição de um *leilão especial* para efeito dessa oferta, precedido de aviso com antecedência mínima de dois dias úteis, de molde a assegurar ampla oportunidade de participação dos oblatos (art. 8º, § 1º, *f*).

4.7 Findo o prazo da oferta, se o número das ações dos aceitantes, somado ao número dos que concordaram com o cancelamento, for inferior ao percentual de 67%, o acionista poderá fazer *nova oferta pública*, no prazo de 30 dias (art. 17). Se, porém, foi atingido esse percentual, proceder-se-á o cancelamento, permanecendo os acionistas que não tiverem vendido as suas ações com a faculdade de vendê-las no prazo de 6 meses, contados da realização da assembléia ordinária que aprovar o balanço do primeiro exercício social posterior ao cancelamento (art. 20). Quinze dias após o resultado da oferta, a CVM procederá ao cancelamento do registro, independentemente de qualquer formalidade adicional (art. 21).

4.8 Pergunta-se, ainda, se os acionistas dissidentes da deliberação da AGE da *A*, especialmente convocada para aprovar a deliberação no sentido de promover o fechamento de seu capital, teriam direito de recesso, e, se dispõem desse direito, como se determinaria o valor de reembolso de suas ações? Na realidade, no caso em exame, não assiste o direito de recesso aos acionistas dissidentes, já que, como se sabe, o recesso só existe nas hipóteses tópicas previstas, ensejadoras desse direito. Na espécie, não existe essa previsão legal.

4.9 No § 2º do art. 256 da LSA, é previsto o recesso do acionista dissidente de companhia aberta que adquire o controle "de qualquer sociedade mercantil", cabendo à sociedade efetuar o reembolso do valor de suas ações, calculado conforme determina o art. 45 da Lei, ou seja, o valor real das ações, que não poderá ser "inferior ao valor do patrimônio líquido" das mesmas (art. 45, § 1º). No caso *sub examine*, porém, a compradora do controle é a *B*, e aos seus acionistas é que caberia cogitar do recesso, pela aquisição do controle da *A*. Não obviamente aos acionistas da *A*.

5. Aquisição por companhia aberta de suas próprias ações para efeito de cancelamento do registro

5.1 Nessa altura, pergunta-se se seria possível a adoção de uma alternativa para a aquisição, através da qual as ações (ONs e ONs) detidas pelo Grupo *A*, ao invés de serem adquiridas pelo Grupo *B*, seriam compradas pela própria *A*, para efeito de fechamento do capital, mediante posterior redução do capital social.

5.2 A matéria, objeto do art. 30 da LSA, é regulada pela Instrução CVM 10, de 14.2.80, objeto da Nota Explicativa CVM 16, da mesma data. Como se sabe, a Lei 6.404, em seu art. 30, § 1º, *b*, abrandou o princípio de restrição genérico à negociação com as próprias ações, permitindo, entre outras operações, a aquisição para cancelamento ou manutenção em tesouraria, bem como posterior alienação de ações de sua própria emissão. Visando a prevenir possíveis abusos, o § 2º do art. 30 da lei determina que as aquisições das próprias ações de companhia aberta deverá obedecer, sob pena de nulidade, às normas expedidas pela CVM.

5.3 Dispõe o citado § 1º, *b*, do art. 30 da LSA, que essa auto-aquisição é admitida, "desde que até o valor do saldo de lucros ou reservas, exceto a legal, e sem diminuição do capital social". Esses requisitos são ampliados na Instrução CVM 10. Consideram-se disponíveis para efeito do cancelamento todas as reservas de lucros ou de capital, com exceção da legal, de lucro a realizar, de reavaliação, de correção monetária do capital realizado e especial de dividendo obrigatório não distribuído (art. 7º). E essa Instrução veda terminantemente a aquisição das próprias ações quando "importar em diminuição do capital social". Ademais, a Instrução adiciona mais um requisito: que o estatuto social atribua ao conselho de administração poderes para autorizar tal procedimento (art. 1º). Pelo que pudemos apurar dos documentos que nos foram presentes, somente na AGO/E de 2.4.97 é que foi introduzida uma alteração nos estatutos da *A*, dando competência ao conselho de administração "para autorizar a sociedade a adquirir suas próprias ações para permanência em tesouraria", mas não para proceder ao seu cancelamento, que, no caso, será necessário porque o limite fixado para as ações em tesouraria ultrapassa o contingente de PNs que serão adquiridas, para fechamento do capital.

5.4 Preenchidos esses requisitos, porém, nada impede que seja adotada essa alternativa para a Aquisição em tela. Sendo atribuição de competência do conselho de administração, cumpre que essa Aquisição seja autorizada em reunião desse órgão, devendo a Aquisição ser efetuada através da Bolsa (art. 9º), obedecendo aí o procedimento especial de negociação de bloco substancial previsto na Instrução CVM 168, já comentado. Por conseqüência, fora o preenchimento dos requisitos acima referidos, não existem restrições, de natureza legal, à eventual adoção dessa alternativa.

6. Direito ao dividendo das ações preferenciais no mínimo 10% superiores aos atribuídos às ações ordinárias

6.1 Por derradeiro, passando ao último quesito da consulta, somos indagados se as PNs da *A*, por força do disposto no art. 17, inc. I, da Lei 6.404, cuja redação foi dada pela Lei 9.457/76, gozam do direito a dividendo no mínimo superior ao atribuído às ONs?

6.2 Com a entrada em vigor da Lei 9.457, de 1997, desde 5.6.97, os titulares das ações preferenciais, com dividendo calculado sobre o lucro de exercício, passaram a ter o direito de receber o diferencial a maior de 10% no mínimo sobre o valor pago aos titulares de ações ordinárias, salvo se o estatuto tiver previsto a prioridade na distribuição de dividendos fixos ou mínimos.

6.3 Essa vantagem suplementar, imposta por norma imperativa, independe seja "declarado" pelos estatutos, como requer o art. 19 da Lei 6.404 para as hipóteses facultativas de vantagens patrimoniais, que, por resultarem da livre escolha dos acionistas, devem obviamente vir registradas na lei interna. Decorrendo de mandamento legal, essa vantagem é automática, e não se subordina à manifestação volitiva dos interessados, sendo privilégio exigível a partir da entrada em vigor da Lei 9.457.

6.4 No caso da *A*, as PNs em circulação no mercado não prevêem dividendos fixos ou mínimos, mas dividendos não prioritários, "em igualdade de condições com as ações ordinárias", sobre o lucro líquido de exercício (estatuto, arts. 5º, § 2º c/c o art. 26, § 2º, *c*). Logo, a partir do diploma de 1997, a essas PNs se aplica o diferencial de 10% dos dividendos hauridos no lucro de exercício, *vis-à-vis* aos das ordinárias.

6.5 Com essas considerações, respondido o sexto e último quesito da consulta, finalizamos o nosso parecer.

São Paulo, 5 de dezembro de 1997

Textos Históricos

PROCURAÇÃO – MANUSCRITO VENEZIANO DE 14 DE JUNHO DE 1442

NOTA INTRODUTÓRIA

O texto a seguir transcrito é o de uma procuração, instrumento de mandato lavrado em 14 de junho de 1442 (sobre a distinção entre mandato, representação e procuração, inclusive no Direito Romano, v. artigo de autoria de Jorge Lobo, publicado neste número da *Revista*). Trata-se de procuração formalizada em pergaminho, procedente da Itália, de propriedade do Mestre e Doutor Erasmo Valladão Azevedo e Novaes França, jurista e advogado de São Paulo. Sua tradução foi feita pela Doutora Anna Lia Amaral de Almeida Prado, Professora do Departamento de Letras Clássicas e Vernáculas da Faculdade de Filosofia, Letras e Ciências Humanas da Universidade de São Paulo, que sobre o documento e seu trabalho anota o seguinte: "o manuscrito está bem conservado, o texto está íntegro e perfeitamente legível. Na edição foram mantidas as particularidades da grafia, tendo sido feitas apenas a resolução das abreviações, interpretação dos signos e pontuação do texto. Para dividir os períodos considerou-se como palavra inicial a grafada com maiúscula. Não foram levadas em consideração as maiúsculas não significativas para entendimento da sintaxe do texto e as que indicariam uma divisão sintaticamente impossível. As palavras omitidas por lapso do redator foram incluídas entre parênteses agudos, como é usual. Evitou-se o uso da terminologia jurídica moderna e conseqüentes anacronismos, preferindo-se a tradução por termos vernáculos que preservassem o sentido original". A bibliografia de que se valeu a tradutora segue ao final da publicação. O Comitê de Redação, ao mesmo tempo em que agradece ao Dr. Erasmo e à Profa. Anna Lia pela contribuição inestimável – e também à Malheiros Editores, pelos esforços técnicos dispendidos para a reprodução do original – concita os colaboradores, assinantes e leitores desta *Revista* a encaminhar para eventual publicação textos históricos sobre o Direito Mercantil. Tem-se a certeza que a criação desta nova Seção será de grande valia para os estudiosos da matéria comercial, que tem como uma de suas notas marcantes o historicismo, característica que matiza este segmento do Direito Privado, cujos institutos, desde suas origens e evolução, até os dias atuais, foram e são moldados na praxe mercantil, à margem do Direito Estatal, para somente num segundo momento, em que alcançam relevância social, traduzirem-se em normas de Direito Positivo.

MAURO RODRIGUES PENTEADO, membro do Comitê de Redação desta *Revista*

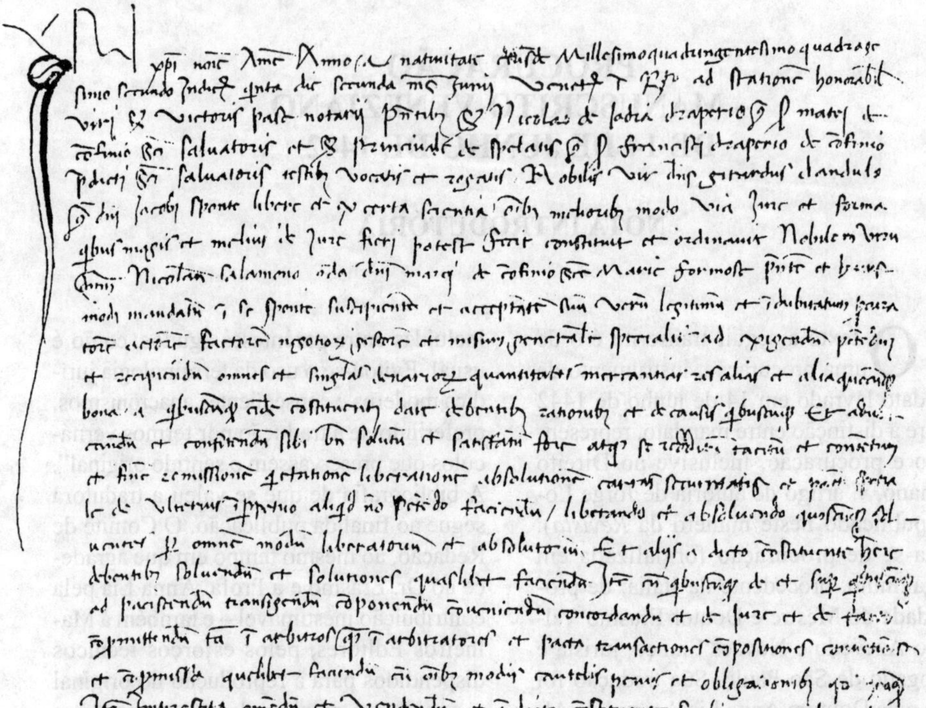

In Xpi nomine Amen. Anno a nativitate eiusdem Millesimoquadringentesimo quadrage
simo secundo Indictione quinta die secunda mensis Junij Venetijs in Rivoalto ad Stationem honorabilis
viri ser Victoris [illegible] notarij presentibus ser Nicolao de Jadra draperio de [illegible]
confinio sancti Salvatoris et ser [illegible] de Spelatis ser Francisci draperio de confinio
predicti sancti Salvatoris testibus vocatis et rogatis. Nobilis vir dominus Girardus Dandulo
quondam domini Jacobi sponte libere et ex certa scientia omnibus melioribus modo via Jure et forma
quibus magis et melius de Jure fieri potest fecit constituit et ordinavit Nobilem virum
dominum Nicolaum Salamono quondam domini marci de confinio sancte Marie formose presentem et huius
modi mandatum in se sponte suscipientem et acceptantem suum verum legiptimum et indubitatum procura
torem actorem factorem negotiorum gestorem et nuntium generalem et specialem ad exigendum petendum
et recipiendum omnes et singulas denariorum quantitates mercantias res alias et aliaquecumque
bona a quibuscumque dicto constituenti dare debentibus racionibus et de causis quibuscumque Et ad [illegible]
candum et confitendum sibi bene solutum et satisfactum fore atque se teneri tacitum et contentum
et fine remissione quietatione liberatione absolutione carte securitatis et pacti de ulterius
[illegible] aliquid non petendo faciendum / liberando et absolvendo quoscumque sol-
ventes [illegible] omni modo liberatorum et absolutorium. Et alijs a dicto constituente [illegible]
debentibus solvendum et solutiones quaslibet faciendum. Item cum quibuscumque et super quibuscumque
ad paciscendum transigendum componendum conveniendum concordandum et de Jure et de facto
compromittendum in arbitros et arbitratores et pacta transactiones compositiones conventiones
et compromissa quelibet faciendum cum omnibus modis cautelis penis et obligationibus [illegible]
Item imprestita emendum et vendendum et in dicto constituente scribi et translatari faci-
endum Denarios in bancho seu banchis ponendum recipiendum scribendum et in alios transla-
tandum ac extra banchum tollendum et accipiendum Item ad mercandum negotiandum [illegible]
et [illegible] mare ad partes [illegible] [illegible] et [illegible] constituentis [illegible] [illegible]
vendendum permutandum et baratandum mercationes res et bona [illegible] ad terminum
[illegible] ad contantos Protestationes fideiussiones et plezarias quaslibet recipiendum et faciendum
ac alijs dandum et de plezijs et fideiussoribus [illegible] [illegible] promissiones quaslibet fa-
ciendum Mercata [illegible] et baratta scribi [illegible] et translatari [illegible] et consentiendum

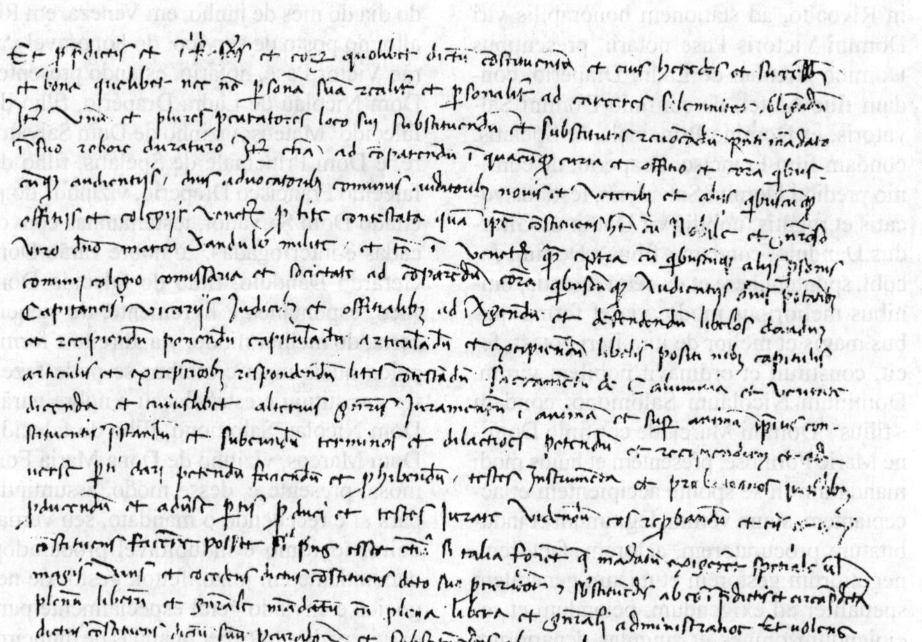

TEXTO DO DOCUMENTO

In nomine Christi nostri, amen. Anno a nativitate eiusdem millesimo quadringentesimo quadragesimo secundo, indictione quinta, die secunda mensis Junii, Venetiis, in Rivoalto, ad stationem honorabilis viri Domini Victoris Pase notarii, presentibus Domino Nicolao de Ladra Draperio, condam filio Matei, de confinio Domini Salvatoris, et Domino Princinale de Spelatis, condam filio Francisci Draperio, de confinio predicti Domini Salvatoris, testibus vocatis et rogatis, nobilis vir Dominus Girardus Dandulo, condam <filius> Domini Jacobi, sponte, libere et ex certa scientia, omnibus melioribus modo, via et forma quibus magis et melior de iure fieri potest, fecit, constituit et ordinavit nobilem virum, Dominum Nicolaum Salomono, condam <filius> Domini Marci, de confinio Domine Marie Formose, presentem et huius modi mandatum in se sponte accipientem et acceptantem, suum verum, legitimum et indubitatum procuratorem, actorem, factorem, negotiorum gestorem et misum generalem spetialiter ad exigendum, petendum et recipiendum omnes et singulas denariorum quantitates, mercantias, res alias et aliacumque bona a quibuscumque e eidem constituenti dare debentibus rationibus et de causis quibuscumque. Et adiurandum et confitendum sibi bene solutum et satisfactum fore atque se redditum tacitum et contentum et finem, remissionem, quetationem, liberationem, absolutionem cartarum securitatis, et pactum spetiale de ulterius in perpetuo aliquid non petendo faciendum, liberando et absolvendo quoscumque per omnem modum liberatorium et absolutorium. Et aliis a dicto constituente habere debentibus solvendum et solutiones quaslibet faciendum. Item cum quibuscumque de et super quibuscumque ad pascicendum, transigendum, componendum, conveniendum, concordandum et de iure et de facto compromittendum tam in arbitros quam in arbitratores et pacta, transactiones, compositiones, conventiones, compromissa queli-

TRADUÇÃO

Em nome de nosso Cristo, amém. No ano milésimo quadringentésimo quadragésimo segundo após o nascimento do mesmo, no quinto ano da indicção,[1] no segundo dia do mês de junho, em Veneza, em Rialto, no posto de serviço[2] do honorável varão Victor Pase, notário, estando presentes Dom Nicolau de Ladra Drapério, filho do falecido[3] Mateus, vizinho de Dom Salvatore, e Dom Princinale de Spelatis, filho do falecido Francisco Drapério, vizinho[4] do já citado Dom Salvador, testemunhas convocadas e interrogadas,[5] o nobre varão Dom Gerardo Dândulo, filho do falecido Dom Jacó, espontânea e livremente, de ciência certa, do melhor modo, via, direito e forma pelos quais mais e melhor se pode fazer, fez constituiu e estabeleceu o nobre varão Dom Nicolau Salomono, filho do falecido Dom Marcos, vizinho de Dona Maria Formosa, presente e, desse modo, assumindo para si e recebendo o mandato, seu verdadeiro, legítimo e indubitável procurador, demandante em juízo, feitor, gestor de negócios e enviado geral especialmente para exigir, pedir e receber quantias de dinheiro, no seu total ou uma a uma, mercadorias, outras coisas e outros bens, quaisquer que sejam, de quem quer que seja que deva dá-los ao mesmo constituinte por razões e a respeito de causas quaisquer. E jurar e confessar dar-se por bem pago e satisfeito e, nada tendo a dizer e contente, não só haver de dar fim, remissão, liberação e desobrigação de cartas de seguro, mas também fazer um pacto especial de, doravante para sempre, nada exigir, liberando e desobrigando quem quer que seja, por todo modo liberatório e absolutório. E pagar a outros que devam receber do dito constituinte e fazer pagamentos quaisquer que sejam. Da mesma forma, com quem quer que seja, pactuar, transigir, compor, convir, concordar e, de direito e de fato, fazer compromisso tanto diante de árbitros quanto de arbitradores[6] e fazer pactos, transações, composições, convenções, compromissos quaisbet cum omnibus mod is, cautelis, penis et obligationibus quibuscumque. Item imprestita emendum et vendendum et in dicto constituente scribi et translactari faciendum. Denarios in bancho seu banchis ponendum, accipiendum, scribendum et in aliis translactandum ac extra banchum tolendum et accipiendum. Item ad mercandum, negotiandum per terram et per mare ad predictam utilitatem, risicum et periculum constituentis predicti; traficandum et emendum et vendendum, permutandum et baratandum mercationes, res et bona quelibet tam ad terminos quam ad contatos. Profertas fideiussiones et plegorias quaslibet recipiendum et faciendum ac aliis dandum et de plegiis et fidei ussoribus indemnibus conservandis promissiones quaslibet faciendum. Mercata quoque et barata scribi, cancellari et translactari peragendum et conservandum. Et, pro predictis et infrascriptis et eorum quolibet, dictum constituentem et eius heredes et successores et bona qualibet nec non personam suam, realiter et personaliter, ad carcerem solemniter obligando. Item unum et plures procuratores loco sui substituendum et substitutos renovandum, presenti mandato in suo robore duraturo. Item etiam ad comparendum in quacumque curia et officio et coram quibuscumque audientiis, dominis advocatoribus, comunis auditoribus, novis et veteribus et aliis quibuscumque officiis et collegiis Venetiarum, pro lite contestata quam ipse constituens habet cum nobile et generoso viro, Domino Marco Dandulo milite, et tam in Venetiis quam extra cum quibuscumque aliis personis, comuni collegio, comissaria et societate, et ad comparendum coram quibuscumque audientiis, dominis prestantibus, capitaneis, vicariis, iudicibus et officialibus; ad agendum et defendendum, libelos dandum et recipiendum, ponendum, capitulandum, articulandum et excipiendum, libelis, positionibus, capitulis, articulis et exceptionibus respondendum; lites contestandum, sacramentum de calumnia et veritate dicenda et cuiuslibet alterius generis iuramentum in animam et su-

quer que sejam, com todos os modos, cautelas, penas e obrigações quaisquer que sejam. Da mesma forma, comprar e vender débitos públicos[7] e fazer que sejam transferidos para o dito constituinte. Depositar, receber e registrar dinheiro em banco ou bancos, transferi-los para outros e tomá-los e recebê-los fora do banco. Da mesma forma, comerciar, negociar por terra e mar, para utilidade, risco e perigo do já citado constituinte, traficar e comprar, vender, permutar e barganhar mercadorias, coisas e bens quaisquer, tanto a prazo como de contado; receber fianças e intermediações[8] propostas, fazê-las e dá-las a outros e fazer promessas, quaisquer que sejam, de manter indenes os intermediários[9] e fiadores. Também fazer que barganhas e compras sejam registradas, canceladas, transferidas e mantê-las a salvo. E, em prol das coisas já mencionadas e das infra registradas e de qualquer uma delas, obrigar solenemente o dito constituinte, seus herdeiros e sucessores e bens quaisquer e também obrigar sua pessoa, real e pessoalmente, ao cárcere. Da mesma forma, colocar em seu lugar um ou mais de um procuradores e renovar os substitutos, havendo de ser o presente mandato duradouro em seu vigor. Da mesma forma comparecer em qualquer cúria, ofício, diante de qualquer audiência, senhores advogados, auditores comunais em defesa da lide contestada que o próprio constituinte tem com o militar Dom Marcos Dândulo, nobre e generoso varão; e comparecer, tanto em Veneza quanto fora, com quaisquer outras pessoas, colégio comunal, comissão ou sociedade, diante de juízes e oficiais; iniciar demanda e fazer defesa, apresentar libelos e acolhê-los, pôr, capitular, articular e exceptuar; responder a posições, capítulos, artigos e exceções; contestar lide, prestar sacramento[10] de não dizer calúnia mas a verdade e qualquer outro gênero de juramento pela alma e sobre a alma do próprio constituinte e submeter-se a ele; pedir e aceitar prazos e adiamentos e pedir à parte contrária que lhe sejam dados; designar e apresentar testemunhas, apresentar insper animam ipsius constituentis prestandum et subeundum; terminos et dilationes petendum et recipiendum et adverse parti dari petendum; faciendum et perhibendum testes. Instrumenta et probationes quaslibet producendum et adverse partis produci et testes iurare videndum, eos reprobandum et eis et suis dictis et quibuscumque probationibus opponendum; iudices et notarios obligandum et recusandum suspectos et confidentes dandum, prestandum; denuntiandum, allegandum et in causis concludendum sententias; audiendum et exequendum et exequtioni mandari faciendum; apellandum, anullandum et appellationum et nullitatum causas persequendum. Et generaliter omnia et singula alia dicendo, faciendo et procurando que, in predictis et circa predicta, necessaria et oportuna fuerint et que ipsemet constituens facere possit si presens esset, etiam si alia forent que mandata exigerent spetiale vel magis, dans et concedens, dictus constituens dicto suo <procuratore et> procuratoribus substituendis ab eo in predictis et circa predicta plenum, liberum et generale mandatum cum plena, libera et generali administratione. Et volens dictus constituens dictum suum procuratorem et substituendos ab eo relevare ab omni honere satisdando, promisit quidem mihi, notario infrascripto, publice persone stipulanti et recipienti, nomine et vice omnium et singulariter quorum interest vel poterit interesse se perpetuo, firmum, ratum, et gratum habere et tenere quidquid per dictum suum procuratorem et substituendos ab eo dictum, factum, et procuratum fuerit et de iudicio sisti et judicata solvendo in omnibus suis clausulis <et> fideiubendo ex nunc predicto suo procuratori et substituendis ab eo in omnem litis cunstum sub ipothecha et obligatione omnium suorum bonorum presentium et futurorum.

Ego, Domenicus Fantono, condam filius, liberalis ciuis et habitator Venetiis, publicus imperiali autoritate notarius et iudex ordinarius, premissis omnibus interfui et, rogatus, scripsi et publicum signum quidem meum apposui consuetum.

trumentos e provas quaisquer que sejam e ver apresentarem-se as da parte contrária e as testemunhas jurarem, rejeitá-las e opor-se a elas, a seus ditos e a provas quaisquer; obrigar juízes e notários e recusar os suspeitos e propor confiáveis; apresentar, denunciar, alegar e concluir nas causas; ouvir sentenças e executá-las e fazer que sejam mandadas à execução; apelar, anular e pôr em andamento causas de apelação e nulidade. E, em geral, dizer, fazer e procurar outras coisas, no seu total ou uma a uma, que, sobre o que já foi dito e a respeito disso, forem úteis, necessárias e que o próprio constituinte poderia fazer, se estivesse presente, mesmo se forem outras que exigiriam um mandato especial ou mais, dando e concedendo o dito constituinte ao seu dito procurador e aos que ele puser em seu lugar, no que e acerca do que foi dito, pleno, livre e geral mandato, com plena, livre e geral administração. E querendo o dito constituinte relevar seu dito procurador e os que tiver posto em seu lugar de todo ônus dando caução bastante, prometeu a mim, notário abaixo assinado, pessoa que em público estipula e recebe o compromisso,[11] em nome e em lugar de todos e de cada um individualmente, a quem interessa ou poderá interessar, ele haver de ter perpetuamente como firme, ratificado e grato tudo quanto pelo dito procurador e pelos que ele puser em seu lugar tiver sido dito, feito e procurado e comparecer a respeito do julgamento não só pagando as quantias determinadas em juízo em todas as suas cláusulas, mas também afiançando desde agora o seu dito procurador e os que ele puser em seu lugar em todo o custo da lide, sob hipoteca e obrigação de todos os seus bens presentes e futuros.

Eu, Domingos Fantono, filho do falecido Domingos, cidadão livre por nascimento e residente em Veneza, notário público e juiz ordinário por autoridade imperial, assisti a tudo acima mencionado e, interrogado, escrevi e apus o signo que é o meu habitual.

Bibliografia citada

Forc. – Facciolatti J. et Forcellini, A. – *Lexicon Totius Latinitatis*. 1ª ed. alemã, Schneebergae, Schumann, MDCCCXXXIII.

KP – Ziegler, K. und Sontheimer, W. – *Der Kleine Pauly – Lexikon der Antike in fünf Bänden*. München, Artemis, 1975-79.

L&S – Lewis, C. T. and Short, Ch. – *A Latin Dictionary*. Oxford, Clarendon Press, 1870 (imp. of 1951).

Mor. – Moraes e Silva, A. – *Diccionario da Lingua Portuguesa*. Lisboa, Typographia Lacerdina, 1813.

VLI – ———— *Vocabolario della Lingua Italiana*. Inst. della Enciclopedia Italiana. Roma, 1986.

1. *Indictio* (indicção) era, na Roma antiga, uma "requisição irregular" de impostos que, a partir de Setímio Severo até Carino, foi a principal fonte de receita do Império. Diocleciano tornou-a uma taxação regular, realizada qüinqüenalmente. Constantino, em 313, ampliou o prazo de sua realização para 15 anos e usou a indicção do ano de 312 como ponto inicial do ciclo das indiccões. Em 537, Justiniano ordenou que à datação dos documentos oficiais fossem acrescentados os anos de reinado e a indicção correspondente. Cf. KP s.v. *Indictio* e *Zeitrechnung*. A referência à primeira, segunda, terceira indicção e outras corresponde à referência ao primeiro, segundo ano etc., da indicção mencionada. Cf. Mor. s.v. *Indicção*. O ano de 1442 corresponde, portanto, ao 5º ano da 76ª indicção.

2. *Statio* (posto de serviço): termo cujo primeiro significado era *parada*, foi usado para designar o posto de serviço dos funcionários nas províncias. Cf. L&S s.v.

3. *Condam (= quondam)*: advérbio usado em expressões como: X, condam filius Y (X, outrora filho de Y) indica que o pai é uma pessoa falecida. A omissão do nome do pai: X, condam filius (X outrora X filho) indica que o filho tem o mesmo nome que o falecido pai. Cf. Forc. e L&S s.v.

4. *Confinium* (vizinhança). O adjetivo *confinis* equivale a *vicinus*, vizinho, quando se trata de propriedades rurais. Cf. Forc. e L&S s.v.

5. *Testes rogati* são testemunhas que foram informadas a respeito do processo ou contrato que testemunharão e depois interrogadas (o verbo *rogare* é usado no sentido de interrogar) se estão dispostas ou não a exercer a função para a qual foram convocadas. Cf. Forc. s.v.

6. *Arbitri et arbitratores* são duas palavras distintas. *Arbiter* é, muitas vezes, equiparado a *judex*, sendo, porém, essa equivalência negada por muitos. Cf. KP s.v. Sendo assim, é conveniente manter, na tradução, os termos *árbitro* e, conseqüentemente, *arbitrador*.

7. *Imprestita* (pl. n. de *imprestitus-a-um*): termo usado sobretudo em Veneza com o sentido de débito público. *Camara imprestitorum* era em Veneza, o nome da câmara que administrava o débito público. Cf. VLI s.v.

8. *Plegoriae* ou *pligoriae lineae* é um termo da baixa latinidade. Na agronomia, designava as linhas de demarcação que correspondiam à linha média entre dois terrenos vizinhos e serviam como marcos de limites. No texto é usado metaforicamente. Cf. Forc. s.v.

9. *Plegius* ou *plegus*. Segundo Forc. s.v., corresponde a *fidejussor*. Note-se que o texto usa os dois termos.

10. *Sacramentum* era, primitivamente, uma quantia de dinheiro depositada no templo (daí, seu nome) e, mais tarde, no tribunal, como garantia de que as partes não usariam de calúnia. Por metonímia, o termo passou a ser usado para designar o próprio compromisso assumido. Cf. KP s.v.

11. *Stipulans et recipiens*, pessoa que na *stipulatio*, contrato oral, interroga as partes interessadas sobre sua disposição de aceitar as propostas e recebe suas respostas, isto é, seus compromissos. Cf. Forc., L&S e KP s.v.

Impressão e acabamento:
GRÁFICA PAYM
Tel. (011) 4392-3344

RDM 113

DOUTRINA: O ALCANCE DAS LIMITAÇÕES ESTATUTÁRIAS AO PODER DE REPRESENTAÇÃO DOS DIRETORES – Luiz Gastão Paes de Barros Leães • A CONCENTRAÇÃO DE EMPRESAS E A COMPETÊNCIA DO CADE – José Carlos de Magalhães e Onofre Carlos de Arruda Sampaio • ***ATUALIDADES:*** NOVOS ASPECTOS DA HARMONIZAÇÃO DO DIREITO BANCÁRIO COMUNITÁRIO DECORRENTES DA INTRODUÇÃO DO EURO – Armindo Saraiva Matias • NOVOS ASPECTOS DO CONTRATO DE SEGURO – Arnoldo Wald • DEPÓSITO DE CORDÃO UMBILICAL – SEGURO DE VIDA BIOLÓGICO – Rachel Sztajn • SOCIEDADE ANÔNIMA: A QUESTÃO DO VOTO MÚLTIPLO – Paulo Salvador Frontini • A "LAVAGEM" OU OCULTAÇÃO DE DINHEIRO E DE OUTROS BENS E A ATIVIDADE EMPRESARIAL – Haroldo Malheiros Duclerc Verçosa • CONSIDERAÇÕES SOBRE ALGUNS ASPECTOS JURÍDICOS DOS ATOS DE CONCENTRAÇÃO NO SISTEMA FINANCEIRO NACIONAL – Jairo Saddi • FRAUDES À LEI DE S/A – Jorge Lobo • A REAVALIAÇÃO DOS ATIVOS DAS SOCIEDADES ANÔNIMAS E SEU TRATAMENTO COMO LUCRO – João Luiz Coelho da Rocha • NOTAS SOBRE O DIREITO DE RECESSO NA INCORPORAÇÃO, FUSÃO E CISÃO DE COMPANHIAS – Nelson Eizirik • CONSIDERAÇÕES SOBRE A PROTEÇÃO JURÍDICA DO NOME COMERCIAL, EM FACE DO PROJETO DO NOVO CÓDIGO CIVIL – Mauro J. G. Arruda • A POSSIBILIDADE JURÍDICA DA DECLARAÇÃO DE FALÊNCIA DAS SOCIEDADES CIVIS COM A ADOÇÃO DA TEORIA DA EMPRESA NO DIREITO POSITIVO BRASILEIRO – Jorge Rubem Folena de Oliveira • A RECUPERAÇÃO DA EMPRESA EM CRISE NO DIREITO FRANCÊS – Jorge Lobo e Sérgio Pimentel • ***MERCOSUL:*** IMPORTAÇÕES PARALELAS: A IMPLEMENTAÇÃO DO PRINCÍPIO DA EXAUSTÃO DE DIREITOS NO MERCOSUL, DIANTE DO CONTEXTO DA GLOBALIZAÇÃO – Elizabeth Kaznar Fekete • ***JURISPRUDÊNCIA COMENTADA:*** DISSOLUÇÃO E LIQUIDAÇÃO DE ASSOCIAÇÃO CIVIL, A REQUERIMENTO DO MINISTÉRIO PÚBLICO – TORCIDA "MANCHA VERDE" – Nelcina Conceição de Oliveira Tropardi • DIREITOS DO ACIONISTA DIANTE DA MOROSIDADE DO PROCEDIMENTO DE LIQUIDAÇÃO ORDINÁRIA OU FACULTATIVA DE S/A – Sandra de Medeiros Nery • ACIONISTA CONTROLADOR – ALIENAÇÃO DO CONTROLE E INCORPORAÇÃO DE SOCIEDADES – RESPONSABILIDADE NAS OPERAÇÕES EM DESACORDO COM AS NORMAS DO CONTRATO E DA LEI – Sílvia Maria do Prado Maida • ***ESPAÇO DISCENTE:*** DISSOLUÇÃO DA S/A PELA IMPOSSIBILIDADE DE PREENCHER O SEU FIM – Ricardo dos Santos Freitas • DISSOLUÇÃO DE "HOLDING" S/A E APURAÇÃO DE HAVERES – Roberta Nioac Prado • ***TEMAS EM DEBATE:*** AUTONOMIA DO BANCO CENTRAL DO BRASIL E DESPOLITIZAÇÃO DA MOEDA – Ricardo Ferreira de Macedo • ***PARECERES:*** ALIENAÇÃO DE CONTROLE DE COMPANHIA ABERTA SEGUIDA DO FECHAMENTO DO SEU CAPITAL – Luiz Gastão Paes de Barros Leães • ***TEXTOS HISTÓRICOS:*** PROCURAÇÃO – MANUSCRITO VENEZIANO DE 14 DE JUNHO DE 1442 – Nota introdutória de Mauro Rodrigues Penteado e tradução de Anna Lia Amaral de Almeida Prado

MALHEIROS EDITORES

Revista de Direito Mercantil

industrial, econômico e financeiro

vol.
114